Crise da escola e políticas educativas

Eliza Bartolozzi Ferreira
Dalila Andrade Oliveira
(Organizadoras)

Crise da escola e políticas educativas

2ª edição

autêntica

Copyright © 2009 As organizadoras
Copyright © 2009 Autêntica Editora

Todos os direitos reservados pela Autêntica Editora. Nenhuma parte desta publicação poderá ser reproduzida, seja por meios mecânicos, eletrônicos, seja via cópia xerográfica, sem a autorização prévia da Editora.

EDITORA RESPONSÁVEL
Rejane Dias

PROJETO GRÁFICO DE CAPA E MIOLO
Christiane Costa

REVISÃO
Dila Bragança

DIAGRAMAÇÃO
Luiz Flávio Pedrosa
Tales Leon de Marco

Dados Internacionais de Catalogação na Publicação (CIP)
(Câmara Brasileira do Livro, SP, Brasil)

Crise da escola e políticas educativas / Eliza Bartolozzi Ferreira , Dalila Andrade Oliveira (Organizadoras) . – 2. ed. – Belo Horizonte : Autêntica Editora , 2013.

Vários autores.
Bibliografia.
ISBN 978-85-7526-415-7

1. Educação - Brasil 2. Educação e Estado - Brasil 3. Política e educação - Brasil 4. Política social 5. Políticas públicas I. Ferreira, Eliza Bartolozzi. II. Oliveira, Dalila Andrade.

09-07333   CDD-379.81

Índices para catálogo sistemático:
1. Brasil : Política educacional   379.81

Belo Horizonte
Rua Carlos Turner, 420
Silveira . 31140-520
Belo Horizonte . MG
Tel.: (55 31) 3465 4500

www.grupoautentica.com.br

São Paulo
Av. Paulista, 2.073, Conjunto Nacional, Horsa I
23º andar . Conj. 2310-2312 Cerqueira César
01311-940 São Paulo . SP
Tel.: (55 11) 3034 4468

Sumário

Apresentação 7

Parte I – Concepções

Capítulo 1 - Política educativa, crise da escola e a promoção de justiça social 17
Dalila Andrade Oliveira

Capítulo 2 - Entre a recuperação dos saberes oriundos da crítica e a construção dos padrões do "management" liberal: pesquisa, administração e política na França de 1975 a 2005 33
Jean-Louis Derouet

Capítulo 3 - Política e gestão educacional na contemporaneidade 65
Gaudêncio Frigotto

Capítulo 4 - Poder político e sociedade: qual sujeito, qual objeto? 81
Lúcia Emília Nuevo Barreto Bruno

Parte II – Conjuntura

Capítulo 5 - As políticas educacionais entre o presidencialismo imperial e o presidencialismo de coalizão 121
Luiz Antônio Cunha

Capítulo 6 - A educação baseada na prova. De que se trata? Quais são suas implicações? 141
Frédéric Saussez e Claude Lessard

Capítulo 7 - Internacionalização da educação, "Tratados de Livre Comércio" e políticas educativas na América Latina..................161
Myriam Feldfeber

Capítulo 8 - Integração regional e educação superior: regulações e crises no Mercosul..................183
Mário Luiz Neves de Azevedo

Capítulo 9 - A questão indígena no mundo universitário boliviano: uma história de muitas vozes, sentidos e realidades..................205
Crista Weise

Parte III – Políticas

Capítulo 10 - A função social da educação e da escola pública: tensões, desafios e perspectivas..................237
João Ferreira de Oliveira

Capítulo 11 - Políticas educativas no Brasil no tempo da crise..................253
Eliza Bartolozzi Ferreira

Capítulo 12 - É possível articular o projeto político-pedagógico e o plano de desenvolvimento da escola? Reflexões sobre a reforma do Estado e a gestão da escola básica..................271
Marília Fonseca

Capítulo 13 - O papel da escola na construção dos saberes e os limites da noção de competências..................287
Olgaíses Cabral Maués

Sobre os autores..................309

Apresentação

A produção do conhecimento sobre políticas educacionais no Brasil, apesar de ser relativamente extensa e reunir considerável acervo que tem contribuído para o pensamento e a prática educacional, exige permanentemente novas reflexões e reexame das "verdades" aceitas. Isso porque a política educativa é dinâmica e, como tal, impõe permanentemente novos desafios de investigação no que se refere à problemática educacional. Tais características pressupõem que o campo de pesquisa em política educacional seja constantemente alimentado por fontes teóricas e empíricas, que depreendem do esforço dos pesquisadores que o constituem. Assim, a cada momento histórico, vivido no seu presente, corresponde um acúmulo teórico-prático, que se transforma em contributos analíticos e que pode (e deve) interferir na realidade histórica e imediata. Por essas razões, tal campo encontra-se em uma zona de difícil definição e, por que não dizer, isenção.

Como pesquisadores politicamente comprometidos, temos a obrigação premente de discutir o nosso papel diante da realidade investigada, da própria pesquisa e dos resultados a que chegamos ou produzimos. As pesquisas em política educacional nutrem-se das políticas tanto quanto as influenciam.

Refletir sobre o papel da pesquisa (ou o lugar do pesquisador) e da política (ou o lugar do político) nessa relação de produção de conhecimento e de análise crítica e comprometida com a emancipação social e humana deve ser ponto de partida nas análises em política educacional. A dúvida, característica generalizada da razão crítica moderna, permeia a vida cotidiana assim como a consciência filosófica e constitui uma dimensão existencial geral do mundo social contemporâneo. É aceitar a máxima weberiana de que a modernidade institucionaliza o princípio da dúvida radical e insiste em que todo conhecimento tome a forma de hipótese – afirmações que bem podem ser verdadeiras, mas que por princípio deverão estar sempre abertas à revisão e podem ter de ser abandonadas em algum momento.

Assim, os pesquisadores nesse campo estão constantemente reexaminando suas análises à procura de compreender e acompanhar a dinâmica histórico-social, sob pena de ver a si mesmos e suas ideias como ultrapassados e anacrônicos.

As pesquisas acadêmicas têm sido cada vez mais vinculadas à formulação de políticas públicas estatais. Contudo, as evidências empíricas nem sempre têm forças para mudar a realidade, haja vista o que se avalia e o que se constata com as avaliações, sobretudo no que se refere às condições objetivas das escolas, no sentido de que reforçam muito do que já se sabe e, no entanto, as políticas continuam insistindo na mesma direção. Como bem observou Carnoy, o Estado muitas vezes transforma pontos de vista econômicos e sociais que lhe são úteis em "fatos" tecnocráticos e decisões presumivelmente baseadas em estudos "científicos" e em "saber especializado" como parte de sua dinâmica democrática, mas o Estado pode produzir conhecimento que proteja o público e amplie o controle democrático sobre a produção privada.

As políticas públicas podem ser capturadas como objetos de estudo no momento de sua concepção ou formulação; de sua implementação ou execução e no seu monitoramento ou avaliação. Os estudos reunidos neste livro buscam discutir as políticas nos momentos ou dimensões acima citados, como respostas ou tentativa de compreensão da crise que os sistemas escolares enfrentam na atualidade. Tal crise não é circunscrita à realidade brasileira ou a qualquer contexto nacional em específico, tampouco se restringe a determinado nível ou etapa da educação. A crise pela qual a educação formal regular passa (ou enfrenta) é ampla e diversificada; não pode ser compreendida sem que se considerem aspectos que estão para além dos sistemas escolares.

Os esforços contidos neste livro refletem a busca de compreensão e de enfrentamento de desafios históricos e sociais colocados pela contemporaneidade no campo educativo. Tais desafios têm exigido maiores reflexões por parte dos pesquisadores no campo das políticas educacionais a fim de identificar transformações que podem colocar em risco a constituição de um processo que conduza a educação a cumprir seu papel social de promover a formação e a emancipação humana.

Nesse campo tensionado e constituído por múltiplos atores, o exame das políticas educacionais implantadas é um esforço necessário, sobretudo porque assistimos à crise institucional referenciada acima. Como é estrutural, essa crise não pode ter respostas exclusivamente pedagógicas. O que este livro vem propor é que se considere na análise dessa crise a relação que tal fenômeno estabelece com as políticas, seja nos seus princípios e concepções, seja nos aspectos conjunturais. Tal proposta implica que sejam consideradas na análise da crise da escola e as políticas educacionais, suas formas de gestão local e global, articulando-as às novas contradições surgidas com a ampliação do reconhecimento do direito à educação e o seu contraponto vivido nas condições da modernidade tardia e da globalização. Observa-se que as políticas educacionais insistem na direção à expansão da escola em um quadro de dirupção da instituição, no qual os valores tributados a ela se complexificaram ao mesmo tempo que ela perde o seu valor social.

Este livro é dedicado ao campo das análises das políticas educacionais. Os estudos aqui apresentados buscam orientar os enfrentamentos dos desafios no campo da educação escolar e contribuir para que outros estudos e pesquisas venham a surgir e ampliar o quadro de análise e sugestões para a construção de um projeto político-pedagógico de transformação social e institucional que promova uma educação socialmente justa e emancipadora.

O livro nasceu da ideia de reunir trabalhos e autores instigados a refletir sobre as múltiplas dimensões e os variados temas referentes às políticas educativas e ao mesmo tempo fazer um mapeamento sobre os principais problemas que perpassam as discussões da área. A intenção de reunir esses trabalhos em forma de livro foi dar um sentido coletivo a essa produção e promover o acesso mais amplo a um conjunto de contribuições teóricas e empíricas sobre as políticas educacionais que, a nosso ver, demonstram o grau de amadurecimento crescente da área.

O livro foi organizado em três partes, que pretendem dar conta da diversidade de enfoques e de agendas de pesquisa. Na primeira parte, "Concepções", estão contribuições teóricas formuladas a partir de análise exaustiva da realidade educativa e objetivam favorecer as reflexões acadêmicas sobre o campo de pesquisa. A segunda parte, "Conjuntura", apresenta estudos analíticos sobre questões que perpassam o momento atual das políticas educacionais no âmbito nacional e internacional. Na terceira parte, "Políticas", são apresentadas análises sobre programas e projetos em implantação no Brasil.

A primeira parte se inicia com o capítulo 1, trabalho de Dalila Andrade Oliveira, "Política educativa, crise da escola e a promoção de justiça social". A autora aborda a função social da educação na vida social moderna, que atende aos desígnios do capital e, ao mesmo tempo, projeta a constituição de um direito inalienável. A educação tomada como uma política pública sempre esteve de alguma maneira vinculada à busca de justiça social nesta sociedade. A autora busca demonstrar que a ênfase nesse papel se altera a partir das transformações ocorridas nas últimas décadas do século XX, pondo em evidência a falência (ou falácia?) do ideal de igualdade de oportunidades. O desemprego em larga escala, em consequência da reestruturação do capitalismo, somado à ampliação do acesso à educação evidenciou o caráter restritivo do sistema escolar na promoção de mobilidade social. Essa realidade estampa a crise da escola.

O capítulo 2, "Entre a recuperação dos saberes oriundos da crítica e a construção dos padrões do 'management' liberal: pesquisa, administração e política, na França, de 1975 a 2005", de autoria de Jean-Louis Derouet procura demonstrar que as pesquisas que têm por objeto as relações entre ciência e política na área de educação, têm suscitado importantes debates, em especial no que se refere ao *status* da pedagogia; ao vínculo entre teorias e práticas; à capacidade do sistema para responder de maneira operacional às indagações dos docentes e dos atores da esfera política; ao consenso que, em matéria de igualdade de oportunidades, é realizado em cada nível, etc. Além disso, o autor observa que, localmente, a regulação de cada sistema educacional apoia-se em objetivos mensuráveis e em comparações internacionais que visam definir os níveis de desempenho. O texto põe em questão o lugar atribuído aos programas focalizados nas competências e sublinha o papel das decisões políticas relativas à desigualdade de trajetórias na formação, por um lado, das elites e, por outro, das massas populares. Essas questões, apesar de centrados na realidade francesa, auxilia-nos a pensar o contexto educacional brasileiro.

O capítulo 3, intitulado "Política e gestão educacional na contemporaneidade", de autoria de Gaudêncio Frigotto, objetiva assinalar alguns aspectos das relações sociais e dos projetos societários que as constituem; a natureza e o alcance das políticas e a gestão educacional no Brasil contemporâneo para suscitar o debate e a busca de caminhos alternativos. Destaca a natureza da regressão social na contemporaneidade; a herança histórica e a especificidade das relações de classe e de poder constitutivas de um capitalismo dependente. Procura observar nessa realidade como as políticas e a gestão educacional ampliam e alargam a escola pública para menos. O texto nos auxilia no estabelecimento das relações entre os determinantes históricos e as políticas educativas fragmentadas que favorecem o desmonte da escola.

No capítulo 4, "Poder Político e Sociedade: Qual sujeito, Qual objeto?", de Lúcia Bruno, a autora retoma alguns conceitos recorrentes na literatura educacional, tais como poder político, Estado e sociedade, a partir da contribuição de autores como Clastres, Lévi-Strauss, Sahlins, Balandier e Bernardo buscando extrair algumas consequências de suas formulações teóricas, acerca do intrincado problema de como o poder se organiza e se exerce nas sociedades humanas. O texto recoloca questões acerca do Estado, de suas atribuições e significado nas sociedades contemporâneas e, assim, questiona o que é o poder político, em que registro se exerce e qual a sua relação com a sociedade. As discussões acerca da crise da escola e de como enfrentá-la passam por essa reflexão.

A segunda parte começa no capítulo 5, com o título "As políticas educacionais entre o presidencialismo imperial e o presidencialismo de coalizão", de Luiz Antônio Cunha. O texto propõe um exame da gestão do Ministério da Educação no governo Lula e defende a tese da existência de uma administração educacional ziguezague nas três gestões dos ministros, cada um deles apontando rumos e mobilizando procedimentos distintos. Em sua análise, é apresentada uma discussão sobre o ensino superior e a frustrada reforma universitária e a criação do REUNI. Traz ainda outra discussão sobre o embate entre o Ministro Fernando Haddah com o Sistema S acerca do financiamento deste último. O quadro apresentado expressa o peculiar binômio do campo político brasileiro: o presidencialismo imperial e o presidencialismo de coalizão, que, mais do que dois regimes políticos, são duas faces da mesma moeda.

No capítulo 6, "A educação baseada na prova. De que se trata? Quais são suas implicações?", de Frédéric Saussez e Claude Lessard, é analisado as particularidades da abordagem chamada "Educação Baseada nas Provas" (EBP) que se encontra em via de institucionalização na Inglaterra e nos EUA. Os autores apresentam, de forma sumária, as características dessa abordagem; salientam algumas pistas de reflexão com o objetivo de tornar inteligível sua emergência na Inglaterra e nos EUA; por fim, debatem três implicações associadas à EBP que dizem respeito à pesquisa, às práticas profissionais, assim como à concepção e à implantação das políticas educativas. Os autores concluem que a EBP traduz um retorno à busca de "cientificidade" (ou "metodologismo") com a renovação de uma preocupação relativa ao rigor metodológico das ciências, estabelecidas como estratégia de reconhecimento de seu campo e de sua pertinência no seio da sociedade.

O capítulo 7 traz o trabalho de Myriam Feldfeber, "Internacionalização da educação, Tratados de Livre Comércio e políticas educativas na América Latina", em que propõe discutir algumas suposições e interrogações que dominam o cenário educacional atual, caracterizado por um lado, pela inclusão da educação como serviço comercializável no marco da Organização Mundial do Comércio e dos Tratados de Livre Comércio e, por outro, pela expansão e pelo desenvolvimento dos processos de internacionalização e convergência da educação. A autora discute em que medida esses processos põem em questão a soberania dos Estados para o desenvolvimento de políticas públicas que garantam os direitos sociais e humanos fundamentais, entre eles, o direito à educação.

O capítulo 8, "Integração regional e educação superior: regulações e crises no Mercosul", de Mario Luis Neves de Azevedo, trata da integração entre os sistemas de educação superior dos países associados ao Mercosul. Toma como pressuposto que a educação superior, em regra, é um setor estratégico para o desenvolvimento e, ao mesmo tempo, um fator essencial para a integração regional. Destaca que o Mercosul tem um formato inicial de uma União Aduaneira, porém os países associados projetam a integração regional em todos os campos, inclusive a educação superior. Para isso, vem se desenvolvendo o Mercosul Educativo. O autor aponta que a integração dos sistemas de educação superior está se instituindo com base em mecanismos de aferição da qualidade, a partir da acreditação e da avaliação, com o objetivo de regular o sistema pelo princípio da preservação da confiança entre os associados do bloco regional.

O capítulo 9, "A questão indígena no mundo universitário boliviano: uma história de múltiplas vozes, sentidos e realidades", de Crista Weise, discute as profundas transformações atuais vivenciadas pela Bolívia com a ascensão ao governo de um mestiço, Evo Morales, configurando um cenário de fortes confrontações entre setores que apresentam discursos regionalistas e racistas opostos. É uma confrontação que põe em evidência antigas contradições étnicas e de classe social não resolvidas no período republicano. A análise toma como referência as políticas para o ensino superior empreendidas pelo governo Morales e questiona os modelos formativos em curso no que diz respeito às possibilidades de romper com a matriz colonizadora; qual universidade poderá promover o desenvolvimento de um pensamento próprio e intercultural? Do ponto de vista da autora, não serão as universidades indígenas do governo nem aquelas criadas à margem do sistema que contribuirão para a construção de uma nova sociedade. Não há descolonização possível se as políticas forem pensadas para grupos marginais, e não para a totalidade de um sistema que contribua para a geração de um conhecimento alternativo, capaz de reverter relações hegemônicas num contexto muito maior do que o do conflito local.

A terceira se inicia no capítulo 10 com o trabalho de João Ferreira de Oliveira, "A função social da educação e da escola pública: tensões, desafios e perspectivas". Trata-se de uma discussão relevante sobre a função social da educação e da escola pública no contexto atual da crise, considerando as tensões históricas, os desafios e as perspectivas de uma educação pública, democrática e de qualidade social. Para tanto, são explicitadas as finalidades históricas e contraditórias assumidas pela educação, os cenários contemporâneos e as reformas e políticas educacionais em curso nas últimas décadas, que buscam ajustar a educação escolar às demandas produtivas e às alterações no mundo do trabalho. Destacam-se, no entanto, as potencialidades emancipatórias da educação e da escola pública, bem como, as dimensões e os desafios do processo de definição, implementação e avaliação de uma educação de qualidade para todos.

No capítulo 11, "Políticas educativas no Brasil no tempo da crise", de autoria de Eliza Bartolozzi Ferreira, são discutidas as políticas educativas implantadas pelo atual governo, apontando suas similitudes e diferenças em relação à lógica política adotada na década de 1990. Argumenta sobre a crise da escola no contexto das novas questões sociais decorridas do processo de globalização econômica e cultural. A partir de estudos empíricos, o texto busca analisar o planejamento e os programas para a educação básica como instrumentos reveladores da racionalidade tecnocrática dominante. O texto conclui que os resultados das políticas educativas comprovam que o reconhecimento da natureza estratégica da educação, seja para o desenvolvimento socioeconômico, seja para a consolidação da cidadania, ainda que pareça ter se constituído em um consenso nos vários segmentos sociais do país, não tem sido suficiente para a superação dos problemas educacionais brasileiros

O capítulo 12, "É possível articular o projeto político pedagógico e o plano de desenvolvimento da escola? Reflexões sobre a reforma do Estado e a gestão da escola básica", de Marília Fonseca, apresenta resultados de pesquisa interinstitucional sobre as repercussões do Plano de Desenvolvimento da Escola (PDE), integrante do Programa Fundescola, em escolas fundamentais das regiões Norte, Nordeste e Centro-Oeste. Por meio de observações e entrevistas com gestores estaduais e municipais, bem profissionais da escola, a pesquisa verificou a incidência de uma visão gerencial estratégica, que imprime uma diretividade à gestão escolar. No âmbito da mesma escola, convivem duas propostas antagônicas de organização do trabalho pedagógico e da formação docente: uma de caráter gerencial e burocrática (PDE), outra que sinaliza a aspiração da comunidade educativa por uma escola mais autônoma e participativa (PPP). Ficou evidente que as escolas tendem a privilegiar o PDE, em detrimento do projeto político-pedagógico da escola.

O capítulo 13, "O papel da escola na construção dos saberes e os limites da noção de competências", de Olgaíses Maués, apresenta uma análise, sob a ótica de diferentes autores, da noção de competências e discute a transposição dessa categoria das empresas para a educação e a escola. O papel dos empresários é destacado como fundamental nesse movimento, em função da necessidade de atender à lógica do mercado. Num esforço teórico, o texto busca identificar a matriz da chamada pedagogia das competências e evidencia o esvaziamento que a adoção desse modelo pode representar para a educação e a formação de cidadãos críticos.

Agradecemos a participação de todos os autores deste livro. Esperamos contribuir para o desenvolvimento da área de políticas educacionais, estimular o debate teórico e metodológico e incentivar novas agendas e objetos de investigação.

Eliza Bartolozzi Ferreira
e Dalila Andrade Oliveira

Parte I
Concepções

Capítulo 1
Política educativa, crise da escola e a promoção de justiça social

Dalila Andrade Oliveira

As políticas educativas na atualidade partem da noção de que a escola é espaço de ensino, mas antes de tudo de promoção de justiça social. Tal noção se evidencia nas políticas educativas adotadas em nível internacional, em diferentes países e continentes, atribuindo à escola novas funções sociais, muitas vezes de caráter assistencial. Por meio da escola espera-se corrigir determinados desequilíbrios característicos da estrutura social e econômica vigentes. O papel cada vez mais relevante que a escola tem assumido na realidade brasileira atuando na distribuição de renda – como agência de implementação de programas sociais, tais como o Bolsa-Família[1] e o Pro-Jovem,[2] entre outros, determinando a seleção e o controle de público-alvo, bem como a sua presença na efetivação de certas políticas de saúde (vacinas, exames médicos) e alimentação (via merenda escola) – tem contribuído para que sua função seja cada vez mais debatida e posta em questão.

Paralelamente, é possível perceber certa desconfiança no papel exercido pela escola como instituição educadora, capaz de desempenhar com competência suas funções de disseminadora de conhecimentos válidos, o que vem sendo reforçado pelos baixos desempenhos obtidos pelos alunos nos resultados escolares aferidos por exames externos.

---

[1] BRASIL. Lei nº 10.836, de 9 de janeiro de 2004. Instituiu o Programa Bolsa Família, destinado às ações de transferência de renda com condicionalidades.

[2] Cf. Lei nº 11.129, de 30 de junho de 2005. Instituiu o Programa Nacional de Inclusões de Jovens (ProJovem). Programa emergencial e experimental destinado a executar ações integradas que propiciem aos jovens brasileiros, na forma de curso previsto no art. 81 da Lei nº 9.394, de 20 de dezembro de 1996, elevação do grau de escolaridade visando à conclusão do ensino fundamental.

Paradoxalmente, a centralidade atribuída à escola parece resistir às crises enfrentadas pela instituição, melhor dizendo, o fato de se debater na atualidade a função social da escola e os efeitos que a escolarização pode produzir na vida das pessoas, no sentido de possibilitar maiores chances de mobilidade social, não parecem ter diminuído a crença (ou certeza) de que a escola é passagem obrigatória na vida dos indivíduos.

Ao longo do século XX assistimos à ampliação da escolarização a passos largos. No Brasil é notório o aumento do número de escolarizados em perspectiva geracional, sobretudo a partir dos anos 1960. Esse é um fenômeno inegável nas sociedades ocidentais, intensificando-se na maioria dos países no período pós-Segunda Guerra Mundial. A escola passou a fazer parte da vida dos indivíduos na modernidade, determinando suas condições de inserção social, seu grau de cidadania, sua relação com o trabalho, com o mundo. Isso se deve em grande medida ao desenvolvimento dos sistemas escolares associado ao surgimento e à consolidação do Estado moderno (PETITAT, 1994). O relevante papel assumido pela escola na constituição das identidades nacionais, por meio do ensino da língua oficial, das normas e regras que regem a nação e a vida em sociedade, bem como a imposição de determinada cultura sobre outras, aliada à noção de valores, fez com que os sistemas escolares se desenvolvessem no âmbito do Estado, sob a tutela e a inspeção pública. Assim, a educação constituiu-se como um direito dos indivíduos e, por consequência, obrigação do Estado, o que se convencionou denominar o modelo de escola republicana.

Em trabalho anterior, procurando analisar o processo de mudanças ocorridas no final do século XX e início deste, denominado globalização, nos seus aspectos econômicos, políticos e culturais, e suas repercussões na educação, identifiquei papel crucial das reformas educacionais daquele momento para o contexto de restruturação do capital (OLIVEIRA, 2000). Os programas de reforma, que tinham por objetivo organizar a educação básica, de caráter geral e formar a força de trabalho adequada às exigências últimas do capitalismo, também acumulavam a função de disciplinar a pobreza. Essa dupla função exercida pela escola na atualidade apresenta certas peculiaridades em relação a outros momentos históricos.

Como observa Carnoy (1993), a educação no capitalismo se constitui como parte das funções do Estado e, por isso mesmo, é também campo de conflito social. Nas democracias capitalistas, considera-se que o Estado é responsável pela promoção da justiça e da igualdade, para compensar as desigualdades que emergem do sistema social e econômico. A educação é vista, então, como o processo que permite melhorar a posição social dos grupos carentes, pondo a seu alcance importantes conhecimentos e o credenciamento que lhes permita participar da vida social. Assim, para esse autor, o Estado capitalista e seu sistema educacional devem reproduzir as relações capitalistas de produção, entre elas, a divisão do trabalho e as relações de classe que são parte daquela divisão. Dessa maneira, pode-se considerar que a tensão é intrínseca à escola pública, assim como a tensão social é intrínseca a todas as instituições estruturadas. Por essas razões, na opinião do mesmo autor, não é por acaso que os movimentos pelos direitos civis dirigiram suas atividades no sentido de mudar a posição do Estado em relação às minorias.

Mas Carnoy (1993) observa ainda que, mesmo no capitalismo, se consideramos as análises que apontam para o papel reprodutor das relações sociais desempenhado pelo sistema escolar, as instituições educacionais não são apenas reprodutoras das concepções da classe dominante sobre a qualidade e a quantidade de educação que deve ser oferecida. Para ele, as escolas públicas refletem também as demandas sociais, pois são as reivindicações sociais que acabam por moldar o Estado e a educação e, por isso, as reformas exigidas podem parecer cooptadas ou manipuladas. Porém, supor que elas sejam inteiramente manipuladas é subestimar a consciência dos grupos subalternos na sociedade capitalista. Isso porque, para o autor, os conflitos trabalhistas e os movimentos sociais determinam a mudança social e são profundamente determinados por ela. À medida que o capitalismo se modifica, algumas das reivindicações feitas às escolas pelos capitalistas também se alteram, ainda que o tema básico, da reprodução das relações de produção, permaneça o mesmo. Em suas palavras: "Analogamente, as reivindicações dos movimentos sociais têm-se alterado com a mudança social, ainda que sem alteração do tema básico da ampliação de seus direitos como trabalhadores e como cidadãos" (CARNOY, 1993, p. 67). O autor considera ainda que a educação pública não é inteiramente obediente às imposições do capitalismo: ela pode não colaborar de maneira tão efetiva para a criação de uma força de trabalho que favoreça uma tranquila acumulação de capital.

Os sistemas escolares, ainda que tenham se organizado com vistas à formação de força de trabalho para o desenvolvimento capitalista, baseado na indústria moderna e no urbanismo, acabam por se desenvolver para além dessas funções imediatas, passando a representar a possibilidade de acesso à educação, entendida como um direito inalienável dos cidadãos modernos.

Sendo assim, podemos considerar que as mudanças ocorridas no sistema escolar nos últimos anos, mesmo que determinadas por uma dinâmica mais ampla, tanto do ponto de vista econômico e social, quanto cultural, não se dão segundo uma lógica única, portadora de intencionalidade portanto linear, mas refletem conflitos de interesses, divergências e convergências. Os sistemas escolares se ampliaram no mundo muito mais como uma demanda dos movimentos organizados em defesa do acesso à educação pública, do que por medidas estatais inspiradas unicamente por interesses empresariais.

A base para tal compreensão talvez esteja nos escritos de Thomas Marshall, ao discutir as contribuições de Alfred Marshall, observando que a desigualdade do sistema de classes sociais pode ser aceitável desde que a igualdade de cidadania seja reconhecida. Destaca que o único direito incontestável, reconhecido por Alfred, foi o direito das crianças de ser educadas e, nesse único caso, ele aprovou o uso de poderes coercitivos pelo Estado para atingir seu objetivo.

Observa-se que a educação apresenta-se solidamente assentada como um direito básico a que os cidadãos têm acesso já nos fundamentos teóricos da moderna cidadania. Para Marshall, a grande questão seria: "a igualdade básica, quando enriquecida em substância e concretizada nos direitos formais da cidadania, é consistente com as desigualdades das classes sociais?". Essa parece ser a questão posta desde então e ainda inspira muitas análises em política educativa.

Assim, a educação tomada como uma política pública sempre esteve de alguma maneira vinculada à busca de justiça social nesta sociedade. Contudo, a ênfase nesse papel se altera a partir das transformações ocorridas nas últimas décadas do século XX, que põem em evidência a falência (ou falácia?) do ideal de igualdade de oportunidades. O desemprego em larga escala, em consequência da reestruturação do capitalismo, somado à ampliação do acesso à educação escolar, evidenciou o caráter restritivo do sistema escolar na promoção de mobilidade social.

Dubet (2004) observa que, ao contrário das sociedades aristocráticas que priorizavam o nascimento e não o mérito, as sociedades democráticas escolheram convictamente o mérito como um princípio essencial de justiça: a escola é justa porque cada um pode obter sucesso nela em função de seu trabalho e de suas qualidades. Sendo assim,

> [...] na verdade, a questão não era tanto criar um reino de igualdade de oportunidades, e sim permitir certa mobilidade social graças à escola para as classes médias e uma minoria do povo. Esse elitismo republicano (é assim que ele é chamado na França) repousa, portanto, sobre um princípio de mérito bastante parcial, e o fato de que muitos

professores tenham sido bolsistas não nos deve levar a uma nostalgia que não se sustenta além das classes médias escolarizadas, que tudo devem à escola. (DUBET, 2004, p. 541)

Dubet (2004) argumenta ainda que a igualdade de oportunidades meritocráticas supõe igualdade de acesso. Nos países ricos e modernos, o princípio meritocrático da igualdade de oportunidades foi progressivamente implantado com o alongamento da escolaridade obrigatória comum, associado a uma substantiva abertura do ensino secundário e superior. Lembra o autor que, na França a igualdade de acesso à escola está quase garantida, constituindo-se em um progresso considerável. Observa, entretanto, que

> [...] essa escola não se tornou mais justa porque reduziu a diferença quanto aos resultados favoráveis entre as categorias sociais e sim porque permitiu que todos os alunos entrassem na mesma competição. Do ponto de vista formal, atualmente todos os alunos podem visar à excelência, na medida em que todos podem, em princípio, entrar nas áreas de maior prestígio, desde que autorizados por seus resultados escolares. A escola é gratuita, os exames são objetivos e todos podem tentar a sorte. (DUBET, 2004, p. 541)

Conclui que, dessa maneira, "o quadro formal da igualdade de oportunidades e do mérito foi globalmente instalado em um grande número de países" (DUBET, 2004, p. 542).

Considerando que se trata de uma concepção puramente meritocrática de justiça escolar, o autor assinala que tal concepção se defronta com grandes dificuldades, entre as quais destaca: a constatação de que a abertura de um espaço de competição escolar objetiva não elimina as desigualdades entre as pessoas; as diferenças de desempenho entre alunos que pertencem às mesmas categorias sociais; as diferenças entre os sexos e entre os grupos sociais. O autor ressalta que essas desigualdades estão ligadas às condições sociais dos pais, ao seu envolvimento com a educação, ao apoio que dão aos filhos, bem como à sua competência para acompanhá-los e orientá-los. Ou seja, destaca que as desigualdades sociais pesam muito nas desigualdades escolares.

Dubet (2004) salienta ainda que, para ser justo, o modelo meritocrático de igualdade de oportunidades pressupõe: a oferta escolar igual e objetiva, ignorando as desigualdades sociais dos alunos. Assinala que as pesquisas têm demonstrado que

> [...] a escola trata menos bem os alunos menos favorecidos: os entraves são mais rígidos para os mais pobres, a estabilidade das equipes

docentes é menor nos bairros difíceis, a expectativa dos professores é menos favorável às famílias desfavorecidas, que se mostram mais ausentes e menos informadas nas reuniões. O que o leva a concluir que "a competição não é perfeitamente justa. (DUBET, 2004, p. 543)

Outro limite apontado pelo autor no modelo de igualdade de oportunidades são os sérios problemas pedagógicos que ele comporta.

> O princípio meritocrático pressupõe que todos os alunos estejam envolvidos na mesma competição e sejam submetidos às mesmas provas. Isto faz com que as diferenças se aprofundem. Na competição entre os alunos, alguns perdem, se desesperam e desanimam seus professores. Deixados de lado, são marginalizados em currículos diferenciados e ficam cada vez mais enfraquecidos. No final das contas, o sistema meritocrático cria enormes desigualdades entre os alunos bons e os menos bons. (DUBET, 2004, p. 543)

E, finalmente, questiona a própria ideia de mérito: "O mérito é outra coisa além da transformação da herança em virtude individual? Ele é outra coisa além de um modo de legitimar as desigualdades e o poder dos dirigentes?" (DUBET, 2004, p. 544).

A despeito das suspeitas em relação ao sistema meritocrático, das variadas críticas e restrições que lhe são apontadas, ele permanece na base dos sistemas escolares nacionais e constantemente é legitimado como critério objetivo na seleção das posições sociais, como forma mais justa, transparente e segura de definição dos que devem obter mobilidade social. Por meio da formação oferecida ou dos títulos concedidos, o sistema escolar atuou durante mais de um século como importante agência de seleção e distribuição de posições sociais.

Como observa Tenti Fanfani (2008), o sistema escolar moderno generaliza o título, o diploma, uma certificação garantida juridicamente pelo Estado, que parece ter um valor próprio, independentemente da cultura mesma incorporada por seus portadores. Os diplomas asseguraram às escolas tão grande poder que passaram a funcionar como "uma instituição que pode entregar uma moeda em particular: os títulos escolares" (LAHIRE, 2008, p. 37).

Por meio da distribuição dos títulos escolares, os sistemas educativos passaram a determinar, em certa medida, as posições sociais como já comentado e discutido, a partir dos argumentos de Dubet (2004). Porém, justamente pela prerrogativa dada à escola, e pelo poder conferido aos títulos escolares na obtenção do êxito social em uma sociedade fundada no trabalho, cuja regulação social esteve assentada no emprego formal e regulamentado, atribuindo aos indivíduos diferentes condições (CASTEL, 1998), é que a escola passou a ocupar o centro das discussões sobre justiça social.

Como a justiça social é uma condição e, ao mesmo tempo, uma consequência da educação, as práticas escolares revestem-se de significados que ultrapassam a realidade da própria escola. A escola, cada estabelecimento de ensino em particular, se vê implicado em um tema tão amplo, à medida que pequenas decisões, tais como quem ensina tal disciplina ou se responsabiliza por qual turma e para quem se ensina, podem determinar o futuro dos sujeitos que terão ou não acesso a determinados conhecimentos que poderiam lhe ser úteis na obtenção de posições sociais. Quem decide quais os indivíduos terão acesso aos conhecimentos? Que conhecimentos são mais apropriados às necessidades dos indivíduos que acessam a escola? Como a escola pode ser mais justa com os que são socialmente injustiçados? Essas são questões presentes no cotidiano escolar atual.

Contudo, sabemos que a possibilidade da escola de mudar os destinos de seus alunos é bastante reduzida. Como nos lembra ainda Tenti Fanfani (2008, p. 14), "se a sociedade não garante direitos básicos às pessoas, as escolas não podem cumprir bem o seu papel". As instituições são desiguais não só nos seus aspectos físicos e objetivos, mas também por uma complexidade de fatores que as envolvem. Por isso mesmo, é que para compreender o que se passa entre os muros da escola, é necessário observar fora deles.

A crise assistida entre os muros da escola é antes de tudo reflexo das mudanças que estão para além deles. Assistimos a mudanças significativas hoje na sociedade no que se refere às instituições e às práticas políticas. Tenti Fanfani (2008) observa que, a despeito da constante mudança de sentido na experiência escolar dos docentes, dos alunos e de grupos familiares, as instituições parecem permanecer do mesmo formato, conservar sua forma tradicional, demonstrando certo anacronismo. Contudo, tais mudanças refletem necessariamente sobre o espaço escolar transformando-o em outra coisa, ainda que se busque manter as mesmas regras e estruturas. O autor lembra, porém, que nem sempre foi assim e que a escola era um espaço protegido e autônomo, onde se impunham as regras da instituição, os modos de comportamento, os modos de falar, os valores legítimos.

Essa escola se foi. Ela não existe mais como um espaço consagrado, legitimado, autorizado no sentido de que era portadora dos conhecimentos válidos, da moral, dos melhores valores e, sobretudo, da promessa de um futuro promissor. Não há mais promessa. E talvez nem mesmo futuro para muitos que passaram a viver essa escola.

O filme *Entre os muros da escola*[3] retrata essa realidade. A ausência de regras comuns, aceitas universalmente, a falta de consensos mínimos sobre acordos elementares para a convivência em grupo e a indisciplina são algumas das evidências de que não há um coletivo naquela sala de aula, que muito se assemelha a milhares e milhares de outras tantas espalhadas em escolas pelo mundo. No cenário da sala de aula os particularismos afloram cheios de si, convencidos da sua autoridade de existir, ainda que em condição minoritária. E expõem o anacronismo de uma organização que insiste no predomínio da disciplina fundada na autoridade do mérito e do privilégio de determinados saberes. Esse filme, como tantos outros que retratam as dificuldades vividas no cotidiano escolar na atualidade,[4] é congruente com o que apontam as pesquisas em educação, que têm revelado o quanto essa instituição sofre e faz sofrer com sua crise. O mal-estar docente, os quadros de adoecimento dos professores revelam estreita relação com a indisciplina e a impotência dos professores diante das demandas apresentadas (ASSUNÇÃO, 2008; MARTINEZ, 2008). As situações de violência entre alunos, entre alunos e professores no espaço escolar são alguns dos sintomas dessa crise.

A escola perdeu o monopólio da inculcação da cultura legítima (LAHIRE, 2006). Hoje ela é atravessada por uma gama de valores, línguas, culturas, que cada vez mais se veem autorizadas a falar, a se apresentar, mesmo na condição de minoria, dos que estão no "entrelugar".[5] A diversidade invade a escola por meio de seus alunos; são eles os legítimos portadores das culturas que insistem em se apresentar.

Entretanto, a instituição escolar permanece tendo a distribuição dos conhecimentos socialmente valorizados como seu papel primordial, sem o que sua existência seria colocada em xeque. O que se espera da escola é que ela continue legitimando e possibilitando posições sociais; do contrário, sua função passa a ser cada vez mais desacreditada, e sua existência, ameaçada. Ao mesmo tempo, torna-se mais evidente o fato

---

[3] Título original: *Entre les Murs*. Origem: França, 2008. Direção: Laurent Cantet.
[4] Um exemplo sobre as escolas brasileiras: *Pro dia nascer feliz*. Origem: Brasil, 2006. Direção: João Jardim.
[5] Ver: conceito de entrelugar em BHABHA (1998).

de que tal distribuição é profundamente desigual, pois depende do lugar que os indivíduos ocupam na estrutura social, e essa instituição não consegue sair desse emaranhado que a envolve.

A justiça social persiste como um problema: o que propõem as políticas educativas ante a crise da escola?

Apesar da reiterada crise da escola, os sistemas escolares permanecem atuando como agências formadoras de força de trabalho enquanto promovem a socialização possível. Sua função não se restringe à qualificação para o trabalho formal, mas contempla a divisão do trabalho com a complexidade recente trazida pelo crescimento dos setores informais. Por tais razões, não se pode pensar em uma única orientação na regulação educacional na atualidade. As políticas educacionais mais recentes têm considerado isso, ou seja, em um mesmo sistema, às vezes em uma mesma escola ou mesma classe, a educação é dirigida à formação de força de trabalho e concomitantemente a escola atua como agência de assistência social. Assim, compreendida como um direito social a que todos deveriam ter acesso e um mecanismo de reprodução da força de trabalho, planejada e regulada pelo Estado, a educação pública tem-se constituído importante espaço de disputa.

Desde a Conferência Mundial sobre Educação Para Todos, realizada em Jomtien, na Tailândia, em março de 1990, a referência perseguida pelas políticas educativas, sobretudo para os países pobres e populosos do mundo, passou a ser a educação para a equidade social. O Foro Mundial sobre Educação, realizado dez anos depois em Dakar, Senegal, em abril de 2000, ratificou a necessidade de avançar na obtenção dos objetivos educativos em busca de maior equidade, definidos e estabelecidos na referida Conferência. Na América Latina e no Caribe viveu-se uma onda de reformas educativas, a partir dos anos 1990, em que os organismos internacionais vinculados à ONU tiveram forte influência na determinação das políticas nacionais. Tal influência foi exercida por meio de assistência técnica prestada aos ministérios ou na forma de empréstimos que terminaram por definir o tipo de empreendimento educativo que era orientado pelas linhas de financiamento disponíveis. Entre esses organismos, destaca-se o papel que a UNESCO e a CEPAL têm tido, estimulando a participação dos governos nacionais em projetos conjuntos, tendo por finalidade estabelecer referências comuns para as políticas educativas a ser perseguidas pelos sistemas escolares nacionais. Uma das iniciativas mais recentes levada a termo por esses organismos foi a criação, em novembro de 2002, do Projeto Regional de Educação para América Latina e Caribe (PRELAC), envolvendo ministros da educação de vários países. O Projeto estrutura-se por meio de quatro princípios básicos e cinco focos estratégicos para orientar a ação pública em educação (UNESCO, 2002). De acordo com tais princípios as políticas educativas devem:

> Passar da ênfase aos insumos e às estruturas a uma ênfase nas pessoas como agentes ativos, que através de sua própria prática produzem, modificam ou reproduzem as condições em que atuam. Assim, espera-se passar dos enfoques instrumentais a visões centradas no papel ativo das pessoas na constituição dos fenômenos sociais.
>
> Transcender a ideia de educação como mera transmissão de conteúdos e se entender como uma área consubstancial ao desenvolvimento integral das pessoas.
>
> Afirmar de modo crescente a necessidade de atender a diversidade deixando de lado os tratamentos homogêneos e homogeneizadores da população.
>
> Postular de modo crescente que a tarefa educativa é uma responsabilidade da sociedade em seu conjunto entendendo-a como una sociedade educadora, transcendendo o foco exclusivo posto nas instituições educativas como espaços educativos. (UNESCO, 2007)[6]

Observa-se que os focos propostos no documento surgem como propostas políticas que busquem atender as exigências impostas pela crise da escola discutida na primeira seção deste capítulo. A ruptura com os enfoques neoclássicos que depositaram demasiada força nos insumos é substituída por abordagens mais flexíveis em que os sujeitos (agora denominados pessoas) sejam responsáveis por suas ações. Em consequência, a educação, a aprendizagem em si, deverá contemplar a mesma abordagem, ou seja, considerar que os sujeitos (as pessoas) são portadores de individualidades, de histórias e experiências. O reforço ao reconhecimento do diverso em contraposição ao homogêneo e, por suposição, o universal, refere-se a um aspecto fundamental da organização escolar que durante décadas (ou mais de um século) foi imperante: o modelo de classes/turmas homogêneas. Por fim, é destacada a transcendência da função educativa para fora da escola: esta não deve ser mais na instituição educativa por excelência e deve reconhecer a sociedade como tal.

Esses focos têm orientado as políticas educativas em nossos países, e ao mesmo tempo são influenciados por elas. Que efeitos têm tais políticas sobre

---

[6] As citações da UNESCO (2007) foram traduzidas pela autora deste capítulo.

realidade tão complexa e momento histórico tão delicado? Essas são questões que merecem ser investigadas. Em que medida a responsabilidade pela educação antes atribuída às instituições escolares repassada agora aos indivíduos e mais particularmente à sociedade (vista agora como educadora) não estaria contribuindo para a desinstitucionalização da educação? Em que medida a desinstitucionalização da educação escolar poderia contribuir para a crise de legitimidade dos sistemas educativos? Até que ponto a responsabilização dos indivíduos (pessoas, até os docentes) pela educação (sucesso ou fracasso dos processos educativos) sem que questões objetivas tenham sido resolvidas não estariam levando à intensificação do trabalho? Considerando que os docentes são levados a se responsabilizar pelo resultado de seu trabalho, ao procurar realizar da melhor maneira suas tarefas em condições precárias, eles se esforçam além do razoável. Até que ponto seria melhor deixar que em cada estabelecimento de ensino os grupos que participam decidam segundo seus critérios e juízos o futuro das jovens gerações? Considerar a sociedade educativa e retirar da escola tal primazia não estaria contribuindo ainda mais para o enfraquecimento e a banalização dos conhecimentos e títulos escolares? A quem interessaria a desinstitucionalização da escola? Quais os ganhos que se observaria com tal desautorização? Essas questões merecem ser debatidas à luz de experiências concretas.

Por sua parte, os focos estratégicos definidos pelo PRELAC enfatizam a necessidade de organizar a ação pública em torno dos seguintes temas:

> Os conteúdos e as práticas da educação para construir sentidos acerca de nós mesmos, dos demais e do mundo em que vivemos.
>
> Os docentes e o fortalecimento de seu protagonismo na mudança educativa para que respondam às necessidades de aprendizagem dos alunos.
>
> A cultura das escolas para que se convertam em comunidades de aprendizagem e participação.
>
> A gestão e a flexibilização dos sistemas educativos para oferecer oportunidades de aprendizagem efetiva ao longo da vida.
>
> A responsabilidade social pela educação para gerar compromissos com seu desenvolvimento e seus resultados. (UNESCO, 2007)

Tais princípios e focos estratégicos são justificados pelos seus nexos com as ideias contemporâneas sobre a ação social e a educação; por isso mesmo constituem referências básicas para avaliar o progresso educativo.

Segundo o documento citado, partindo da análise da situação educativa na região, o PRELAC pretende perceber em que medida se está avançando para obter uma educação de qualidade para todos; isto é, em que medida se está assegurando o direito das pessoas a uma educação tal e como a descreve o artigo 26 da Declaração Universal dos Direitos Humanos:

> Toda pessoa tem direito à educação. A educação deve ser gratuita, ao menos no que é concernente a instrução elementar e fundamental. A educação elementar será obrigatória. A instrução técnica e profissional deverá ser generalizada; o acesso aos estudos superiores será igual para todos, em função dos méritos respectivos.
>
> A educação terá por objeto o pleno desenvolvimento da personalidade humana e o fortalecimento do respeito aos direitos humanos e às liberdades fundamentais; favorecerá a compreensão, a tolerância e a amizade entre todas as nações e todos os grupos étnicos e religiosos, e promoverá o desenvolvimento das atividades das Nações Unidas para a manutenção da paz.
>
> Os pais terão direito preferencialmente a escolher o tipo de educação que haverá de dar-se a seus filhos. (NAÇÕES UNIDAS, 1948 apud UNESCO, 2007)

Observa-se que direito à educação e qualidade educativa na América Latina e no Caribe se confundem na compreensão do PRELAC. Garantir a todas as pessoas o acesso à educação, como está disposto no artigo 26, pressupõe desenvolver no âmbito desses países condições objetivas equânimes que permitam aos pobres usufrui, de uma escola menos pobre, portanto dessa feita, menos injusta. A realidade latino-americana é bastante diversificada no que se refere ao atendimento educacional, mas sabemos que uma escola pública, mantida pelo Estado, que seja ao mesmo tempo justa para os que aprendem e para os que nela ensinam ainda é uma conquista muito distante na maioria dos países da região. Ao contrário de políticas que busquem promover ações em condições de igualdade às escolas, o que se observa é o recurso recorrente à diferenciação. A gestão centrada no nível local busca justamente fomentar a diferenciação.

As políticas educacionais atuais revestem-se cada vez mais de caráter social/assistencial e adotam como modelo de gestão a descentralização e a participação no nível local. A governança é apontada como estratégia de gestão, justamente por possibilitar arranjos no nível local no desenvolvimento da ação pública. Segundo Delvaux (2007) o termo *governance* surgiu no bojo das políticas orientadas pelo Banco Mundial, em oposição ao termo governo, que está fortemente marcado pelo adjetivo estatal. Ele se apresenta como uma nova maneira de governar rompendo com formas tradicionais, hierárquicas e verticais.

Em contrapartida, a teoria da regulação pressupõe que o funcionamento das sociedades se estabelece a partir de uma regulação social constituída por equilíbrios mantidos e renovados, bem como por tensões, rupturas e contradições provocadas pela multiplicidade de instâncias e de atores sociais implicados e pela pluralidade de estratégias sociais na execução (Oliveira, 2009; Delvaux, 2007; Barroso; 2004). Dessa maneira, a ação pública implementada de forma descentralizada, envolvendo diferentes atores da sociedade civil, pode levar a uma complexificação do processo de execução que, em última instância, pode significar a perda de garantia de critérios e formas de gestão que sejam de fato públicos, no sentido de que expressem os interesses mais amplos e se constituam como um bem comum. A ação pública, à medida que é descentralizada para o nível local e envolve atores de fora do Estado na sua consecução, pode se traduzir em particularismos e resultar em que seja ela mesma cada vez menos estatal e cada vez menos pública.

Segundo ainda o documento do PRELAC (2007), o ponto de partida de tais políticas se traduz em um entendimento de que a educação de qualidade é aquela que garante o direito à educação, abordando exitosamente aspectos vinculados a:

> **Relevância** da aprendizagem das pessoas. Essa dimensão de análise refere-se à necessidade de que as experiências educativas estejam orientadas e assegurem o desenvolvimento de aprendizagem que efetivamente habilite as pessoas para a vida contemporânea. Daqui se deriva que, para dar conta do estado da situação educativa da região, deve-se observar em que medida as experiências educativas permitem o desenvolvimento de aprendizagem vinculada com a identidade das pessoas (aprender a ser), a capacidade para o entendimento mútuo, a valorização e a prática da convivência harmônica e democrática (aprender a conviver), a habilitação das pessoas para a aprendizagem contínua ao longo da vida (aprender a conhecer), assim como a habilitação dos sujeitos para se empreender nos diversos âmbitos da vida (aprender a fazer).
>
> **Pertinência** das experiências educativas. Essa dimensão de análise refere-se à flexibilidade das experiências educativas de tal sorte que se ajustem às condições particulares das pessoas, valorizem a diversidade e suscitem espaços de participação.
>
> **Equidade** educativa. O caráter universal de um Direito Humano fundamental torna peremptório considerar em que medida o direito se faz efetivo para todos, já que de outra forma se nega seu caráter universal. O fato de ser definida como um direito torna a educação um objeto próprio da ação pública e, neste sentido, a ação estatal

cobra particular importância. Isso leva à necessidade de considerar em que medida a operação pública por meio das políticas e sistemas educativos permite:

Alcançar objetivos centrais da política educativa traduzidos em metas específicas; isto é, em que medida a operação pública obtém **eficácia**. Esse âmbito refere-se ao alcance de metas concretas como, entre outras, a expansão da atenção integral à primeira infância, o acesso e a conclusão universal da educação primária, a garantia do alcance de aprendizagem dos alunos;

Desenvolver de ações com vistas na necessidade de honrar os recursos que a coletividade destina à tarefa pública, isto é, em que medida a operação pública é **eficiente**. (UNESCO, 2007)

O enfoque apresentado pelo documento citado e comentado apresenta uma visão da situação educacional supostamente fundada em uma perspectiva de direitos. Contudo, a concepção de direito universal que informa essas orientações políticas não parece ser a mesma que orientou a Declaração dos Direitos Humanos. Ao reafirmar os pilares da educação para o século XXI[7] e sugerir como modelo de gestão pública a implementação de ações para atingir as cinco dimensões descritas, o PRELAC demonstra que uma educação para todos, como aquela que promove a equidade, porque contempla a diversidade, tem sido cada vez menos uma educação pública que garanta igualdade de acesso, sobretudo de condições objetivas e subjetivas, a um direito universal, a educação pública como um bem comum.

Ao mesmo tempo observa-se que o reforço à gestão descentralizada, com forte ênfase na participação local, pressupõe muitas vezes que os arranjos locais permitam a consecução das políticas. Entretanto, as condições objetivas variam de país para país e no interior deles, de região para região, o que resulta em que a busca pela equidade muitas vezes promova a desigualdade (ou desequilíbrios) no seio do próprio sistema, afetando a oferta educativa. A busca de maior eficiência do sistema sem as necessárias adequações das condições objetivas às novas demandas e sem que questões estruturais sejam reparadas (desequilíbrio na distribuição de renda, altos níveis de desigualdade social e os problemas dela decorrentes, tais como fome, violência; desemprego, etc.) estimula estratégias que podem pôr em risco a própria credibilidade do sistema educativo. As políticas de ajuste dos fluxos escolares, em muitos casos, surgidas de um consenso na perspectiva apontada por Derouet (2004) entre a "crítica social" e a "administração",

---

[7] Cf: DELORS, 1998.

ou seja, da denúncia de uma estrutura altamente autoritária e excludente, fundamentada no mérito, levou à adoção em grande medida, de modelos de organização escolar flexíveis, onde se tem a impressão de que o menos importante é o que se ensina e o que se aprende, já que os alunos progridem independentemente do seu desempenho.

Em nome ainda da equidade, a busca de efetividade das políticas levou a um sistema que parece estar mais preocupado com o acesso e a manutenção do aluno dentro da escola do que com as finalidades educativas, ou seja, a "permanência a todo custo". Aqui talvez não seria demais lembrar outro filme *Nenhum a menos*.[8]

Em meio a essa crise real, constata-se a carência de propostas políticas que realmente tenham força para mudar a situação para melhor. As evidências empíricas parecem pouco eficazes no sentido de apontar possíveis saídas. A situação é complexa e, esperamos, transitória, mas reflete sem dúvida uma contradição maior, estrutural que pode não se resolver nos marcos do capitalismo. A questão proposta por Marshall persiste a despeito da atualidade de uma suposta antecipação da resposta dada por Marx, em *A questão judaica*: "A desintegração do Homem no judeu e no cidadão, no protestante e no cidadão, no homem religioso e no cidadão, não é uma mentira contra a cidadania, não é a evasão da emancipação política, mas, sim, a própria emancipação política, o modo político de emancipação da religião". Esse é o limite com o qual teremos de conviver no reino de uma justiça social ancorada no exercício da cidadania.

Referências

ASSUNÇÃO, A. A. Salud y condiciones de trabajo em las escuelas públicas. In: OLIVEIRA, D. A. *Políticas educativas y trabajo docente em América Latina*. Lima (Peru): UCH-Fondo Editorial, 2008.

BARROSO, J. Os novos modos de regulação das políticas educativas na Europa: da regulação do sistema a um sistema de regulações. *Educação em Revista*, Belo Horizonte: Faculdade de Educação da UFMG, n. 39, p. 53-71, 2004.

BHABHA, H. *O local da cultura*. Belo Horizonte: Ed. UFMG, 1998.

CARNOY, M.; LEVIN, H. *Escola e trabalho no estado capitalista*. São Paulo: Cortez, 1993.

CASTEL, R. *As metamorfoses da questão social: uma crônica da questão social*. Petrópolis: Vozes, 1998.

---

[8] Filme *Nenhum a menos*. Origem: China. Direção: Zhang Yimou. 1998.

DELORS, J. *Educação: um tesouro a descobrir*. São Paulo: Cortez; Brasília: MEC, UNESCO, 1998.

DELVAUX, B. L'action publique, ou analyser la complexité. Revue de la littérature (partie 4). *Knowledge and Policy in education and health sectors*, Brussels, p. 60-88, Jun. 2007.

DEROUET, J. L. A sociologia das desigualdades de educação numa sociedade crítica. *Sociologia*, Lisboa, n. 45, p. 131-143, maio 2004.

DUBET, F. O que é uma escola justa? *Revista Cadernos de Pesquisa*, São Paulo: FCC, v. 34, n. 123, p. 539-555, dez. 2004.

LAHIRE, B. Cultura escolar, desigualdades culturales y reproducción social. In: TENTI FANFANI, E. *Nuevos temas em la agenda de política educativa*. Buenos Aires: Siglo Veintiuno Editores, 2008.

MARSHALL, T. H. *Cidadania, classe social e status*. Rio de Janeiro: Zahar, 1967.

MARTINEZ, D. Estudios del trabajo docente. In: OLIVEIRA, D. A. *Políticas educativas y trabajo docente em América Latina*. Lima (Peru): UCH-Fondo Editorial, 2008.

MARX, K. Estado e Sociedade. In: IANNI, O. (Org). *Karl Marx: sociologia*. São Paulo: Ática, 1984.

OLIVEIRA, D. A. *Educação básica: gestão do trabalho e da pobreza*. Petrópolis, Vozes, 2000.

OLIVEIRA, D. A. Gestão das políticas públicas educacionais: ação pública, *governance* e regulação. In: DOURADO, L. F. *Políticas e gestão da educação no Brasil: novos marcos regulatórios?*. São Paulo: Xamã, 2009.

PETITAT, A. *Produção da escola, produção da sociedade. Análise sócio-histórica de alguns momentos decisivos da evolução escolar no ocidente*. Porto Alegre: Artes Médicas, 1994.

TENTI FANFANI, E. *Nuevos temas em la agenda de política educativa*. Buenos Aires: Siglo Veintiuno Editores, 2008. Introducción: Mirar La escuela desde afuera.

UNESCO. *Situación educativa de América Latina y el Caribe: garantizando la educación de calidad para todos*. Santiago (Chile): PRELAC/OREAL/UNESCO, 2007.

Capítulo 2
Entre a recuperação dos saberes oriundos da crítica e a construção dos padrões do "management" liberal: pesquisa, administração e política na França de 1975 a 2005

Jean-Louis Derouet

Tradução de
Guilherme João de Freitas Teixeira

Introdução

Em 1983, ao delinear a história das relações entre as ciências sociais e "o ministério" na área da educação, Viviane Isambert-Jamati chegava à conclusão de que havia uma ignorância recíproca (BERTHELOT; FORQUIN; ISAMBERT-JAMATI; TANGUY, 1984). Em 2003, Franck Poupeau denunciou a "sociologia de Estado" implantada, concomitantemente ao liberalismo. Apesar da diferença de natureza, essas duas argumentações constituem os limites entre os quais é possível situar uma reflexão sobre as relações entre ciência e política, que evidentemente sofreram mudanças nos últimos trinta anos. A União Europeia tem financiado "reservatórios de ideias" (*think tanks*), que têm promovido o novo referencial de formação ao longo da vida; um novo gerenciamento (*management*) que se apoia nas ciências sociais para construir seus indicadores de monitoramento e avaliação. Por sua vez, a recente Lei de Diretrizes refere-se a um relatório confiado a Claude Thélot, grande *passeur* que tem assegurado a tradução dos resultados da pesquisa para as decisões políticas.

O objetivo deste artigo consiste em estabelecer algumas balizas para começar a escrever a história dessa evolução. Em primeiro lugar, destacam-se alguns referentes fatuais: a criação da Direção de Avaliação e de Prospectiva (Direction de l'Évaluation et de la Prospective – DEP), em 1996 constitui um momento relevante; a Declaração de Sorbonne (1998)[1] e, logo

---

[1] Em maio de 1998, os ministros da educação da Alemanha, França, Itália e Reino Unido assinaram em Paris a Declaração de Sorbonne sob a perspectiva de constituição de um Espaço Europeu de Ensino Superior.

depois, a Cúpula de Lisboa dos Estados-Membros da União Europeia (2000)[2] anunciam uma mudança de referências. Com efeito, as novas palavras de ordem, baseadas em resultados de pesquisa, têm surgido em escala europeia e a partir de uma perspectiva de concorrência entre os países europeus. Em seguida, alguns elementos teóricos: a operação contranatural de transferir conhecimentos construídos em determinado universo para outro. Os conceitos elaborados em uma esfera específica – e, portanto, em função dos desafios que seus integrantes terão de enfrentar – devem ser parcialmente desconstruídos e reproblematizados para adquirir sentido em outro meio. Segundo parece, impõe-se o aprofundamento dos conceitos forjados pela sociologia da ciência para que, assim, possam ser aplicados na área da educação e da formação: produção de conhecimentos pela ação (DARRÉ, 1999), recuperação da experiência (ODDONE et al., 1977), espaço de participação nos lucros e sociologia da tradução (LATOUR, 1984; CALLON, 1986), reproblematização (MARTINAND, 2000) e *passeur* (DEROUET, 2002).

Qualquer estudo sobre as relações entre ciência e política na área da educação insere-se no debate relativo ao *status* da pedagogia que, por ser um "misto de teoria e de prática", reivindicou durante muito tempo sua capacidade para responder de maneira rápida e operacional às indagações tanto dos docentes quanto dos atores da vida política. Em virtude de sua posição intermediária, ela parte do pressuposto de que a questão sobre a transferência, abordada a partir da metáfora da mancha de óleo, já está resolvida. Assim, a longa caminhada até a criação do colégio único[3] – aliás, o grande problema da V República[4] (GÉMINARD, 1983) – apoiou-se em uma solicitação dirigida ao Instituto Pedagógico Nacional: testar em uma amostra restrita a alguns estabelecimentos uma nova organização que tivesse condições de ser generalizada em seguida. O protesto suscitado pela publicação do Relatório Legrand, em 1982, mostrou que esse movimento era contestado. Suas proposições não haviam convencido nem os docentes, nem a esfera científica: no quadro esboçado por Viviane Isambert-Jamati,

---

[2] Países da Europa e África realizaram a Cúpula de Lisboa no Cairo, com o objetivo de estabelecer novas formas de cooperação em assuntos como meio ambiente, educação, desenvolvimento energético, comércio, cooperação regional, fluxos migratórios, paz e segurança.

[3] Implementado em 1975, com o objetivo de acolher todos os alunos da classe de 6e a de 3e [aproximadamente 5ª até 8ª série], no mesmo tipo de estabelecimento, oferecia-lhes um ensino idêntico a fim de ampliar e democratizar o acesso à educação. Além da definição insuficiente de suas metas, o debate sobre o *collège unique* incide sobre a difícil gestão da heterogeneidade dos alunos e sobre o balanço controverso da democratização do ensino. (N.T.).

[4] Vigente desde a promulgação da nova Constituição Francesa em 1958. (N.T.).

esse estudo nem é classificado entre as ciências sociais da educação. Um dos mais brilhantes discípulos de Isambert-Jamti, Gabriel Langoüet, chegou mesmo a dedicar sua tese a uma análise crítica dos resultados desse Relatório (1985); essa foi também a posição das ciências da educação, ou seja, a nova disciplina que surgiu em 1967.

Daí esta outra opção: estabelecer a separação entre ciência e práticas para preservar a exterioridade necessária para o conhecimento e, em seguida, pensar a transferência como uma questão específica. Apesar de seu acolhimento não ter sido unânime, essa proposição tem inspirado um grande número de reflexões contemporâneas. Qual seria o dispositivo adequado para garantir a transferência: Centro de Recursos, Conferência de Consenso, Polo de Competência, Fórum Híbrido (CALLON; LASCOUMES; BARTHE, 2001)? Quais seriam as competências do *passeur*? O que se deve pensar da hipótese de ciências de transferência? Etc.

Nossa tentativa vai consistir, portanto, em delinear esse percurso, associado a uma evolução política. Na década de 1960, as organizações internacionais preconizavam um modelo compreensivo: reunir todas as crianças até 15 ou 16 anos em uma única modalidade de escolarização com o mesmo currículo. Desde o final do século XX, esses organismos estão retornando ao modelo anterior: uma formação de excelência no seio de redes internacionais destinada à elite; e, para a mão de obra, o retorno aos saberes de base (*Back to Basis*). A reviravolta ocorreu em 1983 com a publicação do relatório *A Nation At Risk* nos EUA. É necessário, antes de mais nada, compreender essa mudança de orientação e, em seguida, explicar o modo como ela atingiu a França, que, sem nunca ter estado isolada das influências internacionais, havia interpretado e reformulado, à sua maneira, e até uma data recente, tais influências. Aliás, a França perdeu essa capacidade no final do século XX.

Os historiadores conhecem a dificuldade em estabelecer periodizações: verifica-se o cruzamento de vários fatores, cada qual com sua própria racionalidade e cronologia. As referências de um período não se opõem necessariamente às características da época precedente; elas podem proceder também por deslocamentos. Apesar do uso das mesmas palavras, seu sentido é diferente (TANGUY, 2005); portanto, deve ser empreendido um estudo – difícil de ser elaborado sem o devido recuo – para identificar as implicações de cada formulação e de cada período. É possível, porém, distinguir três fases: iniciada na década de 1970, a fase de pesquisa prolongou-se, sob diferentes formas até a Lei de Orientação, votada em 1989, a partir da proposição de Lionel Jospin (ministro da Educação, entre 1988 e 1992). Para retomar uma metáfora de António Nóvoa (LAWN; NÓVOA, 2005), pode-se falar, nesse período, de política "em estado gasoso": os relatórios encomendados pelo governo tinham o objetivo de encontrar um ajuste depois de um período em que a amplitude da crítica havia conseguido estilhaçar os consensos que tinham chegado a um acordo no plano nacional, em particular, sobre o ideal de igualdade das oportunidades. Tendo a pretensão de regulamentar a atividade da educação, todos os princípios encontravam-se, portanto, em pé de igualdade: interesse geral, integração comunitária, eficácia, amor pelas crianças, satisfação dos consumidores, etc. A solução proposta passava por uma desconcentração e por uma descentralização parcial. Apesar de se encontrar, no plano filosófico, em patamar de igualdade, nem todos os princípios dispunham dos mesmos recursos para enfrentar uma situação. Nesse caso, os gestores consideraram a possibilidade de harmonizar o sistema educacional a partir de uma série de consensos locais, todos diferentes, mas inscritos na mesma moldura (DEROUET, 2002a). Isso não impediu a propagação do receio de que a autonomia dos estabelecimentos poderia implicar a fragmentação do serviço público; para isso tal política exigia um acompanhamento. Como é que os estabelecimentos podem respeitar os programas nacionais e, ao mesmo tempo, levar em consideração alunos que, às vezes, estão distantes do antigo acervo cultural, pressuposto por esses programas? A administração central tinha necessidade de um observatório para monitorar esse trabalho.

Essa missão foi assumida pela recém-criada DEP; essa diretoria tentou construir um sistema que, para retomar a expressão forjada por Bruno Latour (1984) "encerra uma caixa preta". Esse sistema transferia os resultados da pesquisa para os decididores, além de construir indicadores de monitoramento tanto para a administração central, quanto para os atores da educação. Ao proceder desse modo, ele contribuía para forjar a imagem que a sociedade tem de si mesma e de seu sistema educacional. Ao difundir a informação, ele delineava a moldura no interior da qual era elaborada a decisão política que concomitantemente orientava a pesquisa por suas subvenções. Esse trabalho realizava-se a partir de uma tradição herdada dos grandes instrumentos do Estado-Providência: o INSEE ou o CGP.[5] Apesar de estar aberto às comparações internacionais, ele esperava

---

[5] CGP é a sigla de "Commissariat général au Plan": instituição francesa que, desde 1946 até 2006 – data em que foi substituída pelo "Centre d'Analyse Stratégique" (Centro de Análise Estratégica) –, foi incumbida de definir o planejamento econômico do país. Por sua vez, INSEE

manter sob controle suas conclusões e traduzi-las no contexto francês. Esse sistema foi desmontado durante o período (1997-2000) em que o ministério da Educação foi confiado a Claude Allègre: em parte, porque o ministro não suportava o magistério exercido pela DEP e, sobretudo, porque ele desejava lançar o sistema francês no grande espaço da concorrência internacional. Verificou-se uma forte convergência entre seu objetivo, que consistia em "cortar as gorduras", ou seja, lutar contra a burocracia e os corporativismos, por um lado, e, por outro, abrir-se ao mercado. A expressão mais cristalina dessa política é a Declaração da Sorbonne, ocorrida um ano antes da Cúpula de Lisboa, que se ocupou do ensino superior. Vários países europeus adotaram um sistema, que, para permitir a circulação dos estudantes, atribuiu créditos padronizados às aprendizagens. Nesse caso, os certificados passados por uma universidade francesa podem ser acumulados com outros certificados obtidos em Oxford, Salamanca ou Milão, com a condição evidentemente de que os estabelecimentos disponham de departamentos da mesma categoria. Portanto, esse sistema introduzia as universidades francesas em um funcionamento de concorrência.

A partir daí, a França penetrava em outro espaço que dispunha também de outro sistema de valores. Se o objetivo consistia em manter a posição do país em uma competição internacional, nesse caso, a preocupação com a igualdade implicava o risco de perder tudo o que havia sido construído;. Em compensação, se o país conseguisse manter sua competitividade, todo o mundo se beneficiava... mesmo que o proveito de alguns fosse superior ao dos outros. Para a França, o acesso a esse sistema abria um período "sob influência" e, ao mesmo tempo, de incerteza: (1) "sob influência" – em decorrência da Declaração de Lisboa, a França deveria prestar contas aos outros países europeus sobre os desempenhos de seu sistema educacional; e (2) de incerteza – por ser difícil orientar-se em um universo composto por uma multiplicidade de referências e de parceiros.

Esse percurso reivindica os resultados da pesquisa, o que leva a formular, como conclusão, outros questionamentos: considerando que a pesquisa não é unívoca, mas trata-se de um universo diversificado, permeado por

---

é a sigla de "Institut National de la Statistique et des Études Économiques" (Instituto Nacional de Estatísticas e Estudos Econômicos), que coleta e publica informações sobre a economia e a sociedade francesas, realizando periodicamente o censo da nação, ou seja, desempenha um papel semelhante ao do IBGE. (N.T.).

oposições, o que deve ser adotado, e descartado? E como ocorre a reformulação do sentido de seus resultados?

1971-1989. Recuperar os resultados da crítica das décadas de 1960 e 1970 para transformá-los em um programa de governo

Em 1983, Viviane Isambert-Jamati chamava a atenção para uma estranha convergência que colocava os políticos e os pedagogos lado a lado. Desde a década de 1960, eles se empenharam em instalar um dispositivo, o colégio único, considerado por eles como a pedra angular da democratização do sistema educacional. Nesse caso, interessava-lhes sobremaneira ignorar as análises dos sociólogos, que haviam demonstrado que o problema fundamental incidia não sobre o dispositivo, mas sobre a definição dos conteúdos – ou seja, a linguagem (BOURDIEU; PASSERON, 1964; BOURDIEU; DE SAINT-MARTIN, 1975) – e sobre o que mais tarde outros pesquisadores designaram de relação com os saberes (CHARLOT, BAUTIER; ROCHEX, 1992).

No momento em que Viviane Isambert-Jamati apresentava seu estudo, a situação mostrava sinais de ter começado a evoluir: as decisões dos anos 1981-1982 (autonomia dos estabelecimentos, Zonas de Educação Prioritária [ZEP],[6] etc.), seguidas pelo Plano de Modernização do Serviço Público proposto por Michel Rocard,[7] estavam amplamente respaldadas nos resultados das ciências sociais. Por um lado, os estudos empreendidos pela sociologia das organizações: crítica contra a burocracia, contra a centralização, contra o corporativismo dos funcionários, etc. (CROZIER, 1963); além disso, Dominique Paty – que acabava de defender uma tese no Centre de Sociologie des Organisations,[8] sobre a diversidade dos estabelecimentos em um sistema que, aparentemente, era centralizado (1981) – foi nomeado

---

[6] No início dos anos de 1980, o governo socialista recém-eleito instituiu uma política de discriminação positiva no sistema educacional, definindo Zonas Geográficas Prioritárias (ZEPs), localizadas em bairros "problemáticos" (geralmente periferias), nas quais as escolas e os próprios bairros poderiam se beneficiar de uma série de recursos adicionais para compensar suas situações de desvantagem relativa. (N.T.).

[7] Político francês (1930-) que ocupou o cargo de primeiro-ministro (1988-1991) no início do 2º septenato do presidente socialista, François Mitterrand. (N.T.).

[8] Centre de Sociologie des Organisations foi fundada por Michel Crozier no início dos anos sessenta, tem sua origem na Escola Francesa da Sociologia das Organizações.

assessor junto da Diretoria dos Colégios. E, por outro lado, os trabalhos elaborados pela sociologia da reprodução: denúncia da "indiferença às diferenças", da cumplicidade dos docentes com a cultura dominante, etc. E, sobretudo, a principal novidade era a descoberta divulgada pela filosofia da justiça anglo-saxônica (RAWLS, 1971): a igualdade não consiste em dar a mesma coisa a todo o mundo, mas a cada um segundo suas necessidades. Portanto, é possível que existam desigualdades justas (tratar desigualmente os desiguais de modo a alcançar a igualdade).

Esse primeiro movimento abrange o conjunto das décadas de 1970 e de 1980, antes e depois da eleição de François Mitterrand. Tendo saído da crise de 1968 mais desamparada que a direita – no mínimo, esta podia contar com os votos do "partido do medo" –, a esquerda só teria chances de chegar ao poder se recuperasse as críticas radicais do movimento de 1968 para transformá-las em programa de governo. Esse trabalho foi elaborado no decorrer da década de 1970, mas ainda não havia terminado quando François Mitterrand foi eleito em 1981. Aliás, era preferível que essa tarefa estivesse inacabada: a mobilização exigia que continuasse existindo uma parte de utopia. Assim, ela se desenrolou em círculos discretos (clubes, *Commissariat général au Plan*)[9] e na CFDT;[10] desse modo, é que surgiu "a 2ª esquerda" com o objetivo de encontrar um acordo entre o ideal de autogestão e a crítica contra o Estado, que preconizava a introdução da economia de mercado, sob controle, do serviço público (CROZIER, 1987). Tendo prosseguido após a chegada da esquerda ao poder, essa pesquisa implicou a encomenda de uma série de relatórios – "Relatório De Peretti" (1982) sobre a formação dos docentes; "Relatório Legrand" sobre os colégios (1982); e "Relatório Prost" sobre os liceus (1983) – que foram incapazes de suscitar um acordo em relação às suas proposições; além disso, algumas lacunas tornaram-se manifestas. No momento em que Alain Savary (ministro da Educação entre 1981 e 1984) implementou a renovação dos colégios, Louis Legrand fez a seguinte declaração: "O ministro adotou a totalidade de minhas proposições, salvo o essencial". Do mesmo modo, o Diretor dos Liceus, Claude Pair, hesitou em mandar publicar o relatório preparado por Antoine Prost sobre o futuro desses estabelecimentos.

---

[9] Commissariat général du Plan (CGP) foi uma instituição francesa que existiu entre 1946 e 2006 e foi responsável pela definição do planejamento econômico do país.

[10] Sigla de Confédération Française Démocratique du Travail, organização sindical francesa que se formou em 1964, a partir da CFTC (Confédération Française des Travailleurs Chrétiens), criada em 1919 e reivindicando a orientação da doutrina social cristã. (N.T.).

Todo esse processo culminou com o protesto contra a tentativa de integrar o ensino particular a um grande serviço público de educação. Tal manifestação social teve como consequência a demissão de Alain Savary que foi substituído por Jean-Pierre Chevènement, cuja mensagem foi bastante diferente: ele tentou também "pôr fim à brincadeira" que havia começado em 1968; mas, dessa vez, serviu-se de uma chamada à ordem e à autoridade do saber (MILNER, 1984). Essa mensagem teve o mérito de colocar em evidência o aspecto essencial – a definição dos conteúdos do ensino, além de ter sido bem acolhida pela opinião pública. Apesar disso, o apelo para retornar à ordem antiga, por si só, foi insuficiente para conseguir a harmonização do sistema: primeiro, porque sua inexistência ficou demonstrada pelos trabalhos dos historiadores; depois, porque ninguém seria capaz de apagar 30 anos de atividade crítica. Como na "lenda medieval", a ferida só podia ser curada pela lança que a havia infligido. Foi talvez por isso que François Mitterrand encomendou um relatório ao Collège de France[11] por estar ciente de que seu principal redator seria Pierre Bourdieu, que de fato fez várias proposições (COLLÈGE DE FRANCE, 1985): em relação aos conteúdos, o objetivo consistiria em que, nos programas de todas as disciplinas, fosse introduzido o relativismo sob controle, ou seja, a característica própria das ciências sociais; por sua vez, no plano da organização, a introdução de uma parte regulada e sob controle de concorrência entre os estabelecimentos foi apresentada como um fator não só de eficácia mas também de igualdade.

Baseado nesse Relatório, Lionel Jospin sentiu suficiente firmeza para propor uma Lei de Orientação. Após o trabalho crítico, tornou-se impossível encontrar um entendimento no plano nacional: todos os princípios suscetíveis de servir como referência para a ação educativa – igualdade, eficácia, inserção comunitária, amor pelas crianças, etc. – estavam em pé de igualdade e se denunciavam mutuamente; qualquer tentativa para reduzir essa complexidade seria percebida como uma ameaça de totalitarismo. Todavia, nem todos os princípios se adaptavam da mesma forma à gestão de uma situação; daí, a ideia de promover acordos locais, todos diferentes, mas orientados por uma intenção de interesse geral.

---

[11] Estabelecimento público de ensino e de pesquisa criado, em 1529, por Francisco I para ministrar disciplinas, que na época ainda não haviam sido aceitas na Universidade. Cf. CATANI, A. M.; MARTINEZ, P. H. (Orgs.) *Sete ensaios sobre o Collège de France*. 2. ed. São Paulo: CORTEZ, 2001 (Coleção "Questões da nossa época", 72). (N.T.).

Que balanço tirar desse trabalho? Certamente, ele operou numerosos deslocamentos: assim, no plano político, ocorreu a tentativa de transformar os ideais de autogestão em programa de governo. Por exemplo, numerosos comentaristas abordaram, jocosamente, a maneira como a Lei de Orientação havia retomado a palavra de ordem dos pedagogos – "colocar a criança no centro" da ação educativa – para transformá-la em "colocar o aluno no centro" do sistema educacional (RAYOU, 2000). Outro deslocamento passou quase despercebido: durante o período em que Alain Savary permaneceu no ministério, a autonomia dos estabelecimentos era apresentada como um recurso destinado, por um lado, a tornar o ensino mais próximo das famílias populares e, por outro, a procurar os alunos "nos lugares em que eles se encontravam", ou seja, para alguns deles, longe da escola. Essa medida assumiu rapidamente um sentido gerencial: tratava-se de racionalizar a organização de maneira que, servindo-se dos mesmos recursos, ela viesse a obter melhores resultados. A Lei de Orientação homologava outra concepção: o equilíbrio do sistema baseava-se na adequação entre o projeto de uma família e o projeto de um estabelecimento. Esse foi, aliás, o princípio da proposição de governança adotada pelas organizações internacionais; atualmente, esse movimento prolonga-se pela constituição de redes de estabelecimentos, às vezes, internacionais, correspondendo a clientelas diferentes. Que julgamento fazer sobre essa corrente de tradução? Trata-se da tensão bem conhecida *traductor-traditor*? Ou de outra coisa que estaria relacionada com a manipulação? Por enquanto, carecemos de recuo suficiente para tomar posição.

A "caixa preta" bem trancada:
a DEP e o magistério de Claude Thélot

Jean-Pierre Chevènement, ministro de 1984 a 1986, havia lançado uma palavra de ordem – "levar 80% de uma geração ao nível do *baccalauréat*"[12] – que obteve um grande sucesso. Tendo herdado tal missão, seu sucessor, René Monory,[13] foi obrigado a se questionar sobre a possibilidade de sua concretização: qual era a implicação desse objetivo em matéria de contratação de docentes e de construção de estabelecimentos?

---

[12] Ou, na forma abreviada, "bac": designa, ao mesmo tempo, os exames e o diploma conferido ao final do Ensino Médio. (N.T.).

[13] Desempenhou seu cargo no período de 1986-1988, tendo feito parte do ministério do primeiro-ministro de direita Jacques Chirac. (N.T.).

E de onde viriam os recursos financeiros? Esse questionamento constituiu a oportunidade para concluir o trabalho iniciado na década de 1970: transformar o antigo serviço de estatística administrativa do ministério da Educação Nacional em uma Diretoria capaz de acompanhar as evoluções do sistema educacional e de refletir sobre seu futuro. Para enfrentar a massificação, o ministério havia desenvolvido um serviço destinado a fazer uma estimativa do número de docentes, de metros quadrados, etc. necessários para o acolhimento dos novos alunos; aliás, no decorrer da década de 1970, tal serviço acabou desempenhando o papel de avaliação. A implementação do colégio único, na reabertura do ano letivo de 1977, prometia "as mesmas oportunidades nas pastas de todos os alunos", ou seja, o fim das desigualdades assinaladas pelos sociólogos; para verificar essa hipótese (SEIBEL, 1984), era necessário acompanhar uma amostra representativa, o que implicava o recurso a novas competências. Alain Darbel e, em seguida, Claude Seibel, eram dotados de três características: como administradores do INSEE, dominavam as técnicas das pesquisas de grande envergadura; amigos de Pierre Bourdieu, conheciam perfeitamente a sociologia das desigualdades na área da educação; por último, altos funcionários, eram capazes de traduzir seus saberes em termos acessíveis para a administração central. Foi criado um organismo que, sucessivamente, teve várias denominações (SEIS, SIGES, etc.; VOGLER, 2005). Sua importância tornou-se decisiva a partir do ministério de Christian Beullac (1978-1981): empresário, ele sentiu a necessidade do apoio de um gabinete de estudos; no entanto, essa ampliação do organismo não foi suficiente para constituir uma Direção-Geral, e, por conseguinte, Claude Seibel foi transferido para outras funções. Após um período de transição, essa evolução concluiu-se em 1986 com a nomeação de Jean-Pierre Boisivon.

Durante o período em que Lionel Jospin foi ministro, a DEP foi incumbida de um grande número de pesquisas. Sob a ameaça de perder o controle dos estabelecimentos que haviam adquirido sua autonomia, a administração central teve necessidade de instaurar um sistema destinado a verificar que os colégios e os liceus respeitavam as normas emanadas do ministério. Era importante também superar o conflito desencadeado pelo livro de Milner (1984) e combater as afirmações catastrofistas, tais como "os jovens não sabem mais nada", "30 ou 40% dos alunos chegam ao colégio sem saber ler", etc. A Lei de Orientação de 1989 previa, portanto, uma avaliação dos conhecimentos dos alunos nos níveis-chave do sistema educacional: fim do 1º ciclo do ensino elementar (*CE2*), acesso ao colégio

(6e) e entrada no liceu (*seconde*).[14] Além disso, ela tentava conferir um sentido pedagógico a essa operação: a avaliação realizava-se na reabertura das aulas, e os resultados eram entregues aos professores para que pudessem adequar seu planejamento para o ano letivo. De acordo com a pesquisa de nossa equipe, esses resultados não foram suficientemente adotados pelos docentes (NORMAND; GARNIER; RÉMOND; DÉROUET, 2003); em compensação, foram utilizados pelos gestores e às vezes pelas famílias para a avaliação dos estabelecimentos.

Surgiu rapidamente uma tensão entre essas duas dimensões: os mesmos indicadores estariam em condições de responder às questões formuladas tanto pela administração central quanto pelos atores? Será possível avaliar a conformidade com as normas nacionais e, ao mesmo tempo, os efeitos dos investimentos locais? Etc. Essa problemática – apenas esboçada neste artigo – coloca em evidência uma série de deslocamentos que deveriam ser mais bem analisados. O sentido do termo "avaliação", em particular, evoluiu consideravelmente: em vez de avaliar os efeitos de uma política de igualdade das oportunidades, tratava-se de construir os instrumentos de um monitoramento nacional para conservar o controle de um sistema educacional desconcentrado e parcialmente descentralizado. Tratava-se, também, de desenvolver uma cultura da avaliação, ou seja, fornecer os recursos indispensáveis para que os atores da base fossem capazes de avaliar os efeitos de sua ação, além de retificar as lacunas encontradas. Tal tarefa correspondia, por um lado, à nova definição que as organizações internacionais preconizavam para o ofício de docente – o profissional [*praticien*] reflexivo (PAQUAY; SIROTA, 2001); por outro, ao incremento dos direitos da família. Portanto, a preocupação com a igualdade foi substituída pelo enfoque no gerenciamento, incluindo certa dimensão consumista.

Esse trabalho foi concluído pela nomeação de uma personalidade dotada de forte caráter, Claude Thélot. Pode-se falar de uma tentativa para "fechar a caixa preta" no sentido em que a expressão é utilizada por Bruno Latour (1984), ou seja, instalar certo número de encadeamentos automáticos que permitem gerenciar o sistema sem que haja a obrigação de justificar permanentemente cada operação.

---

[14] Em relação ao sistema de ensino, no Brasil, o *CE2* corresponde, aproximadamente, à 2ª série; a 6e, à 5ª série; e a *seconde*, ao 1º ano do Ensino Médio. Cf. CATANI, A. M.; NOGUEIRA, M. A. (Orgs.). *Pierre Bourdieu. Escritos de Educação*. 8. ed. Petrópolis/RJ: Vozes, 2007. (N. T.).

Ao ser recuperadas pela DEP, as estatísticas apuradas pela pesquisa eram transferidas para o domínio da decisão. Esse trabalho pressupunha uma reproblematização: um dos exemplos mais bem-sucedidos refere-se à noção de valor agregado atribuído aos estabelecimentos. Desde o final da década de 1970, estes serviram-se da imprensa para dar publicidade às listas dos alunos mais bem classificados, o que exerceu uma influência relevante sobre os consumidores de ensino (BALLION, 1982). Entretanto, a divulgação de tais resultados não levava em consideração o modo como os estabelecimentos recrutavam os alunos nem seu processo educacional (repetência, exclusão ou "reorientação" dos alunos com dificuldades de aprendizagem, etc.). Esse procedimento acabava por fortalecer o movimento natural de reprodução das desigualdades: uma convergência entre as estratégias das famílias de classe média e a política seletiva dos "estabelecimentos com mais elevado índice de aprovações". Para desmontar esse mecanismo, a DEP pretendeu analisar a eficácia dos estabelecimentos: um liceu do subúrbio que no *baccalauréat* consegue a aprovação de 60% de uma coorte de alunos oriundos da classe popular pode ser considerado mais eficaz que um liceu com *classes préparatoires*[15] e tendo obtido 100% de aprovações a partir de uma clientela selecionada. Esse é o objetivo do sistema *Indicateurs de performance des établissements scolaires* (IPES – Indicadores de Desempenho dos Estabelecimentos Escolares) (ÉMIN; SAUVAGEOT, 1995) – elaborado pela administração com base nos saberes produzidos pela sociologia e organizado em função de um debate que desempenhou um papel central na esfera científica: a persistência das desigualdades seria o efeito de fenômenos de estrutura (teoria da reprodução) ou da aglomeração de estratégias individuais (teoria do individualismo metodológico)? Esse debate é fundamental para a sociologia: a sociedade será uma estrutura que condiciona seus agentes ou uma construção reformulada permanentemente pelos atores? Em compensação, ele não chegou a suscitar o interesse nem dos políticos, nem das famílias. Para ser utilizáveis em outros contextos, é necessário que os resultados produzidos pela sociologia sejam parcialmente desconstruídos e reconstruídos em função da problemática de cada um desses domínios. No caso presente, tratava-se de identificar o efeito do estabelecimento sobre os alunos e

---

[15] Essas classes existem apenas em alguns liceus e garantem uma formação posterior ao *baccalauréat*. Em 1 ou 2 anos, elas preparam os alunos para o concurso de acesso às *grandes écoles*: instituições de ensino superior, independentes do sistema universitário, destinadas a formar as elites intelectuais e dirigentes da nação. (N.T.).

fornecer os recursos indispensáveis para que a administração pudesse manter sob controle tal influência. Foi assim que surgiu a noção de valor agregado. O princípio é muito simples: a partir das características de uma coorte que ingressa na classe de *seconde* de um liceu, as grandes constantes "estruturais" permitem construir uma previsão dos resultados que, três anos mais tarde, serão obtidos no *baccalauréat*. Em seguida, esse modelo é confrontado com os resultados de cada estabelecimento: se estes superarem as previsões, seu desempenho será reconhecido como bom; mas se eles forem inferiores – mesmo que os resultados em números brutos sejam excelentes –, o desempenho do estabelecimento será considerado deficiente. Na sequência, a pesquisa poderá empreender a tentativa de associar tal desempenho com as características do funcionamento do estabelecimento (DEROUET, 2002b).

Em relação ao objetivo político fundamental – manter sob controle a influência do mercado sobre o serviço público, esse trabalho é bastante ambíguo. Certamente, ele luta contra a influência das classificações publicadas pela imprensa; ao mesmo tempo, fornece instrumentos de maior rentabilidade às estratégias dos consumidores de ensino. Essa contradição é, sem dúvida, inevitável. Além disso, convém prestar homenagem ao trabalho realizado pela DEP, em geral, e por Claude Thélot, em particular, para estabelecer a distinção entre avaliação e listas de alunos mais bem classificados. A avaliação tem o objetivo de levar a sociedade, cada organização e até mesmo cada pessoa, a uma maior consciência de sua ação, além de permitir a retificação das lacunas encontradas. Por sua vez, a classificação introduz uma lógica de concorrência, que ameaça poluir essa tentativa de interesse público. É significativo que a ação da DEP tenha sido organizada a partir dessa palavra de ordem, apesar da manifesta tendência dos usos sociais para estabelecer classificações a partir dos resultados colocados à sua disposição: nesse aspecto, tal atuação situava-se em uma tradição de serviço público que se destacava nitidamente das práticas internacionais.

Ao mesmo tempo, a DEP contribuiu consideravelmente para a organização da atividade dos pesquisadores ao lançar editais que orientavam o trabalho dos professores universitários. Assim, três temas foram apresentados como prioritários: a eficácia dos investimentos na área da educação, a violência nos estabelecimentos escolares e a cultura da avaliação. O ciclo estava, desse modo, perfeitamente concluído: a pesquisa alimentava o trabalho da DEP ao produzir os resultados que esta traduzia em indicadores que subsidiavam a decisão política; por sua vez, a DEP orientava a pesquisa por meio de suas subvenções, confiando-lhe seus fichários para submetê-los a análises secundárias.

Convém acrescentar um notável trabalho de comunicação: a DEP dispunha de uma coleção para publicar seus relatórios; ela divulgava amplamente suas *notes de synthèse*[16] e rapidamente exerceu uma espécie de monopólio nos contatos com a imprensa. No final do século XX, Claude Thélot controlava, portanto, a totalidade do processo que fabricava a imagem que a sociedade fazia de si mesma e de sua escola, desde a pesquisa até a elaboração dos questionários, além da difusão de seus resultados. Por isso, seu magistério condicionava as decisões políticas. O conflito era inevitável e se produziu com Claude Allègre (ministro da Educação de 1997 a 2000). Entretanto, seria totalmente errôneo reduzir o debate a uma questão de pessoas; mesmo que fosse reconhecida a importância do caráter de cada interlocutor, tratava-se, antes de mais nada, de um conflito entre o *expert* e o político, além de um desacordo sobre o espaço de referência. Assim, Claude Thélot situava-se na lógica das grandes instituições do Estado-Providência, em particular, o INSEE do qual ele havia sido funcionário; embora fossem sensíveis às influências internacionais, essas instituições não deixavam de reformulá-las em função das especificidades francesas, em especial, o papel do Estado. Por sua vez, o projeto de Claude Allègre consistia em lançar a França no grande espaço da concorrência internacional. Tal posição correspondia à sua experiência universitária – o confronto internacional é garantia da qualidade –, assim como à sua vontade de "cortar gorduras", ou seja, livrar-se do que, em sua opinião, constituía a morosidade da administração ou dos corporativismos. Essa orientação aparece claramente na Declaração da Sorbonne que, tendo precedido a Cúpula de Lisboa, anuncia o Processo de Bolonha. A partir desse momento, inicia-se outro período.

Após a Declaração de Lisboa: uma França mergulhada na incerteza e "sob influência"

Período sob influência, ou seja, a política francesa limitava-se a repercutir diretamente as palavras de ordem internacionais: a implementação

---

[16] A respeito dessas "notas de síntese", cf. "Prefácio" de Viviane Isambert-Jamati. In: FORQUIN, J. C. (Org.). *Sociologia da Educação - Dez anos de pesquisa* (com a colaboração de Agnès Henriot-Van Zanten, Alain Coulon, Ângela Cunha Neves, Jacqueline Eidelman, Jean-Louis Derouet, Polymnia Zagefka e Regina Sirota). Petrópolis/RJ: Vozes, 1995. (N.T).

do sistema LMD[17] no âmbito do espaço europeu de formação no ensino superior; um tempo dos estudos dedicado a um projeto de formação ao longo da vida; e a referência a padrões internacionais estabelecidos, no que concerne aos desempenhos dos alunos a partir dos questionários de grande envergadura. Se esse conjunto acabou se impondo sem grande debate foi talvez porque durante esse período a incerteza era também predominante. Em vez de encontrar-se na multiplicidade das referências – igualdade, desempenho, mercado, amor pelas crianças, reconhecimento das diferenças, etc., a novidade tinha a ver com a impossibilidade de construir consensos de modo a operar uma redução da complexidade: deixou de ser possível chegar a grandes acordos no plano nacional, como havia sido o caso no final do século XIX – forjar a unidade nacional – ou após a Segunda Guerra Mundial, ou seja, a igualdade das oportunidades. A Lei de Orientação de 1989 propunha uma regulação a partir de acordos locais. Esse sistema teria desenvolvido uma verdadeira apreensão da realidade? Talvez porque tais palavras de ordem haviam deixado de ter sentido a França perdeu sua liberdade de reinterpretação das injunções internacionais: o projeto de estabelecimento tornou-se uma retórica sem produzir os resultados pretendidos; além de demasiado dispendiosas, as avaliações nacionais não chegavam a ser utilizadas; propagou-se um questionamento – de boa ou de má-fé – sobre os efeitos dos ZEP, etc.

Esse novo sistema também não esteve isento de contradição; aos poucos, os padrões europeus de qualidade forneceram instrumentos às famílias de classe média para construírem novas formas de distinção em um sistema supostamente uniforme. Ao mesmo tempo, a retórica da igualdade das oportunidades nunca havia sido exposta com tamanha exuberância; inclusive, no atual governo francês, ela ganhou um ministério. De maneira geral, os setores da educação e da formação encontram-se divididos entre duas lógicas: uma adota a padronização segundo a qual o sistema subordina-se às normas na escala europeia, enquanto a outra coloca em evidência o indivíduo e o direito à diferença. Portanto, torna-se ainda mais difícil fazer o balanço desse período em relação aos precedentes. Nosso procedimento tentará, em primeiro lugar, delinear a cronologia da instalação do novo funcionamento; em seguida, focalizará o projetor em alguns dos novos consensos propostos

---

[17] Sigla correspondente a L (licence = bac + 3 anos), M (master = bac + 4 anos) e D (doctorat = bac + 8 ou 9 anos); este sistema entrou em vigor na reabertura do ano letivo 2004-2005. Para mais informações sobre o ensino superior na França, cf.<http://www.france.org.br>. (N.T.).

para harmonizar o sistema. Além de sua necessidade por referências – uma vez que as organizações internacionais propõem que, em vez da igualdade, seja adotada a noção de equidade –, a nova ordem mundial exige um programa de ação: a persistência das desigualdades será mais bem suportada se o Estado garantir a aquisição das competências básicas a todo mundo. Essa orientação assumiu, na França, a forma do debate em torno da definição do tronco comum. Por último, como essa iniciativa "vem de cima", ela teve de construir uma base social e até mesmo afetiva, que tem suscitado estudos sobre o sentimento de justiça dos atores. Todas essas proposições, qualquer que seja seu interesse, são anuladas pela irresistível ascensão da referência à qualidade; elas se apoiam nas reflexões filosóficas e nos resultados das ciências sociais dos decênios precedentes. Convirá evidentemente tentar fazer a análise da maneira como ocorrem as passagens de um funcionamento a outro e as respectivas reproblematizações.

Alguns elementos de cronologia

A concepção das políticas francesas situou-se sempre em um âmbito internacional, mas essa influência era traduzida e reformulada nos termos de uma tradição nacional. Nesse aspecto, o exemplo do colégio único é eloquente: essa reforma correspondia a uma palavra de ordem internacional de escola compreensiva, mas sua implementação enraizou-se em um debate francês, que remonta ao projeto da escola única, inscrito por Ferdinand Buisson no programa do Partido Radical, em 1909. Permeado por referências tão míticas quanto o programa dos *Compagnons de l'Université nouvelle*,[18] após a Primeira Guerra Mundial, e o Plano Langevin-Wallon[19] (1946-1947), tal debate apresentava especificidades – em particular, no que se refere à definição dos conteúdos – que voltaram a estar presentes nas decisões tomadas no decorrer das décadas de 1970 e 1980. Essa capacidade para reformular as influências internacionais havia desaparecido no final do século XX; nesse exato momento, verificou-se a modificação

---

[18] Um grupo constituído por sete oficiais reuniu-se para descanso no final da Primeira Guerra, autoproclamou-se "os companheiros" e redigiu um vasto plano de reforma democrática da escola, sob o título de Universidade Nova, que influenciou a reforma educacional na França daquela época.

[19] Wallon participou da Sociedade Francesa de Pedagogia, presidiu de 1937 a 1962, bem como o Grupo Francês de Educação Nova de 1946 a 1962. Em 1944 foi nomeado pelo Ministério de Educação Nacional da França para integrar uma comissão encarregada da reformulação do sistema de ensino francês, cujo relatório denominado Plano Langevin-Wallon, foi apresentado em junho de 1947. Essa comissão foi inicialmente presidida pelo físico Langevin e, após sua morte, Wallon assumiu.

da mensagem transmitida pelas organizações internacionais. Os "trinta anos gloriosos"[20] tinham desenvolvido um projeto de democratização baseado em um dos dispositivos da educação compreensiva e das pedagogias compensatórias, cujo otimismo foi contestado pela crise de 1973. O relatório *A Nation at Risk* nos EUA (1983) ampliou o quadro de referência: em vez da igualdade ou da coesão no seio de uma sociedade, questionava-se a capacidade do Estado para enfrentar a concorrência internacional. Considerando a dificuldade em avaliar os resultados obtidos pelas políticas compensatórias, que mobilizavam elevados recursos, seria mais pertinente destinar esses recursos à formação de elites capazes de manter a posição do país na competição internacional. Tal postura levou a preconizar o retorno modernizado, ou seja, globalizado, do modelo de escolarização, que havia precedido o sistema compreensivo. Determinadas formações de excelência integraram bem cedo as elites em redes internacionais. Impunha-se igualmente fornecer uma boa formação básica para as massas populares: a qualidade da mão de obra constituía um trunfo para enfrentar a concorrência; entretanto, convinha evitar que essa formação pesasse demais sobre as despesas do Estado e sobre a pressão fiscal (HUTMACHER, 2005a). Em uma economia globalizada, tal pressão acarretaria o deslocamento das atividades e dos postos de trabalho; portanto, a solução consistia em transferir uma parcela das despesas, na área da educação, para as regiões e para as famílias, o que implicava atribuir-lhes concomitantemente uma parcela de poder.

Todo esse processo culminou em um modelo que corresponde ao que Luc Boltanski e Ève Chiappello designam por "novo espírito do capitalismo" (2000). "Autocontrole, autojustificação (em vez de autogestão) em equipes pluridisciplinares, lógica participativa em uma empresa em rede, flexível e inovadora", essas são, daí em diante, as palavras-chave do neogerenciamento, ou seja, o padrão a utilizar para a avaliação da grandeza dos seres humanos e das coisas, além da capacidade para engendrar a atividade. Inserir-se nas redes, impulsionar projetos, ser adaptável, flexível, polivalente, autônomo, bem como dotado de intuição, de competências relacionais, assumir riscos ou inspirar confiança, essas são, daí em diante, as qualidades exigidas de quem – homem ou mulher –, em vez de ser "quadro", passou a ser "coordenador de projetos", "gerente" ou "coach" (FRÉTIGNÉ, 2001).

---

[20] Ou seja, os trinta anos (entre o fim da Segunda Guerra Mundial e 1975) durante os quais, segundo o título do livro de J. Fourastié (1979) se verificou um acentuado crescimento da economia francesa. (N.T.).

Portanto, as organizações internacionais propõem que os setores da educação e da formação superem a crise desencadeada em 1968 pela adoção do mesmo modelo que havia permitido ao capitalismo ultrapassar a crise em 1973, a saber: a autonomia dos estabelecimentos, que valorizava a capacidade dos indivíduos e das organizações para a elaboração de projetos; a estruturação desses estabelecimentos em redes internacionais, em vez de sistemas nacionais; além de um objetivo geral de flexibilidade e de mobilidade da mão de obra, acompanhado pela formação ao longo da vida.

Essa reviravolta de perspectiva instalou-se na França desde o ministério de Jean-Pierre Chevènement (1984-1986); as orientações preconizadas pelo ministro retomaram as preocupações norte-americanas. Nos dois casos, o objetivo principal consistiu na manutenção da competitividade econômica em um universo de concorrência em que o adversário, assim como o modelo, era o Japão. A partir dessa reflexão é que o ministro justificou o *slogan*: "levar 80% de uma geração ao nível do *baccalauréat*". Em seu entender, a competitividade da economia japonesa baseava-se no fato de que as tarefas de execução eram garantidas por trabalhadores dotados de um elevado nível de formação (BOLTANSKI; THEVENOT, 1991). Mais tarde, essa visão foi objeto de discussão; aliás, de acordo com o que já havia sido anunciado pelo Relatório Prost (1983), o movimento de massificação dos liceus teve origem na França. Constatação tanto mais significativa pelo fato de que Jean-Pierre Chevènement preferiu ignorá-la, apoiando sua argumentação nas comparações internacionais. Tal ambiguidade prosseguiu durante o ministério de Lionel Jospin: a avaliação das competências dos alunos inspirava-se nos padrões internacionais. Os mesmos *experts* prestavam seu serviço tanto na DEP quanto nos grupos que prepararam os questionários do PISA ou do IEA;[21] todavia, essa relação permaneceu discreta, e os testes foram apresentados como o resultado de uma reflexão francesa.

A pregnância de palavras de ordem internacionais só se manifestou a partir do ministério de Claude Allègre e da Declaração de Lisboa, uma vez que os Tratados de Roma, de Maëstricht e de Amsterdã, celebrados entre os Estados-membros da União Europeia, não se referiam à educação que

---

[21] PISA [*Programme for International Students Assessment*] e IEA [*International Association for the Evaluation of Educational Achievement*] promovem a realização de exames internacionais sobre os conhecimentos e as competências essenciais para a participação ativa dos alunos na sociedade, exigindo dos estabelecimentos de ensino uma melhor adaptação à vida moderna. (N.T.).

permanecia um setor da alçada de cada Estado: a Comunidade Europeia limitava-se a intervir no domínio da formação profissional. O Encontro da Sorbonne desenrolou-se ainda em conformidade com esse espírito: introduziu o projeto do sistema LMD no ensino superior, justificando-o pela perspectiva dos intercâmbios europeus, sem procurar respaldo no direito comunitário. Tratava-se de uma declaração de Estados soberanos que exprimiam sua vontade de empreender um trabalho em comum. Por sua vez, a Declaração de Lisboa alterou essa distribuição dos poderes ao definir o seguinte objetivo: a Europa deverá ocupar, em 2010, o primeiro lugar em uma economia do conhecimento. Tal postura implicava que os Estados coordenassem suas ações na área da educação e da formação. Além disso, cada um deveria prestar contas dos resultados de sua ação. Tal projeto já fracassou na medida em que são mínimas as possibilidades de que a Europa venha a liderar, em 2010 ou mais tarde, a economia mundial: o mundo atlântico tem sido progressivamente marginalizado em benefício do mundo em torno do Oceano Pacífico. Apesar disso, o dispositivo foi mantido e modificou consideravelmente as condições de intercâmbio entre ciências e política: a concorrência implicava a construção não só de padrões para tornar possível a comparação dos desempenhos entre os países, mas também de exames internacionais de grande envergadura; em seguida, implantou-se naturalmente um sistema de *benchmarking* e de troca de boas práticas. Assim, foi abandonado o trabalho realizado por Claude Thélot, cujo objetivo consistia em estabelecer a dissociação entre o processo de avaliação do estabelecimento e as listas com o mais elevado índice de aprovações.

A noção de igualdade é substituída pela noção de equidade

Alguns *experts* internacionais propuseram que, em vez da igualdade, fosse adotada a noção de equidade (HUTMACHER, COCHRANE e Bottani, 2001; GERESE, 2005). Quais são as implicações dessa reformulação? Walo Hutmacher (2005b) colocou em evidência a dificuldade para traduzir a expressão francesa para o inglês: é patente que a noção anglo-saxônica de *Public Interest* não abrange a totalidade do que a tradição política francesa entende por "interesse público"; assim, quando as organizações internacionais declaram que a educação tem a ver com o *Public Interest*, o acordo entre francófonos e anglófonos baseia-se em uma semelhança enganadora.

A mesma ambiguidade verifica-se entre igualdade e equidade: mas será esse o único problema? Ela não evocará questões muito mais profundas? A justiça consistirá em dar a cada um segundo seus méritos (em função de que critério, definido por quem?) Ou segundo suas necessidade (em função de que critério, definido por quem?) Ou segundo seus desejos? E, sobretudo, como empreender uma reflexão em comum sobre um projeto de mobilidade social e uma ética do reconhecimento das diferenças?

A introdução da problemática do reconhecimento na década de 1990 renovou o debate sobre a justiça: o movimento tinha surgido no decênio de 1960 e a partir da análise do fracasso das políticas de igualdade baseadas na centralização. A criação das ZEP apoiava-se na ideia de que o trajeto para alcançar a igualdade passava pelo reconhecimento das diferenças. Aos poucos, essa orientação conheceu um salto qualitativo: desenvolveu-se a tomada de consciência de que a sociedade francesa se tornava pluriétnica e pluricultural; nesse caso, alterava-se a natureza da reivindicação de justiça. Tratava-se não tanto de alcançar um objetivo de igualdade e de mobilidade, eventualmente baseado em políticas compensatórias e em desigualdades seletivas, mas de reconhecer as diferenças. Esse programa havia sido tematizado por Charles Taylor na América do Norte (1994) e por Paul Ricoeur na França (2004): segundo parece, ele formulava a questão da comensurabilidade entre os seres humanos. O princípio tanto de equidade quanto de igualdade pressupõe uma referência comum. O que acontecerá se cada cultura, cada comunidade e, até mesmo, cada indivíduo, reivindicar radicalmente sua diferença? É possível respeitá-la, com a condição de levar em conta determinados limites: o fato de que a excisão seja uma prática ancestral não pode justificar a mutilação de meninas. Mas, para além disso, o que resta da ideia de sociedade? Como empreender uma reflexão em comum sobre a felicidade dos ricos e o infortúnio dos pobres? Nessas condições, o reconhecimento das diferenças não constituirá uma fachada aprazível para dissimular uma profunda indiferença às desigualdades sociais?

Da igualdade das oportunidades
à igualdade dos resultados

Confrontadas com esses debates sobre a ética, as organizações internacionais propuseram uma solução mais técnica: passar do ideal da igualdade das oportunidades ao objetivo da igualdade dos resultados. Eis como o raciocínio pode ser esquematizado. O ideal da redistribuição das posições sociais entre as gerações é utópico; mesmo assim, a situação seria menos grave se fosse garantido um mínimo a todo mundo. Uma das noções fundamentais da nova Lei de Orientação, votada em 2004, a do tronco comum, inscreve-se nessa perspectiva. Ela reivindica também a tradição do colégio único e sob determinados aspectos o modelo do Estado-Providência: a todos os jovens que vivem na França, o Estado assegura um mínimo de saberes e de competências no término de sua escolaridade obrigatória. Entretanto, essa retórica deixa a impressão de uma inversão dos equilíbrios históricos: na década de 1970, a palavra de ordem internacional relativa à escola compreensiva era reconstituída na tradição francesa pela escola única. Atualmente a referência à tradição nacional não se limitaria a uma maquiagem destinada a facilitar a aceitação pela França de seu ingresso no sistema da concorrência internacional?

A definição desse mínimo desencadeou numerosos debates. De fato, existe a um só tempo continuidade e ruptura com o ideal de cultura comum elaborado pelo Plano Langevin-Wallon (MIALARET, 1997) e reformulado pelos pedagogos após a Segunda Guerra Mundial (LEGRAND, 1982; ROMIAN, 2000). Essa cultura comum compreendia um grande número de dimensões (artísticas, físicas, assim como de cidadania), correspondentes a um ideal de desenvolvimento da pessoa, que haviam desaparecido em uma concepção dominada pelo interesse econômico. Os *experts* estavam divididos, sobretudo, entre duas exigências contraditórias: a regulação do sistema baseava-se em objetivos mensuráveis e em comparações internacionais que permitiam definir os níveis de desempenho de cada sistema; tal postura exigia programas estabelecidos em termos de competências, em vez de saberes e de uma focalização no que é mensurável. Ao mesmo tempo, a inquietação diante da progressão do islã e das dificuldades encontradas pelos filhos de imigrantes fez com que fosse solicitado à escola o desenvolvimento de uma dimensão patrimonial: para além de saberes e de competências, ela deveria inculcar nos futuros cidadãos, sobretudo, os valores que os congregam, além de promover a constituição de um espaço público em que as diferenças fossem respeitadas e, ao mesmo tempo, debatidas. Daí, uma reviravolta espetacular. A expressão "Smic[22] cultural" havia sido inventada pela esquerda para fustigar os programas da Reforma Haby (ministro da Educação entre 1974 e 1978), que

---

[22] Sigla de "Salaire minimum interprofessionnel de croissance" (Salário mínimo interprofissional de crescimento), que, na França, corresponde à renda mínima garantida a todos os trabalhadores com um emprego regular em tempo integral.

aparentemente eram redutores: o colégio único facilitava o acesso de todos a algo que, propriamente falando, não era cultura. Ela foi retomada pelos sociólogos de esquerda, Baudelot e Establet (1989), em um sentido positivo. Essa tensão encontra-se no âmago dos debates atuais (LELIÈVRE, 2003), mas a aporia baseia-se em origens mais antigas: o fracasso do consenso que havia sido estabelecido na década de 1930. Uma hipótese otimista pretendia que o mesmo currículo constituía, a um só tempo, a base da cidadania para a maioria e um trampolim para os melhores. A despeito das medidas tomadas no decorrer dos últimos 50 anos, a formação das elites serviu-se de uma via diferente daquela que foi utilizada pelas massas populares: a das *petites classes* dos liceus – reservadas às crianças oriundas da burguesia – quando o ensino era estruturado em duas ordens; e, agora, a das seções bilíngues. É inútil imputar essa discrepância persistente aos docentes e a seus sindicatos: nesse aspecto, existe, sem dúvida, um problema fundamental de concepção curricular; aliás, debatido no mundo anglo-saxão (FORQUIN, 1994), ele é esquivado na França. Nesse contexto é que o antigo *Conseil national des Programmes* e o novo *Haut Conseil de l'Éducation*[23] devem definir o tronco comum previsto pela Lei de Orientação de 2005 (RAULIN, 2005).

O recurso ao *bottom up*: fornecer uma base social e sensibilidade à tecnocracia

Por sua aparente insensibilidade, essas proposições abriram o flanco à acusação de tecnocratas. Para conseguir uma base social e apoiar-se em uma utopia, as referências adotadas por essas proposições deveriam avançar além do desempenho econômico em um contexto de concorrência. A primeira iniciativa dessas proposições consistiu em reassumir a tradição da igualdade das oportunidades. É injusto que as qualificações adquiridas entre 18 e 25 anos acabem por condicionar a evolução de uma carreira; os jovens que não tenham aproveitado o tempo da escolaridade deveriam ter o direito a novas tentativas. Esse é o desafio lançado pela formação ao longo da vida: referimo-nos às escolas da segunda oportunidade e, sobretudo, à *Validation des acquis de l'expérience* (VAE,[24] Validação da Experiência Adquirida). Por enquanto,

---

[23] São conselhos consultivos do ministro da educação; Haut Conseil de l'Éducation substituiu o anterior em 2005, instituído pela Lei de Orientação.

[24] Procedimento que permite que toda a instituição educacional francesa conceda graus em parte ou totalmente na experiência de trabalho, a partir da apresentação, a um comitê, de um portfólio das realizações do pretendente e da experiência de trabalho.

é difícil avaliar a validade dessa promessa: é impossível que a desconstrução dos diplomas nacionais – em benefício da noção de acúmulo de competências – possa ser considerada um progresso da democracia (JOBERT; MARRY; TANGUY, 1995); ao mesmo tempo, ninguém pode ficar insensível perante a crise do modelo de democratização baseado no recinto fechado, que é o estabelecimento escolar. Portanto, ainda é cedo demais para tirar conclusões, mas o novo modelo está longe de ter mostrado todas as suas potencialidades.

Outro argumento apoia-se em uma nova corrente da sociologia que se interessa pelas emoções. Trata-se de questionar o sentimento de justiça dos atores, ou seja, quase sempre, de injustiça, até mesmo de humilhação. Esses estudos fortalecem as reivindicações de direito por parte dos usuários, manifestadas pelas famílias de classe média. Considerando que o poder dos pais, na França, continua sendo bastante formal, numerosas famílias estão privadas das informações essenciais relacionadas com as referências da avaliação e da orientação de seus(suas) filhos(as). Nesse aspecto, o plano de modernização do serviço público tem feito progressos, ainda insatisfatórios para as organizações internacionais que alimentam certa desconfiança em relação aos docentes, cujo corporativismo constituiria um empecilho para a evolução pretendida por essas organizações. Assim, elas preconizam a implementação de um monitoramento dos sistemas educacionais por aval: ao escolher os estabelecimentos, os pais determinariam a dotação – até mesmo, a existência – das escolas.

Será que os alunos devem ser considerados como usuários? Nessa questão ainda em debate, além de ter em conta a opinião deles, convirá elencar seus depoimentos. Quais são suas percepções de justiça no sistema educacional? Esse tema está começando a ser abordado por alguns estudos, cujos resultados são divergentes. Apesar disso, todos os trabalhos mostram a importância do sentimento de injustiça tanto no plano global quanto na vida cotidiana. Uma série de humilhações de pouca monta (palavras ofensivas ou atitudes de menosprezo, etc.) são talvez até mesmo mais contundentes que a consciência da reprodução das desigualdades sociais. Algumas pesquisas limitam-se a essa constatação (MEURET, 1999; MERLE, 2005); outras tentam um maior aprofundamento e mostram as diferentes formas de astúcia que permitem aos jovens desenvolver modos específicos de resistência (HÉLOU, 1994) e de socialização política – postura que Patrick Rayou designa por *philia* (2000). Nesse aspecto também é cedo demais para tirar conclusões: deve-se evidentemente levar em consideração o sentimento dos alunos. Ao mesmo tempo, esse dado deve ser interpretado com certo distanciamento. Desde a

Antiguidade, a filosofia política da educação suscita esta questão fundamental: o objetivo da educação consistirá em fazer com que as crianças sejam, aqui e agora, felizes ou em submetê-las a testes, a fim de se preparar para enfrentar a vida? Essa indagação é tanto mais justificada pelo fato de que, salvo em caso extremo, os mecanismos de opressão não são perceptíveis na situação concreta. Portanto, corre-se o sério risco de deslocar o problema para o sentimento de injustiça em determinada situação, deixando, assim, a opressão global no esquecimento.

Um compromisso para o futuro: a qualidade

Qualquer que seja o interesse dessas proposições, nenhuma foi aceita unanimemente pelos intervenientes do debate. Segundo parece, o futuro se focaliza de preferência no novo consenso que se elabora em torno da noção da qualidade. Sua força principal é o compromisso que ele estabelece entre múltiplas demandas por parte não só das empresas, mas também das classes médias. A noção de qualidade não exclui a igualdade que ela transforma em equidade, mas integra também a preocupação com a eficácia e, sobretudo, com a pressão consumista: o primeiro dever consiste em esclarecer a escolha das famílias (Normand, 2004). Ela leva em consideração a diversidade: existe a qualidade nas redes de excelência, a qualidade na formação básica, a qualidade nas aulas de reforço/recuperação para os alunos com dificuldades de aprendizagem ou para os portadores de deficiência, etc. Além disso, seu modo de abordagem presta-se admiravelmente à construção de normas (no sentido gerencial do termo) e de indicadores.

A pertinência dessas medidas é discutida na esfera científica e tem produzido estatísticas que subsidiam o debate público; ao mesmo tempo, elas dispõem de uma grande capacidade para formalizar o social. Prevenidos de que os alunos, ou eles próprios, serão avaliados em função desse ou daquele critério, os professores estarão em condições de orientar seu trabalho de maneira a obter bons resultados: eis a maneira como progride a implantação do "governo pelas normas" (Thévenot, 1997).

Esse princípio confere outros sentidos à ideia de autonomia dos estabelecimentos promovida pelos governos de esquerda: antes de mais nada, trata-se de instalar um monitoramento por aval, que confia o poder aos pais das classes médias; sobretudo, trata-se de passar de uma organização em sistema educativo nacional para uma estruturação dos estabelecimentos em redes internacionais. A evolução já está em curso no ensino superior: para que o projeto LMD seja implementado, convém saber se é possível adicionar créditos adquiridos em universidades francesas, inglesas, espanholas, etc. Para isso, é necessário que esses estabelecimentos disponham de departamentos da mesma categoria, e tal classificação avalia-se a partir de indicadores de qualidade: níveis de exigência, recursos oferecidos aos estudantes, organização do trabalho e da vida, etc. É óbvio que esse sistema tem vocação para remontar até o aval dos pais: para facilitar a aceitação dos jovens em redes internacionais, as famílias têm interesse em inscrevê-los desde o secundário em estabelecimentos que correspondam aos critérios de qualidade europeus.

Conclusão

A primeira evidência é que um modelo está esgotado: aquele que preconiza o fechamento, a introspecção da escola e um prolongamento da duração dos estudos. Daí, um período de exploração em situação de incerteza, que exige o apoio da filosofia – para reformular o ideal de justiça – e das ciências sociais para encontrar novos procedimentos de coordenação da ação, assim como novos instrumentos de gestão do social. Que resultado esperar desse trabalho? Nas condições atuais, as organizações internacionais é que constituem reservatórios de ideias (*think tank*): seu objetivo consiste evidentemente em enfrentar a concorrência econômica. No entanto, para se implantarem, essas ideias devem obter o assentimento dessa enorme classe média que constitui o âmago das sociedades atlânticas. Portanto, além de se identificar com uma parcela de seus interesses, esse modelo deverá ser compatível com suas tradições políticas e morais.

No decorrer dos últimos 30 anos, constituiu-se um novo círculo em que se verificou a interpenetração dos resultados da pesquisa com as preocupações da gestão. Esse mundo não é certamente unânime, mas permeado por oposições políticas: desde os neoliberais até aqueles que tentam reformular o Estado-Providência, incluindo nele o mercado. Existem defasagens cronológicas e divergências de interesse entre os EUA e a Europa, entre o mundo atlântico e o mundo em torno do Oceano Pacífico, etc.; as tradições linguísticas desempenham também seu papel. Todavia, esses desacordos desenvolvem-se a partir de um fundo comum, que é o referencial caracterizado por Luc Boltanski e Ève Chiapello (2000) em *Le nouvel esprit du capitalisme*. Seria essencial aprofundar nosso conhecimento a respeito desses grupos e de seu funcionamento: em seu âmago é que se opera a reproblematização dos resultados da pesquisa em diretrizes políticas; é também aí que são definidas as prioridades que orientarão a atribuição dos créditos aos organismos de pesquisa. Mas é bastante difícil investigar esse círculo: ou o pesquisador faz parte desse universo e é obrigado a certa discrição, ou então está fora dele e, nesse caso, não dispõe de informações. De qualquer modo, o processo é eficaz: além das ideias que acabam sendo adotadas, ele produz, sobretudo, instrumentos para difundi-las. Para retomar a expressão de Laurent Thévenot (2004) trata-se da instalação do governo pelas normas.

A partir dessa perspectiva, é possível propor três pistas de reflexão. Convém, sem dúvida, retomar a análise do passado: numerosas críticas da década de 1960 foram recuperadas pelo novo espírito do capitalismo. As palavras de ordem que se beneficiam de um *status* de evidência no mundo atual haviam sido elaboradas a partir dos resultados das ciências sociais dos decênios de 1960 e 1970. Como teria ocorrido essa passagem de um universo para outro? É possível identificar várias situações. Existem reproblematizações honestas e bem-sucedidas: por exemplo, a história da constituição da noção de valor agregado atribuído aos estabelecimentos. Pelo contrário, Berliner e Biddle (1995) colocam em evidência as fraudes que marcaram a constituição do relatório *A Nation at Risk*. As políticas compensatórias empreendidas pelas presidências dos democratas foram objeto das críticas de esquerda que mostravam seus limites e exigiam um maior investimento. Tais críticas foram retomadas e suas conclusões distorcidas: as políticas promovidas em favor de desigualdades seletivas são ineficazes, além de constituírem um esforço inútil; o mais sensato é, portanto, suprimi-las e afetar os créditos em benefício de outros programas. Existem numerosas situações intermediárias. É possível também observar passagens de legitimidade semelhantes ao tipo sublinhado por Althusser (1967): quando um Prêmio Nobel de Medicina disserta sobre Deus e os últimos fins da humanidade, a exposição transforma-se rapidamente em conversa de botequim; o mesmo ocorre quando se trata de educação. O estudo desses deslocamentos constitui, por si só, um novo objeto de pesquisa.

Uma segunda pista seria a análise das redes que transmitem as palavras de ordem da globalização e o destaque das defasagens entre os EUA e a Europa. As palavras de ordem preconizadas, atualmente, pela Comunidade Europeia são oriundas do relatório *A Nation at Risk* e de sua posteridade: elas surgem no momento em que seus efeitos são seriamente questionados em seu país de origem. Ninguém tem dúvida a respeito dos efeitos perversos do *testing*; a política da elevação dos padrões reforça as dificuldades dos alunos que não haviam sido preparados para ingressar no modelo escolar.

E, sobretudo, o movimento que tendia a atribuir a responsabilidade de todos os males aos professores está mudando de posição: é possível certamente criticá-los por não terem manifestado suficiente abertura às dificuldades dos alunos de origem popular; todavia, essa denúncia esbarra em aspectos concretos da realidade. Confrontada à progressão das situações de exclusão e de grande pobreza, Jane Anyon (2005) formula a questão de outra maneira: não será a sociedade que é incapaz de garantir as condições mínimas para que a escola possa cumprir suas missões?

Por último, convém se questionar para saber quais são as consequências dessa evolução sobre a organização da pesquisa. A despeito de um discurso que preconiza a cooperação entre as abordagens tanto macrossociais quanto microssociais, a encomenda de pesquisas tem aprofundado o fosso já existente no plano metodológico: as organizações internacionais recorrem à economia para as grandes questões que incidem sobre o rendimento dos investimentos na área da educação; em seguida, dirigem-se à pedagogia para encontrar dispositivos que possibilitem o gerenciamento das situações no seio dos estabelecimentos escolares. Nesse nível é que se desenvolve a troca de boas práticas. Entre essas duas iniciativas, um abismo: a indagação sociológica, que tenta promover uma reflexão em comum sobre o infortúnio dos pobres, e a felicidade dos ricos, ou seja, acompanhar os intercâmbios, que, na escala nacional ou internacional, se encontram na origem das desigualdades.

De que modo a pesquisa poderá superar essa partilha das tarefas que lhe é imposta e reencontrar uma visão prospectiva? Sem dúvida, retornando à base, ou seja, à inteligência dos atores. Essa nova organização é, em primeiro lugar, causa de sofrimento: a avaliação por meio de padrões cria uma pressão ao impor aos alunos e aos docentes um modelo de trabalho a que eles devem se conformar para obterem uma boa classificação; ora, em seu entender, o essencial está para além desse tipo de tarefa. Mas, é também uma oportunidade de exercer sua astúcia. Em relação aos alunos, Patrick Rayou (2000) mostra o "outro liceu" construído pelos jovens nos estabelecimentos, sem que eles entrem em conflito com as instituições por não haver encontro entre esses dois mundos. Seria possível fazer o mesmo tipo de raciocínio a propósito dos professores: seu nível de estudos permite-lhes formular uma definição do interesse geral tão válida – e tão discutível – quanto a do ministro; em seguida, eles regulam sua conduta a partir dessa concepção. Portanto, temos aqui algo que seria semelhante a uma teoria espontânea da resistência civil. Apoiando-se na análise desses processos é que o trabalho sociológico poderia reconstruir uma nova exterioridade, incluindo as lógicas tanto das organizações internacionais, quanto dos diferentes pontos de vista – já teorizados ou ainda por teorizar – que as colocam em questão.

Ao reconhecer que existem, portanto, algumas razões para alimentar nosso otimismo, seria importante empreender, desde já, outra circulação dos saberes: entre a experiência dos atores e a pesquisa.

Referências

ALTHUSSER, L. *Philosophie et philosophie spontanée des savants*. Paris: Maspero, 1967.

ANYON, J. What "counts" as educational policy? Notes toward a new paradigm. *Harvard Educational Review*, v. 75, n. 1, p. 65-88, 2005.

BALLION, R. *Les consommateurs d'école*. Paris: Stock, 1982.

BAUDELOT, C.; ESTABLET, R. *Le niveau monte: réfutation d'une vieille idée concernant la prétendue décadence de nos écoles*. Paris: Seuil, 1989.

BERLINER, D. C.; BIDDLE, B. J. *The manufactured crisis. Myth, fraud and the Attack on America's Public Schools*. Reading, MA: Addison-Wesley, 1995.

BERTHELOT, J. M.; FORQUIN, C.; ISAMBERT-JAMATI, V.; TANGUY, L. *Pour un bilan de la sociologie de l'éducation*. Toulouse: CES, Université de Toulouse le Mirail, 1984.

BOLTANSKI, L.; CHIAPELLO, E. *Le nouvel esprit du capitalisme*. Paris: Gallimard, 2000.

BOLTANSKI, L. THEVENOT, L. *De la justification les économies de la grandeur*. Paris: Gallimard, 1991.

BOURDIEU, P.; SAINT-MATIN, M. Les catégories de l'entendement professoral. *Actes de la recherche en sciences sociales*, 3. Paris: Centre de sociologie européenne, 1975. As categorias do juízo professoral. In: CATANI, A. M.; NOGUEIRA, M. A. (Orgs.). *Pierre Bourdieu. Escritos de educação*. 8. ed. Petrópolis: Vozes, 2007. p. 185-216.

CALLON, M. Éléments pour une sociologie de la traduction. La domestication des coquilles Saint-Jacques et des marins pêcheurs dans la baie de Saint-Brieuc. *L'Année sociologique*, n. 36, p. 169-208, 1986.

CALLON, M.; LASCOUMES, P. ; BARTHE, Y. *Agir dans un monde incertain ; essai sur la démocratie technique*. Paris: Seuil, 2001.

CHARLOT, B.; BAUTIER, E.; ROCHEX, Y. *École et savoir dans les banlieues et ailleurs*. Paris: Armand Colin, 1992.

COLLÈGE DE FRANCE. *Propositions pour l'enseignement de l'avenir. Rapport au Président de la République*. Paris: Collège de France, 1985.

CROZIER, M. *État modeste, État moderne*. Paris: Fayard, 1987.

CROZIER, M. *Le phénomène bureaucratique*. Paris: Seuil, 1963.

DARRÉ, J. P. *La production de connaissance pour l'action. Arguments contre le racisme de l'intelligence*. Paris: Maison des sciences de l'homme, 1999.

DE PERETTI, A. *Rapport au ministre de l'Éducation Nationale sur la formation des Personnels de l'Éducation Nationale*. Paris: Documentation française, 1982.

DEROUET, J. L. Du transfert à la circulation des savoirs et à la reproblématisation. De la circulation des savoirs à la constitution d'un forum hybride et de pôles de compétences: un itinéraire de recherche. In: GONNIN-BOLO, A. (Coord.). *Recherche et formation pour les professions de l'éducation*, 40, 2002a.

DEROUET, J. L. (Dir.). *Le collège unique en questions*. Paris: Presses universitaires de France, 2002b.

EMIN, J.C.; SAUVAGEOT, C. Trois indicateurs de performance des lycées. *Administration et éducation*, n. 68, 1995.

FORQUIN, J. C. *École et culture, le point de vue des sociologues britanniques*. Bruxelles: De Boeck, 1994.

FRÉTIGNÉ, C. Resenha de Boltanski, L. e Chiappello, E. Le nouvel esprit du capitalisme. *Revue française de sociologie*, v. 42, n. 1, 171-176, 2001.

GÉMINARD, L. *Le système scolaire: le collège au centre des réformes*. Paris : Documentation Française, 1983.

GERESE (Groupe Européen de Recherche sur l'Équité des Systèmes Éducatifs). *L'équité des systèmes éducatifs européens. Un ensemble d'indicateurs*. Bruxelles: Commission Européenne, Direction Générale de l'Éducation et de la Culture, 2005.

HÉLOU, C. *Ordre et résistance au collège*. Thèse de Doctorat, EHESS, Paris, 1994.

HUTMACHER, W. Enjeux éducatifs de la mondialisation. *Éducation et sociétés*, n. 16, 2005a.

HUTMACHER, W. *L'école est-elle juste aux yeux des citoyens?* Comunicação apresentada no âmbito do Colóquio "Coordination Enseignement: qu'est ce qu'une école juste?" Genève, 12 avril, 2005b.

HUTMACHER, W.; COCHRANE, D.; BOTTANI, N. (Dir.). *Pursuit of Equity. Using International Indicators to compare Equity Policies*. Londres: Kluwer Academic Publishers, 2001.

JOBERT, A.; MARRY, C.; TANGUY, L. *Éducation et travail en Grande-Bretagne, Allemagne et Italie*. Paris: Armand Colin, 1995.

LANGOÜET, G. *Suffit-il d'innover?* Paris: Presses universitaires de France, 1985.

LATOUR, B. *Les microbes. Guerre et paix*. Paris: Métailié, 1984.

LAWN, M.; NÓVOA, A. *L'Europe réinventée. Regards critiques sur l'espace européen de l'éducation*. Paris: L'Harmattan, 2005.

LELIÈVRE, C. Un socle commun pour un collège unique. *Cahiers pédagogiques,* v. 439, n. 45, 2003.

LEGRAND, L. *Pour un collège démocratique. Rapport remis au ministre de l'Éducation nationale.* Paris: Documentation française, 1982.

MARTINAND, J. L. Production, circulation et reproblématisation des savoirs. *Actes du colloque "Les pratiques dans l'enseignement supérieur"* [CD Rom]. Toulouse: Université de Toulouse, 2000.

MILNER, J.C. *De l'École.* Paris: Seuil, 1984.

NORMAND, R.; GARNIER, B.; RÉMOND, M.; DEROUET, J.L. *L'émergence d'une culture de l'évaluation dans l'éducation nationale: comment les enseignants utilisent-ils les résultats des évaluations nationales? Rapport multigraphié.* Paris: Commissariat général au Plan, 2003.

ODDONE, I.; RE, A.; BRIANTE, G. *Redécouvrir l'expérience ouvrière.* Paris: Sociales, 1977.

PAQUAY, L.; SIROTA, R. (Dir.). Le praticien réflexif. La diffusion d'un modèle de formation. *Recherche et formation,* n. 36, 2001.

PATY, D. *Douze collèges en France: le fonctionnement réel des collèges publics.* Paris: Documentation Française, 1981.

POUPEAU, F. *Une sociologie d'État. L'école et ses experts en France.* Paris: Raisons d'Agir, 2003.

PROST, A. *L'enseignement s'est-il démocratisé?* Paris: Presses Universitaires de France, 1985.

PROST, A. *Les lycées et leurs études au seuil du XXIe siècle.* Rapport du Groupe de travail national sur les seconds cycles. Paris: Ministère de l'Éducation Nationale, CNDP, 1983.

RAULIN, D. *Le socle commun: les réflexions du Conseil national des programmes en France,* Rencontre INRP – CPRE, 2005.

RAWLS, J. *Théorie de la justice.* Paris: Seuil, 1971.

RAYOU, P. L'enfant au centre. In: DEROUET, J. L. (Dir.). *L'école dans plusieurs mondes.* Bruxelles: De Boeck, 2000.

RICOEUR, P. *Parcours de la reconnaissance.* Paris: Plon, 2004.

ROMIAN, H. (Dir.). *Pour une culture commune, de la maternelle à l'université.* Paris: Institut de recherches de la FSU, Hachette Éducation, 2000.

SEIBEL, C. Genèses et conséquences de l'échec scolaire. *Revue française de pédagogie,* 1984.

TANGUY, L. De l'éducation à la formation: quelles réformes? *Éducation et sociétés,* n. 16, 2005.

TAYLOR, C. *Multiculturalism and "The Politics of Recognition"*. Princeton, NJ: Princeton University Press, 1994.

THEVENOT, L. Un gouvernement par les normes à l'échelle européenne. In: DEROUET, J. L.; BÉGYN, F.; NORMAND, R. (Dir.). *L'Europe de l'éducation: entre management et politique*. Paris: Presses universitaires de France, 2004.

TRANCART, D. L'évolution des disparités entre collèges publics. *Revue française de pédagogie,* n. 124, p. 43-53, 1998.

VAN ZANTEN, A. *L'école de la périphérie. Scolarité et ségrégation en banlieue*. Paris: Presses universitaires de France, 2001. [Cultura da rua ou cultura da escola? *Educação e Pesquisa*, São Paulo: FEUSP, v. 26, n. 1, jan./jun. 2000, p. 23-52.

VOGLER, J. *Évaluation des acquis des élèves. Historique.* Note de travail présentée à une réunion de l'Inspection Générale, 4 octobre, 2005.

Capítulo 3
Política e gestão educacional na contemporaneidade

Gaudêncio Frigotto

A educação em suas concepções e as políticas e a gestão pública dos sistemas educacionais ganham compreensão quando tomadas como constituídas e constituintes das relações e dos interesses das classes fundamentais, frações de classe e grupos sociais. O tempo histórico contemporâneo, como o descreve uma vasta literatura crítica, caracteriza-se pela regressão social, indeterminação da política e pela hegemonia de concepções neoconservadoras e mercantis na sociedade e nos processos educativos. Essa regressão ganha especificidade e particularidade em nosso processo de formação histórico-social.

Neste texto buscamos assinalar alguns aspectos das relações sociais e dos projetos societários que as constituem, bem como a natureza e o alcance das políticas e gestão educacional no Brasil contemporâneo, com intuito de suscitar o debate e a busca de caminhos alternativos.[1] Destacaremos de forma breve a natureza da regressão social na contemporaneidade; a herança histórica e a especificidade das relações de classe, vale dizer, de poder constitutivas de um capitalismo dependente e, dentro dessa realidade, as políticas e a gestão educacional; e, por fim, os desafios do presente para a construção de caminhos alternativos na sociedade brasileira e nas concepções, nas políticas e na gestão da educação pública.

---
[1] Texto base da conferência de abertura do Núcleo de Estudos e Pesquisa em Políticas Educacionais (NEPE/CE/UFES) e do Observatório de Estudos sobre Práticas de Gestão da Educação (OBED/PPGADM/CCJE/UFES) em 10/09/2008. Boa parte das ideias aqui desenvolvidas resultam de sínteses de análises e debates feitas pelo autor, em parte já divulgados em forma de artigos ou textos que têm relação imediata ou mediata com o tema aqui abordado.

Uma contemporaneidade de regressão social e das concepções da educação

Desde o século XVIII o pensamento iluminista e racionalista afirmou a visão de que ciência e o conhecimento iriam paulatinamente livrar o ser humano do sofrimento, das epidemias, da pobreza e da fome. Escapou a essa visão que o conhecimento e a ciência são construções sociais, portanto sua positividade ou sua negatividade dependem das relações sociais que as constituem. E a ciência e o conhecimento, a técnica e a tecnologia produzidos desde o século XVIII, se desenvolveram sob a sociedade de classes em que o capital e o mercado privado tiveram a força dominante.

Nesse contexto, ao contrário do que o Iluminismo apontou, presenciamos que a contradição entre o avanço das forças produtivas e o caráter opaco das relações sociais é bem mais candente hoje do que no século XVIII, quando a burguesia afirmava o capitalismo como o modo de produção dominante.

Com efeito, as sucessivas "revoluções" da base tecnológica e organizacional da produção, como forças cada vez mais privadas, não só dispensam milhares de trabalhadores na produção direta, aumentando o desemprego estrutural e precarizando o trabalho/emprego no mundo inteiro, como também exacerba a exploração, combinando a mais-valia absoluta e relativa para os que estão empregados. Por outro lado, as taxas de crescimento, especialmente dos países do capitalismo central, mas não só, se dão à custa da degradação da natureza, portanto das bases da vida.

A outra face dessa regressividade é a hipertrofia do capital financeiro e do capital fictício, focalizando o desenvolvimento dentro de uma lógica financista e rentista.[2] Os balanços anuais dos bancos nos fornecem dados inequívocos sobre essa hipertrofia.

Em síntese, como nos mostra Mèszàros (2002), à estratégia da destruição criativa analisada por Shumpeter o sistema capitalista agrega hoje a produção destrutiva. A primeira consiste na dinâmica da competitividade intercapitalista de introduzir incessantemente o avanço científico e técnico no processo produtivo e de destruir os velhos processos técnicos antes mesmo de esgotar sua utilidade social. A segunda se caracteriza sobretudo por seu caráter destrutivo.

---

[2] Ver a este respeito as análises de HARVEY (1996), CHESNAIS (1996) e PAULANI (2005), entre outros.

Para manter-se e para prosseguir, o sistema capital funda-se cada vez mais num metabolismo do desperdício, da "obsolescência planejada", na produção de armas, no desenvolvimento do complexo militar, na destruição da natureza, na produção de "trabalho supérfluo", vale dizer, desemprego em massa. Além disso, dentro das políticas de ajuste para recuperar as taxas de lucro, nas últimas décadas vem abolindo quase todos os direitos dos trabalhadores conquistados ao longo do século XX (MÈSZÁROS, 2002).

Essa regressividade tem efeitos bem mais funestos sobre a vida de milhões de seres humanos em sociedades, de capitalismo dependente como a brasileira. Este se caracteriza, como veremos a seguir, seja por uma forma específica de desenvolvimento capitalista em que as burguesias locais se constituem como sócias menores e subordinadas às burguesias dos centros hegemônicos do capitalismo, seja pela hipertrofia de um desenvolvimento desigual e combinado, que concentra riqueza e miséria, a exploração aviltante da classe trabalhadora e a dominância de processos educativos e formativos para o trabalho simples na divisão internacional do trabalho.

Tanto no plano mundial quanto no nacional presenciamos uma regressão no plano da teoria social e educacional. A brusca mudança da materialidade das relações sociais, sem superação da propriedade privada, portanto das relações de classe, ressuscita concepções teórico-ideológicas, também de caráter regressivo. Como nos mostra Leda Paulani (2005), no âmbito da teoria econômica e social, o percurso de Fredric Hayek, expressão mais avançada do pensamento conservador, nos dá a natureza desta regressão.

Por mais de meio século Frederic Hayek (1980 e 1987) debateu-se para resolver o conflito entre a suposta liberdade de escolha livre do indivíduo e a natureza das relações sociais capitalistas dentro da teoria econômica clássica e neoclássica. Ao concluir que o enigma, por essa via não se resolvia, formulou uma doutrina – o neoliberalismo, doutrina que não apenas regride ao credo do liberalismo conservador, comprovadamente fracassado pelo que nos mostra Eric Hobsbawm (1995) no seu balanço do século XX – Era dos Extremos, mas também que assenta a política econômica e social num receituário que anula as conquistas parciais do projeto keynesiano, cujo objetivo foi corrigir, na ótica capitalista, o credo liberal conservador.

Mais amplamente e de forma concomitante, a outra regressão no campo amplo das ciências sociais efetiva-se pelo ideário do pós-modernismo. Este, como nos mostra Fredric Jameson (1996), é expressão cultural do capitalismo tardio, vale dizer, da fragmentação da realidade, da produção flexível e da mutilação de direitos da classe trabalhadora e da hipertrofia do consumismo, da competição e do individualismo. Por apreender apenas a face fenomênica do capitalismo flexível, o pós-modernismo, mesmo quando busca criticar o capitalismo, acaba corroborando a tese de Margareth Teacher de que não via a sociedade, e sim os indivíduos. Como consequência, estaríamos no fim das classes sociais, do proletariado e ingressando na sociedade pós-industrial, pós-classista, pós-política e pós-moderna, na sociedade do conhecimento.

Essa dupla regressão se potencializa no campo das concepções educacionais e se materializa na ideologia da sociedade do conhecimento, das competências e da empregabilidade. Trata-se de traduzir, no plano educacional, um ideário em que não há lugar para todos, e o problema não é coletivo mas individual. As competências que serão desenvolvidas e que garantem empregabilidade são as que o mercado reconhece como as que tornam cada trabalhador produtivo ao máximo. O capital agora se interessa não só pela força física, mas também pelas qualidades intelectuais, emocionais e afetivas. De resto, o empregável tem a qualidade mercantil de ser flexível e permanecer com garantia de emprego apenas enquanto funcional ao seu empregador.

As noções de sociedade do conhecimento e da pedagogia das competências para a empregabilidade, como nos indica Belluzzo (2001, p. 1),

> [...] já nos foi apresentada nos anos 60 e 70 sob a forma de Teoria do Capital Humano. Recauchutada, ela volta para explicar, ou tentar explicar, o agravamento das desigualdades no capitalismo contemporâneo. Assim, fica mais fácil atribuir ao indivíduo a responsabilidade por suas desgraças e por sua derrota. "Sou pobre porque sou incompetente e sem qualificação".

De fato, a lógica das competências e da empregabilidade deriva da Teoria do Capital Humano,[3] redimensionada com base na "nova" sociabilidade capitalista. Apoia-se no capitalismo concorrencial de mercado; o aumento da produtividade marginal é considerado em função do adequado desenvolvimento e da utilização das competências dos trabalhadores; o investimento individual no desenvolvimento de competências é tanto resultado quanto pressuposto da adaptação à instabilidade da vida. Nos moldes neoliberais, acredita-se que isso redundaria no bem-estar de todos os indivíduos, na medida em que cada um teria autonomia e liberdade para realizar suas escolhas de acordo com suas competências.

---

[3] Para uma crítica à Teoria do Capital Humano, ver FRIGOTTO (2006).

Uma pedagogia que apaga a memória de organização, de coletividade e, também do direito ao trabalho. Como consequência, reduz as relações de poder e de classe na violência da degradação do trabalho e do emprego à ideia de que sua garantia depende dos processos educativos e de qualificação. Trata-se de uma concepção educativa alienadora, que se ajusta à desmedida do capital em subordinar a ciência e o conhecimento a sua ampliação e reprodução às custas de mutilar direitos.

Nesse contexto, as políticas e a gestão educacional tendem, especialmente em países de capitalismo dependente,[4] a se pautar pelas determinações dos organismos internacionais – legítimos representantes do capital mundial. Esses organismos têm forçado políticas focais fragmentadas e a gestão educacional centrada na perspectiva da mercantilização. As noções de qualidade total, empreendedorismo, MBA (Master in Business Administration)[5] e a centralidade que assumem os processos de avaliação, constituem a base do *fetiche* que passa a ideia de que os problemas educacionais se devem à má gestão. Os construtos básicos da "teoria" administrativa transformam-se em *chavões* de "gerência do pensamento",[6] de dominação ideológica e de alienação.

Não se trata de negar a necessidade da gestão, mas de perguntar qual gestão e a serviço de que projeto societário e educacional.

Herança colonizadora, escravocrata e capitalismo dependente e política e gestão da escola pública que se alarga para menos

> *São os limites de uma época – de uma classe – mais que um "egoísmo" delierado ou uma "mentira de classe" que explicam os limites das ideias.*
> (Karl Marx, Carta a Weidemever, 1852)

Qualquer analista minimamente responsável e sério, ao correlacionar alguns indicadores da riqueza social que se produz no Brasil com a distribuição de renda, a pirâmide social, o salário mínimo, os direitos ao trabalho, a saúde, a educação, a moradia, etc., é levado a se perguntar como pode existir a magnitude de tanta desigualdade.

---

[4] Abaixo iremos, brevemente, caracterizar a especificidade deste conceito desenvolvido especialmente nas análises de Florestan Fernandes e Francisco de Oliveira.

[5] Em português, Mestre em Gestão de Negócios. O MBA está vinculado à ideia de que em face da crise estrutural do emprego, a saída é cada um ser dono e gestor do próprio negócio.

[6] Ver a esse respeito a análise de GURGEL (2004) sobre a tendência contemporânea da teoria administrativa como "gestão do pensamento".

Com feito, como entender um país que figura entre as quinze maiores economias do mundo em termos de produção, cujo alto *superavit* primário se deve ao desempenho na venda de alimentos e o maior programa de política compensatória tem sido o *Fome Zero,* que tem como objetivo dar três refeições diárias a um quinto da população que está em situação de miséria?

Como explicar que o Brasil é uma das quatro maiores nações em terras cultiváveis do mundo, em que 1% de latifundiária detém 50% dessas terras, e convivemos há 20 anos com o maior movimento social da América Latina – o Movimento dos Sem-Terra (MST), que congrega mais de 20 milhões de pessoas? Do mesmo modo, como explicar que na última classificação das maiores fortunas do mundo, o maior índice é do Brasil, onde o salário-mínimo atinge aproximadamente 270 dólares? No campo educacional não só continuamos com aproximadamente 15 milhões de analfabetos absolutos como também grande parte da população trabalhadora adulta é analfabeta funcional.

Esses contrastes, na verdade, configuram uma aparente contradição, já que, quando nos dispomos a analisar o tipo de classe dominante ou de burguesia brasileira que resultou de nosso processo histórico, percebemos que esta é uma realidade por ela construída e funcional ao seu projeto societário.

A herança mais remota do *ethos* da classe burguesa brasileira é o seu estigma colonizador e escravocrata. Colono é aquele que cultiva a terra dos outros. É, por outra parte, aquele que cultiva ou cultua o pensamento, a cultura, os símbolos e as ideias do colonizador. Concomitantemente, aprendeu do colonizador as estratégias e a cultura escravocrata.

É dentro desse legado que podemos perceber a especificidade de nossa formação social. De imediato nos conduz a perceber que o projeto societário dominante da burguesia brasileira, ao longo do século XX, foi de forma reiterada pela construção de uma sociedade de capitalismo dependente e associado. Nesse contexto, a universalização da educação básica de qualidade efetiva, o suporte da cidadania real e a condição para formação de quadros produtores de ciência e tecnologia nas universidades sempre foram um assunto menor. Três concepções dominaram o debate sobre os projetos societários ao longo do século XX.

O enfoque dominante, de caráter liberal conservador ou nacional reformista, afirma-se na concepção de uma sociedade dual. Haveria setores da sociedade brasileira que são modernos e integrados ao mundo desenvolvido, bem como setores atrasados que engendram a maior parte da sociedade. Estes últimos seriam os responsáveis pelos entraves para o Brasil se tornar um país desenvolvido. O economista Edemar Bacha, em 1974, explicitou de forma emblemática essa concepção mediante a metáfora da Belindia.

Um país mescla da Bélgica (pequeno, moderno, rico e escolarizado) e da Índia (enorme, pobre, atrasado, com elevados índices de analfabetismo e baixa escolaridade e informalidade no mundo do trabalho).

O segundo enfoque foi protagonizado pela teoria da dependência. O foco aqui é mostrar que países como o Brasil, que sofreram longos processos de colonização, não conseguiram instaurar projetos sociais autônomos e constituíram um capitalismo periférico e dependente dos países desenvolvidos, centros hegemônicos do capitalismo. Os entraves ao desenvolvimento se dariam sobretudo por uma relação de assimetria entre a periferia e o centro. Especialmente análises de alguns intelectuais, como Rui Mauro Marini (1992 e 2000) e Teotônio dos Santos (2000), entre outros, por suas análises ajudaram a criticar a visão dualista e enfatizar as relações de dominação dos centros hegemônicos do capitalismo. Todavia, mesmo essas análises não destacam, de forma enfática, uma dimensão crucial que explicita a natureza mais perversa de como a burguesia brasileira se vincula de forma subordinada às burguesias dos países e centros hegemônicos do capitalismo mundial e "vende a nação".

É justamente o terceiro enfoque que introduz uma análise dialética da especificidade de nossa formação social evidenciando as dimensões de alianças e conflitos de classe, internos e externos. Com efeito, o pensamento social crítico brasileiro nos fornece elementos para compreender que se aprofunda a desigualdade entre regiões e internamente nas nações ao contrário da ideologia da globalização e da sociedade do conhecimento e do determinismo tecnológico, que passam a ideia de que vivemos o melhor dos mundos. O sistema capital domina todas as partes do mundo, mas não da mesma forma. Ele apresenta, em sociedades distintas, processos históricos específicos que engendram particularidades[7] tanto na estrutura de classes e relações de classe, quanto nos efeitos da exploração da classe trabalhadora.

As análises sobretudo de Florestan Fernandes, de Francisco de Oliveira e de Caio Prado Junior são fundamentais para compreendermos a especificidade que a sociedade brasileira assume como sociedade de capitalismo dependente e de desenvolvimento desigual e combinado.[8]

---

[7] Do ponto de vista teórico-metodológico, na abordagem do materialismo histórico, as categorias particularidade e singularidade assumem centralidade, pois por elas é que se pode superar as análises de cunho economicista e lógico-estrutural.

[8] As categorias de capitalismo dependente e desenvolvimento desigual e combinado são centrais para entender a especificidade e a particularidade de como se construiu a sociedade brasileira e a sua atual configuração nas relações sociais e sua relação com os centros hegemônicos do capitalismo. Como assinala Michel Löwy (1995), as análises do desenvolvimento desigual e combinado introduzem uma diferença crucial com os teóricos da dependência, pois, diferentemente destes

Seguindo a herança do pensamento dialético de Marx, esses autores desmistificam as teses do pensamento liberal e de boa parte do pensamento da esquerda centrados na visão da antinomia de uma sociedade dual cindida entre o tradicional, o atrasado, o subdesenvolvido e o moderno e desenvolvido; as primeiras características são impeditivas do avanço das segundas. Ou seja, o que impediria o Brasil ter um projeto "moderno de desenvolvimento" e sair de sua condição de dependência é o peso do atraso. Pelo contrário, esses autores nos mostram que há uma relação orgânica entre o "atraso" e o "moderno" que define a forma específica de nosso capitalismo dependente, de desenvolvimento desigual e combinado.

Francisco de Oliveira (2003) evidencia que é justamente a imbricação do atraso, do tradicional, do arcaico com o moderno e desenvolvido que potencializa a nossa forma específica de sociedade capitalista dependente e nossa inserção subalterna na divisão internacional do trabalho. Mais incisivamente, os setores denominados de atrasados, improdutivos e informais constituem-se condição essencial para a modernização do núcleo integrado ao capitalismo orgânico mundial. Os setores modernos e integrados da economia capitalista (interna e externa) alimentam-se e crescem apoiados nos setores atrasados e em simbiose com eles. Assim, a persistência da economia de sobrevivência nas cidades, a ampliação ou o inchaço do setor terciário ou da "altíssima informalidade", o analfabetismo, a baixa escolaridade e a alta exploração de mão de obra de baixo custo foram e continuam sendo funcionais à elevada acumulação capitalista, ao patrimonialismo e à concentração de propriedade e de renda.

Com a metáfora do ornitorrinco, Oliveira nos revela uma particularidade estrutural de nossa formação econômica, social, política e cultural, que nos transforma em um monstrengo em que a "exceção" constitui a regra, como forma de manter o privilégio de minorias. Uma sociedade *que produz a desigualdade e se alimenta dela*. As relações de poder e de classe que foram sendo construídas no Brasil, de acordo com Oliveira, permitiram apenas parcialmente a vigência do modo de regulação fordista tanto no plano tecnológico quanto no plano social. Isso se reitera na atual mudança científico-técnica, que imprime alta velocidade à competição e à obsolescência dos conhecimentos.

últimos, afirmam, "o caráter exclusivamente capitalista das economias latino-americanas, desde a época da colonização – na medida em que [...] trata-se mais de um amálgama entre relações de produção desiguais sob a dominação do capital." (LÖWY, 1995, p. 8). Sobre Capitalismo dependente e a natureza da revolução burguesa no Brasil, ver FERNANDES (1975 e 1981) e PRADO JUNIOR (1976).

A síntese desse processo histórico nos é apresentada por Prado Júnior (1996) ao analisar a forma mediante a qual a burguesia brasileira alimenta o *ornitorrinco*. Para o autor, três problemas fundamentais convivem, se reforçam na nossa formação social desigual e impedem mudanças estruturais.

O primeiro é o mimetismo na análise de nossa realidade histórica, que se caracteriza por uma colonização intelectual, hoje das teses dos organismos internacionais e de seus intelectuais e técnicos. Os protagonistas dos projetos econômicos e das propostas de reformas educacionais, a partir da década de 1990, se formaram em universidades estrangeiras, ícones do pensamento desses organismos e/ou trabalharam neles. No âmbito educacional, que nos interessa mais de perto, o ex-ministro Paulo Renato de Souza, Cláudio de Moura Castro, João Batista de Araújo, Guiomar Namo de Mello, entre outros, são exemplos emblemáticos de intelectuais brasileiros que produzem, com esses organismos e por esses organismos, o pensamento dominante das concepções pedagógicas das reformas de ensino da década de 1990.

O segundo problema é o crescente endividamento externo e interno e a forma de sua efetivação. Toma-se dinheiro emprestado a juros altíssimos em nome do povo brasileiro, e esse dinheiro acaba sendo empregado em megaprojetos que favorecem pequenos grupos internos e externos. A inauguração desse endividamento remonta aos empréstimos ao império inglês para a construção de estradas de ferro.

E, por fim, o último problema constitui-se pela abismal assimetria entre o poder do capital e do trabalho. O salário-mínimo relacionado ao produto interno bruto (PIB), que classifica o Brasil como décima economia em produção, é um dos mais baixos do mundo. Da mesma forma, somos um país com precária proteção social e reduzidas garantias de direitos do trabalhador.

Isso nos permite depreender e sustentar que a classe burguesa brasileira, de cultura e mentalidade escravocrata e colonizadora, e historicamente associada e subordinada à classe burguesa dos centros hegemônicos do capitalismo, impediu, mediante ditaduras e golpes, reformas e programas impostos pelo alto, a construção de um projeto nacional de desenvolvimento, mediante reformas estruturais que permitissem reduzir a desigualdade social e, num horizonte mais profundo, a busca da superação dessa desigualdade mediante a ruptura das relações sociais capitalistas.

Como a educação não está desligada das relações dominantes da sociedade, ela não poderia ser diversa do que é em sua dualidade estrutural e em sua precariedade. Ou seja, a burguesia brasileira nunca se colocou de fato o projeto de uma escolaridade básica e formação técnico-profissional, como direito social e subjetivo, para a maioria dos trabalhadores e para prepará-los para o trabalho complexo que a tornasse, enquanto classe detentora do capital, em condições de concorrer com o capitalismo central.

A não prioridade real da educação básica se reflete pelo pífio fundo público garantido para seu financiamento e pelos mecanismos paliativos, emergenciais ou protelatórios para construir um sistema nacional de educação. Mesmo a Constituição de 1988, cunhada de cidadã por garantir, nos termos da lei, direitos sociais e subjetivos até então protelados, não alterou fundamentalmente a situação da educação. Como conclui Florestan Fernandes, um dos mais importantes deputados constituintes na Constituição de 1988, a educação nunca foi algo de fundamental no Brasil, e muitos esperavam que isso mudasse com a convocação da Assembleia Nacional Constituinte. Mas a Constituição promulgada em 1988, confirmando que a educação é tida como assunto menor, não alterou a situação (FERNANDES, 1992).

O que acabamos de resumidamente salientar nos permite entender a natureza das políticas e da gestão educacional para a escola pública, frequentada pela maioria dos brasileiros que constituem a classe trabalhadora. Pesquisa recente de Algebaile (2002), nos fornece uma análise original e crucial para entender as políticas educacionais para a escola pública que acolhe os filhos dos pobres cuja estratégia é de um alargamento que a torna robusta para menos. Mostra que, ao mesmo tempo que o Brasil passa a ter políticas, especialmente a partir da década de 1990, que universalizam o acesso do ensino fundamental, vão sendo solicitados da escola das classes populares papéis que não são específicos de uma escola capaz de garantir formação ampla e de qualidade, papéis que não se pede às escolas destinadas aos filhos da burguesia brasileira e da classe média.

A ideia de uma escola que historicamente se expande, mas, nesse processo, se torna *robusta para menos,* uma escola em que cabe tudo, porque, como indica Algebaile, é uma instituição destinada a atuar na fronteira da inserção social. A pesquisa não revela apenas o desmonte da escola, mas o vínculo desse desmonte com políticas públicas fragmentárias, que por sua vez fazem parte de uma construção social específica.

No passado e no presente, de tempos em tempos, produz-se um vozerio reclamando do sistema educacional e de seus professores pela falta de profissionais qualificados. Os reclamos mais recentes, ao final de 2007, se dão no contexto do Plano de Aceleração do Crescimento (PAC), cuja meta é o crescimento do produto interno bruto (PIB) em aproximadamente 5% ao ano. O pesquisador Celso Pastores cunhou a expressão *apagão educacional* para se referir ao déficit de trabalhadores qualificados demandados nessa conjuntura. O senador Cristovan Buarque, ex-ministro da Educação, sugeriu uma comissão de inquérito parlamentar (CPI) do "apagão". A própria metáfora impactante de "apagão educacional" dá a entender algo conjuntural e momentâneo, que pode ser corrigido rapidamente, talvez por um novo programa emergencial ou por um "gato ou gambiarra" para consertar o estrago.

O fato de a burguesia brasileira e/ou a "elite" não perceber que o que ela denomina de *apagão educacional* não é conflitante nem paradoxal com o tipo de relações sociais que ela mesma produz e advém, portanto, de uma contradição de suas práticas, revela a posição de uma classe atrasada, violenta e subordinada aos centros hegemônicos do sistema capital.

A análise de um dos intelectuais mais expressivos da burguesia brasileira faz jus à epígrafe deste item e revela o seu limite de classe. Delfim Neto relaciona educação, crime e desemprego. O raciocínio linear de que sem educação de qualidade o mercado não emprega, e sem emprego a tendência é levar à violência. Mas conclui o texto afirmando que se está cuidando da quantidade em detrimento da qualidade. "Quando fingiram preocupar-se com a questão, atacaram o problema da 'quantidade' e exterminaram a 'qualidade' como agora se confirmou" (NETO, 2006). Trata-se de uma postura ideológica que mascara aquilo que apontava Antônio Gramsci já na década de 1930:

> Sustentar a "qualidade" contra a quantidade significa, precisamente, apenas isto: manter intactas determinadas condições de vida social, nas quais alguns são pura quantidade, outros pura qualidade. (GRAMSCI, 1978, p. 50)

O grito de *apagão educacional* reitera, e de forma cada vez mais cínica, uma cultura de violência societária, que culpa a vítima por sua desgraça. O analfabeto, o sem-terra, o subempregado, o não qualificado, o não empreendedor ou o não "empregável" assim o são porque não souberam ou não quiseram, ou não se esforçaram para adquirir o "capital humano" ou as "competências" que os livrariam do infortúnio e seriam a mão de obra qualificada que iluminaria o crescimento acelerado.

O estigma colonizador e escravocrata da burguesia brasileira a constitui, como se referiu Francisco de Oliveira, em *vanguarda do atraso e atraso da vanguarda*. Por isso, é uma burguesia que entende, como revela a crônica de Luiz Fernando Veríssimo (2007), que quem atrapalha o Brasil é o povo. A solução, como sugere com fina ironia Veríssimo, seja talvez terceirizar o povo.

Os desafios do presente para a construção de caminhos alternativos na sociedade e na educação

A breve análise efetivada nas duas seções anteriores nos indica que as políticas e a gestão educacional se produzem de forma fragmentada e precária como expressão das relações sociais dominantes em nossa sociedade fundada na desigualdade Uma sociedade de capitalismo dependente e num tempo de regressão e "de desmedida do capital" (LINHART, 2005).

A possibilidade de formas societárias e educacionais alternativas depende de uma consciência coletiva ampla da classe trabalhadora da necessidade de mudanças que vão além das reformas que realimentam e mantêm as atuais relações sociais e educacionais. Esse é um desafio fundamental e complexo porque, por um lado a ideologia neoliberal tem conseguido produzir um tempo de indeterminação da política. Como observa Oliveira (2007, p. 15) apoiado em Rancière, política

> [...] é a reclamação da parte dos que não tomam parte e por isso se constitui em dissenso. Nessa acepção, os que fazem política distinguem-se por pautar os movimentos do outro, do adversário, por impor-lhe minimamente uma agenda de questões sobre as quais e em torno das quais se desenrola o conflito.

O balaço que Oliveira faz da realidade brasileira desde Fernando H. Cardoso até hoje é da construção da indeterminação da política. "A relação entre as classes, interesses e representação foi para o espaço. A possibilidade de formação de consensos se tornou uma quimera, mas num sentido intensamente dramático, isto não é um anúncio do dissenso e não gera política" (OLIVEIRA, 2007, p. 38).

Por outro lado, e em certa media como consequência do primeiro, o campo de esquerda, representado pelos movimentos sociais e partidos vinculados às lutas dos trabalhadores, padece de uma profunda fragmentação.[9] O historiador Eric Hobsbawm, numa análise que discute os atuais movimentos étnicos, assinala:

> Como vivemos numa era em que todas as outras relações e valores humanos estão em crise, ou, pelo menos, em algum ponto de uma viagem para destinos incertos, a xenofobia parece estar-se

---

[9] O único movimento social que gera política e se contrapõe claramente, numa perspectiva de classe, ao sistema vigente hoje no Brasil é o Movimento dos Sem-Terra (MST).

tornando a ideologia de massa deste *fin de siècle*. O que hoje une a humanidade é a negação do que a espécie humana tem em comum [...] Nada de bom advirá disso, mas não vai durar para sempre. (HOBSBAWM, 2000, p. 382)

Essas duas ordens de questões alimentam políticas sociais e educacionais, dentro da lógica da fragmentação, de cunho dominantemente focal e compensatório, que atacam as consequências, mas não as causas. Essa parece ser uma tendência dominante hoje no Brasil, e seus efeitos podem ser profundamente negativos e reeditar o que tem sido a estratégia permanente da burguesia brasileira: alimentar e reproduzir *o ornitorrinco*, mantendo intacta uma das estruturais sociais mais desiguais do mundo.[10]

Enfrentar essa ordem de questões é tarefa da esquerda, já que a direita tudo faz para dissimulá-las. No atual momento de profunda crise da esquerda, a direção da ação política mais fecunda parece-nos que não se dá no aparelho do Estado em sentido estrito, nem na disputa das siglas dos partidos políticos de esquerda, ainda que também nesses espaços tenha que se dar a disputa contra-hegemônica. A herança teórica de Marx e Gramsci nos remete ao partido ideológico e revolucionário, cujo centro é a disputa nos aparelhos de hegemonia em todos os espaços da sociedade civil para "construir uma intersubjetividade revolucionária, ou seja, um conjuntos de sujeitos que são plurais mas que convergem e se unificam na luta contra o capital" (COUTINHO, 2002, p. 38). Vale dizer, uma convergência na luta de classes.

É uma vez mais Oliveira que nos assinala que a universidade é chamada a retomar o horizonte da política buscando o consenso perdido e gerando o dissenso contra-hegemônico.

> Busca do consenso perdido de que somos uma nação e não um conglomerado e consumidores. Cabe à Universidade um importante papel nesta luta. [...] O malabarismo neoliberal da última década, no vagalhão mundial globalitário, desestruturou perigosamente o Estado e pode levar de roldão a Nação. A universidade é o lugar do dissenso, em primeiro lugar, dissenso do discurso do "pensamento único".

---

[10] As denominadas políticas afirmativas ou de descriminação positiva em voga hoje no Brasil, que, se tomadas como tarefas pontuais e concomitantes a mudanças estruturais, têm positividade social e política, quando tomadas nelas mesmas produzem e ampliam a indeterminação política e correm sérios riscos de alimentar a tendência indicada por Hobsbawm de xenofobias. Esse é o ovo de serpente que habita as entranhas do atual governo cujo mandato lhe foi delegado por forças que historicamente postulam mudanças estruturais.

Passo insubstituível para um novo consenso sobre a Nação, que é obra da cidadania, mas que pede e requisita a universidade para decifrar os enigmas do mundo moderno. (OLIVEIRA, 2005, p. 70)

No plano das reformas estruturais, o consenso a ser reconstruído é o da necessidade inadiável de centrar-se nas lutas pela reforma agrária e a taxação das grandes fortunas, com o intuito de acabar com o latifúndio e a altíssima concentração da propriedade da terra; pela reforma tributária, com o objetivo de inverter a lógica regressiva dos impostos, em que os assalariados e os mais pobres pagam mais, corrigindo, assim, a enorme desigualdade de renda; pela suspensão ou renegociação, noutras bases; da dívida externa e interna; pelo controle social, mediante uma esfera pública efetiva, e não a autonomia do Banco Central

No âmbito conjuntural, concomitantemente, há problemas cruciais a ser resolvidos cuja dramaticidade humana implica políticas distributivas imediatas, não como caridade, alívio à pobreza, paternalismo, mas como direito do animal humano à vida. Essas políticas, além de ter a necessidade de um controle social público para não se transformar em clientelismo e paternalismo (traços fortes de nossa cultura política), não podem ser permanentes. Por isso, como conclui Hobsbawm (1992, p. 270) em seu convite de renascer das cinzas. Isso implicará

> [...] uma investida contra as fortalezas centrais da economia de mercado de consumo. Exigirá não apenas uma sociedade melhor que a do passado, mas como sempre sustentaram os socialistas, um tipo diferente de sociedade. [...] É por esse motivo que (o socialismo) ainda está no programa. (1992, p. 270)

Embora essa seja uma tarefa dos socialistas de todo o mundo, no Brasil ela nos cabe, e não podemos delegá-la. Ao contrário daquilo que a *nova pedagogia da hegemonia* do capital nos quer fazer crer que a política é tarefa de especialistas e técnicos, cabe mobilizar as massas, os movimentos sociais do campo e da cidade para o exercício permanente da política no combate à classe burguesa brasileira, aos seus intelectuais e gestores de seus negócios e aos governos que governam em seu nome ou que se situam numa posição dúbia e oportunista do poder pelo poder. Como lembra Oliveira (2005, p. 70), os pensadores clássicos das ciências sociais do Brasil nos ajudaram a "descobrir o Brasil e 'inventar' uma Nação". Em meio à violência do pensamento único do neoliberalismo e do caminho ou *opção desviante* do governo Lula e consequente destroços no campo da esquerda, o desafio crucial do pensamento crítico, articulado aos movimentos e lutas sociais é de *reinventar a Nação brasileira,* portanto, um projeto de desenvolvimento nacional popular democrático e de massa *sustentável* que tenha os germens do novo. Um "desenvolvimento sustentável," como sublinha Hobsbawm (1992, p. 266), "que não pode funcionar por meio do mercado, mas operar contra ele".

Para que essa agenda tenha consistência histórica e efetivo poder revolucionário, não basta o convencimento da classe trabalhadora da justeza e da necessidade da luta contra o projeto do capital. É preciso, como assinala Gramsci, elevar moral e intelectualmente as massas e formar o que vem do povo que permaneça ligado às suas lutas. Por isso, a agenda da luta da esquerda, independentemente onde atue, tem que afirmar como estratégico e prioritário o direito da educação escolar básica (fundamental e média) unitária e politécnica e/ou tecnológica, que articule conhecimento científico, filosófico, cultural, técnico e tecnológico com a produção material e a vida social e política, para todas as crianças e todos os jovens. Trata-se de uma direção diametralmente inversa das políticas e da gestão educacional, que ampliam e alargam a escola pública para menos.

Referências

ALGEBAILE, E. B. Escola pública e pobreza: os sentidos da expansão escolar na formação da escola pública brasileira. Tese (Doutorado) – Universidade Federal Fluminense, Niterói, 2002.

BELUZZO, L. G. M. *Valor,* 1º Caderno, 16/18 fev. 2001, A. 13.

CHESNAIS, F. *A mundialização do capital,* São Paulo: Scrita, 1996.

SANTOS, T. *Teoria da dependência: balanço e perspectivas.* Rio de Janeiro: Civilização Brasileira, 2000.

FERNANDES, F. *A revolução burguesa no Brasil. Um ensaio de interpretação sociológica.* 3. ed. Rio de Janeiro: Zahar, 1981. (Biblioteca de Ciências Sociais)

FERNANDES, F. *Capitalismo dependente e classes sociais na América Latina.* Rio de Janeiro: Zahar, 1975.

FERNANDES, F. Diretrizes e bases: conciliação aberta. *Revista Sociedade e Universidade.* São Paulo, ANDES, 1992.

FRIGOTTO, G. *A produtividade da escola improdutiva.* 8. ed. São Paulo: Cortez, 2006.

GRAMSCI, A. *Concepção dialética da história*. Rio de Janeiro: Civilização Brasileira, 1978.

GURGEL, C. R. *A gerência do pensamento*. São Paulo: Cortez, 2004.

HAYEK, F. *O caminho da servidão*. Rio de Janeiro: Instituto Liberal, 1987.

HARVEY, D. *Condição pós-moderna*. São Paulo: Loyola, 1996

HAYEK, F. *Liberdade de escolher*. Rio de Janeiro: Record, 1980.

HOBSBAWM, E. *A era dos extremos. O breve século XX (1914-1991)*. São Paulo: Companhia das Letras, 1995.

HOBSBAWM, E. Etnia e nacionalismo na Europa hoje. In: BALAKRISHNAN, G. (Org). *Um mapa da questão nacional*. São Paulo: Boitempo, 2000.

JAMESON, F. *Pós-modernismo: A lógica cultural do capitalismo tardio*. São Paulo: Ática, 1996.

LINHART, D. *A desmedida do capital*. São Paulo, Boitempo, 2007

LÖWY, M. A teoria do desenvolvimento desigual e combinado. Tradução de Henrique Carneiro. *Actuel Marx*, n. 18, 1995.

MARINI, R. M. *América Latina: dependência e integração*. São Paulo: Editora Brasil Urgente, 1992

MARINI, R. M. *Dialética da dependência. Uma antologia da obra de Rui Mauro Marini*. Petrópolis: Vozes, 2000.

MÈSZÀROS, I. *Para além do capital*. São Paulo: Boitempo, 2000.

NETO, D. Educação, crime e desemprego. *Folha de S. Paulo*, Caderno Tendência/ Debates, 19 jul. 2006

OLIVEIRA, F. Em busca do consenso perdido: democratização e republicanização do Estado. In: FIOD, E. M. et al. (Org.). *Traços do trabalho coletivo*. São Paulo: Casa do Psicólogo, 2005. p. 61-72.

OLIVEIRA, F. *Crítica à razão dualista. O ornitorrinco*. São Paulo: Boitempo, 2003

OLIVEIRA, F. Política numa era de indeterminação: opacidade e reencantamento. In: *A era da indeterminação*. São Paulo: Boitempo, 2007.

PAULANI, L. *Modernidade e discursos econômico*. São Paulo: Boitempo, 2005.

PRADO JUNIOR, C. *Revolução brasileira*. São Paulo: Brasiliense, 1987.

VERÍSSIMO, L. F. Fora Povo! Rio de Janeiro. *O Globo*, 30 ago. 2007.

Capítulo 4
Poder político e sociedade: qual sujeito, qual objeto?

Lúcia Emília Nuevo Barreto Bruno

> Os homens ascendem ao poder devorando a substância dos outros.
> (Máxima do povo *Tive* da Nigéria, recolhida por BALANDIER, 1969)

Introdução

Este texto teve origem numa série de questionamentos venho desenvolvendo há tempos, acerca da relação entre sociedade e poder político. A razão de publicá-lo numa coletânea cujo tema central é a crise da escola e políticas educativas, decorre da importância que atribuo à temática nele desenvolvida, para a formação dos futuros professores e pesquisadores da área educacional. Destaco, nesse sentido, a diversidade de formas de organização social registradas na história humana, diversidade da qual resultam variações importantes no que se refere à forma como se organiza e se institui a relação entre poder político e sociedade e da qual derivam diferentes concepções de educação. É essa a razão de ter inserido neste artigo a questão do poder nas sociedades tribais, sociedades que puderam se desenvolver e se reproduzir durante milênios, tendo muitas delas chegado até os nossos dias, na sua indivisão originária e tendo prescindindo de instituições coercitivas tão centrais nas sociedades ocidentais. Além disso, neste momento em que o Estado brasileiro implementa políticas educacionais voltadas para as populações indígenas, parece-me fundamental trazer para o debate a sua organização social e a sua filosofia política.

Neste artigo retomo alguns conceitos que são recorrentes na literatura educacional, tais como poder político, estado e sociedade, a partir da contribuição de autores como Clastres, Lévi-Strauss, Sahlins, Balandier e Bernardo, buscando extrair algumas consequências de suas formulações teóricas acerca do intrincado problema de como o poder se organiza e se exerce nas sociedades humanas. Hoje, quando vemos as discussões acerca da crise da escola e de como enfrentá-la, retornar ao centro do debate educacional e as novas formas de regulação política da educação recoloca questões que julgávamos equacionadas acerca do Estado, de suas atribuições e significado nas sociedades contemporâneas, cabe voltar ao que me parece ser a origem de todas as indagações; o que é poder político, em que registro se exerce e qual a sua relação com a sociedade.

Para tanto, procurei escapar de velhos atalhos, nossos conhecidos, entre eles, aquele em que a história nos é apresentada pelos grupos e classes vitoriosos, que a reconstroem consoante seus interesses de momento. O problema, nesse caso, não me parece estar só no fato, já bastante conhecido, de a história ser a história dos vencedores. Afinal, para se apresentar como vencedor, é preciso reconhecer a existência de um derrotado e, nesse sentido, conferir a ele um lugar na história, dar-lhe um nome e especificá-lo, ainda que seja para degradá-lo.

O que me parece mais grave, é o fato de a história recente ser apresentada como resultante de um processo social sem sujeitos que se opõem, anulando-se, dessa forma, a existência não só de conflitos e lutas, mas até mesmo, do derrotado. É como se os processos sociais, ocorressem como certos fenômenos da natureza que se desenvolvem (até onde sabemos) independentemente da ação humana e frente aos quais, só os mais aptos sobrevivem e encontram o seu lugar.

Em tal perspectiva, o sujeito da ação não é explícito; ao contrário, aparece apenas como um conjunto de forças cegas, mas isso já é o suficiente para que se possa estabelecer os vencedores sem a necessidade de admitir a existência do outro polo da relação: o derrotado. O silenciar acerca do outro polo da relação é feito através de uma operação ideológica, que estabelece uma identidade entre essas forças cegas e os vencedores, naturalizando-as. A partir daí, os vencedores julgam poder apresentar-se como os herdeiros incontestes dos privilégios que desfrutam, pois encontram nesse processo de naturalização da realidade social seu lugar, não como sujeitos da ação, pois isso de certa forma lhes imporia responsabilidades políticas, mas como os mais legítimos herdeiros da história. Esta não acabou para todos. Na realidade quando essa ideia é expressa, tem ela endereço certo; a história acabou apenas para os derrotados; para os sem-rosto, para a massa.

A partir dessa perspectiva, os centros de poder, através de mecanismos vários, incluindo as mídias concentradas nas mãos de alguns entre os poucos vitoriosos, esforçam-se para moldar essa massa, destituindo-a de passado, tendo em vista privá-la de futuro. Às individualidades precárias que a compõem, só é dada a possibilidade de encontrar-se em situações onde se forjam processos identificatórios pontuais e se reforçam especificidades fechadas em si mesmas, que em nada alteram a sua condição de mero elemento da massa.

Aliás, a novidade atual, é que a unidade elementar da massa já não é mais necessariamente o indivíduo; pode ser também o grupo, a "tribo", o gueto, na medida em que esses novos agrupamentos humanos passam ao largo de uma identidade mais substantiva definida na esfera da política. Essas fragmentações sociais que hoje, forjam e alimentam a massa contemporânea, camuflam a sua existência como objeto, portanto como elemento passível de ser instrumentalizado pelo poder.

Como pudemos chegar a essa situação de extrema pulverização das práticas sociais e das individualidades, agregadas a partir de uma ordem imposta de cima, sem que se tenha sequer clareza de onde ela emana?

De onde vem esse sentimento hoje tão presente nas consciências, da impossibilidade de engendrar o político a partir de nós mesmos? O político aqui entendido como a capacidade de tomar decisões, apoiados no sentimento de pertença a uma comunidade que não seja apenas decorrente de um ou mais aspectos isolados de nossas práticas, mas de um conjunto integrado, ainda que contraditoriamente, de aspectos de práticas compartilhados numa esfera mais ampla?

De um totalitarismo que produz a massa, através da destruição dos laços sociais horizontais, de tal forma que já não se obedeça a nenhum outro princípio organizador que não seja aquele ditado por uma estrutura de poder encarnada em entidades miticamente a nós apresentadas – o Estado e o mercado? Do isolamento do indivíduo e/ou do grupo/"tribo"/etnia/religião, diante da vontade imperativa de um poder sem face definida?

A racionalidade do Estado que Hegel magnificou, dela fazendo a figura do espírito que se pensa a si mesmo, objetivo, na medida em que ele representaria mais do que os interesses em presença, nos parece hoje algo incompreensível, diante da particularização dos interesses que esse Estado representa e faz valer. Essa racionalidade anunciada ou esperada, carregando consigo o resíduo inevitável da violência e da usurpação acabou por converter-se em irracionalidade e esta minou as suas bases possíveis de legitimação. Atualmente só a manutenção da preeminência da massa pode sustentar a situação na qual o Estado, apesar do grau de ilegitimidade que o caracteriza, continua a ser visto como inevitável, quando não, como solução.

Se o Estado é tão aberta e assumidamente particularista, não nos deve surpreender que qualquer grupo de interesse venha reivindicar para si, e exclusivamente para si, o mesmo direito à usurpação do poder político originário de toda sociedade humana e ao monopólio da violência, da Lei, dos valores ignorando qualquer tipo de arranjo que implique algum tipo de legitimidade buscada junto aos dominados. É a violência originária do Estado contra ele próprio; é uma luta entre usurpadores, que recai sobre o conjunto dos dominados. Talvez essa situação nos ajude a compreender alguns aspectos do terrorismo contemporâneo e, no caso brasileiro, das organizações criminosas que desafiam o Estado Constitucional, apresentando-se, sem reservas, como um Estado Contraventor e, é bom assinalar, não desprovido de bases de sustentação junto a alguns centros de poder legalmente constituídos.

Assim, encontramos no centro da política hoje, a "violência de uma injúria – tão penetrante quanto dissimulada", como disse Jean-Pierre-Faye, em seu estudo acerca da filosofia heideggeriana e do nacional-socialismo, referindo-se ao "arrombamento da língua filosófica" realizada pelo "tenente K (Hitler)" (1996, p. 12). A injúria que penetrou a política e que se tenta fazer esquecer, talvez possamos localizar sua urdidura no momento em que se dá a grande inversão de sentido na ação política: de ação coletiva visando o bem comum, para ação monopolizada por alguns, tendo em vista fazer valer seus interesses particulares sobre o bem comum.

Refletir sobre essa injúria penetrante que encontrou na imprecisão do conceito de *Democracia* um abrigo para a sua dissimulação, tem sido meu trabalho há algum tempo e, mais recentemente, levou-me ao estudo das sociedades ditas primitivas, nas quais fui buscar compreender os esforços de nossos ancestrais mais distantes para construir uma sociedade vivível. E, se volto a elas, é porque acredito, tal como Lévi-Strauss, que os seus esforços nessa direção, ainda estão em nós e, se não desistimos dessa tarefa, então é porque nada é definitivo. Essas sociedades, hoje já praticamente desaparecidas, salvo em algumas regiões do Brasil e que a etnologia nos faz conhecer, atestam as inúmeras possibilidades abertas às sociedades humanas nas suas infindáveis tentativas do viver junto. E, se cada qual fez sua escolha, conhecer aquelas que mais se distanciam da nossa, nos ajuda a compreender melhor esta em que vivemos, e que por isso "somos capazes de transformar sem destruí-la, pois as mudanças que aí introduzimos também partem dela" (Lévi-Strauss, 1996, p. 371).

Não faço aqui uma análise dessas sociedades na riqueza sociológica em que existiram e se reproduziram durante milênios, num esforço inaudito na história humana e que as fizeram chegar até os nossos dias. Restrinjo-me a certos aspectos da organização político-social que puderam criar e nela permanecer. Ao mesmo tempo, estou certa de que conhecer o passado de nossos ancestrais mais distantes, que parece ter sido múltiplo nas suas formas sociais, nos impede de buscar respostas únicas para algo que só pode ser entendido na diversidade em que se apresenta e que haverá de continuar a nos desafiar: as infindáveis tentativas humanas do viver junto. Além disso, penso que eleger um ponto de comparação externo nos permite exercitar melhor a crítica sobre a sociedade em que vivemos, pois, assim como o pássaro não enxerga o vidro da janela que o impede de sair, nós também não percebemos os limites que nos impõe a cultura na qual nos encerramos. Sem reconhecer esse aprisionamento e sem nos esforçarmos para enfrentá-lo, não podemos exercer a lucidez. E a lucidez não é senão o exercício da crítica.

O político como fundamento do social

A relação entre natureza e cultura; realidade natural e realidade social tem sido objeto de um debate que nos ocupa há algumas centenas de anos e, se aqui a retomo, não é com o propósito de acrescentar algo novo a tudo o que sobre ela já foi dito e escrito, mas porque a considero especialmente importante para a discussão que proponho acerca do político.

Estudos desenvolvidos no campo das ciências da natureza têm insistido em afirmá-la não como uma realidade já dada, mas como uma realidade complexa que se constitui e se desenvolve a partir de interações permanentes entre seus elementos constitutivos. No entanto, esse relacionar-se é direto, uma vez que não cria nenhum meio externo que se lhes interponha; ou se isso ocorre como no caso das formigas que criam o formigueiro e as abelhas as colmeias, os resultados dessas atividades não têm vida própria; são incorporados na natureza do criador, passando a integrá-las (LÉPINE, 1974). Ainda que, como afirma Maturama, a evolução das espécies não se desenvolva a partir da adaptação pura e simples ao meio ambiente, nem da competição entre as espécies, mas da criatividade dos organismos vivos em atuar interativamente na esfera da realidade natural, estes estão em contato imediato e é assim que vivem e se reproduzem.

Na esfera da realidade social, diferentemente, os homens só se relacionam entre si e com a natureza, mediados por meios que lhes são externos: as instituições sociais. Meios artificiais por eles próprios criados ao entrar em relação uns com os outros e que se mantêm externos a eles, desenvolvendo-se numa dinâmica que lhes escapa enquanto singularidades. Esse processo de entrar em relação uns com os outros nos é imperativo, pois a satisfação das necessidades humanas implica o agir, que impõe inelutavelmente a presença do outro. E nesse processo de relações recíprocas emerge a linguagem humana, que, ao mesmo tempo, o constitui. A palavra não é apenas um meio de comunicação entre os indivíduos; ela é um instrumento do pensamento, o que lhes permite sonhar, projetar, imaginar, portanto duvidar. Nessa perspectiva, os homens vivem em um mundo que não se resume à dimensão biológica que os constitui, posto que vivem em um mundo de símbolos e de instituições sociais por eles próprios criados.

No âmbito dos grandes debates filosóficos acerca da ação humana, enquanto essa ação foi concebida exclusivamente como uma atividade do pensamento, portanto não é uma ação, mas o pensamento de uma ação, ela era individual (Marx, 1844), e a relação do homem com a natureza podia ser pensada como uma ação ocorrendo diretamente sobre a natureza. No entanto, quando no século XIX, Marx rompe com a tradição filosófica de sua época, concebendo a ação humana na sua institucionalidade, ele lhe retira qualquer caráter individual, e a prática socializa-se em práxis; a ação humana sobre o meio natural e social em geral deixa de ser concebida como ação prática direta, para ser pensada como prática que só pode se realizar mediante instituições sociais. A práxis é a ação transformadora do homem, mas essa ação é sempre institucional, nunca individual (Bernardo, 1991, v. I).

Se a realidade social distingue-se da realidade natural por ser produtora de instituições e de símbolos, sua especificidade decorre da capacidade humana de criar a *regra* e estabelecê-la como norma de conduta. Não há institucionalização de práticas sem o fundamento da *regra*. O processo de criação de instituições deve ser entendido como o processo das práticas em realização, pautado pela *regra*, que por sua vez só pode existir a partir da linguagem simbólica, ela própria um sistema de regras. Nesse processo, em que a prática humana se institui, a ação do homem decalca-se do instinto, situando-se no registro da cultura.

Esse processo de institucionalização da ação humana pela *regra*, Lévi-Strauss (1949) o afirma quando estuda o tabu do incesto. Partindo das proposições evolucionistas, que postulavam a existência de duas fases do progresso humano – a do *estado natural* e a do *estado social* que se seguiria ao primeiro – o autor sugere a transformação dos conceitos de cultura e de natureza, que situa no plano lógico, em um *instrumento do método* a serviço da sociologia.

Fomos levados a levantar o problema do incesto a propósito da relação entre a existência biológica e a existência social do homem, e logo constatamos que a proibição não depende exatamente nem de uma nem de outra. Propomo-nos neste trabalho (Structures Élémentaires de la Parenté) fornecer a solução para esta anomalia, mostrando que a proibição do incesto constitui precisamente o laço que une uma à outra. (LÉVI-STRAUSS, 1949, p. 29)

Adentrando no estudo do universo das regras, o autor desenvolve sua tese articulando a proibição do incesto, que é regra negativa, à isogamia, regra positiva, ambas com caráter de universalidade.

A proibição do uso sexual da filha ou da irmã obriga a dar a filha ou a irmã em casamento a um outro homem e, ao mesmo tempo, cria um direito sobre a filha ou irmã desse outro homem. Assim, todas as estipulações negativas da proibição têm uma contrapartida positiva. A proibição equivale a uma obrigação; e a renúncia abre caminho a uma reivindicação. (p. 60)

Essa formulação leva o autor ao seu argumento central, "a proibição do incesto, assim como a isogamia, é uma regra de reciprocidade" (p. 60) A partir daí, a noção de permuta (troca) passa a ser o ponto fulcral da análise de Lévi-Strauss (1949) acerca das formas de aliança, para defini-la como o fundamento do parentesco e da vida social.

A unidade básica do parentesco, cabe destacar, não é aqui a família biológica (o casal e os filhos), mas o eixo de relações que conduz à criação das famílias. A partir de estudos realizados sobre as sociedades dos Tcherkesse do Cáucaso, dos Trambiandeses, dos Kutubu e Siuaui da Melanésia e dos Tonga da Polinésia, acerca das atitudes (realidade sociológica que codifica o comportamento entre os parentes) Lévi-Strauss (1949) elabora sua formulação da unidade elementar do parentesco; conjunto de relações entre quatro elementos, o pai, o filho, o irmão da mãe e o irmão do pai. Introduz-se aí o elemento externo e diferente, ou seja, o elemento cultural, não biológico, qual seja, irmão da mãe ou irmão do pai. Apresenta assim, a solução por ele encontrada para o mistério que cercava a proibição do incesto: o de ser uma regra, portanto da ordem da cultura e, ao mesmo tempo, universal, impondo-se como natureza.

Alguns críticos de Lévi-Strauss, entre eles Leach (1970), argumentam que a proibição do incesto não é uma regra universal, pois há registros de numerosas sociedades históricas em que não prevalecem os tabus "normais" do incesto. Ora, para o que aqui nos interessa, importa menos a diversidade de tipos de interdição e regulamentação das relações sexuais, assim como as do casamento que, embora não sejam imediatamente dedutíveis das primeiras, são por elas condicionadas. Importa-nos sobretudo assinalar a existência da *regra* como fundamento da constituição dos agrupamentos humanos e afirmá-la como o elemento que enlaça natureza e cultura. As interdições relativas ao incesto, na variedade em que se apresentam, regulamentam a circulação de mulheres, substituindo a lei natural do acasalamento pela *regra*, criação humana que assegura o pertencimento da sociedade à ordem da cultura, fazendo-a desenvolver-se na esfera das instituições sociais, e não na esfera natural.

Assim, o que podemos concluir é a impossibilidade de pensarmos a sociedade em estado natural, a sociedade sem o fundamento da regra. Aqui temos que distinguir os dois níveis em que a realidade da regra se institui, condicionando os níveis da análise sociológica. O primeiro, o da regra fundadora – a proibição do incesto – que impõe a troca de mulheres estabelecendo o institucional, como imanente ao humano. Nesse nível, a regra é a entrada para a cultura. O segundo, é o da regra como meio e consequência do viver uns com os outros, como desdobramento da sociabilidade e do ser político dos agrupamentos humanos. Ou seja, da capacidade do homem de criar os meios necessários para o viver uns com os outros, de adaptar-se e interagir inclusive com o meio natural em que lhe é dado viver. É nesse nível que devemos situar a análise do processo pelo qual as sociedades humanas definem como as diferenças haverão de ser vividas, praticadas e institucionalizadas e, ao mesmo tempo, em que termos a troca de mensagens, bens e mulheres haverá de se estabelecer, conformando distintas estruturas sociais. Em qualquer desses níveis em que a regra se institui, o político, entendido como essa capacidade humana de criar a regra, afirma-se como fundamento do social, como condição de existência das sociedades humanas, com as suas instituições, organizações sociais, linguagem, sistema de valores, meios que, se nos incluem, também nos ultrapassam.

O individual e o institucional

Esta perspectiva levanta um conjunto de questões acerca da relação entre o individual e o institucional, que abordo a seguir. É estabelecendo relações uns com os outros que nos afirmamos enquanto singularidade e nos especificamos reciprocamente. Trata-se de uma relação de oposição em que nos diferenciamos uns dos outros. Só entrando em relação é possível a cada um de nós afirmar-se na sua especificidade, e não apenas como elemento de uma espécie. O *eu* é necessariamente um *eu relacional*. E essa relação é contraditória, pois o *eu* só existe enquanto singularidade no interior de uma relação de oposição com o *outro*.

No entanto, é no compartilhar de aspectos práticos no interior das instituições sociais que diferentes indivíduos se reconhecem como membros de uma mesma coletividade, afirmando a possibilidade da comunicação e onde não só a língua pode ser compartilhada, mas também as regras, os valores, os objetivos e as expectativas, expressando antes de uma comunidade de ideias, uma comunidade de práticas. Em outras palavras, se a, b, c, ...n, se diferenciam entre si no processo em que entram em relação uns com os outros, se identificam ao mesmo tempo, enquanto membros de um grupo de jovens ao entrar em relação com um grupo de anciões, relativamente ao qual se opõem e se especificam, ou seja, é a diversidade que nos permite nos definir, a partir da afirmação das diferenças que nos constituem a todos.

Da mesma forma, mas agora numa outra situação institucional, é possível a esse mesmo grupo de jovens se identificar com esses anciões, ao entrarem ambos em relação com elementos de outras famílias, ou de outra classe social nas sociedades em que estas estão presentes.

Assim como o *eu* só existe na relação de oposição com o outro, na esfera das instituições ocorre o mesmo processo; uma dada instituição só se especifica relativamente às demais num processo permanente de negação/afirmação. Isso significa que o que funda as sociedades humanas não é apenas a existência da diferença, mas a sua afirmação permanente. É essa a sua condição de existência, e decorre daí a troca como necessidade. A diferença a impõe; troca de mensagens, de bens e de mulheres (Lévi-Strauss). Ao mesmo tempo, a existência da diferença e da sua afirmação permanente como substrato das relações humanas, coloca o conflito no centro da dinâmica social, fazendo com que a sociedade, enquanto um conjunto de práticas em inter-relação, oscile permanentemente entre dois movimentos: o da coesão das práticas e instituições e o da sua ruptura. Essa tensão decorre das oposições que fundam as sociedades humanas.

No âmbito das individualidades, a transposição das necessidades do corpo para o registro do desejo, define a sua institucionalidade e as projeta no horizonte do conflito, isto é, da história. É a partir dessa transposição que o pequeno ser biológico nascido de uma mulher e de um homem, acede à realidade do limite, do social, percebendo a existência de um mundo exterior que vem limitar de modo decisivo a sua onipotência. A proibição do incesto atribuindo ao sujeito um lugar num sistema de relações já dadas posiciona-o inelutavelmente, e é a partir desse posicionamento que ele adentra na realidade do social, portanto do limite.

A aceitação da realidade do limite, essa capacidade humana já referida de garantir o viver em relação uns com os outros, afirmando-se na diferença e na troca, implica um esforço notável de que todos nós somos testemunhas e vítimas. Como nos faz lembrar Clastres (1988, p. 88),

> [...] o homem não é apenas um animal político; da sua inquietude nasce o grande desejo que o habita: o de escapar a uma necessidade vivida como destino e de rejeitar a obrigação da troca, o de recusar seu ser social para se libertar de sua condição. Pois é exatamente o fato dos homens se sentirem atravessados e levados pela realidade do social que se originam o desejo de a ele não se reduzir e nostalgia de dele se evadir.

Essa contradição está na base dos infindáveis conflitos entre o indivíduo e a sociedade, tema recorrente na filosofia, na arte, na sociologia e que Clastres trouxe para o centro da antropologia política. Nessa relação contraditória entre a necessidade de submeter-se à regra e o desejo de escapar dela, desenrola-se a vida humana; luta perene do homem entre a busca da liberdade e os limites estabelecidos pela regra, em qualquer tipo de arranjo político através do qual se instituem as sociedades humanas. Um exemplo dessa insatisfação profunda nas sociedades tribais, nos apresenta Clastres em seu estudo sobre os índios Guayaqui (1978), povo caçador e nômade, habitante do Chaco paraguaio por ele estudado nos anos sessenta, onde sempre à noite, homens de "cabeça erguida e corpo ereto" buscavam através da linguagem viver o sonho do *ser único*. No belo relato de Clastres, que presenciou um desses momentos, o caçador à noite, numa autolouvação em que a voz é poderosa, quase brutal, simulando às vezes, irritação, canta de forma enfática suas aventuras. Refere-se aos animais que encontrou, às feridas recebidas, à sua habilidade em manejar a flecha. À medida que o canto se desenvolve, a linguagem torna-se cada vez mais deformada de tal maneira que, segundo Clastres, parece tratar-se de outra língua. Ou seja, só na solidão simbólica (a deformação da linguagem como uma criação própria e incomunicável) é possível para esses homens caçadores, viver o sonho do ser fora da regra, isto é, fora do social. Como sintetiza Clastres (1978, p. 79),

> Leitmotiv indefinidamente repetido, ouve-se proclamar de modo quase obsessivo: *cho ro bretete, cho ro jyvondy, cho ro yma wachu, yma chija* (Eu sou um grande caçador, eu costumo matar com minhas flechas,

eu sou uma natureza poderosa, uma natureza irritada e agressiva!).
E, frequentemente, como se quisesse marcar melhor a que ponto sua
glória é indiscutível, ele pontua a frase prolongando-a com um vigoroso
Cho, cho, cho- Eu, eu, eu.

Nesse relato, o autor nos faz conhecer a forma encontrada por uma dada sociedade, através de um determinado arranjo político, de lidar com essa insatisfação profunda que mais do que habitar, estrutura a subjetividade humana e resulta da luta perene entre nossos desejos de onipotência e os limites que o viver uns com os outros nos impõe. Essa dimensão conflituosa do ser, em que Freud localiza a emergência da cisão (consciente/inconsciente) sobre a qual se estrutura a subjetividade humana é nossa condição de existência e talvez o maior desafio imposto ao viver em sociedade. É possível que aí se encontrem as razões que levaram Hobbes a formular sua concepção de *guerra permanente* e daí concluir pela inelutabilidade do Estado como agente e garantia de um equilíbrio entre o ser político do homem e o desejo de escapar dele.

No que se refere à sociedade Guayaqui, esses desafios infindavelmente proclamados por esses "poetas nus" *para ury vwä* (ficarem felizes), se lhes conferem, como diz Clastres (1988, p. 86), "o orgulho de uma vitória, é porque querem o esquecimento de todo o combate". Nessa sociedade, se a troca de bens, de mulheres e de mensagens, enquanto "essência do social, pode assumir a forma dramática de uma competição entre aqueles que trocam, esta está condenada a permanecer estática, pois a permanência do 'contrato social' exige que não haja nem vencedor nem vencido e que os ganhos e as perdas se equilibrem constantemente para cada um. Poder-se-ia dizer em resumo, que a vida social é um 'combate' que exclui toda vitória e que, inversamente, quando se pode falar em 'vitória', é porque se está fora de todo combate, isto é, fora da vida social" (1988, p. 86), ou seja, na esfera do sonho.

Esse viver as dilacerações do ser social, a realidade do limite, através da linguagem e do sonho, expressa a compreensão de uma sociedade que sabe e aceita que "não se pode ganhar em todos os planos, que não se pode deixar de respeitar as regras do jogo social, e que o desejo de dele não participar, conduz a uma grande ilusão" (CLASTRES, 1988, p. 86). Nas sociedades ditas civilizadas, o desejo do *ser único,* fora do universo compartilhado da regra, parece não se satisfazer na esfera do sonho ou mesmo da arte. Nessas sociedades, essa ilusão, buscando realizar-se como prática social e ancorando-se ora no mito do herói, ora da raça (CASSIRER, 1997), ora da classe social triunfante, tem resultado em abjeção e horror.

Sociedade e poder político

Se na perspectiva aqui apresentada, o político é a substância do humano, expressando a possibilidade inscrita em cada um de nós do viver em relação *na diferença*, subtraídos às determinações instintivas através da *regra*, não podemos falar do homem natural, posto que só existe enquanto ser político. Não propriamente o *animal político* de Aristóteles, que só viria a existir com o surgimento da cidade-estado, demarcando-se do *animal social* que encarnava o poder pré-político com o qual o chefe da família subjugava e reinava na esfera do privado, tendo em vista libertar-se do reino da necessidade. Na perspectiva que aqui apresento o político, ao contrário, regula a vida humana na sua totalidade. O político não é uma dimensão que se vem acrescentar ao homem já vivendo em sociedade. O político é o fundamento da vida em comum e ao mesmo tempo nos constitui enquanto seres da cultura.

Essa vida em comum à qual damos o nome de sociedade, não é a mera adição de práticas, instituições e organizações sociais em inter-relação. Ao contrário, ela se constitui numa totalidade complexa, que se desenvolve a partir de práticas estruturantes e, consequentemente, de instituições que são como andaimes da sociedade na medida em que permitem a existência das demais práticas, condicionando-as.

Essas práticas, garantindo a produção e a reprodução das condições gerais de existência de uma dada sociedade, constituem o eixo organizador da realidade social. Embora condicionem a existência das demais, as práticas estruturantes não determinam suas formas precisas de realização. De fato, as práticas estruturantes estabelecem os limites e os contornos gerais a partir dos quais haverão de se desenvolver, se reconstituir ou desaparecer as demais práticas sociais, não as formas precisas que haverão de assumir essas práticas em situações dadas. Quanto mais imediata e diretamente decorrentes das práticas estruturantes, tanto mais estarão as demais práticas sujeitas aos seus efeitos de determinação, isto é, tanto mais os limites em que haverão de se desenvolver estarão condicionados pelas primeiras. Isso significa que existem graus diversos de determinação das práticas estruturantes relativamente às demais práticas prosseguidas em sociedade.

As práticas estruturantes se instituem e se desenvolvem em duas dimensões inseparáveis: (a) aquela na qual se afirma a capacidade humana de estabelecer suas normas, seus princípios e seus valores que organizam as relações sociais, produzindo as formas institucionais em que cada sociedade haverá de se constituir e se reproduzir; e (b) aquela em que se afirma a capacidade humana de transformar elementos da natureza em valores de uso, garantindo a sobrevivência e a reprodução material da sociedade. Essas duas dimensões das práticas estruturantes, embora sejam distintas, não existem separadamente; ao contrário, uma sustenta a outra. Se um agrupamento humano não é capaz de garantir as condições básicas de sua sobrevivência física ele perece, de tal forma que não há condições nem possibilidades de se organizar para desenvolver qualquer outro tipo de prática ou mesmo atividade intelectual. Da mesma forma, não é possível a nenhum agrupamento humano garantir a sua sobrevivência física e material sem definir as regras a partir das quais a sobrevivência deverá se pautar.

Nessa perspectiva, penso ser impossível separar essas duas dimensões das práticas estruturantes. Elas se informam e se sustentam reciprocamente; a primeira realiza-se através de atividades físico-intelectuais em que não apenas elementos da natureza, mas também aqueles já resultantes da atividade humana são, enquanto matéria-prima, transformados em valores de uso, garantindo a sobrevivência e a reprodução material do conjunto social. A segunda dimensão realiza-se na ordenação e no enquadramento institucional da primeira. A sociedade ocidental especialmente a sociedade capitalista, organiza e pensa essas duas dimensões (o político e o econômico) em sistemas separados, assim como suas instituições. No entanto, penso ser esta uma particularidade de nossa sociedade, e não, um princípio geral de organização de qualquer sociedade como procurarei mostrar mais adiante.

Se essa perspectiva é aceitável, temos que considerar que, em sociedades regidas pelo princípio da *igualdade na diferença*, as duas dimensões em que se constituem as práticas estruturantes – a econômica e a política – são por ele regidas, de tal forma que as instituições que daí decorrem só podem reproduzi-lo. E, se a diferença permanece como o substrato do social, é na reciprocidade, isto é, na troca entre iguais que elas são vividas e reproduzidas. Nessas situações, o político e o econômico são praticamente indistinguíveis, no sentido de não se realizarem em sistemas distintos e especializados. De fato, eles se interpenetram e se sustentam permeando o conjunto das práticas e das instituições.

Da mesma forma, em sociedades em que as diferenças são vividas consoante o princípio da desigualdade, e a troca realiza-se na assimetria, as duas dimensões das práticas estruturantes só podem reproduzir esse princípio. Nessas sociedades as relações de oposição operam transformando as diferenças em desigualdades, provocando cisões no todo social, que se reproduzem tanto na dimensão política quanto na econômica. A partir dessa base institucionalizam-se as relações entre os que comandam e os que obedecem; entre exploradores e explorados. Essas cisões passam a constituir o eixo organizador da sociedade e colocam as possibilidades de ruptura do tecido social no centro de sua dinâmica. Para manter a coesão social, essas sociedades necessitam de um conjunto de mecanismos e de um aparato repressivo especializados, que através da violência e da coerção buscam manter a unidade contraditória das práticas e das instituições que a constituem. Aqui a lucidez de Hobbes (1979) é notável ao afirmar a inelutabilidade do Estado e suas implicações na situação de desigualdades e profundas cisões da sociedade. Sem incorrer em nenhum tipo de ilusão ou mistificação acerca do caráter desse Leviatã, Hobbes é sem dúvida o autor que mais longe foi na análise do poder político em situações de desigualdade. Seu engano, a meu ver, foi considerar como inevitável essa estrutura de poder em qualquer tipo de sociedade.

Se uma sociedade pode transitar de um princípio organizador para outro; *da igualdade na diferença* para a *diferença como desigualdade,* não nos é dado saber, pois até o momento, não temos dados etnográficos que nos permitam compreender se estamos diante de processos de transição ou de ruptura entre essas duas possibilidades registradas na história humana ou se estamos tratando de processos autoinstituintes, resultantes de circunstâncias cujos determinantes desconhecemos. Dizer que as diferenças passam a ser vividas e organizadas como desigualdades a partir do momento em que um dos nossos ancestrais cercou um pedaço de terra e o estabeleceu como seu e privou os demais do acesso direto às fontes básicas de sobrevivência, nada nos esclarece, pois seria necessário antes saber por que, afinal, teve essa ideia e mais, o que levou os demais a aceitar tal novidade que claramente os prejudicava.

Da mesma forma, afirmar que as desigualdades surgiram quando *um* entre todos, sentiu o desejo de sobrepor-se aos demais, utilizando-se não do cercar a terra, mas do delimitar como seu atributo exclusivo, o acesso ao sagrado ou ao saber, ou a afirmar-se como superior aos demais devido a um superlativo em termos de coragem, astúcia, força física, ou ainda por uma combinação de todos esses elementos, para impor-se como o *um* contra o *múltiplo,* também não nos esclarece acerca das circunstâncias que permitiram a emergência de tal situação e principalmente de seu enraizamento social.

No campo da antropologia, Pierre Clastres (1978), insiste na anterioridade do Estado, isto é, na cisão da sociedade entre dominadores e dominados, relativamente às cisões registradas na produção e reprodução da vida material da sociedade, ou seja, entre exploradores e explorados. Em sua polêmica com Maurice Godelier, antropólogo de orientação marxista, Clastres insiste em dissociar a infraestrutura da superestrutura, tal como são entendidos esses conceitos nas inúmeras simplificações da teoria sociológica de Marx.

Referindo-se à revolução neolítica, que permitiu a agricultura, e, assim, a sedentarização de muitas sociedades, o autor, apoiando-se em vários exemplos históricos, vai nos dizer como, apesar da enorme transformação operada na "infraestrutura" dessas sociedades, a "superestrutura" não foi por ela abalada.

> No que tange as sociedades primitivas, a mudança no nível que o marxismo chama de infra-estrutura econômica, não determina de modo algum o seu reflexo conseqüente, na superestrutura política, já que esta surge independente da sua base material. O continente americano ilustra claramente a autonomia respectiva da economia e da sociedade. (CLASTRES, 1988, p. 141)

O autor desenvolve seu argumento mostrando que as sociedades tribais de caçadores, pescadores e coletores, nômades ou não, apresentam as mesmas propriedades sociopolíticas que os seus vizinhos agricultores sedentários: "infra-estruturas diferentes, superestruturas idênticas"(1978, p. 141). Inversamente,

> [...] as sociedades meso-americanas – sociedades imperiais, sociedades com Estado – eram tributárias de uma agricultura que, mais intensiva que alhures, não ficava muito longe, do ponto de vista do seu nível econômico, da agricultura das "tribos selvagens" da floresta Tropical: infra-estrutura idêntica, superestruturas diferentes, uma vez que, num dos casos, se trata de sociedades sem Estado e, noutro, de Estados acabados. (CLASTRES, 1978, p. 141)

Penso que aqui Clastres se confunde. O que diferencia a "infraestrutura" das diversas sociedades humanas, se quisermos utilizar um termo que se presta mais a confundir que a compreender, não é o fato de uma sociedade ser coletora, outra ser caçadora ou agricultora sedentária, mas a lógica em que são organizadas essas atividades em cada uma delas: se sob a lógica da igualdade ou sob a lógica da desigualdade. Essa confusão, entretanto, não é apenas de Clastres, mas de parte de seus interlocutores de orientação marxista na polêmica, que animou a antropologia francesa nas décadas de sessenta e de setenta com ressonâncias importantes ainda nos anos oitenta.

Na perspectiva que aqui apresento, a questão central não se refere à existência de uma infraestrutura econômica e de uma superestrutura política, separadas entre si e inscritas numa relação determinante-determinado. Acredito ser mais adequado e profícuo pensarmos em práticas estruturantes e práticas secundárias, como já colocado. As primeiras constituem o eixo organizador da realidade social, e as segundas são especificações das primeiras desenvolvendo-se em todas as esferas da realidade social: econômica, política, religiosa, simbólica, etc.

Assim como não há economia fora da regra, isto é, economia apolítica, não há poder fora da esfera da prática. O poder só pode ser pensado como prática; caso contrário, ele não existe, é apenas uma hipótese. Isso significa que, como é uma prática, não pode pairar como nuvem numa superestrutura. De qualquer forma, esta polêmica é antiga, e não me parece que nos leve muito longe.

Saber o que está na origem das sociedades desiguais, seja a dominação política, seja a prática da exploração, não me parece ser decisivo para a compreensão das sociedades humanas. Já seria suficiente se compreendêssemos que a dominação política e a exploração econômica são indissociáveis na prática; elas podem até surgir separadamente no registro da cronologia, mas não podem prosseguir e reproduzir-se separadamente conformando estruturas sociais. Todos nós sabemos que ninguém trabalha mais do que o necessário para suprir as suas necessidades, se não for coagido a isso. Dessa forma, o ato da exploração da capacidade de trabalho alheia já é um ato de dominação; já é o exercício do poder sobre o outro. Assim também, ninguém se interessa por dominar alguém ou um grupo social sem esperar dessa relação de comando-obediência algum benefício que, na troca regida pela reciprocidade, seria impossível obter.

E, se não somos capazes de responder à pergunta angustiada de La Boétie (1982, p. 19) "Que mau encontro foi esse que pode desnaturar tanto o homem, o único nascido de verdade para viver francamente, e fazê-lo perder até mesmo a lembrança de seu primeiro ser, assim como o desejo de retomá-lo?" podemos afirmar, sem dúvida alguma, que as possibilidades do viver junto humano não se resumem às variantes do viver a diferença na desigualdade. Não apenas pelo vasto material empírico que a Etnologia nos fornece acerca das sociedades não cindidas, mas igualmente pelas inúmeras lutas registradas na história contra a realidade da cisão. Cisão a partir da qual uma pequena parte da sociedade dela se destaca, afirmando-se sobre o restante como único sujeito da política e da economia; da própria vida social.

Considerando essas duas possibilidades do viver junto humano (a igualdade na diferença; a diferença como desigualdade) é que se deve abordar a relação entre a esfera das instituições (realidade social) e a esfera da natureza. Penso que é na articulação de três esferas distintas entre si – a esfera das instituições (da prática social), a esfera simbólica e a esfera da natureza – que a vida humana transcorre. A sociedade ocidental, no entanto, sobrepõe a esfera das instituições à esfera da natureza; e a primeira é o sujeito da ação, e a segunda, o objeto sobre o qual a ação transcorre. Nessa perspectiva, a prática social é sempre uma prática *sobre e contra* a natureza. É nesta relação contraditória de dominação/subordinação que se tem organizado a relação entre a esfera social e a esfera da natureza. No entanto, penso ser essa uma dada forma e não um princípio geral de relacionamento a ser estabelecido entre as sociedades humanas e a realidade natural.

A etnologia nos tem fornecido vasto material acerca de como é vivida pelos povos indígenas, a relação com a natureza, em que sequer a distinção entre essas duas esferas é pensada nos termos a partir dos quais nós, membros da sociedade ocidental a concebemos. Como assinala Descola (2001) duas ideias sustentam a existência de uma continuidade entre o que denominamos natureza e o que chamamos de cultura, na cosmologia, por exemplo, dos índios da Amazônia.

> A primeira é que as aparências enganam, que o que percebemos nos animais sugere uma ilusão dos sentidos. Suas plumas, seus pêlos e suas escamas escondem interioridades cognitiva, afetiva e social idênticas à nossa. A segunda idéia é que os seres se definem menos pelas propriedades intrínsecas do que pelas relações que mantêm, e, portanto, pelas posições que ocupam dentro de uma sistema de interações. (DESCOLA, 2001, p. 115)

Ou seja, não é a forma exterior que lhes permite atribuir aos seres identidades distintas, mas a capacidade que esses seres têm ou não de participar de interações bem codificadas. Segundo o autor, na cosmologia indígena "o referencial comum a todos os seres da natureza não é o homem enquanto espécie, mas a humanidade enquanto condição" (DESCOLA, 1986, p. 120). No mesmo sentido, Viveiros de Castro (2002) desenvolve sua concepção do perspectivismo ameríndio.

A relação sociedade e natureza é, nesse sentido, informada pelas formas institucionais pelas quais as sociedades humanas se organizam. As diferentes concepções referidas são não meras projeções ideológicas dos homens sobre a realidade natural, mas a representação ideológica da sua relação prática com a natureza. Se a natureza só existe para o homem enquanto natureza por ele "vista, tocada, saboreada, trabalhada e transformada pelo homem concreto" (Hippolyte, 1965; cf. Bernardo, 1987, v. I), é só a partir dessa realidade que ele pode pensá-la. E, em qualquer arranjo político que se queira considerar, a relação entre o homem e a natureza se estabelece consoante o modelo fornecido pelas relações sociais por eles instituídas e praticadas entre si. Assim, qualquer alteração na lógica em que se organizam as relações dos homens entre si, se reproduz na relação que eles estabelecem com a natureza e na forma como essa relação é pensada.

Se a *regra* funda a possibilidade das sociedades humanas, fazê-la observada garante a reprodução da vida coletiva, introduzindo-se aí um outro elemento: o poder. O poder é inseparável do político, ou antes, o político contém o poder, na medida em que não basta a uma sociedade ser capaz de tomar decisões, definir suas normas de funcionamento, seus códigos sociais, seus sistemas de valores; é preciso fazê-los valer. Essa capacidade de autogoverno, que implica a capacidade de instituir e fazer cumprir a *regra*, decorre não do desejo, mas da necessidade do viver junto. O viver junto, embora silencioso e geralmente não notado, só o percebemos quando está ameaçado, nos é imperativo e, como não há sociedade, ou antes, não existe agrupamento humano sem a *regra*, não existe sociedade sem poder político, pois se não se pode fazer cumprir a *regra*, a sociedade não se constitui. Não se trata de afirmar que sem a sua observância a sociedade se desagrega; ela sequer se institui. De tal forma, não negociamos através de um contrato nossa pertença ao poder político; pertencemos a ele de um modo diferente da escolha, na medida em que ele também nos pertence enquanto membros que somos de uma coletividade. O que se pode negociar (mas isso sempre depois de já pertencermos a eles), são as formas de organização e as bases de exercício desse poder político que garante a vida em comum.

Nessa perspectiva poder político é um atributo de qualquer sociedade humana, e não se pode confundi-lo com uma de suas formas de organização e exercício: o Estado. E se é certo que muitas sociedades arcaicas ou tribais eram e continuam a ser sociedades sem Estado onde ainda existem, não o são porém da capacidade de fazer escolhas, tomar decisões, estabelecer suas normas e fazê-las observadas, enfim, de se autogovernar. Dessa forma, não podemos falar de sociedades sem poder político, pois isso as excluiria da esfera da cultura situando-as na esfera da natureza, onde exatamente elas não se encontram.

O poder político sendo a garantia da ação comum, é a garantia do agir político. Usurpá-lo de cada um de nós é nos negar a condição humana, assim como a ele renunciar é uma forma de suicídio. É nesse sentido que devemos entender a formulação sintética do povo *Tive* da Nigéria, acerca da dinâmica do poder usurpado: "*Os homens ascendem ao poder devorando a substância dos outros*" (BALANDIER, 1969, p. 28). É esse o ponto de discordância entre a perspectiva que apresento e a de autores (e é uma grande parte dos estudiosos do político) que identificam a necessidade da norma comum, assim como a capacidade de criá-la e fazê-la observada como Estado. Ora, a mesma operação que instaura a cultura, instaura a política e com ela a capacidade de fazê-la observada, processo no qual se põem em relação as diferenças criando as possibilidades do viver junto.

A política entendida como essa esfera eminentemente humana, faz ser a sociedade muito mais que a adição de seus indivíduos ou mesmo de suas instituições e a diferença entre a adição que ela não é, e o sistema que a define consiste nessa capacidade humana de criar as condições institucionais de viver a diferença na troca; troca de bens, de mensagens e de mulheres, a partir da qual nos ligamos uns aos outros, tal como o tecelão de Goethe (Fausto) que na sua atividade, com "Um passo faz mover mil fios, as lançadeiras vão e vêm; os fios correm invisíveis. Cada movimento cria mil laços".

O poder político enquanto prática, no entanto, é cheio de mistérios, talvez por não se exercer num único registro. Vem daí a sua ambiguidade. Na realidade ele se exerce num duplo registro: um que eu chamaria de benevolente ligado à proteção, ao acolhimento, à integração das singularidades num todo social; outro que eu denominaria de severo; aquele que estabelece a interdição, que comanda, ordena, impõe, pune e mata, recorrendo fundamentalmente à coerção e à violência. A filosofia política indígena, com uma lucidez bem maior do que a nossa não ignora essa ambiguidade do poder e que o faz ser ao mesmo tempo criador da ordem social e portador de desordens.

Esses dois registros em que se exerce o poder político garantem a reprodução da sociedade, protegendo-a das ameaças internas a ela inerentes, dada à diversidade e as contradições que a constituem e dos perigos externos, que a ameaça de extinção ou de submissão a um poder político que lhe é estranho. Nesse sentido, essas duas dimensões se impõem a qualquer agrupamento humano, e a sua aceitação é o preço pago por todos aqueles que renunciaram a ser cria dos lobos nas florestas, para viver em relação uns com os outros, desde a aurora dos tempos. Na esfera do humano não existem paraísos, mas realidades sociais pautadas pelos limites inscritos na norma coletiva.

Esse duplo registro em que opera o poder político; o benevolente e o severo, nos impede de reduzir um ao outro. Nesse ponto cabe voltar a Clastres (1988), quando em seu livro *A sociedade contra o Estado* desenvolve, especialmente nos capítulos 1, 2 e 11, sua análise do poder político nas sociedades indígenas. No primeiro capítulo lemos:

> Não se pode repartir as sociedades em dois grupos: sociedades com poder e sociedades sem poder. Julgamos ao contrário (em conformidade com os dados da Etnografia) que o poder político é universal, inerente ao social, (quer o social seja determinado pelos "laços de sangue" quer pelas "classes sociais"), mas que ele se realiza de dois modos principais: poder coercitivo, poder não coercitivo.

Penso que aquilo que o autor denomina poder coercitivo corresponde à dimensão severa que referi acima e o não coercitivo à sua dimensão benevolente. Continuando com o autor, no parágrafo seguinte ele afirma:

> O poder como coerção (como relação de comando-obediência) não é o modelo do poder verdadeiro, mas simplesmente um caso particular, uma realização concreta do poder político em certas culturas, tal como a ocidental. Não existe, portanto, nenhuma razão científica para privilegiar essa modalidade de poder a fim de fazer dela o ponto de referência e o princípio de explicação de outras modalidades diferentes. (p. 17).

Aqui discordo de Clastres, pois em meu entender não há também nenhuma razão científica que nos permita afirmá-lo como essencialmente não coercitivo. Se, nas sociedades sem Estado, a face benevolente do poder predomina na sua organização interna, nem por isso o lado severo está ausente; basta que consideremos suas atividades guerreiras. É certo que a guerra é uma violência organizada que se projeta para o exterior; no âmbito das suas relações políticas externas, quando se sentem ameaçadas ou quando falha a troca fundada na aliança, ou ainda, como afirma Clastres, querem elas perseverar na sua autonomia. No entanto, a mera existência de um corpo de guerreiros, cujo objetivo, é insistir na guerra tendo em vista o prestígio (não privilégios) que a guerra lhe confere, traz consigo contraditoriamente o risco da divisão para o interior da sociedade tribal. Se a sociedade perde o poder de decisão quanto à guerra e à paz, em benefício do grupo de guerreiros, está aberto o caminho para a cisão da sociedade entre dominantes e dominados; para a institucionalização das relações de poder enquanto comando-obediência. Os mecanismos criados por essas sociedades para controlar e afastar o risco da divisão que daí advém atestam a sua compreensão dessa face violenta do poder que a espreita.

Para sairmos dessas dificuldades colocadas pela ambiguidade do poder político, temos que analisá-lo enquanto uma prática inscrita num dado quadro institucional. Como anunciei no início deste ensaio, a referência, fui buscá-la nas sociedades tribais, aquelas que puderam perseverar no seu ser indiviso até ser destruídas, de início, pelas monarquias absolutistas europeias que expandiam suas práticas de dominação e de exploração para continentes e regiões até então por eles desconhecidas. Em seguida, num processo contínuo, que prossegue até os nossos dias, por regimes que empunham com inigualável soberba o título de democracias.

Poder político como atributo da sociedade

A Etnologia nos tem fornecido material abundante acerca de sociedades que produziram arranjos políticos bem distintos dos que conhecemos nas sociedades ocidentais, permitindo-nos compreender as inúmeras possibilidades de organizá-lo, exercê-lo e sofrer os seus efeitos. Trata-se de sociedades em que as práticas estruturantes se estabelecem consoante as regras do sistema de parentesco, fundadas na troca segundo as regras da reciprocidade e na aliança, articulando-se com critérios de idade, sexo, ancestralidade, conformando uma complexa urdidura social em que as diferenças se afirmam nas relações de troca e as contradições se exprimem na lógica própria dos sistemas que lhes dão origem (parentesco, religião, economia), não se acrescentando umas às outras e sem que uma sobre determine as demais. Nelas os mecanismos reguladores do conjunto social estabelecem-se segundo as lógicas desses sistemas particulares, não se constituindo numa esfera específica e separada das demais. Aqui, como diz Balandier (1969, p. 36) "temos que considerar todos os mecanismos que contribuem para manter ou recriar a cooperação interna", tais como os rituais e as cerimônias que garantem a reprodução da sociedade, sem ser necessário o recurso à violência e a coerção. Certamente, esses mecanismos não eliminam o risco de as diferenças e as oposições se transformarem em conflitos abertos, mas o que caracteriza essas sociedades é o fato de viverem uma dinâmica que parece existir para neutralizar essas forças desagregativas.

A grande dificuldade dos primeiros viajantes europeus para compreender e definir essas sociedades resultava exatamente da ausência de cisões nas suas práticas estruturantes, o que as tornava inteiramente distintas daquelas de onde vinham. A inexistência da distinção entre a esfera econômica e a esfera política, assim como a ausência de cisões nessas sociedades não permitiam a emergência de instituições por eles conhecidas de tal forma que tiveram que defini-las pela negativa; sociedades sem Estado, sem Mercado, sem Lei, sem Igreja, sem Escola. Ao não encontrar nessas sociedades, as contradições e os conflitos que caracterizam as sociedades cindidas, não compreenderam a dinâmica própria que as constituíam e encerraram-nas numa homogeneidade enganosa. Criou-se a partir de então outra ciência para estudá-las; a antropologia, reservando a história para as sociedades fundadas na e pela cisão do todo social. Ao mesmo tempo, classificaram-nas como sociedades primitivas ou selvagens, querendo com isso configurar uma condição de "ausências institucionais"; uma situação de natureza na qual estariam mergulhadas essas populações humanas e, onde só a emergência do Estado e o desenvolvimento de uma produção diversificada voltada para a obtenção de excedente, marcariam sua passagem para a cultura. Se a antropologia do final do século XIX começou a ultrapassar esses limites, conferindo a essas sociedades o estatuto de povos de cultura, continuou em grande medida, a considerá-las incompletas ou situadas num estágio inferior às sociedades ditas civilizadas, exatamente pela ausência de uma estrutura de poder especializada e de uma máquina de produção estruturada a partir de desigualdades profundas.

Quando nos voltamos para essas sociedades, o que deve nos interessar não são as ausências institucionais que nelas registramos e que em nossa sociedade seriam impensáveis. O que me parece fundamental é compreender como puderam essas sociedades existir, sem um aparelho especializado de poder e sem o recurso permanente à violência e à coerção. Esta não é uma questão menor, posto que a diferença constitui as sociedades humanas e, nesse sentido, competições, conflitos e tensões as compõem. Assim, o poder político surge como condição de toda a vida social e enquanto garantia de observância à regra, entendida essa observância como o respeito aos limites dados por ela e dentro dos quais as ações humanas podem desenvolver-se sem infringi-la. Ao mesmo tempo, a face severa do poder ou, a sua substância perigosa – *tsav*, como a denominam os *Tive* da Nigéria, deve ser controlada.

O que me parece importante colocar em evidência é o fato de essas sociedades tribais terem sido capazes de criar certos mecanismos que "descarregam" (BALANDIER, 1968) o poder das ameaças e riscos que advêm dessa sua substância perigosa. Tomemos como referência, as sociedades tribais que a linguagem etnocêntrica de muitos antropólogos denomina "sociedades acéfalas", exatamente porque são sociedades sem Estado. Esse tipo de organização social é dominante nas tribos da Amazônia e em grande parte da América do Sul; dominou na Califórnia aborígine, na Melanésia, no Nordeste da América do Norte e em várias partes da África. Penso que o espaço institucional privilegiado para pensarmos esse "descarregamento" do poder seja o da relação entre sociedade indígena e chefia.

No capítulo XXXI de seus *Ensaios* ("Os canibais"), Montaigne (1980, p. 105) relata um encontro que teve por volta do ano de 1560, com três índios brasileiros, levados até Rouen por um navegante. Encantado com o que ouvira sobre a sociedade e os costumes desses exóticos viajantes, Montaigne perguntou a um deles (um chefe tribal guerreiro, supõe-se), a quem os marinheiros chamavam de rei, de onde provinha a sua ascendência sobre os seus, ao que teve como resposta: "Sou o primeiro a marchar para a guerra".

Lévi-Strauss (1996, p. 292) refere-se a esse episódio dizendo-se ainda mais surpreso e admirado que Montaigne, quando quatro séculos mais tarde ele recebe a mesma resposta de um índio Nambikuara. Escreve então Lévi-Strauss:

> Os países civilizados não dão provas de igual constância em sua filosofia política! Por mais impressionante que seja, a fórmula é menos significativa ainda do que o nome que serve para designar o chefe na língua nambikuara. Uilikandé parece querer dizer "aquele que une" ou "aquele que liga junto"

Clastres (1988), partindo das análises de Robert Lowie em um trabalho publicado em 1948, em que analisa os traços da chefia indígena, ao longo das duas Américas, destaca três atributos imprescindíveis para o seu exercício, que são igualmente apontados por Balandier (1969) e Shalins (1974) relativamente a outras sociedades por eles estudadas: ser capaz de garantir a paz atuando como moderador do grupo, mantendo a sua unidade; ser generoso com seus bens; ter o dom da palavra. Consideremos cada uma dessas três características no cotidiano dessas sociedades.

Ser capaz de manter a paz. Primeiramente cabe observar que "este chefe é a instância moderadora no grupo, tal como se pode observar pela divisão freqüente do poder em civil e militar" (CLASTRES, 1988, p. 23). Em tempos de paz, o chefe indígena não é respaldado nas múltiplas atividades que desempenha, em nenhum tipo de poder específico ou de autoridade reconhecida publicamente. Na realidade cotidiana da vida tribal, o chefe é aquele que cuida da sua boa situação geral, coordenando as atividades econômicas, as atividades rituais, mediando as disputas e os conflitos que surgem. E se alguém demonstra má-vontade ou descontentamento com relação às ações do chefe, este não possui nenhum poder de coerção para utilizar nessas eventualidades. Só pode se desvencilhar dos elementos indesejáveis se for capaz de convencer a todos de que tal procedimento é necessário.

Como diz Clastres (1988, p. 23),

> [...] o poder normal, civil, fundado no consensus onnium e não sobre a pressão, é assim de natureza profundamente pacífica [...]. Ele deve apaziguar as disputas, regular as divergências, não usando uma força que ele não possui e que não seria reconhecida, mas se fiando apenas nas virtudes de seu prestígio, de sua eqüidade e de sua palavra. Mais que um juiz que sanciona, ele é um árbitro que busca conciliar.

Se o chefe fracassa nessa função, não pode impedir que a desavença se transforme em feud (guerra privada).

Sahlins (1974, p. 37), analisando sociedades tribais da Melanésia, chega a conclusão semelhante: "[...] ele não toma posse de uma posição existente de liderança sobre certo grupo [...] se faz a si mesmo um líder pelo fato de fazer os outros seguidores [...] pela força de sua personalidade, por sua capacidade de persuadir". É o seu prestígio pessoal e a confiança que inspira, que fundamenta o exercício da chefia e o consentimento da sociedade está na base e na origem desse poder, legitimando-o.

Ser generoso. "Avareza e poder não são compatíveis, para ser chefe é preciso ser generoso", diz Clastres (1988, p. 23). E Lévi-Strauss (1996)confirma essa assertiva, referindo-se aos povos indígenas do Brasil com os quais conviveu durante seus estudos etnográficos nas primeiras décadas do século XX, observando o estado de penúria em que viviam os chefes dessas tribos, pois tudo o que recebiam era extorquido deles. E diz o antropólogo francês

> [...] embora o chefe não pareça gozar de uma situação privilegiada do ponto de vista material, deve ter o controle dos excedentes de comida, ferramentas, armas e adornos [...] Quando um indivíduo, ou uma família, ou bando inteiro sentem desejo ou uma necessidade, é para o chefe que apelam a fim de satisfazê-lo.

Também em outros continentes, como mostra Sahlins (1974, p. 140-141), a generosidade é um atributo fundamental da chefia nas sociedades não cindidas. A explicação mais recorrente na literatura etnológica é que a generosidade do chefe, considerando que uma de suas tarefas é cuidar do excedente, impede a acumulação de bens evitando o surgimento de desigualdades no campo econômico e, assim, o risco da cisão da sociedade entre os que muito têm e os que nada possuem. Quando essa generosidade não corresponde às expectativas da sociedade, o chefe está em apuros e pode ser abandonado sem nenhum aviso prévio, à sua própria sorte, ou pagar com a vida, quando seus bens excedem o que a sociedade está disposta a tolerar.

Na América do Sul, com exceção das sociedades de Estado como a Inca, a Maia, por exemplo, raramente se encontram sociedades obrigadas a prestações econômicas para com o seu chefe e, assim, como qualquer outro homem da tribo, ele deve plantar, caçar e colher seus próprios alimentos. Nessas sociedades, "a engenhosidade é a forma intelectual da generosidade do chefe indígena", diz Lévi-Strauss (1996, p. 294). No caso da sociedade Nanbikuara, o chefe

> [...] deve ter um conhecimento cabal dos territórios freqüentados por seu grupo e pelos grupos vizinhos, ser um *habitué* dos terrenos de caça e das matas de árvores frutíferas silvestres, saber para cada uma delas o período mais favorável, ter uma idéia aproximada dos itinerários dos bandos vizinhos, amigos ou hostis. Constantemente, sai em sondagem de terreno ou em exploração, e mais parece voltar em torno de seu bando do que conduzi-lo.

Como a generosidade é um atributo fundamental da chefia, a poligamia, em geral reservada apenas aos chefes, adquire importância. Desde as aldeias tupinambás e guaranis de povos agricultores sedentários, que reuniam por vezes mais de 1.000 pessoas, até um bando nômade Guayaqui ou Sirioco, povos coletores e caçadores, que em meados do século XX, eram compostos por cerca de trinta pessoas (Clastres, 1988, p. 24), todos eles reconheciam e admitiam o casamento plural do chefe, o que nesses casos, significava privar de uma mulher, muitos jovens em idade de se casarem. À primeira vista pode parecer um privilégio da chefia ter muitas mulheres e o é, certamente. No entanto, como mostra Lévi-Strauss (1996, p. 298):

> [...] entre a chefia e o grupo estabelece-se um equilíbrio eternamente renovado de préstimos e privilégios, de serviços e obrigações [...] Ao conceder o privilégio poligâmico a seu chefe, o grupo troca elementos individuais de segurança, garantidos pela regra monogâmica, por uma segurança coletiva, esperada da autoridade. Todo homem recebe sua mulher de um outro homem, mas o chefe recebe várias mulheres do grupo. Em compensação, oferece uma garantia contra a necessidade e o perigo, não aos indivíduos cujas irmãs e filhas ele desposa, nem mesmo aos que ficarão privados de mulheres em consequência do

direito poligâmico, mas ao grupo considerado como um todo, pois é o grupo que sustou momentaneamente o direito comum, em seu favor.

A base da relação entre a chefia e o grupo é o consentimento, que se ancora na reciprocidade que não pode ser ameaçada, sem que sejam acionados os mecanismos que visam restaurá-la, colocando em risco a vida do chefe que tenta ignorá-la. Um exemplo, encontramos numa sociedade muito distante das indígenas sul-americanas, em que se pode observar as contradições que podem emergir do desenvolvimento desse atributo da chefia (receber bens e distribuí-los) e os mecanismos criados pela própria sociedade para enfrentá-la. Sahlins (1974, p. 140-141) relata o caso de uma tribo da Melanésia, onde o povo "dá ajuda ao chefe em troca da dele e, através dos bens com que contribuem para a circulação pública através do líder, outros bens (de outras facções) lhes voltam pelo mesmo canal. Mas, por outro lado, uma ampliação cumulativa de renome (prestígio), leva o líder a substituir a reciprocidade pela extorsão. Zeloso de sua reputação crescente, um líder vai se sentindo pressionado a obter quantidades sempre maiores de bens dos seus seguidores, adiar as reciprocidades, desviando aqueles bens que seguiriam de volta para a sua tribo, encaminhando-os para a circulação externa, na forma de presentes. "Este processo de busca crescente de renome junto aos líderes das outras facções tende a enfraquecer as reciprocidades internas, porque a medida final do sucesso é dar aos rivais, mais porcos e alimentos do que eles podem retribuir. "Mas então, a facção do líder triunfante é obrigada a *comer o renome do líder*". Nesse momento, o líder começa a correr perigo e deve então começar a diminuir a intensidade de sua busca de prestígio e poder, caso contrário pode morrer nas mãos de seu povo. É o episódio relatado por Sahlins: "Quando um Mote, líder da tribo Kapauku, foi morto por parentes próximos *porque não era suficientemente generoso;* ele deixou este mundo ouvindo o grito de *morte aos tiranos*, e mais: '*Você não deveria ser o único homem rico, deveríamos todos sê-lo e você é igual a nós*".

Nesse exemplo, vemos que o sistema de chefia melanésio através das contradições internas que provoca, cria as formas de limitar a sua própria intensificação, colocando um limite ao desenvolvimento da chefia enquanto autoridade política e, ao mesmo tempo controlando a intensificação da produção do grupo doméstico e o seu desvio para apoiar uma organização mais ampla fundada nas alianças externas de seu líder.

A generosidade, como se pode observar em todos esses casos apresentados, é um atributo da chefia, e ao mesmo tempo um mecanismo de controle do grupo sobre ela.

O dom da palavra. Esta terceira característica da chefia indígena nos leva a indagar qual é a palavra do chefe. Como bem mostra Clastres, trata-se da palavra que regula as disputas, que faz a mediação dos conflitos, que busca a conciliação. É por excelência a palavra que une. E nisso o chefe tem de ser muito bom, pois, se falha, não lhe resta nenhum outro recurso. E se as falhas nesse empreendimento se repetem, ele corre o risco de ser abandonado por seus companheiros e substituído por outro.

Ao mesmo tempo, a palavra que o chefe fala é a palavra da sociedade, ele não exprime o seu próprio desejo ou a sua lei privada, mas unicamente a Lei da sociedade. Trata-se do

> [...] texto de uma Lei que ninguém fixou, pois ela não deriva de decisão humana. O legislador é também o fundador da sociedade, são os ancestrais míticos, os heróis culturais, os deuses. É desta Lei que o chefe é porta-voz: a substância de seu discurso é sempre a referência à Lei ancestral que ninguém pode transgredir, pois ela é o próprio ser da sociedade. (CASTRES, 1980, p. 190)

Todos nós conhecemos a relação íntima entre a palavra e o poder. Nas sociedades cindidas onde o poder político é monopólio de um déspota, classe ou grupo social, que o exerce sobre e, quando necessário, contra a sociedade, a palavra é a palavra desse poder usurpado do social; é um de seus atributos exclusivos e, ao mesmo tempo, um de seus instrumentos. A Lei é a lei do poder e é dela que fala a palavra. A palavra da sociedade ou é impotente, porque destituída de poder ou, sendo aquela que contesta e põe em questão a usurpação do poder político originalmente inscrito no social, é silenciada. Nas sociedades indivisas, tais como essas aqui referidas; arcaicas e as tribais nossas contemporâneas, a palavra do chefe é a palavra da sociedade, é também a palavra do poder, mas do poder como atributo da sociedade, nunca da chefia, posto que a chefia não só é impotente como também não tem palavra própria. A palavra é interditada a ele; o chefe não pode falar de sua lei privada, de seus desejos, porque ninguém vai ouvi-lo.

Situação semelhante vive o líder guerreiro, aquele que se mostra ao conjunto da sociedade, como o mais corajoso, o mais talentoso na arte da guerra e o melhor estrategista entre todos, para obter os resultados que a sociedade espera de um dado empreendimento guerreiro. Numa guerra, o poder que ele concentra e exerce sobre os seus comandados é quase total. Perde-o, no entanto, assim que as atividades de guerra cessam. Em geral, a chefia guerreira não coincide com a chefia em tempos de paz; não apenas porque não são as mesmas pessoas a exercê-las, mas também a natureza da chefia é distinta em cada uma das situações; se de guerra ou de paz.

O que a resposta dada a Montaigne pelo chefe indígena afirmava: *sou o primeiro a seguir para a guerra*, é que o exercício da chefia guerreira antes de conferir privilégios, impõe o risco de ser o primeiro a morrer em troca do prestígio que confere àquele que a desempenha. Trata-se de uma relação de reciprocidade entre a sociedade e a chefia guerreira: da sociedade segue em direção ao líder o poder de comandar e o prestígio que daí resulta; na direção inversa, deve ele fazer chegar à sociedade os resultados do sucesso do empreendimento, dando como garantia a própria vida. Como diz Clastres (1980, p. 217) em seu instigante estudo *Infortúnio do Guerreiro Selvagem*: "Nada cai do céu para o guerreiro, ele não tem como viver à custa de sua situação, a glória é intransmissível e não funda nenhum privilégio" Quando a vontade de guerra cessa para a sociedade, e o guerreiro tenta impô-la, não só não é ouvido, como corre o risco de pagar com a vida, se perseverar na tentativa de fazer valer a sua própria vontade sobre a vontade do conjunto.

Esses três traços da chefia indígena; fazedor da paz, ter o dom da palavra, ser generoso, fazem dela um instrumento da sociedade através do qual ela busca reproduzir suas condições materiais de existência e, ao mesmo tempo, reproduzir-se dentro de sua lei ancestral, na sua indivisão originária. É sobretudo a face benevolente do poder que aqui se afirma, e o chefe tem a obrigação de tornar manifesta a cada instante, demonstrando, para usar as palavras de Clastres "a inocência de sua função". O controle da sociedade sobre o exercício da chefia e o consentimento são, ao mesmo tempo, a origem e o limite do poder político nela inscrito. Na vida cotidiana, o consentimento se afirma num jogo de préstimos e contra préstimos entre o chefe e seus companheiros, em que a troca na reciprocidade é a regra.

Portanto, a chefia não constitui um centro de poder separado das demais instituições sociais; ao contrário, nesse tipo de arranjo político, o poder se organiza e se exerce a partir de diversas instituições, sem que nenhuma as centralize. O sistema de parentesco constitui a urdidura da sociedade, existe inter-relacionado com a organização de grupos de idade, com a divisão sexual do trabalho, de tal forma que a produção das condições materiais de reprodução da sociedade, o lazer, as festas e os rituais realizam conjuntamente e, ao mesmo tempo, expressam essa capacidade de auto-organização e de autogoverno, que garante a vida social. É a dimensão benevolente do poder a predominar onde se reforçam as relações sociais horizontais.

Mas nada é simples nas sociedades humanas e é nas situações de conflito, nas disputas e competições, que podemos ver a face severa do poder e o seu potencial de desordem e desagregação. A filosofia política indígena não desconhece a ambiguidade e a dinâmica do poder, assim como não nega o fato de que não se pode ter apenas uma de suas faces: a benevolente, pois carrega inelutavelmente aquela que pode bem ser a porta de entrada para todas as iniquidades – a sua face violenta e coercitiva. E é na feitiçaria onde talvez melhor se possa perceber a articulação dessas duas vertentes do exercício do poder.

Balandier (1969, p. 64-65) cita o caso dos Nandis do Quênia, onde a figura preeminente é o *orkoiyot*, nem chefe nem juiz, mas um especialista ritual, que intervém de forma decisiva nos assuntos da tribo. "Trata-se de um personagem ambivalente, que associa as qualidades benéficas (entre as quais a de adivinho) aos poderes perigosos do feiticeiro, que lhe reforçam a autoridade ritual e o temor que inspira". Aqui temos associadas numa mesma prática – a feitiçaria – as duas vertentes do poder acima referidas.

Assim, há situações, em que a feitiçaria é utilizada para a obtenção de privilégios, e então é identificada com o mal absoluto; com todas as ações que contradizem a lei da sociedade e debilitam suas instituições. Nesse caso, é imenso o risco de seus efeitos se voltar contra aquele que a ela recorre. Alguém acusado de feitiçaria está exposto a todos os tipos de sanção. Sendo assim, o risco de uma acusação de feitiçaria mantém a observância à lei da sociedade; o respeito à geração mais velha, à generosidade da chefia e dos que obtiveram maior êxito material, e a não contestação do caráter igualitário da ordem social. O feiticeiro na sua face nefasta é tanto mais perigoso pelo fato de surgir no interior da sociedade, conferindo expressão às rivalidades e tensões que operam no seu seio. Daí, a acusação de feitiçaria é uma das mais graves nas sociedades tribais e explica por que a sanção pode ser a condenação à morte.

Em um grande número de sociedades tribais, outra forma de controlar o lado severo do poder, mantendo-as na sua indivisão, observa-se nos rituais de iniciação dos jovens. Tomo como referência, para abordar esta questão, o contundente ensaio de Clastres intitulado "Da tortura nas sociedades indígenas" (1978). O autor considera esses rituais como "um eixo em relação ao qual se ordena, em sua totalidade, a vida social e religiosa da comunidade", indicando que estamos tratando de práticas que cumprem uma função fundamental para a reprodução dessas sociedades, consoante suas leis ancestrais que conformam suas práticas estuturantes. E, se pensarmos que se trata não só de marcar uma passagem no tempo da vida desses jovens, mas antes, de lhes determinar um destino, vemos logo a função pedagógica de que se revestem esses rituais que podem ser pensados como o coroar do processo de formação das novas gerações tanto masculinas quanto femininas dessas sociedades, antes de adentrar definitivamente o mundo adulto.

O problema que Clastres se propõe a resolver diz respeito ao sentido dessa iniciação e, assim, começa por perguntar qual a verdade revelada aos jovens no ritual; qual é o segredo a ser transmitido? Em seguida, sua atenção volta-se para o uso do corpo como ponto de encontro do ethos tribal; superfície utilizada para nela inscrever a verdade que se quer transmitir às novas gerações. Mas o que parece intrigar Clastres nisso tudo é a crueldade em que se desenvolvem esses rituais. Baseando-se em sua própria experiência com os índios Guayaqui, assim como nos relatos dos primeiros viajantes e jesuítas que aqui estiveram e presenciaram muitos desses rituais, diz o autor: "O fato é que, se, através do cerimonial a sociedade se apodera do corpo, ela não o faz de qualquer maneira: quase que de modo constante, o ritual submete o corpo à tortura". Cita, então, um relato de George Catlin, no qual sobressai a crueldade em que se realizavam os rituais de iniciação na sociedade *Mandan*. "Depois de quatro dias de jejum e três noites insones, avançavam os jovens homens em direção aos seus 'carrascos'". E, completa Clastres, "com perfurações pelo corpo e estiletes enterrados nas chagas, enforcamentos, amputação, a derradeira corrida, carnes rasgadas: parecem inesgotáveis os recursos da crueldade". No entanto, esses jovens permaneciam impassíveis e serenos, o que para os observadores jesuítas se afigurava como mais extraordinário do que o próprio suplício.

Embora os métodos dos rituais de iniciação variem consoante a tribo e a sua cosmologia, o objetivo explicitamente afirmado, é, segundo Clastres, o mesmo: provocar o sofrimento. E, nesse intento, não economizam imaginação nem esforço para obter os objetos mais apropriados. Como descreveu Catlin os índios mandan utilizavam "uma faca de escalpar, cuidadosamente morsegada, a fim de tornar a operação mais dolorosa". Os Mbaya-Guaicuru, estudados por Clastres, "com um aguçado osso de jaguar", perfuravam várias partes do corpo dos jovens. Também as jovens mulheres em algumas tribos, tal como as dos povos Abipone passavam por rituais de iniciação no momento da primeira menstruação, quando então tinham seus corpos dolorosamente tatuados.

Em todos esses casos, o silêncio do torturado era a comprovação da sua coragem pessoal. E, no geral, é assim que muitos dos que presenciaram essas práticas explicam o sofrimento imposto às novas gerações que adentravam no universo dos adultos. Mas Clastres não se contenta com esta explicação e vai além, introduzindo aí, a memória e a pedagogia. Não qualquer memória; a memória da lei ancestral, aquela que informa as práticas estruturantes dessas sociedades. Não uma pedagogia qualquer; a pedagogia de um sofrimento que não se pode esquecer.

Voltamos, então, à primeira pergunta que orientou a análise de Clastres: qual o segredo que se quer inscrever nos corpos dos iniciados? Os primeiros cronistas das sociedades tribais aqui existentes, "disseram serem eles povos sem fé, sem rei e sem lei. É certo que essas tribos ignoravam a dura lei separada da sociedade, aquela que, numa sociedade dividida, impõe o poder de alguns sobre muitos. Tal lei, lei de rei, lei de Estado, os Mandan, os Guayaqui e os Abipones a ignoram. A lei que eles aprendem na dor é a lei da sociedade primitiva, que diz a cada um: "Tu não és menos importante nem mais importante do que ninguém [...] Tu não terás o desejo do poder, nem desejarás ser submisso". É essa a mensagem; o segredo que, segundo Clastres, é veiculado nesta pedagogia do sofrimento, cuja prática de ensino é a tortura física, prosseguida durante alguns dias. Mensagem marcada, não escrita, em que a cicatriz no corpo, "um sulco, uma marca são indeléveis. Inscritos na profundidade da pele, atestarão para sempre que, se por um lado a dor pode não ser mais do que uma recordação desagradável, ela foi sentida num contexto de medo e de terror. A marca é um obstáculo ao esquecimento, o próprio corpo traz impressos em si os sulcos da lembrança – o corpo é uma memória". Ritos de iniciação nessas sociedades; "Pedagogia de afirmação, não de diálogo", nos diz Clastres.

Há poder mais severo que este? Mais uma vez é a coexistência das duas faces do poder que se afirma, ainda que nessas sociedades paradoxalmente sua vertente violenta e coercitiva seja acionada exatamente para que elas possam perseverar na indivisão, manter a "inocência da chefia" e a vertente benevolente do poder como elemento estruturante da sua vida social. Essa possibilidade só está aberta para as sociedades que puderam manter sob seu controle e atributo exclusivo o poder político que lhe é inerente, afastando cotidianamente, a partir de diferentes formas e meios, a possibilidade da divisão em dominados/explorados de um lado; dominadores/exploradores, de outro e, assim, impedindo a emergência do Estado; expressão e garantia dessa divisão.

Qual sujeito? Qual objeto?

Em que medida a organização política das sociedades não cindidas, a sabedoria indígena como diz Clastres, nos ajuda a pensar melhor a sociedade em que vivemos, a compreender a dimensão da grande inversão de sentido na prática política: de ação coletiva visando o bem comum, para ação monopolizada por alguns, tendo em vista fazer valer seus interesses particulares? Primeiramente, ajuda-nos a pensar melhor o Estado tal como em geral nos é apresentado, o Estado como mito. Um mito, diz Lévi-Strauss (1996, p. 241), refere-se

> [...] sempre a acontecimentos passados: "antes da criação do mundo", ou "durante os primeiros tempos"; em todo caso, "faz muito tempo". Mas o valor intrínseco atribuído ao mito provém de que estes acontecimentos, que decorrem supostamente em um momento do tempo, formam também uma estrutura permanente. Esta se relaciona ao passado, ao presente e ao futuro.

E não é assim que os donos do poder e muitos teóricos do Estado o apresentam para todos nós? Da mesma forma, não é comum ouvirmos nas conversas corriqueiras que "o homem é o lobo do homem", para com isso afirmar a inelultabilidade de uma máquina de poder separada da sociedade, controlada por poucos que a utilizam contra ela?

Ora, não só o estudo dessas sociedades, mas o seu simples registro na história humana, faz explodir o mito do Estado, na medida em que o recoloca no tempo histórico, humano, portanto não eterno. Não é mais na origem é o Estado, mas na origem é o homem como ser político; é a sociedade como sujeito da ação política. E a sociedade não é outro mito, porque as tensões que a constituem inscrevem-na inapelavelmente no registro do tempo humano marcado pelo conflito, fazendo do viver junto não uma *certeza*, mas uma *possibilidade*.

O Estado pode, assim, aparecer na sua justa dimensão, como resultante da cisão do corpo social, de um movimento de separação que opõe no interior de uma relação contraditória dois conjuntos sociais que só se afirmam e só podem existir enquanto elementos dessa relação. Está aqui a sua base histórica e sociológica, em que a sociedade já não é mais o sujeito da ação política, substituída que foi por aqueles que monopolizam o poder originário da sociedade, destacando-se dela e transformando-a em mero objeto de suas determinações. Trata-se de um processo de privação, ou melhor, *da privação como processo*: privação vivida por uma parte da sociedade do seu ser político que foi capturado e monopolizado pela outra, nos dois registros em que se dão as práticas estruturantes: o econômico e o político. Não por acidente histórico, todas as sociedades de exploração, desde o império inca até os regimes que só por ignorância ou má-fé, continuam a ser denominados socialistas, são sociedades de Estado, e o são por duas razões: primeiro porque é impossível garantir a exploração do trabalho alheio sem o recurso à violência e à coerção; segundo porque é impossível evitar que as relações de oposição na esfera econômica e na esfera política se transformem em relações de luta; em guerra de classes, na ausência de um Leviatã, que a todos aterroriza, garantindo por aí que as cisões se reproduzam como eixo do social.

Isso implica considerar o Estado num sentido muito mais amplo do que o corrente. O Estado deve ser entendido como uma estrutura de poder constituída por todos os mecanismos e instituições que garantem, numa dada sociedade, a reprodução das desigualdades que a informam. Em vários estudos já publicados (1984; 1997; 2001; 2003; 2007) abordei a questão do Estado no capitalismo e a estrutura de poder em que se insere. Da mesma forma, analisei a hierarquização entre os elementos dessa estrutura, que tem variado na história do capitalismo: ora o Estado é o vértice dessa estrutura, ora são os centros de poder das empresas articulados entre si, ora são instituições de abrangência transnacional, o que implica formas distintas de organização e exercício do poder político, assim como na sua relação com a sociedade. Por essa razão, não vou me estender sobre esta questão. Cabe, no entanto, insistir que acredito ser mais adequado trabalhar com a noção de estrutura de poder do que propriamente de Estado. Entendido na sua forma moderna (pós-Revolução Francesa), em que se conjugam os três poderes especializados: judiciário, legislativo e executivo, juntamente com suas instituições repressivas e coercitivas, o Estado é apenas um dos elementos dessa estrutura de poder, onde nem sempre é o elemento mais importante, embora seja o mais visível. Penso que reduzir a estrutura de poder do capitalismo ao aparelho de Estado, é pouco adequado para compreendermos a realidade em que vivemos.

Em nossa sociedade, assim como nas sociedades tribais ou arcaicas aqui referidas, as práticas estruturantes se instituem nos dois registros já assinalados: o político e o econômico, que as informam simultaneamente. Quando afirmei páginas atrás que não existe economia fora da regra, portanto economia apolítica, quis indicar ao mesmo tempo que o processo de privação na esfera política se reproduz como privação na esfera econômica. No cotidiano do trabalho, a privação de que é vítima o trabalhador, se expressa na privação do controle do seu próprio tempo de trabalho, das condições em que trabalha e, finalmente, do produto de seu trabalho. Essa sucessão de privações Marx definiu como alienação em seus primeiros escritos, para depois substituir este termo pelo conceito de mais-valia, em sua obra *O capital*. Fora dos locais de trabalho, a privação do político se realiza como privação do direito de tomar decisões; do direito de escolha; do agir político em todos os aspectos da vida social. A participação do cidadão – belo nome que arranjaram para cobrir a privação – não é mais do que participar na legitimação das decisões que foram tomadas em seu nome, num arranjo político que o exclui, de tal forma que a identificação do poder político com a sua face violenta e coercitiva, é inevitável, pois não há exercício do poder de uns sobre muitos que não produza reação contrária.

Na transmutação do *poder político coletivo inscrito no social* para o *poder político monopolizado por alguns*, a face severa do poder não só assume preponderância, como opera como violência e coerção de alguns sobre muitos, consolidando uma estrutura de poder que nega o ser do homem como ser político, portanto como ser da cultura, colocando-nos frente à possibilidade da barbárie, que não cessa de nos espreitar.

Se, nas sociedades tribais aqui referidas, a tortura era um recurso utilizado nos rituais de iniciação para transformar o corpo numa memória; memória da Lei ancestral: *Tu não desejarás o poder; nem desejarás ser submisso*, nas sociedades da privação do exercício do ser político do homem, a tortura assume outra dimensão e outro significado.

Aqui, a tortura não é um ritual de passagem, mas é praticada de forma intermitente. É uma prática produtora de abjeção e humilhação generalizadas. O objetivo da tortura, tal como conhecemos usualmente, é provocar a dor para com isso, obter uma confissão. Mas essa é apenas uma modalidade de tortura e sequer estou certa de que seja a dor o fator que leva à confissão. Penso que a tortura visa, antes de tudo, humilhar, e a humilhação aceita não é senão a aceitação do poder usurpado; a aceitação das hierarquias; da voz de comando. Assim, a tortura enquanto humilhação opera como mecanismo de controle social, garantindo a aceitação da privação, daí sua generalização, podendo ser observada nas políticas de recursos humanos das empresas, nas prisões, nas escolas, nas universidades, nos programas televisivos e na generalidade das organizações que têm a hierarquia como fundamento prático.

Quanto mais se desenvolvem as instituições desse sistema de poder usurpado do social, mais se dissolvem as relações sociais horizontais e solidárias, atomizando os indivíduos, que só podem se reconhecer enquanto membros de uma coletividade através da relação estabelecida entre cada um e os centros de poder. Só por referência a esses centros é que indivíduos e grupos podem se ver, (como numa imagem refletida num espelho situado acima de seus olhos) enquanto coletivo. Esse é o momento máximo de desenvolvimento do totalitarismo como forma de organização e exercício do poder sobre um coletivo então transformado em massa social. O termo massa expressa a mais extrema fragilização das relações sociais horizontais em qualquer esfera da realidade social e, simultaneamente o fortalecimento das relações verticalizadas que "prendem" as individualidades cindidas na base, num vértice onde o poder os unifica no terror (não necessariamente policial, mas no terror do desemprego, da humilhação, da fome, da doença, do desprezo, da exclusão) ou na indiferença.

Seria fácil estabelecer uma correspondência entre a vertente benevolente do poder e as chamadas políticas públicas em nossa sociedade. No entanto, toda correspondência que se mostra muito evidente, acaba por ser falsa, quando a examinamos detidamente. Em sociedades desiguais, cindidas nas suas práticas estruturantes, tais como a nossa ocidental, as políticas públicas são resultantes de grandes pressões sociais que obrigam os centros de poder a responder positivamente parte das exigências da população ou decorrem de demandas do próprio capital, relativas à suas necessidades de reprodução. Aqui podemos pensar tanto nas políticas compensatórias mais universais ancoradas no chamado Estado do Bem-Estar Social, quanto nas políticas focalizadas de hoje, que são desenvolvidas a partir de uma nova perspectiva de gestão e de prevenção dos conflitos sociais, emanando inclusive, de centros de poder que estão muito além dos Estados Nacionais. Na definição e implementação dessas políticas, a população, em tese, sua beneficiária, não participa e, muitas vezes, sequer é consultada, simplesmente torna-se objeto dessas políticas, nunca sujeito. Isso vale para as políticas em geral, desde a educacional até a de segurança pública.

Encontramos a vertente benevolente do poder nas relações sociais horizontais que não cessam de ser reinventadas e prosseguidas por muitos que vivem a privação no cotidiano de suas vidas na dimensão tanto política quanto econômica. Quando rompem o isolamento e subvertem o quadro disciplinar no qual se encontram organizados pela vertente severa do poder monopolizado por poucos e exercido sobre muitos. Encontramos a face benevolente do poder, aquela que une, que acolhe, nas associações autônomas e autogeridas, onde se afirma a capacidade humana de garantir o viver uns com os outros, na troca como reciprocidade e as diferenças na igualdade.

Isso, no entanto, não significa que a face severa do poder, sua substância perigosa, não esteja à espreita. Como já colocado, esses dois registros em que o poder opera são indissociáveis, e a derrota de muitas ações e até mesmo revoluções libertárias não resultou apenas da repressão que sobre elas se abateu conduzida pelas R*azões de Estado*. Como já disse Canneti (1995), o inimigo mais perigoso é aquele que surge no interior da *cidadela sitiada*, pois seu poder de destruição é incomparável. Uma das faces desse inimigo é o discurso que em nome de uma compreensão objetiva da realidade social e da "natureza humana", mas de fato, amordaçado dentro do uniforme demasiado apertado do pragmatismo, reafirma a necessidade inelutável da voz de comando como garantia para a construção de uma nova ordem social que se pretende igualitária. Aqueles que por esse discurso se deixam convencer, ostentando uma surpreendente obediência, muitas vezes, orgulhosa e soberba, caminham numa subordinação suicida em direção aos que os querem devorar.

Referências

ASSIS CARVALHO, E. *Marxismo, antropologia e a produção das relações sociais*. São Paulo: EDUC. 1986.

BALANDIER, G. *Antropologia política*. São Paulo: Difusão Europeia do Livro, 1969.

BERNARDO, J. *Dialética da prática e da ideologia*. São Paulo: Cortez/Afrontamento, 1991.

BRUNO, L. Estado e reorganização capitalista. In: ANDRADE DE OLIVEIRA (Org). *Trabalho e política na educação*. Belo Horizonte: Autêntica, 2000.

BRUNO, L. *O que é autonomia operária*. São Paulo: Brasiliense, 1984.

BRUNO, L. Reorganização econômica, reforma do estado e educação. In: HIDALGO, A. M.; FIORELLI SILVA, I. L. *Educação e estado*. Londrina: Ed. UEL, 2001.

CANETTI, E. *Massa e poder*. São Paulo: Companhia das Letras, 1995.

CLASTRES, P. *A sociedade contra o Estado*. São Paulo: Francisco Alves, 1978.

CLASTRES, P. *Arqueologia da violência*. São Paulo: Brasiliense, 1982.

COPANS, J. A antropologia política. In: *Antropologia, uma ciência das sociedades primitivas?* (vários autores). Portugal: Edições 70, 1977.

DESCOLA, P. A natureza: um conceito em sursis? In: PASTERNAK, Guitta Pessis. *A ciência: deus ou diabo?* São Paulo: Ed. UNESP, 2001.

DESCOLA, P. *La nature domestique: symbolisme et praxis dans l'écologies des Achuar*. Paris: Maison des Sciences de L'HOMME. 1986.

FLANNERY, K. *La evolución cultural de las civilizaciones*. Barcelona: Cuadernos Anagrama; Editorial Anagrama, 1975.

GODELIER, M. A antropologia econômica. In: *Antropologia, ciência das sociedades primitivas?* (vários autores). Portugal: Edições 70, 1977.

HYPPOLITE, J. *Études sur Marx et Hegel*. Paris: Éditions Marcel Rivière *et cie*, 1965.

HOBBES, T. M. *Leviatã ou matéria, forma e poder de um estado eclesiástico e civil*. São Paulo: Abril, 1979. (Os Pensadores).

JAEGER, W. *A Paideia*. São Paulo: Martins Fontes. 1986.

LEACH, E. *As idéias de Lévi-Strauss*. São Paulo: Cultrix. 1970.

LÉPINE, C. *O inconsciente na antropologia de Lévi-Strauss*. São Paulo: Ática, 1974.

LÉVI-STRAUSS, C. *Antropologia estrutural*. Rio de Janeiro: Tempo Brasileiro, 1973.

LÉVI-STRAUSS, C. *Les Structures Elementaires de la Parenté*. Paris: PUF, 1949.

LÉVI-STRAUSS, C. *Le totémisme aujourd'hui*. Paris: PUF, 1962.

LÉVI-STRAUSS, C. *Tristes trópicos*. São Paulo: Companhia das Letras, 1996.

MONTAIGNE, M. *Ensaios*. São Paulo: Abril, 1972. (Os Pensadores).

MORGAN, H. L. *A sociedade primitiva*. Portugal: Presença; Brasil: Martins Fontes, 1976.

SAHLINS, D. M. *Sociedades tribais*. 2. ed. Rio de Janeiro: Zahar, 1968.

VIVEIROS DE CASTRO, E. *A inconstância da alma selvagem*. São Paulo: Cosac & Naify, 2002.

Parte II
Conjuntura

Capítulo 5
As políticas educacionais entre o presidencialismo imperial e o presidencialismo de coalizão[1]

Luiz Antônio Cunha

Entre as diversas abordagens possíveis para a análise das políticas educacionais no Governo Lula, optei por iniciar pela aplicação de conceito que formulei em trabalho anterior. Embora nascido de análise de período bem distinto, o conceito de *administração educacional zigue-zague* pode ajudar a compreender as reorientações do Ministério da Educação nos últimos anos (CUNHA, 1991).

Ao examinar as administrações estaduais de educação na transição para a democracia, particularmente nos governos estaduais de Minas Gerias, São Paulo, Rio de Janeiro e Paraná, no quadriênio 1983/87, assim como das passagens para os governos seguintes, constatei que as secretarias de educação seguiam em zigue-zague, isto é, cada secretário tinha a *sua* proposta curricular, a *sua* arquitetura escolar, as *suas* prioridades, etc. Assim, tudo mudava a cada quatro anos, por vezes até mais rapidamente, já que alguns governadores mudavam seu secretário uma vez ou mais durante o mandato. Apontei as consequências negativas desse padrão político-administrativo, assim como suas causas.

Naquela conjuntura, identifiquei três causas para a administração zigue-zague: o eleitorismo, o voluntarismo político e o experimentalismo pedagógico. O eleitorismo é a procura de políticas educacionais que

---

[1] Texto escrito a partir da conferência de abertura do VII Seminário Regional Sudeste e VII Encontro Estadual do Espírito Santo da Associação Nacional de Política e Administração da Educação, realizados em Vitória, 17-19/9/2008.

provoquem impacto capaz de trazer resultados nas urnas, seja visando a eleição do dirigente educacional para um cargo legislativo ou executivo, seja ampliando o capital político do governador. O experimentalismo pedagógico é o entusiasmo com propostas curriculares elaboradas sem bases científicas, anunciadas como capazes de resolver os problemas educacionais, estendidas apressadamente para o conjunto da rede escolar, antes de ser suficientemente testadas. O voluntarismo ideológico é a atitude generosa de querer acabar com os males da educação e até da sociedade como um todo, no curto prazo de uma administração.

No curto espaço de que disponho, não vou fazer o diagnóstico das políticas do Governo Lula, na área da Educação, de modo a identificar a presença do eleitorismo, do experimentalismo pedagógico e do voluntarismo ideológico. Isso ficará para outra oportunidade. Mas vou mostrar que a área da Educação foi marcada pelo zigue-zague.

O fato de o Presidente Lula ter nomeado três Ministros da Educação, Cristovam Buarque, Tarso Genro e Fernando Haddad, sugere a existência de uma administração zigue-zague nessa pasta. O exame de suas gestões confirma a primeira impressão. Abro o foco sobre a atuação geral dos dois primeiros ministros e fecho o foco em duas políticas do terceiro.[2] No caso da gestão Haddad, vou me deter em dois projetos ministeriais, escolhidos por permitirem uma visão nítida de mecanismos inerentes de formulação de políticas públicas no Brasil. Ao fim do texto, acrescentarei elementos para a compreensão do Governo Lula, no que diz respeito às políticas educacionais, para além do eleitorismo, do voluntarismo político e do experimentalismo pedagógico.

A nomeação do Senador Cristovam Buarque para o Ministério da Educação obteve grande receptividade no campo educacional. Sua atuação como reitor da Universidade de Brasília e seus livros a respeito de ampla temática universitária deram-lhe uma espécie de legitimidade antecipada. Fora do mundo universitário, ele obteve ainda maior projeção pelo Programa Bolsa-Escola no Governo do Distrito Federal. A despeito de grande e positiva exposição na mídia, a curta presença de Buarque no Ministério mostrou que, mais do que "acelerar e dobrar à esquerda", metáfora empregada para comparar-se com o antecessor, ele foi um ministro de muitos e contraditórios rumos – e triste fim.

Antes mesmo de sua posse, Buarque começou a desperdiçar esse capital político inicial, por causa do "balão de ensaio" lançado por ele – o de se dividir o MEC em dois, os Ministérios da Educação Básica e da Educação Superior,

---

[2] Para uma visão ampliada do foco sobre Buarque e Genro, remeto o leitor a CUNHA (2006).

este absorvendo o CNPq e fundindo-se com o Ministério da Ciência e Tecnologia. Embora essa pudesse ser uma proposta válida para ser examinada com cuidado, já que é adotada por outros países com sucesso, ela foi recebida no âmbito universitário, especificamente nas universidades federais, com grande decepção. Depois das dificuldades havidas durante a gestão Paulo Renato Sousa, a proposta foi entendida como um álibi para o Ministério descartar as universidades federais. A ideia de divisão do MEC foi logo abandonada, mas a posse do Ministro se fez com esse passivo em sua "conta política". O contraponto positivo veio com a nomeação de dois Carlos Robertos – o historiador Antunes dos Santos, ex-reitor da UFPR e ex-Presidente da ANDIFES, para dirigir a SESu; e do filósofo e educador Jamil Cury, presidente da Câmara de Educação Básica do CNE, para a Presidência da CAPES.

Os que acreditavam no menosprezo inicial da educação superior tiveram farta comprovação no protagonismo do Ministro Buarque. Ele promoveu a retomada das campanhas de alfabetização de adultos, com o mesmo entusiasmo e o mesmo discurso justificador que se imaginava morto e sepultado, desde o fim do MOBRAL, de triste memória.

Em vez de ser esquecido, o mal-estar inicial foi alimentado por sucessivas declarações de Buarque a respeito da falta de objetivo da universidade, que careceria de um lugar próprio na sociedade atual. Talvez ele tenha sido quem primeiro defendeu, desde um cargo público, a redução da duração dos cursos de graduação. Na "sociedade do conhecimento" não haveria ex-alunos, todos seriam educandos permanentes, portanto, para que cursos de quatro e cinco anos, se ninguém sairia mesmo *formado*?

O "elitismo" da universidade pública foi duramente criticado pelo Ministro, por excluir os mais pobres e os negros, por não ter "compromisso social nem político" com a sociedade brasileira. Para evitar essa situação, ele defendeu a cobrança de uma contribuição dos ex-alunos que auferissem renda superior a um certo nível, a ser recolhida como um adicional sobre o imposto de renda das pessoas físicas dos próprios ou de seus pais. Para Buarque, a acomodação política e ideológica de docentes e estudantes deveria ser quebrada por eles próprios, com "radicalidade e tensão ideológica". Nesse sentido, ele chegou a sugerir aos estudantes que fizessem um dia de greve para discutir os rumos da universidade. Também nisso deve ter sido pioneiro.

Apesar de concluir sempre por um apelo à "refundação" da universidade, o menosprezo do Ministro para com a instituição ficou na mente dos docentes, para quem a dimensão populista de suas declarações permaneceu como impressão indelével.

Quando diante de grandes plateias, o Ministro defendia a autonomia das universidades, especialmente das públicas, chegando a acenar para os sindicatos com a promulgação de medida provisória, que revogaria a legislação em vigor e autorizaria cada universidade federal a definir em seu próprio âmbito o critério de escolha dos dirigentes.

O anúncio do fim do "provão" ou sua modificação substancial foi outro aceno, dessa feita dirigido ao movimento estudantil. Nesse sentido, foi organizada uma comissão para estudar a criação de um sistema integrado de avaliação da educação superior. Os resultados apresentados pela comissão foram desprezados pelo Ministro, que conseguiu do Presidente a assinatura de uma medida provisória que minimizava a dimensão institucional da avaliação nesse grau.

Como se não bastasse ter sido protagonista de pontos de fricção política em tantas áreas e por tantas razões, o Ministro Cristovam Buarque passou a criticar o próprio Presidente da República, responsabilizando-o pela insuficiência de recursos financeiros do "seu" ministério. Em 23 de janeiro de 2004, um ano e vinte dias depois de sua posse, Cristovam Buarque foi destituído, no bojo da primeira reforma ministerial do Governo Lula, e retomou seu mandato de Senador. O mal-estar levou o ex-ministro a desligar-se do PT, partido pelo qual havia sido eleito, e reingressar no PDT.

Mais do que o desgaste do "capital político" do Ministro/Senador, o que se teve foi o desperdício de um quarto do primeiro mandato do Governo Lula.

O segundo Ministro da Educação, Tarso Genro, foi recrutado na própria equipe dirigente, na Coordenação do Conselho de Desenvolvimento Econômico e Social. Sem a experiência prévia na área educacional de seu antecessor, o novo Ministro tinha a seu crédito dois mandatos bem-sucedidos na Prefeitura de Porto Alegre, que a derrota para o Governo do Estado do Rio Grande do Sul, em 2002, não diminuíra.

Com Genro no Ministério, a educação superior retornou ao primeiro plano, e a campanha de alfabetização de adultos foi secundarizada. Contrariamente à pletora de medidas fragmentadas tomadas ou apenas propostas por seu antecessor, o novo Ministro passou a defender uma lei orgânica da educação superior, na linha apresentada no Seminário "Universidade: por que e como reformar?", de agosto do ano anterior, designada pela antiga expressão *reforma universitária*, buscada no turbulento contexto dos anos 1960 (CUNHA, 2003). Mas, em vez de remeter todos os assuntos pertinentes à reformulação da educação superior para a futura lei orgânica, Genro deslanchou mudanças parciais de monta. De fato, ele foi "herdeiro" da medida provisória baixada pelo Presidente da República sobre a avaliação da educação superior, que fez reformular durante a tramitação no Congresso Nacional. O resultado foi a Lei 10.861/2004, que criou o Sistema Nacional de Avaliação da Educação Superior (SINAES). Com isso, o "provão" saiu do cenário do ensino superior brasileiro, antes mesmo que seus aspectos positivos e negativos tivessem sido adequadamente avaliados, predominando as impressões e os interesses imediatos, como em tantas políticas do Estado brasileiro.

Outras questões foram objeto de projetos de lei, que tratavam de temas de grande importância, como das isenções tributárias do setor privado e da reserva de vagas nas instituições públicas de ensino superior, matéria em que Genro mudou rapidamente de opinião: da rejeição da reserva de vagas a partir de critérios raciais, passou à sua defesa ostensiva, chamando de elitista quem o contrariasse.

O lançamento do Programa Universidade para Todos (PROUNI), gerou equívocos de todos os tipos. A imprensa falava tanto da "estatização de vagas" quanto da "compra de vagas" nas instituições privadas de ensino superior, além de supor igual tratamento para instituições filantrópicas e particulares. Quando o programa foi divulgado, os equívocos ficaram ainda maiores. Diante das críticas, inclusive de sua base parlamentar, o Governo renunciou a editar medida provisória instituindo o programa e abriu mão do regime de urgência para o projeto de lei.

Na verdade, o PROUNI sintetizou uma série de apelos. Aos apressados defensores da expansão do ensino superior gratuito (público ou privado seria apenas um detalhe), o programa acenou com um número de vagas equivalente a mais da metade das oferecidas pelo setor público. Aos pacientes defensores do controle das instituições privadas, acenou com a exigência de serviços educacionais das IES, como contrapartida da renúncia fiscal estabelecida pela Constituição. Às instituições privadas de mais baixo nível, acenou com uma função social que lhes garantiria um lugar dificilmente sujeito à avaliação rigorosa que pudesse ameaçar sua atividade. Aos movimentos sociais dos "sem universidade" e dos autodeclarados afrodescendentes, oferecia reserva de vagas. Finalmente, aos opositores do Governo Lula, forneceu os argumentos de que precisavam para "provar" a existência de uma política privatista no MEC, na forma da transferência de recursos públicos ao setor privado, a despeito das carências existentes nas universidades federais.[3]

---

[3] Impossível fazer aqui a análise da pletora de mal-entendidos das críticas, como a reiterada qualificação do PROUNI como uma "parceria público-privada". Para uma crítica a essa reiterada classificação (CARVALHO, 2006).

Durante a tramitação no Congresso, o projeto foi objeto de duas mudanças principais: do lado dos alunos beneficiados, foram incluídos os bolsistas integrais de instituições privadas de ensino médio; do lado das instituições conveniadas, foi reduzido o número de bolsas que elas teriam a obrigação de conceder, assim como foram aceitas na contrapartida bolsas parciais, além das integrais.

Mas foi a chamada reforma universitária que mobilizou a maior parte dos esforços do Ministro Tarso Genro. Para a elaboração de uma proposta preliminar, foi constituído no âmbito do MEC um Grupo Executivo, com dez pessoas, a maioria do próprio Ministério, para consolidar as propostas de reforma de todo o ensino superior, não só da universidade.

A primeira versão do anteprojeto de reforma universitária foi divulgada em dezembro de 2004 e recebeu fortes críticas provenientes de lados opostos. Os sindicatos de docentes e de funcionários, assim como os partidos situados à esquerda do espectro político acusaram o anteprojeto de privatista, por estar presumidamente pautado pelas exigências do Banco Mundial e do FMI, enquanto as entidades aglutinadoras das IES privadas acusaram-no de tentar submetê-las ao controle de organizações políticas extra-acadêmicas e de privilegiar suas rivais federais.

Em maio de 2005, depois de seis meses de debates, uma segunda versão do anteprojeto foi divulgada. E mais dois meses foram suficientes para que a terceira versão fosse finalizada e entregue ao Presidente Lula, em julho de 2005, no momento mesmo da despedida de Tarso Genro do Ministério.

Seu substituto foi Fernando Haddad, professor da USP, que, ao contrário dos outros dois, não tinha experiência anterior em cargo eletivo. Ele havia sido assessor do Ministro do Planejamento, já no Governo Lula e, quando Tarso Genro assumiu o Ministério da Educação, Haddad ocupou a Secretaria Executiva do MEC.

Ao tomar posse do cargo de Ministro, em 29 de julho de 2005, Haddad insistiu na "visão sistêmica" da educação. Com essa expressão talvez reconhecesse a dificuldade de tramitação da reforma universitária no Congresso. Em lugar da concentração de esforços nessa política, a tônica de sua gestão estaria na abertura do leque das políticas do Ministério.

A visão sistêmica poderia anunciar também a ênfase no FUNDEB, cujo projeto de lei já tramitava no Congresso, projeto esse que serviu para acomodar demandas de parlamentares de diversos partidos, reposicionados, então, segundo os interesses polarizadores e contrários de governadores e prefeitos, com vistas às eleições de 2006. A inclusão da educação infantil como destinatária dos recursos do Fundo pode ser entendida sob esse prisma.

Mais do que manter a agenda de Tarso Genro, Fernando Haddad anunciou uma medida no mínimo ousada para um Ministro sem a base política de seus antecessores: a "faxina legislativa", que consistiria na revisão de todas as portarias e resoluções, assim como dos decretos concernentes à educação superior, de modo a produzir uma espécie de consolidação normativa. Como se isso fosse pouco, o Ministro anunciou um decreto-ponte, que anteciparia a lei da reforma universitária nos pontos consensuais. A "faxina legislativa" não chegou a ser feita – o otimismo do novo ocupante do cargo não lhe permitiu ver o tamanho da empreitada.

A incompletude da gestão Haddad no Ministério da Educação me leva a dar-lhe um tratamento distinto das anteriores. Dela vou focalizar dois temas, que escolhi pela relevância, mas – por que negar ? – também por razões pessoais: elas têm a ver com os estudos que venho desenvolvendo há algum tempo sobre a educação superior e a educação técnico-profissional. Em cada tema, a dimensão público-privada da educação assume relevo. Aliás, tenho meu "tema transversal"...

Sei que, com essa escolha, vou deixar de lado temas da maior importância para a compreensão das políticas educacionais no Governo Lula. De uma lista imensa, menciono apenas a composição política do Conselho Nacional de Educação, a retomada dos cursos técnicos integrados e as transformações dos CEFETs, o FUNDEB, a Nova CAPES, o contingenciamento do orçamento do MEC, o Plano de Desenvolvimento da Educação. Só me resta esperar que a abordagem parcial possa ser útil para ensaios posteriores – meus e de outrem.

* * *

Primeiro, a educação superior, como sempre, a que é objeto de maior visibilidade (mas não só isso) nas disputas políticas. Em seguida, a educação técnico-profissional.

O Projeto de Lei 7.200/2006, que altera a LDB, estabelecendo normas gerais para toda a educação superior, foi encaminhado pela Presidência da República à Câmara dos Deputados, em abril daquele ano.

O projeto proclama a educação superior como um bem público, dispositivo inédito na legislação educacional brasileira. Sua função social deve ser cumprida mediante 14 pontos, alguns deles bem estranhos para o setor privado, entre eles, a liberdade acadêmica e a gestão democrática. O setor privado é alvo de controle do capital votante das entidades mantenedoras de IES com fins lucrativos, o qual deve ser pelo menos 70% de propriedade de brasileiros natos ou naturalizados. Esse é outro ponto importante, pois já existem universidades com metade do capital de propriedade de instituições estrangeiras. A franquia, essa forma de expansão dos negócios, bem-sucedida em tantos setores, fica proibida na educação superior.

Atingindo tanto o setor público quanto o privado, o projeto de lei aumenta as exigências de titulação e de carga horária para os docentes de centros universitários e universidades. As IES passam a poder organizar seus cursos de graduação incluindo um *período de formação geral*, com duração mínima de quatro semestres, para o desenvolvimento de formação humanística, tecnológica e interdisciplinar; estudos preparatórios para os níveis superiores de formação; e orientação para a escolha profissional. Ou seja, a criação de um tipo de *college* de estudos gerais, segundo o modelo anglo-saxão, que hoje se generaliza na Europa, na esteira do *processo de Bolonha*.

Mas o projeto de lei incide mesmo é sobre o segmento federal desse grau de ensino, alvo da maior parte dos dispositivos, dos quais o mais importante é a institucionalização de antiga reivindicação da ANDIFES de criação de um mecanismo de distribuição de recursos. Se aprovado o projeto de lei, durante 10 anos, pelo menos 75% da receita da União constitucionalmente vinculada à manutenção e desenvolvimento do ensino deverão ser aplicados nas IES vinculadas ao MEC. Esses recursos devem ser distribuídos segundo critérios de desempenho e qualidade.

Ao chegar à Câmara dos Deputados, o projeto de lei foi alvejado por mais de 300 emendas, quase todas visando a facilitar a criação e o funcionamento das IES privadas e a diminuir a regulação governamental sobre elas. Atolado nas emendas, a tramitação do projeto parou, e não se fala mais em reforma universitária, a não ser nas palavras de ordem de certos segmentos do movimento estudantil – dominantemente contra.

Inconformado com a paralisação da tramitação do projeto, o Ministro da Educação conseguiu do Presidente o Decreto 6.096/2007, que criou o Programa de Apoio a Planos de Reestruturação e Expansão das Universidades Federais (REUNI).[4] A meta global do programa tem dois componentes: a elevação gradual da taxa de conclusão média dos cursos de graduação presenciais para 90%; e o aumento da relação do número de alunos de graduação em cursos presenciais por professor para 18, ao fim de cinco anos. Todas as universidades federais prometeram atingir aquelas taxas com uma comovente confiança.

---

[4] Será esse o tal decreto-ponte, antecipador da reforma universitária?

O decreto apresentou uma lista de meia dúzia de diretrizes para a elaboração do plano de cada universidade, que elas assumiram de boa ou má vontade. Aprovado o plano, a universidade receberia recursos para construção e readequação da infraestrutura e equipamentos; compra de bens e serviços; despesas de custeio e pessoal, até o limite de 20%; tudo isso relacionado à expansão projetada.

Entre as diretrizes do programa, vou tratar da de número IV - *diversificação das modalidades de graduação, preferencialmente não voltadas à profissionalização precoce e especializada*. Essa é a que me suscita maior preocupação, já que mexe com a própria estrutura do nosso ensino superior, cujas origens remontam ao início do século XIX. Temo que as consequências de mudanças projetadas sem a devida avaliação das condições sociais que as envolvem possam ser danosas para nossas universidades. Impõe-se uma pequena digressão.

A transferência da sede do aparelho de Estado português para o Brasil, em 1808, abriu caminho para os cursos de graduação *à la française*, de medicina, engenharia e direito, que se diferenciaram num leque amplo, mas com a mesma estrutura curricular. Cada curso se desenvolveu distinto dos demais, numa seqüência de disciplinas conduzindo a um diploma profissional, que propiciava o exercício de uma profissão regulamentada por lei. Portanto, ensino superior = curso profissional.

A reforma universitária dos anos 1960 trouxe como a novidade da divisão dos cursos de graduação em um ciclo básico, comum a grupos de cursos afins, e um ciclo profissional, no qual a especialização se faria. Implantado nominalmente em praticamente todos os cursos de graduação, o ciclo básico assumiu as mais diversas configurações, justificado pela recuperação de falhas da formação em grau médio, pela oferta de ampla formação humanística e científica, e pela orientação dos estudantes para os distintos cursos profissionais ou pelas habilitações de um mesmo curso.

Mas os problemas foram muitos. Uma avaliação da implantação do ciclo básico, realizada por dois pesquisadores da UFMG, mostrou que as universidades descartaram a função de redirecionamento dos estudantes para os diferentes cursos (GARDENAL; PAIXÃO, 1982). Esse descarte pode explicado, a meu ver, pela grande expansão das instituições privadas de ensino superior, assim como pela reforma do ensino de 2º grau, tornado universal e compulsoriamente profissionalizante. A expansão explosiva do setor privado no ensino superior e a função contenedora do ensino de 2º grau foram responsáveis pelo ciclo básico limitado à complementação da formação dos vestibulandos e à preparação para o ciclo profissional. No que diz respeito justamente à maior inovação – a orientação dos estudantes pelos cursos profissionais – ele fracassou.

Fracassou também a reforma do ensino de 2º grau profissionalizante. Implantada em 1971, foi abandonada dez anos depois, não sem antes ter provocado males irrecuperáveis na formação de milhões de estudantes.

Ao tempo em que se implantava o ciclo básico, outra novidade procurou dividir a graduação no Brasil: os cursos de engenharia operacional. Pretendia-se a formação de profissionais em cursos rápidos, uma forma barata de incluir mais e mais estudantes que procuravam as universidades públicas. O resultado foi diferente do que se esperava, pois os alunos pretendiam "completar" sua formação pela adição de créditos, de modo que pudessem obter os diplomas de engenheiro, propriamente dito, que, esses, sim, poderiam ser registrados nos CREAs, sem as resistências que eles interpuseram em todo o País. Mais um fracasso de política educacional. Esses cursos acabaram exilados nas escolas técnicas, depois CEFETs, e obrigados a formar profissionais que em nada pudessem se parecer com os formados em cursos plenos – hoje são denominados cursos de formação profissional tecnológica.

Não parou por aí a tentação de dividir os cursos de graduação. As licenciaturas curtas em ciências e em estudos sociais seriam uma maneira de formar docentes mais rápida e economicamente, profissionais polivalentes que pudessem ser alocados em matérias e disciplinas várias do currículo do ensino de 1º grau. Mais um fracasso. As licenciaturas curtas foram banidas, não sem antes causarem sérios prejuízos ao ensino e aos próprios docentes nelas formados.

E, agora, nos defrontamos com mais uma novidade: a "graduação não voltada à profissionalização precoce e especializada", nome genérico do que o projeto de reforma universitária chamava de "período de formação geral". Qualquer que seja o nome (a cultura brasileira tem especial predileção pelos rótulos dos produtos), trata-se da adoção do *college* anglo-saxônico em substituição ao curso profissional napoleônico. Essa substituição tem defensores importantes em nosso país, e não é de hoje. Entre eles, a Academia Brasileira de Ciências.

A meu ver, a adoção do *college*, diretamente ou com escala em Bolonha, não é, em si mesma, boa nem má. Depende de como for feita. Se vier apenas como um enxerto na estrutura de nossos cursos de graduação, será mais um fracasso a perfilar ao lado dos outros já citados. De um processo dedutivo, a partir da lei, a política do MEC passou para a indução mediante o decreto do REUNI e o apelo do aporte de recursos financeiros. Aquele dispositivo, que não vingou pela força de lei, virou uma das diretrizes do decreto. Não precisa de votação no Congresso nem mesmo de apoio do Conselho Nacional de Educação. Em compensação, poderá ser revogado pelo próximo Presidente a pedido de seu Ministro. Não nos esqueçamos do desvirtuamento do Programa Bolsa-Escola, tão logo o sucessor de Cristovam Buarque assumiu o governo do Distrito Federal. Como podem nossas universidades federais entrar nisso que pode vir a ser um beco sem saída? Estudantes para esses cursos haverá sempre, qualquer que seja a oferta. A sede de ensino (senão de diploma) é tamanha, que há estudantes que até frequentam quatro anos de cursos não autorizados em instituições privadas.

A substituição da graduação especializada, vigente há 200 anos, no Brasil, por um sistema tipo *college* pode ser feita, mas não à base de enxertos, como se pretende, depois que o projeto de lei da reforma universitária foi barrado pelos privatistas do Congresso, a despeito de tantas composições. Seria necessário algo muito mais amplo, que abrangesse o conjunto dos cursos e a regulamentação profissional, inclusive os organismos corporativos, sem esquecer a mentalidade inercial das burocracias públicas e privadas como empregadoras.

Portugal e Espanha estão amargando as consequências da adaptação de seus cursos ao protocolo de Bolonha. Mas os efeitos lá serão menos drásticos do que no Brasil, porque esses países mantiveram escolas públicas de educação básica de boa qualidade, pelo menos não tiveram a deterioração da qualidade ou a expansão da precariedade que se observa entre nós. Aqui a redução da duração terá efeitos perversos, aumentando o elitismo educacional, já que beneficiará os poucos que conseguirem cursar escolas de nível fundamental e médio de melhor qualidade. Pelo menos por enquanto, a solução Bolonha será danosa para o conjunto do ensino brasileiro, mas nada diz que não poderá vir a ser adotada no futuro. Como disse, ela não é intrinsecamente boa nem má. Depende de *como* vier a ser implantada, *em que ritmo* e se tiver *articulação com a educação básica*. Ou seja, depende de uma visão sistêmica...

* * *

Passo a focalizar a educação técnico-profissional, menos visível do que a educação superior, mas a que concerne à força de trabalho diretamente ligada à produção.

A presença do SENAI na biografia do Presidente Lula, reiteradamente festejada por ele mesmo, leva o observador das políticas educacionais de seu Governo a estar atento para o que se passa com essa entidade. No primeiro mandato, nenhuma medida lhe foi dirigida. Mas no segundo duas já surgiram, e não foi para jogar confetes nem subsídios.

De que entidade se trata? O SENAI foi criado em 1942, por iniciativa do Estado, que impôs aos industriais a cobrança de uma contribuição incidente sobre a folha de pagamento das empresas, recolhida por intermédio da Previdência Social. Os recursos são centralizados pelo Governo e repassados a essa instituição dirigida pelo empresariado. Os conselhos do SENAI são formados de dirigentes de entidades sindicais patronais; a presença neles de representantes dos Ministérios do Trabalho e da Educação é apenas simbólica. O SENAI foi a matriz das demais entidades educacionais e assistenciais que formam o *Sistema S*: o SENAC, o SESI e o SESC, assim como suas homólogas mais recentes.

Há mais de uma década o *Sistema S* vem apresentando dificuldades de se manter na ambiguidade que a política do Estado Novo lhe conferiu. Criado por decreto-lei e sobrevivendo somente por força desse ato do Estado, o SENAI, depois o SENAC, assim como os respectivos serviços de assistência social e as entidades posteriores, usam os recursos recolhidos pelo Governo como entidades privadas. Aliás, sua estrutura de poder é privada.

O Tribunal de Contas da União considera as finanças do *Sistema S* como uma "caixa-preta", cujas contas se misturam com as das entidades patronais, de modo que não se consegue fiscalizar sua aplicação. Aponta especialmente a ausência de licitações para as compras e a contratação de pessoal sem concurso, essenciais para as entidades criadas e financiadas por força de atos do Poder Público.

Não só do lado do Estado provêm ameaças à ambiguidade original. Também do lado da sociedade, particularmente das centrais sindicais. A CUT chegou a especificar um projeto de cogestão do SENAI, que visava a participação dos trabalhadores nos conselhos da instituição, em igualdade de condições com o Governo e o empresariado. A argumentação baseava-se na identificação da contribuição compulsória a um fundo público.

A estratégia que parece prevalecer no enfrentamento de tal ameaça é o afastamento do SENAI da área de ambiguidade público-privada, marca de sua origem corporativa. Assim, a entidade e as outras do *Sistema S* definiram como objetivo estratégico a busca da autossustentação, mediante a cobrança pelos cursos e outros serviços.

Com essa reorientação estratégica, o *Sistema S* pretendeu defender-se da ameaça das centrais sindicais, inclusive dos sindicatos a que estão filiados seus próprios funcionários, de vir a participar da gestão das entidades, trazendo consigo maior participação do Estado nos conselhos.

Duas medidas do Presidente Lula podem levar ao fim dessa política de autoprivatização do *Sistema S*.[5]

A primeira medida foi o Decreto 5.727/2006. Firmado pelo Presidente e pelos Ministros da Educação Fernando Haddad e do Trabalho Luiz Marinho, o decreto alterou o regimento do SENAI no que concerne à composição dos seus conselhos – o nacional e os regionais. Foram acrescidos seis lugares no Conselho Nacional, a ser ocupados por representantes das Confederações dos Trabalhadores na Indústria e das Centrais Sindicais. Cada Conselho Regional ganharia cinco lugares, a ser preenchidos por indicados pelo Conselho de Representantes da entidade federativa dos trabalhadores na indústria.

Assim, a inclusão de meia dúzia de representantes dos trabalhadores num conselho formado de duas dúzias de representantes patronais ainda estaria abaixo da representação tripartite defendida pela CUT, mas estaria muito acima da situação atual, que não prevê trabalhador algum no Conselho Nacional. Os Conselhos Regionais do SENAI sofreriam mudança radical em sua composição, já que a paridade entre o lado patronal e o lado laboral estaria assegurada. Note-se que em ambas as instâncias a representação estatal, isto é, ministerial, permaneceria do mesmo tamanho, apenas simbólica.

O futuro do pretérito tem sentido, pois o decreto tarda a ser cumprido. A página do Departamento Nacional do SENAI na Internet, acessada em 13 de setembro de 2008, mostrava o regimento com o formato antigo. A lista dos conselheiros não incluía nenhum representante dos trabalhadores. O mesmo foi constatado nas páginas de alguns departamentos regionais, instância na qual aparece eventualmente um representante de sindicato de trabalhadores. Um decreto com força simbólica mas sem força material? Uma razão alegada para o adiamento de sua implantação é a falta de regulamentação das centrais sindicais, o que dificultaria a representação. Essa desculpa não se aplicaria de modo algum aos conselhos regionais. Fica a dúvida sem resposta.

Se o SENAI teve a estrutura de poder modificada, pelo menos no futuro do pretérito, um ano depois, todo o *Sistema S* foi posto na berlinda.

Desde as discussões em torno da Constituinte de 1987/88, o fim da contribuição das empresas para o *Sistema S* frequenta as pautas de discussões

---

[5] Para detalhes sobre esse processo, veja CUNHA (2005).

sobre a reforma tributária. Se os empresários querem a redução dos tributos (impostos e contribuições), não aceitam abrir mão desse *Sistema*, que, operando em regime de "caixa única" com as entidades sindicais patronais, propiciam recursos de monta para sua atividade político-ideológica.

O assunto voltou à tona durante a discussão do projeto de lei da CPMF no Congresso. Parlamentares da oposição e parte da situação recusavam-se a aprová-lo, com o argumento de que essa contribuição era gravosa para as empresas e ajudava a elevar o "custo Brasil". Num esforço para convencer os senadores a aprovar o projeto, o Ministro da Fazenda propôs, em outubro de 2007, a redução da contribuição compulsória de todas as empresas ao *Sistema S*. Em apoio a seu argumento, dizia o ministro que poucos estados da Federação dispunham de orçamento igual ou superior a 13 bilhões de reais, estimativa do valor da arrecadação do *Sistema S* naquele ano. Aliás, esse valor é maior do que os 8,3 bilhões do Programa Bolsa-Família em 2007. O resultado é conhecido: o projeto do governo foi derrotado no Senado pelo voto maciço da oposição e de parte da "base aliada".

Foi nesse contexto que o Ministro da Educação Fernando Haddad aproveitou a berlinda em que se encontrava o *Sistema S* para pôr em discussão seu financiamento, para o que contou com o apoio dos Ministros do Trabalho e da Fazenda, respectivamente Carlos Lupi e Guido Mantega.[6]

Sem rejeitar o caráter privado do *Sistema S*, Haddad criticou vários pontos de sua prática:

- A distribuição dos recursos gerados pela contribuição compulsória (2,5% da folha de pagamento das empresas) entre as entidades de assistência e cultura (60%) em detrimento das entidades de educação (40%).
- O oferecimento de cursos predominantemente de curta duração, de conteúdo exclusivamente profissional, desprovidos de educação geral.
- A venda de cursos aos trabalhadores e às empresas predominando sobre os cursos gratuitos.
- O custos elevados do SENAI, muito superiores aos das escolas técnicas federais (10 mil por aluno ano X 3 mil, respectivamente).
- A distribuição de recursos pelos departamentos regionais segundo critérios históricos, sem relação com os serviços educativos efetivamente prestados.

---

[6] Nesta altura, Luiz Marinho tinha deixado o Ministério do Trabalho para candidatar-se a prefeito de São Bernardo (SP).

A proposta do Ministro era a criação de fundos nacionais, por setor de atividade, que distribuiriam todos os recursos oriundos da contribuição pelas entidades, na proporção de 60% para as de educação e 40% para as de assistência e cultura, ou seja, na proporção inversa à existente. Os recursos das entidades educacionais deveriam ser aplicados, integralmente, no oferecimento de cursos gratuitos para formar técnicos de nível médio, isto é, incluindo a educação geral, para jovens que tivessem frequentado escola pública ou escola privada na condição de bolsistas integrais, ou ainda oriundos do supletivo. O resultado seria, na visão do MEC, a formação de mais um milhão e meio de técnicos de nível médio por ano. As entidades do *Sistema S* poderiam oferecer cursos de curta duração e até cobrar por eles, mas só depois de alcançada aquela meta mínima. Os critérios para aplicação dos recursos seriam definidos por um conselho tripartite formado de empresários, trabalhadores e técnicos governamentais, presidido, alternadamente pelos ministros da Educação e do Trabalho.

As reações não se fizeram esperar. A mais incisiva foi do Presidente da Confederação da Indústria, Armando Monteiro Neto,[7] que dizia estarmos em "prelúdio de um processo de estatização". Com o mesmo propósito, o SESC de São Paulo mobilizou artistas para defenderem a manutenção da proporção em vigor dos recursos da contribuição, caso contrário a cultura ficaria prejudicada.[8] Um dirigente de entidade do *Sistema S* chegou a sugerir, em entrevista à imprensa, que essa medida mostrava a ingratidão do Presidente Lula, que teria recebido do SENAI "o único diploma de sua vida".

Quase um ano durou o debate, até que em 22/7/2008 foi firmado um acordo, acomodando as demandas em conflito. Costurado pelo Vice-Presidente José Alencar, empresário industrial ele próprio, o acordo ficou a meio caminho do que queria o Ministro Haddad e o Presidente da CNI Armando Monteiro Neto. O Governo abriu mão de um projeto de lei a ser enviado ao Congresso, mas ganhou com as metas mais prontamente atendidas, ainda que parcialmente. Os dirigentes empresariais concordaram com o aumento da oferta de cursos gratuitos, mas preservaram a autonomia do *Sistema S* e a proporção vigente na distribuição de recursos entre a "educação profissional" e a "cultura".

Envolvendo as quatro entidades da indústria e do comércio e serviços, aliás, as maiores e mais antigas, o acordo previu, em síntese, que

---

[7] Deputado Federal por Pernambuco, eleito pelo Partido Trabalhista Brasileiro.

[8] É interessante que essa mobilização não teve similar na demanda de maior verba para o Ministério da Cultura nem para as secretarias estaduais.

o SENAI e o SENAC aumentarão a aplicação das receitas da contribuição compulsória, de 2009 a 2014, até completarem 2/3 delas dedicadas a cursos e programas gratuitos de formação de técnicos de nível médio, para trabalhadores e não trabalhadores, mas de baixa renda, inclusive desempregados. Prevaleceu a exigência do MEC para a ampliação da duração de todos os cursos, que terão, no mínimo 160 horas (hoje, no SENAI, é a metade disso). Já o SESI e o SESC deverão aumentar a aplicação de sua receita, no mesmo período, até atingirem 1/3 dela em ações educativas relacionadas com saúde, esporte, cultura e lazer, metade delas gratuitas e para estudantes de baixa renda.

Foi mais do que um acordo. Durante três meses o MEC produziu quatro projetos de decreto, um para cada entidade, que foi negociado com os dirigentes do *Sistema S*, mas, agora, longe do noticiário da imprensa. Em 5 de novembro, o Presidente Lula assinou os quatro decretos que modificaram substancialmente os regimentos do SESC (Decreto 6.633), do SENAC (Decreto 6.633), do SENAI (Decreto 6.635) e do SESI (Decreto 6.637). Os decretos têm a mesma matriz e dizem o mesmo para cada entidade. Além de acrescentar artigos a cada um dos regimentos, com os termos acordados em julho, os regimentos tiveram alguns artigos alterados, de modo que os Departamentos Nacionais receberam a atribuição de estabelecer diretrizes a ser seguidas pelos respectivos Departamentos Regionais. O regimento de cada entidade passou a contar também com a seguinte atribuição: "O Departamento Nacional disponibilizará ao Ministério da Educação informações necessárias ao acompanhamento das ações voltadas à gratuidade, de acordo com método de verificação nacional a ser definido de comum acordo".

Foi a primeira vez, desde sua criação, que as regras do *Sistema S* são alteradas em sua substância. Caiu o mito de que elas não podem ser mudadas. O mais importante de tudo, a meu ver, foi o acompanhamento das ações voltadas à gratuidade, pelo MEC, o que abre caminho para da fiscalização do uso dos recursos das entidades, pelo Tribunal de Contas da União, sem os entraves jurídicos remanescentes.

Tudo somado, houve, sem dúvida, uma reversão do processo de eliminação da ambiguidade institucional do *Sistema S*. Se ela foi tentada *de dentro*, acabou barrada *de fora*. Estará sendo construído o caminho para sua publicização? Ainda é cedo para dizer. O prazo estabelecido pelos decretos do Presidente Lula avançam pelo mandato de seu sucessor, que poderá alterá-lo por outro decreto, assim como os parâmetros estabelecidos. Ou, ao contrário, reorientar o *Sistema S* para dentro da esfera pública.

* * *

Que lições podemos tirar do quadro aqui esboçado?

Sem a pretensão de ser exaustivo ou de alcançar a totalidade, é possível ver que, em matéria de políticas educacionais, o Presidente Lula teve seu Governo marcado pelo zigue-zague dos seus três ministros, cada um deles apontando rumos e mobilizando procedimentos distintos.

O que mais me chama a atenção, nesse quadro, é ser ele a expressão do peculiar binômio do campo político brasileiro: o presidencialismo imperial e o presidencialismo de coalizão. Mais do que dois regimes políticos, são duas faces da mesma moeda.

Na prática política e na consciência dos eleitores, nesta mais do que naquela, o Presidente pode tudo, como se fosse um imperador. As coisas acontecerão ou deixarão de acontecer se ele tiver ou deixar de ter "vontade política". As medidas provisórias seriam o mecanismo legislativo por excelência do presidencialismo imperial, pois elas podem forçar o Congresso a ter de votá-las no ritmo ditado pelo Executivo, assim como trancar sua pauta. Consistente com essa imagem imperial, real ou presumida, está a pequena importância conferida pelos eleitores às eleições legislativas, atitude que se rebate em todos os níveis do Estado. Infelizmente, essa imagem está implícita em muitas análises das políticas educacionais.

Na outra face, o presidencialismo brasileiro assenta-se numa necessária coalizão parlamentar, exceto no período ditatorial, é claro. Se o Presidente não quiser ou não puder formar uma coalizão parlamentar, ele não consegue governar e cai, como aconteceu com Jânio Quadros e Fernando Collor de Mello. Nosso presidencialismo de coalizão, na feliz expressão de Sérgio Abranches,[9] mostrou-se forte até mesmo para o Partido dos Trabalhadores, o primeiro e até agora único partido de massas de âmbito nacional. Ele foi obrigado a se valer desse regime para governar, a ponto de não poucos petistas se perguntarem se o Presidente eleito em 2002 e reeleito em 2006 é mesmo do seu partido... Lamentos inspirados numa imagem do presidencialismo imperial à esquerda?

Com efeito, se a maioria das leis federais aprovadas pelo Congresso resultam de iniciativa do Poder Executivo (há estudos que falam em mais 80% delas nesse caso), é verdade que, para tê-las aprovadas, o Governo

---

[9] Com amplo emprego nos dias que correm, esse conceito apareceu, pela primeira vez, em seu artigo "Presidencialismo de coalizão: o dilema institucional brasileiro" (ABRANCHES, 1988).

precisa do consentimento de uma coalizão governante (a tal base aliada) formada de partidos rivais, que exigem compensações políticas a cada votação, nas comissões e no plenário. Não bastasse isso, os governadores podem interferir nas relações do Presidente com o Congresso, positiva e negativamente, pela ação ou omissão das respectivas bancadas. Quando essa complexa equação deixa de funcionar, o Governo é derrotado em seu pleito, inclusive no interior da tal base aliada. A rejeição do projeto de lei da CPMF, pelo Senado, é um bom exemplo, no qual nem mesmo foi suficiente a interferência de governadores, inclusive da oposição.

O desfecho do projeto de lei da reforma universitária deve ser entendido a partir desses parâmetros. Apesar de muita discussão e concessão, ele foi cravejado de emendas que o desfigurariam completamente, se incorporadas. O custo de manter o formato inicial talvez não pudesse ser arcado pelo Governo e sua base parlamentar. Por outro lado, O Ministro Haddad obteve sucesso na reforma do *Sistema S*, muito mais profunda do que a pretendida para o do ensino superior. Que armas ele detinha, não sei. Só a argumentação, impossível. Ameaça de abrir a "caixa-preta" das finanças do *Sistema S*, talvez. Embora não conseguisse atingir tudo o que pretendia, o Ministro saiu-se melhor nas negociações com os empresários da indústria, do comércio e dos serviços, em geral, do que com os empresários da educação superior, que mostraram, pelas mais de 300 emendas, sua forte musculatura parlamentar. Se tentasse aprovação da reforma universitária, talvez não conseguisse coisa alguma nos dois anos que lhe faltam de gestão. E o desfecho previsível seria o arquivamento do projeto de lei, em janeiro de 2010, quando se inicia nova legislatura e novo mandato presidencial.

Os analistas das políticas educacionais terão muito o que fazer nos próximos anos. As eleições presidenciais estão à vista, diante do que é de se esperar que Governo e Congresso aumentem seu protagonismo. Não nos esqueçamos do Supremo Tribunal Federal, esse superego do Congresso, que, muito provavelmente, será suscitado a opinar – senão a legislar! – sobre pelo menos uma questão mal resolvida das políticas educacionais do Governo Lula, o *racialismo* como critério das ações afirmativas.

E mais: o MEC convoca a Conferência Nacional de Educação, culminância de um processo deslanchado a partir de eventos municipais e estaduais. Na pauta, um novo Plano Nacional de Educação, que deverá ser implementado ou abandonado pelo próximo Presidente e seu(s) Ministro(s) da Educação.

Referências

ABRANCHES, S. Presidencialismo de coalizão: o dilema institucional brasileiro. *Dados*, Rio de Janeiro, v. 31, n. 1, 1998.

CARVALHO, C. H. A. O Prouni no governo Lula e o jogo político em torno do acesso ao ensino superior. *Educação e Sociedade*, Campinas, n. 96, out. 2006.

CUNHA, L. A. *Educação, estado e democracia no Brasil*. São Paulo: Cortez, 1991.

CUNHA, L. A. *O ensino profissional na irradiação do industrialismo*. São Paulo: Ed. Unesp, 2005.

CUNHA, L. A. Por uma lei orgânica do ensino superior. In: VÁRIOS AUTORES. A universidade na encruzilhada. Brasília: MEC/UNESCO, 2003.

CUNHA, L. A. Zigue-Zague no Ministério da Educação: uma visão da educação superior. *Revista Contemporânea da Educação, Rio de Janeiro*, n. 1, Abr./Jun. 2006. Disponível em: <http://www.educaçao.ufrj.br/revista/index.php>.

GARDENAL, L.; PAIXÃO, A. L. Ciclo básico na universidade brasileira: temas e problemas principais. *Cadernos de Pesquisa*, São Paulo, n. 41, maio 1982.

Capítulo 6
A educação baseada na prova. De que se trata? Quais são suas implicações?[1]

Frédéric Saussez
Claude Lessard

Tradução de
Guilherme João de Freitas Teixeira

Esta exposição analisa as particularidades da abordagem chamada "Educação Baseada nas Provas" (EBP) que se encontra em via de institucionalização na Inglaterra e nos EUA (LESSARD; SAUSSEZ, 2008). Ela se desenvolveu em torno da tese segundo a qual as práticas e as políticas educacionais deveriam ser baseadas, em nome do interesse público, nas melhores provas científicas disponíveis. Além de ter sido reconhecida, foi adotada pelos decidores políticos dos dois lados do Atlântico. Em primeiro lugar, apresentaremos de forma sumária as características dessa abordagem; em segundo lugar, salientaremos algumas pistas de reflexão com o objetivo de tornar inteligível sua emergência na Inglaterra e nos EUA; e, por último, debateremos três implicações associadas à EBP que dizem respeito à pesquisa, às práticas profissionais, bem como à concepção e à implantação das políticas educativas.

De que se trata?

A EBP é uma abordagem segundo a qual as práticas e as políticas educacionais devem ser baseadas nas provas mais convincentes produzidas pela pesquisa. Ela visa reduzir a influência das modas sobre a educação

---

[1] Título original: "L'Éducation Basée sur la Preuve. De quoi s'agit-il? Quels sont les enjeux?". "Éducation Basée sur la Preuve" é a tradução literal de "Evidence-based education" (EBE). Cf. Lessard, C. e Saussez, F. "Evidence based reforms in education: What do we learn from the research endeavours over the past four decades?", in http://www.reseau-open.fr/fichiers/Murillo.pdf (consulta em março de 2009). (N.T.).

(SLAVIN, 2008); de fato, para os defensores da EBP, é importante que a educação seja orientada pela razão, e não por crenças ou pela ideologia (SLAVIN, 2002). Para os *praticiens*[2] e para os políticos, essa abordagem é apresentada como um sistema de apoio às tomadas de decisão racional (DAVIES, 1999; GOUGH, 2007).

O interesse da EBP orienta-se, em particular, para as questões relativas à eficácia de uma intervenção em outras palavras, ao que funciona regularmente com um bom desempenho (GOUGH, 2004). No exercício de suas tarefas principais – por um lado, estabelecer a prova do que funciona regularmente com um bom desempenho e, por outro, torná-la disponível – ela se apoia em dois dispositivos técnicos específicos. O primeiro consiste em um sistema de produção da prova: o ensaio sob controle randomizado; o segundo é um sistema de análise, avaliação, síntese e difusão da prova: o monitoramento sistemático da pesquisa.

O ensaio sob controle randomizado

A EBP promove o uso do ensaio sob controle randomizado como modo de produção da prova. Este é apresentado como a regra de ouro no que se refere à avaliação da eficácia de um tratamento, de um método ou de uma política pública. Na sua expressão mais simples, o ensaio sob controle randomizado consiste em um plano experimental do tipo:

$$R\ O1\ X\ O2$$
$$R\ O1\ \ O2$$

"R" significa que os participantes da pesquisa foram incluídos aleatoriamente no grupo controle e no grupo experimental. "O1" e "O2" referem-se às observações pré-experimentais e pós-experimentais. Por último, "X" tem a ver com uma intervenção deliberada com o objetivo de produzir um efeito "Y". Campbell e Stanley (1963) demonstraram que o ensaio sob controle randomizado era um excelente dispositivo para aumentar a validade dos resultados (FITZ-GIBBON, 2003), ou seja, a confiança no fato de que as diferenças observadas entre os grupos podem ser imputadas ao tratamento experimental. Por sua vez, Oakley (2002) sublinha que a prova da eficácia de uma intervenção será estabelecida de maneira mais convincente se houver recurso a uma metodologia

---

[2] Aqueles que têm a experiência do exercício de uma atividade, por oposição aos teóricos, àqueles que se dedicam à pesquisa. (N.T.).

experimental e, de preferência, a um ensaio sob controle randomizado. Portanto, para os defensores da EBP, trata-se do dispositivo mais apropriado para produzir provas de qualidade consolidada no que diz respeito à eficácia de uma intervenção (BORUCH; MOYA; SNYDER, 2002).

Nessa perspectiva, a EBP defende a ideia de que as políticas educacionais devem promover reformas, cuja eficácia tenha sido devidamente comprovada. Assim, Boruch et al. (2002) advogam no sentido de que, antes de ser adotado em grande escala, cada novo programa ou cada modificação introduzida em um programa educacional seja desenvolvido a partir de uma base de ensaios coletados por observação direta. Em um texto que, na Inglaterra, havia contribuído para subsidiar o debate relativo à EBP, Hargreaves (1996) insistiu sobre o fato de que, no campo da educação, a pesquisa deveria fornecer provas da eficácia de uma intervenção educativa: por exemplo, indicando que, se o professor proceder de maneira X, em vez de Y, haverá uma melhoria significativa dos efeitos produzidos. Ao estabelecer, nessa perspectiva, um paralelo entre dois domínios – o da educação e o da medicina –, ele sublinhava que, na pesquisa clínica, os ensaios sob controle randomizados constituem o melhor meio para identificar o impacto relativo de intervenções alternativas em relação a um alvo predeterminado.

O monitoramento sistemático das pesquisas

A EBP promove igualmente o monitoramento sistemático da pesquisa como modo de gestão das informações suscetíveis de avaliar a eficácia de um método ou de uma política. Tal monitoramento consiste em um conjunto de procedimentos formais para reunir e avaliar diferentes provas de maneira a estabelecer claramente o saber adquirido e o modo como este foi estabelecido (GOUGH, 2007). Esta tentativa é estruturada nas seguintes quatro grandes etapas (DAVIES, 2004):

1. Formular uma questão pertinente e especificar os critérios da pesquisa;
2. Empreender uma busca sistemática das pesquisas de primeira mão;
3. Avaliar a qualidade das provas estabelecidas pela pesquisa;
4. Elaborar uma resposta clara para a questão formulada.

O monitoramento sistemático da pesquisa baseia-se em regras de procedimentos pré-especificadas e em critérios transparentes para cada uma das decisões tomadas por ocasião dessas etapas. Por exemplo, os critérios de inclusão e de exclusão das pesquisas e os critérios da avaliação da qualidade das pesquisas selecionadas. Para os defensores da EBP, a transparência dos procedimentos e dos critérios confere a garantia total de objetividade e de neutralidade ao monitoramento sistemático da pesquisa (GOUGH, 2004). Assim, graças à sistematicidade e à transparência de seus procedimentos, essa abordagem permite evitar as interferências habituais inerentes ao monitoramento narrativo de pesquisas associado, em particular, à opinião preconcebida do pesquisador em relação a determinado modelo (DAVIES, 1999). Portanto, trata-se de um dispositivo que permite indicar a melhor prova disponível no mercado das pesquisas a propósito de uma questão relativa à eficácia de um método ou de uma política (EVANS; BENEFIELDS, 2001).

A EBP é apresentada por seus defensores como uma ponte essencial entre três esferas – pesquisa, prática e política (HAMMERSLEY, 2004) e permite estabelecer boas práticas, ou seja, baseadas na prova científica de sua eficácia. Ao promover um sistema específico de produção e de gestão da prova no campo da educação, a EBP enfatiza uma forma de objetividade e de neutralidade nos procedimentos, que se apoia em um modelo de racionalidade instrumental. De fato, em seu âmago, a racionalidade, a neutralidade, a transparência e a objetividade das decisões são garantidas por um uso sistemático tanto de regras para os procedimentos quanto de métodos rigorosos (BIESTA, 2007; SANDERSON, 2003).

O contexto da emergência da EBP

A abordagem da EBP não é um fenômeno isolado já que em particular, na Inglaterra e nos EUA, diferentes campos de práticas profissionais, associadas estreitamente ao financiamento público e ao desenvolvimento de políticas públicas – tais como trabalho social, saúde mental, trabalho penitenciário, atendimento nos postos de saúde, etc. – seguem atualmente uma trajetória semelhante. Diferentes autores (BIESTA, 2007; OAKLEY, 2002; REYNOLDS, 2000) estabelecem um nexo entre esse movimento geral orientado para as práticas baseadas na prova e o sucesso obtido pela "medicina baseada na prova" (MBP), no decorrer dos últimos decênios.

A MBP, um modelo de desenvolvimento para a EBP?

A MBP serve de modelo de referência aos defensores da EBP (HARGREAVES, 1997; OAKLEY, 2002; SLAVIN, 2002). A MBP foi concebida como uma estratégia para reduzir a distância entre a pesquisa e a prática no campo da medicina; de fato, mesmo que esta reivindique o *status* de profissão baseada nas ciências do ser vivo, determinados estudos têm criticado a reduzida transferência dos resultados da pesquisa para a prática médica de tal modo que, a despeito dos avanços da pesquisa, algumas práticas ineficazes continuavam sendo utilizadas e, até mesmo, ensinadas (REYNOLDS, 2000).

Cochrane, uma das personalidades mais representativas da MBP (Reynolds, 2000), empenhou-se para que os recursos alocados aos tratamentos de saúde fossem aplicados em tratamentos que já tivessem demonstrado sua eficácia. Nesse sentido, além de ter sido um dos principais promotores da utilização dos ensaios clínicos sob controle randomizados a fim de avaliar a eficácia de intervenções terapêuticas, ele foi um dos pioneiros da aplicação do monitoramento sistemático das pesquisas. Desse modo, a informação relativa às melhores provas disponíveis no que se refere aos diferentes tratamentos estaria à disposição dos *praticiens*. Para Cochrane (1972, *apud* REYNOLDS, 2000), a prova produzida pela pesquisa, em vez de substituir a experiência do clínico, acaba por subsidiar a reflexão da prática médica, que, afinal de contas, procura o tratamento mais apropriado para o paciente.

Nesse sentido, a MBP não é tanto uma questão de avaliação da eficácia de intervenções terapêuticas, mas um modelo normativo para a reflexão clínica: trata-se de saber como os *praticiens* podem aprimorar a utilização da prova produzida pela pesquisa. O desafio consiste em basear, tanto quanto possível, as decisões de caráter clínico em provas convincentes oriundas da pesquisa médica; na reflexão clínica, tais provas adquirem um valor semelhante ao da experiência do *praticien*. Assim, a MBP apoia-se, por um lado, no desenvolvimento dos métodos de análise da epidemiologia no campo da medicina a fim de testar a eficácia das intervenções terapêuticas (DUC, 2001) e, por outro, na promoção de um modelo de reflexão clínica.

A MBP foi popularizada, em particular, pelo desenvolvimento de um programa de formação médica, na Universidade Mc Master, no Canadá, estruturado em torno de problemas a ser resolvidos (PEILE, 2004). Na época, ela designava um modelo de aprendizagem que valorizava a pesquisa – incluindo a avaliação crítica e a incorporação na decisão clínica – das melhores provas disponíveis para a resolução de um problema no campo da medicina. Nesse caso, a ênfase era colocada principalmente na transferência dos resultados da pesquisa para a prática, contrariamente ao que ocorre no campo da educação em que a atenção é fixada na incapacidade da pesquisa para produzir provas satisfatórias, portanto na necessidade de transformar a pesquisa (HAMMERSLEY, 2002).

Essa digressão pela MBP esclarece o fato de que é impossível a existência de práticas baseadas em provas sem a referência a um modelo do julgamento profissional. No campo da medicina, o julgamento clínico é intensamente institucionalizado, e qualquer tentativa de transformação da prática médica deve harmonizar-se com essa forma instituída. A prática médica caracteriza-se por um núcleo técnico e por um discernimento profissional relativamente bem definidos; ora, pelo contrário, no campo da educação, tais características permanecem relativamente imprecisas. Assim, formulamos a seguinte hipótese: a EBP constitui um modo de construir um núcleo técnico de acordo com um sistema de regras que visem reduzir e tornar gerenciável a complexidade, em detrimento da consideração do que constitui o discernimento profissional do educador, a saber, a gestão da incerteza e dos dilemas.

Um esquema argumentativo recorrente nos diferentes campos

Depois de ter procedido à análise da emergência – nos diferentes campos de práticas profissionais – da abordagem baseada na prova, Trinder (2000) sublinha que seu predomínio apoia-se em um esquema argumentativo relativamente simples, ou seja, na tese dificilmente criticável segundo a qual, para evitar qualquer dano ao beneficiário e o desperdício de verbas públicas, a prática profissional (e as decisões políticas) deve estar respaldada em provas convincentes, atualizadas e verificáveis, da eficácia dos meios utilizados pelo profissional para resolver o problema que lhe é apresentado. Essa tese é, então, relacionada com diferentes ideias que constituem outros tantos argumentos a fim de consolidar um processo de inferência que conduza à adoção da nova tese segundo a qual a abordagem da prática baseada em provas representa o procedimento mais apropriado para que os *praticiens* (e os políticos) – por estar em condições de basear sua prática em provas tangíveis – possam resolver os diferentes problemas.

Argumento 1: A distância entre a pesquisa e a prática comprova-se pelo fato de que os dados produzidos pela pesquisa não são – ou apenas insuficientemente – utilizados pelo *praticien*. Assim, em vez de ter uma base racional, a atividade profissional apoia-se em convicções ou crenças. Esse argumento é relacionado com a ideia segundo a qual uma das estratégias a adotar para superar tal constatação consiste em desenvolver pesquisas que correspondam precisamente às preocupações dos *praticiens* (e/ou dos políticos) e forneçam respostas pertinentes para as questões relativas ao que funciona regularmente com um bom desempenho. No campo da educação, essa estratégia retórica é utilizada, frequentemente, pelos defensores da EBE (DAVIES, 1999, 2004; HARGREAVES, 1997, 1999; SLAVIN, 2002, 2004).

Argumento 2: A qualidade deficiente da pesquisa e sua incapacidade para estabelecer a prova do que funciona regularmente com um bom desempenho, em decorrência de duas razões: (1) a ausência de preocupação por parte dos pesquisadores em relação à utilidade prática de suas pesquisas (falta de pertinência social); e (2) a inconsistência das metodologias. Esse argumento está emparelhado com a ideia de que uma estratégia rentável para aprimorar a qualidade da pesquisa consiste em adotar o ensaio clínico sob controle randomizado (SLAVIN, 2002). No campo da educação, essa estratégia argumentativa foi utilizada na Inglaterra por Hargreaves (1997) e nos EUA por Slavin (2002, 2004, 2008). Além disso, na Inglaterra, diferentes instâncias governamentais encomendaram relatórios com o objetivo de estabelecer critérios relativamente à qualidade da pesquisa no campo da educação (TOOLEY e DARBY, 1998; HILLAGE, PEARSON, ANDERSON e TAMKIN, 1998).

Argumento 3: A quantidade crescente de informação a ser tratada pelos *praticiens*, que encontram as seguintes dificuldades: (1) selecionar essa informação; (2) apreciar, com critério, os resultados da pesquisa; e a partir dessa base, (3) ter a capacidade de separar o trigo do joio. Esse argumento apoia-se na ideia de que é importante desenvolver uma metodologia rigorosa e objetiva com condições para sintetizar os diferentes resultados da pesquisa no que diz respeito aos efeitos de determinada intervenção. O movimento da prática baseada em provas promove um procedimento sistemático de monitoramento da pesquisa com o objetivo de divulgar a melhor prova disponível. No campo da educação, trata-se de uma das estratégias valorizadas pelos defensores da EBE para transformar as práticas profissionais (DAVIES, 2004; GOUGH, 2004; OAKLEY, 2002).

Argumento 4: Medidas enérgicas devem ser tomadas para superar tal situação e facilitar a adoção de boas práticas pelos profissionais. Esse argumento está relacionado com a ideia de que a abordagem da prática baseada em provas constitui um dispositivo metodológico que tem condições de resolver esses diferentes problemas. No campo da educação, a EBP é apresentada como um conjunto de princípios racionais para aprimorar a pesquisa, as práticas e as políticas educacionais, além de garantir uma neutralidade ideológica (DAVIES, 1999; SLAVIN, 2002).

No termo desse percurso argumentativo, é difícil resistir à seguinte evidência: se os decisores pretendem que a pesquisa corresponda a preocupações de ordem pragmática pela produção de provas tangíveis relativas ao que funciona regularmente com um bom desempenho, além de desejar maximizar as possibilidades para que a prática profissional tire proveito realmente das provas acumuladas pela pesquisa, então, é importante que eles financiem maciçamente o desenvolvimento de ensaios sob controle randomizados, assim como a elaboração de sínteses sistemáticas de pesquisas.

A EBP, um produto do seu tempo?

A ideia de que a prática profissional ou as decisões políticas devem ser baseadas em provas científicas não é uma novidade. Assim, Davies (1999) faz referência, de maneira explícita, a Comte e a seu projeto de ciência positiva; a EBP é uma herança do Século das Luzes e uma retomada do projeto segundo o qual a influência da teologia e da metafísica deve ser descartada da conduta das questões humanas.

Além disso, a referência a Campbell (1969) e à sua ideia de *experimenting society* é incontornável. Dehue (2001) sublinha que Campbell (1969) defendia fervorosamente a abordagem experimental das reformas sociais: em seu entender, uma sociedade inteligente deveria promover suas reformas a partir de experimentações, cujos efeitos deveriam ser controlados, a fim de determinar sua pertinência; e, a partir dessa constatação, é que deveria ser tomada a decisão de adotá-las ou não (DEHUE, 2001; FITZ-GIBBON, 2003).

Todavia, é impossível limitar o contexto da emergência da EBP a uma dinâmica endógena à pesquisa. Trinder (2000) propõe uma análise de diferentes fatores sociopolíticos suscetíveis de mostrar a emergência e o sucesso da abordagem da prática baseada em provas; assim, pode-se também considerar que a EBP é um produto de seu tempo (SIMONS, 2003; TRINDER, 2000).

Para Trinder (2000), é importante relacionar o rápido desenvolvimento desta abordagem, em diferentes campos, com as profundas transformações que, no Ocidente, afetam as sociedades modernas no plano político, social e econômico (Giddens, 1994). Na opinião desse autor, o sucesso da EBP deve-se, em particular, à sua capacidade para endossar e redefinir, no âmago de seu campo, algumas das preocupações que estruturam a sociedade da auditoria (POWER, 1997) e a sociedade do risco (BECK, 1992).

Desse modo, a EBP é situada no contexto, por um lado, de diferentes projetos políticos de transformação dos serviços públicos que, nos EUA e na Inglaterra, haviam sido promovidos na década de 1980 e, por outro, da emergência de *New Public Management* (NPM). Sanderson (2003) relaciona explicitamente o rápido desenvolvimento da EBP com a modernização do Estado empreendida pelo *New Labour* na Inglaterra. Para esse autor, em um modelo de gestão da educação que preconiza a imputabilidade é essencial desenvolver políticas baseadas em provas, além de implantar o que funciona regularmente com um bom desempenho.

À semelhança do NPM, a EBP adota o mito da transparência, assim como a crença na razão instrumental. Hammersley (2001a) relaciona a insistência sobre os caracteres explícitos, neutros e objetivos dos procedimentos utilizados com a exigência de *transparent accountability*, valorizada pelo NPM. Assim como a EBP se apresenta como um sistema de regras a partir de procedimentos racionais e neutros que permitem excluir qualquer tipo de interferência, além de garantir a objetividade das provas, assim também o NPM apresenta-se como uma estratégia neutra, transparente e sobretudo racional, que permite precaver as decisões políticas contra qualquer risco de conflito de interesses ou de ingerência ideológica, bem como assegurar a adequada aplicação do dinheiro do cidadão (Trinder, 2000). Dehue (2001) sublinha que, na área das ciências sociais, a pesquisa continua sendo instrumentalizada pelos administradores; tal postura está em conexão com o temor de ser criticado por decisões tomadas de forma arbitrária.

Em suma, o discurso da EBP alia-se a um discurso sobre a melhoria da qualidade, o aumento da eficácia e do nível de desempenho ou ainda da imputabilidade. Nesse sentido, tendo procedido à análise sistemática dos temas, léxicos e estratégias retóricas de três textos importantes (HARGREAVES, 1996; TOOLEY; DARBY, 1998; HILLAGE *et al*., 1998) que haviam subsidiado o debate sobre a qualidade da pesquisa no campo da educação, além de ter participado da institucionalização da EBP na Inglaterra, Oancea (2005) colocou em evidência o uso de um repertório característico da linguagem da gestão e do *business*. Na mesma ordem de ideias, Slavin (2002, p. 19) explora o tema da imputabilidade para valorizar a abordagem da EBP: "*Evidence based policies for education would be important at any time, but they are especially important today, given the rise of accountability*".

Em relação ao desenvolvimento da sociedade da auditoria, a abordagem da EBP aparece, assim, como um produto de seu tempo. Power (1997, *apud* TRINDER, 2000) indica que a sociedade da auditoria inscreve-se em uma relação complexa com o desenvolvimento da sociedade do risco (BECK, 1992), que, por sua vez, se caracteriza por uma ansiedade recorrente nos diferentes campos da sociedade, associada a um aumento do sentimento do risco. Outra característica da sociedade do risco é a diminuição da confiança do público nos *experts*, que, na maior parte das vezes, são considerados responsáveis pelo crescimento dos riscos e da incerteza. Portanto, o rápido desenvolvimento da EBP deve ser reposicionado em um contexto em que convém conceber novas estratégias para gerenciar os riscos inerentes a uma sociedade moderna (GIDDENS, 1994).

Nesse tipo de sociedade, as pessoas estão conscientes de que, em grande parte, os riscos e a incerteza que assombram a sociedade são engendrados pelos *experts* e, ao mesmo tempo, é impossível livrar-se de uma forte dependência a seu respeito. Para Giddens (1991, citado por Trinder, 2000), uma das estratégias possíveis para gerenciar tal ambivalência é o que ele designa por "*sustained optimism*", baseando-se na ideia de que os *experts* poderão encontrar soluções técnicas para resolver os problemas, e uma reflexão ponderada ainda é a melhor garantia para consolidar uma segurança a longo prazo.

Essa estratégia consiste em reafirmar, no seio de uma sociedade do risco, a crença na ciência e conferir novo alento ao discurso da modernidade segundo o qual o risco, a complexidade e a incerteza podem ser avaliados e controlados pelos *experts* que se servem de procedimentos racionais. Uma das estratégias retóricas utilizadas pelos defensores da EBP insiste sobre o fato de que essa abordagem permitirá que a educação tenha acesso finalmente à modernidade e possa tirar proveito de suas vantagens (Slavin, 2002, 2008). Nesse aspecto, a EBP aparece como uma estratégia para tornar gerenciável a complexidade, assim como para superar a desconfiança dos políticos e do público em geral relativamente à ciência, chamando a atenção para seus procedimentos racionais, passíveis de ser avaliados e transparentes; aliás, tais procedimentos garantem a segurança que essa abordagem pode fornecer aos políticos, *praticiens* e clientes ao estabelecer o que funciona regularmente com um bom desempenho.

Três implicações na institucionalização da EBP

Para concluir esta rápida apresentação da EBP, vamos analisar as três implicações associadas a seu desenvolvimento. Embora consideremos que, em qualquer projeto destinado a transformar as políticas e as práticas educacionais, as provas produzidas pela pesquisa devem encontrar sua posição ao lado de outros tipos de provas, pretendemos colocar em questão a evidência: qual é o tipo dessa prova? E o papel que ela desempenha no julgamento tanto dos políticos, quanto dos docentes? Como se articula com outros tipos de provas no trabalho do político ou do profissional? Como é concebida sua utilização?

De fato, nesta terceira parte, salientaremos a posição adotada no campo da medicina baseada em provas (MBP): na reflexão do profissional, os saberes oriundos da pesquisa devem encontrar seu lugar ao lado de outras formas de saber.

Primeira implicação: Manter o vínculo entre a lógica integrativa e a lógica agregativa para evitar uma forma de ortodoxia

Esta primeira implicação visa aprofundar um esquema de inteligibilidade desenvolvido por Scribner, Alisson e Maxy (2003) para explicar e compreender a dinâmica subjacente ao desenvolvimento dos campos da política na área da educação e de sua análise. Esses autores defendem que a evolução desses campos está associada às relações contraditórias entre duas lógicas – integrativa e agregativa – em que a primeira caracteriza-se pela unificação de um campo em torno de um núcleo central, e a segunda, pela pluralização do campo em diferentes abordagens que estabelecem entre si relações mais ou menos conflitantes.

A lógica integrativa, nas suas relações com a lógica agregativa, fornece a seguinte contribuição: (1) manter uma forma de unidade no campo em torno dos problemas abordados, da trama teórica que lhes serve de moldura e das metodologias utilizadas, o que garante uma forma de acúmulo dos resultados no âmago da disciplina; e (2) reduzir a impressão de fragmentação e de complexidade do campo para quem estiver fora dele. Essas são as virtudes atribuídas à EBP por Hargreaves (1996) ao criticar a pesquisa no campo da educação. De fato, esse autor deplorava a falta de unidade do campo a tal ponto que sua fragmentação dificultava uma visão panorâmica para seus integrantes (ver HAMMERSLEY, 2002, para uma análise da história desse argumento na reflexão de Hargreaves).

Inversamente, a contribuição da lógica agregativa, nas suas relações com a lógica integrativa, incide sobre as seguintes virtudes: (1) renovação da maneira como os problemas são apresentados no campo e, por conseguinte, facilitar a emergência de novos esquemas de inteligibilidade e de novas metodologias; e (2) desenvolvimento de uma abordagem multirreferencial dos problemas da educação, assim como o estabelecimento de uma atmosfera propícia a um debate entre diferentes abordagens. Além de levar em consideração, de forma mais pertinente, a complexidade da educação, a lógica agregativa introduz uma exigência de modéstia em qualquer esforço de modelização da realidade (PHILIPPS, 2007; SCRIBNER et al., 2003).

As relações entre essas duas lógicas têm desempenhado um papel estruturante no desenvolvimento dos campos da política na área da educação e de sua análise, ao precavê-los contra os inconvenientes engendrados por uma forma extrema de ortodoxia ou de fragmentação. Será que se deve temer, com a institutionalização da EBP, o desenvolvimento de outra ortodoxia?

Os defensores da EBP adotam, em geral, um discurso politicamente correto em relação ao pluralismo intelectual e metodológico. Pelo contrário, ao criticar a EBP, alguns pesquisadores consideram essa abordagem como o instrumento de uma vontade política, cujo objetivo consiste em sufocar as epistemologias alternativas, bem como desqualificar determinadas atividades eruditas que contribuem para desenvolver leituras alternativas do social (LINCOLN; CANELLA, 2004). Além disso, para Lather (2004), os esforços federais no sentido de legiferar sobre a cientificidade da pesquisa no campo da educação (NCLB, 2001) constituem uma tentativa de lutar contra a proliferação das abordagens; por sua vez, *No Child Left Behind* (NCLB) prescreve uma concepção estreita da cientificidade (SHAKER; RUITENBERG, 2007) e contribui para definir uma forma de saber oficial no campo da educação (BLOCH, 2004) ou um regime de verdade (LINCOLN; CANELLA, 2004).

Por intermédio dessa lei, as políticas federais norte-americanas conferem uma forma de soberania epistemológica a uma concepção póspositivista da ciência (BLOCH, 2004), que se baseia na asserção segundo a qual a ciência é uma atividade estritamente racional, cuja objetividade resulta da qualidade de seus métodos, ou seja, uma atividade situada fora de qualquer relação com interesses políticos e pessoais (LINCOLN; CANELLA, 2004). Na sequência da adoção de NCLB e da publicação do Relatório do *National Research Council* ou ainda do livro de Mosteller e Boruch (2002), alguns autores – tais como Lather (2004), Bloch (2004) e Lincoln (2002, 2004) – não hesitam em evocar o fim do entendimento e a retomada das hostilidades entre paradigmas.

Nessa perspectiva, a EBP aparece, nos EUA e em outras regiões do mundo (LATHER, 2004), como um instrumento de reorientação da pesquisa no campo da educação: ela constitui uma forma de controlar a pesquisa, além de restringir os recursos disponíveis para a pesquisa àqueles que acreditam na prova experimental e têm pleno domínio dessa abordagem (LINCOLN, 2004); ela contribui para a implantação de uma oligarquia de pesquisadores ao marginalizar os discursos oriundos de modelos alternativos de exercício da atividade científica e, até mesmo, ao sufocar a contestação e o debate (LINCOLN, 2004).

Sem compartilhar necessariamente a integralidade dessa análise, alguns autores mais moderados na crítica (HAMMERSLEY, 2004; HODKINGSON, 2004; OANCEA, 2005) utilizam a expressão "nova ortodoxia" para qualificar a EBP: em vez de depreciá-la, eles circunscrevem algumas das implicações associadas à sua institucionalização, bem como alguns de seus potenciais deslizes. No mesmo sentido, Lessard e Saussez (2008) mostraram que, no campo da educação, a EBP traduz um retorno à busca de "cientificidade" (ou "metodologismo") com a renovação de uma preocupação relativa ao rigor metodológico das ciências, estabelecidas como estratégia de reconhecimento de seu campo e de sua pertinência no seio da sociedade.

Na mesma ordem de ideias, esses autores formularam a hipótese de análise segundo a qual a EBP inscrevia-se em uma lógica integrativa. De fato, ela tenta reduzir a complexidade da intervenção educativa ao colocar em questão as diversas correntes, convertendo-as em repertórios de variáveis pertinentes a ser incorporadas pela experimentação científica. Graças a essa metodologia, a influência relativa tanto das variáveis de interesse pessoal e dos contextos micropolíticos locais, quanto das variáveis associadas às realidades institucionais e culturais predominantes, será conhecida com precisão, encerrando debates esvaziados de sentido e contribuindo, assim, para uma tomada de decisão racional que se baseia em uma prova "sólida e indiscutível". Em suma, em decorrência dessa tensão, deve ser levado em consideração o sério risco de ruptura entre as duas lógicas.

Segunda implicação: as relações entre ciência, política e prática

A crítica contra a EBP incide quase sempre sobre a concepção subjacente a essa abordagem no que se refere às relações entre pesquisa, política e prática. Diferentes metáforas são utilizadas para circunscrever tais relações e algumas de suas implicações: *"scholar vs technician"* (LYND citado por HARGREAVES, 1999), *"enlightenment vs engineering models"* (JANOWITZ citado por HARGREAVES, 1999; HAMMERSLEY, 2002*), "cultural role vs technician role of research"* (BIESTA, 2007). Além de indicar que a questão de tais relações é um tema recorrente e central no campo das ciências sociais, essas metáforas permitem esclarecer o que é visado: uma concepção subjacente à EBP segundo a qual a mudança seria linear.

Essas metáforas são parcialmente concordantes em torno de duas funções – distintas e complementares – da pesquisa. De maneira esquemática, as imagens do cientista, da elucidação ou do papel cultural de qualquer investigação referem-se à função de inteligibilidade da pesquisa, cujo objetivo consiste em produzir novos esquemas para o exercício de tal função. Indiretamente ela contribui para o incremento das políticas e das práticas, além de modelar os quadros interpretativos das pessoas e de subsidiar seu julgamento e sua compreensão do mundo. Nessa perspectiva, em vez da prova, o que importa é o conceito!

Por sua vez, as imagens do técnico e do engenheiro salientam, de preferência, a função instrumental da pesquisa, cujo objetivo consiste em encontrar soluções técnicas suscetíveis de ser aplicadas pelos políticos e pelos *praticiens*; portanto, ela contribui diretamente para o incremento das políticas e das práticas ao produzir respostas claras para as questões formuladas em termos de relação meios-fins.

Essas metáforas enfrentam-se, assim, sobre a concepção da maneira – direta ou indireta – como a ciência está em condições de modelar as modalidades educacionais de intervenção: no primeiro caso, a ciência pode contribuir diretamente para a intervenção educativa segundo o modelo da ciência aplicada; no segundo caso, a contribuição das ciências para a educação pode operar apenas de maneira indireta, intermediada pela atividade da investigação, ou seja, a forma de deliberação assumida pela pessoa diante de uma situação problemática.

Em outras palavras, tal constatação implica que se adote um dos dois polos formulados, abaixo, de maneira interrogativa: os problemas no campo da educação serão "técnicos", submetidos à racionalidade instrumental e a uma engenharia política (polo 1) ou comportarão dimensões normativas, inevitavelmente conflitantes em uma sociedade moderna, a propósito dos meios e dos fins (polo 2)? No primeiro caso, ao estabelecer relações de causalidade, o saber científico é o único que tem condições de fundamentar a decisão; além disso, seu valor de referência é a eficiência. No segundo caso, a racionalidade é "prática", ou seja, ela incorpora considerações de valores e de finalidades, além de escolhas éticas e morais: leva-se em consideração o saber científico, assim como o saber tácito e experiencial dos *praticiens*; nesse caso, o valor de referência é o caráter apropriado e ponderado da evolução de determinada ação.

Preferimos a modalidade do polo 2. De fato, numerosos estudos sobre a natureza da função docente enfatizaram seu aspecto prático, em vez do técnico (HAMMERSLEY, 2002). Essa função é baseada, em parte, em uma forma de julgamento que tem algo a ver com a *phronesis*[3] de Aristóteles (BIESTA, 2007; SANDERSON, 2006). Assim, o julgamento profissional dos docentes é orientado sobretudo por questões de valores, em vez de questões técnicas. Aliás, no seu cotidiano, em vez de resolver problemas, o professor na sala de aula tem de superar dilemas (TARDIF; LESSARD, 1999).

De acordo com a tese desenvolvida por diferentes autores (HAMMERSLEY, 2002; BIESTA, 2007; SANDERSON, 2006), a EBP desconsidera essa característica do julgamento profissional dos docentes, baseando-se, de preferência, em uma visão do professor como um técnico, cujo trabalho acatasse as regras de ação deduzidas da pesquisa. Em linguagem ergonômica, a EBP privilegia a concepção da tarefa, mas desconsidera a atividade. Se retomarmos a metáfora da elucidação, a função da pesquisa consiste em criar as condições intelectuais que levem, por um lado, a modificar a maneira como determinado problema é compreendido pelos *praticiens* (ou pelos políticos); e, por outro, a produzir saberes para subsidiar as deliberações práticas, em vez de encontrar soluções técnicas diretamente aplicáveis.

Terceira implicação: Compreender o trajeto entre a concepção de uma reforma e sua implantação

As posições adotadas neste debate sobre o tipo de pesquisa mais válido no campo da educação exercem influência também sobre a maneira de conceber a política educacional e sua implantação. De fato, ao conceber as relações entre pesquisa e política de acordo com uma visão instrumental, a segunda aparece como um *input* externo, exógeno ao sistema que, supostamente, deve ser modificado por ela; assim, a política não é apreendida como necessariamente "*embedded*" nos diferentes níveis do sistema abordado. A implantação é e deve ser um processo linear – *top-down* – de formação dos

---

[3] A deliberação prudente, enquanto compreensão prática, sempre exposta à revisão, que pode auxiliar no enfrentamento da tensão gerada no processo educativo entre a criação do eu singular e a integração na comunidade (*ethos* comum). Cf. HERMANN, N. Phronesis: a especificidade da compreensão moral. *Educação*, Porto Alegre/RS, ano XXX, n. 2, v. 62, p. 365-376, maio/ago. 2007. Disponível em: <http://revistaseletronicas.pucrs.br/ojs/index.php/faced/article/viewFile/563/393>. Acesso em: mar. 2009. (N.T.).

atores subalternos à boa prática, bem como de fidelidade dos diferentes níveis do sistema ao *design* exterior, adotado no início do processo.

No segundo caso apresentado mais acima, a implantação das políticas aparece como uma realidade multidimensional e em múltiplos níveis: em cada um dos níveis organizacionais, a política está conectada a diversos sistemas de ação, verticais e horizontais, que a incorporam e exercem influência sobre ela (suas intenções, seus recursos, quadros reguladores e prazos). Assim, a respeito dos atores, verifica-se o confronto entre duas concepções: ou por ser limitados em seus conhecimentos e incompetentes, eles têm necessidade de receber saberes e desenvolver as competências indispensáveis para a implantação fiel e bem-sucedida da política definida pelo poder político e pelos *experts* científicos; ou, pelo contrário, eles são experientes, dotados de um saber mais ou menos explícito, bem como das ferramentas sociocognitivas necessárias para participar de processos de "*sensemaking*" em que é determinante o papel desempenhado por seus valores, suas crenças, sua aptidão para compreender e seus saberes.

Apesar de relativas, essas oposições são úteis para se perceber a razão das dificuldades enfrentadas, em numerosos casos, pela implantação de políticas no campo da educação. Elas ajudam, por um lado, a entender o valor heurístico da noção de hibridação das políticas, proposta por Tyack e Cuban (1994); e, por outro, a conceber o sucesso da política educacional no interior do paradigma da complexidade e da aprendizagem.

Parece-nos ser interessante acompanhar a pista da aprendizagem organizacional porque ela permite levar em consideração a complexidade da racionalidade prática em ação no ensino; além disso, ela formula questões que merecem ser aprofundadas pelos pesquisadores do campo da política na área da educação. Se o sucesso de uma política educacional estiver associado à aprendizagem organizacional, como será possível aprender com sua experiência e com as experiências de seus colegas? Como a elaboração das políticas poderá engendrar e utilizar o saber profissional de maneira congruente com as finalidades das reformas? Como estabelecer a ligação entre as duas aprendizagens: individual e organizacional? Como integrar esse tipo de aprendizagem nos processos de elaboração e de implantação das políticas? Como é que a administração da educação poderá integrar a aprendizagem no funcionamento dos estabelecimentos?

Eis outras tantas questões que podem municiar a pesquisa no campo da educação.

Referências

BECK, U. *La Société du risque – sur la voie d'une autre modernité*. Paris: Flammarion, 2003. (Col. "Champs")

BIESTA, G. Why What Works Won't Work: Evidence-Based Practice and the Democratic Deficit in Educational research. *Educational Theory*, n. 57, v. 91, p. 1-22, 2007.

BLOCH, M. A Discourse that Disciplines, Governs, and Regulates: The National Research Coucil's Report on Scientific Research in Education. *Qualitative Inquiry*, n. 10, v. 1, p. 96-110, 2004.

BORUCH, R.; DE MOYA, D.; SNYDER, B. The Importance of Randomized Fields Trials in Education and Related Areas. In: MOSTELLER, F.; BORUCH, R. (Eds.). *Evidence Matters. Randomized Trials in Education Research*. Washington: The Brookings Institution, 2002.

BORUCH, R.; MOSTELLER, F. Overview and New Directions. In: MOSTELLER, F.; BORUCH, R. (Eds.). *Evidence Matters. Randomized Trials in Education Research*. Washington: The Brookings Institution, 2002.

CAMPBELL, D. T. Reforms as Experiments. *American Psychologist*, n. 24, p. 409-429, 1969.

CAMPBELL, D. T.; STANLEY, J. C. Experimental and Quasi Experimental Design for Research on Teaching. In: GAGE, N. L (Ed.). *Handbook of Research on Teaching*. Chicago: Mand Mc Nally, 1963.

DAVIES, P. Systematic Reviews and the Campbell Collaboration. In: THOMAS, G.; PRING, R. (Eds.). *Evidence-Based Practice in Education*. Corwall: Open University Press, 2004.

DAVIES, P. What is Evidence-Based Education? *British Journal of Educational Studies*, n. 47, v. 2, p. 108-121, 1999.

DEHUE, T. Establishing the Experimenting Society: the Historical Origin of Social Experientation According to the Randomized Controlled Design. *American Journal of Psychology*, n. 114, v. 2, p. 283-302, 2001.

DUC, G. Les méfiances du clinicien à l'égard de l'"evidence-based medecine". *Forum Medical Suisse*, n. 26, v. 6, p. 692-693, 2001.

EVANS, J.; BENEFIELD, P. Systematic Reviews of Educational Research: Does the Medical Model Fit? *British Educational Research Journal*, n. 27, v. 5, p. 527-541, 2001.

FITZ-GIBBON, C. Milestones en Route to Evidence-Based Policies. *Research Papers in Education*, n.18, v. 4, p. 313-329, 2003.

GIDDENS. A. *Les conséquences de la modernité*. Paris: l'Harmattan, 1994.

GOUGH, D. Systematic Research Synthesis. In: THOMAS, G.; PRING, R. (Eds.). *Evidence-Based Practice in Education*. Corwall: Open University Press, 2004.

GOUGH, D. Weight of Evidence: a Framework for the Appraisal of the Quality and Relevance of Evidence. *Research Papers in Education*, n. 22, v. 2, p. 213-228, 2007.

HAMMERSLEY, M. *Educational Research. Policymaking and Practice*. London: Sage, 2002.

HAMMERSLEY, M. Is the Evidence-based Practice Movement Doing More Good Than Harm? Reflections on Iain Chalmers' Case for Research-based Policy Making and Practice. *Evidence & Policy*, n. 1, v. 1, p. 85-100, 2005.

HAMMERSLEY, M. On Sytematic Reviews of Literatures: A Narrative Response to Evans and Benefield. *British Educational Research Journal*, n. 27, v. 5, p. 543-554, 2001.

HAMMERSLEY, M. *Some Questions about Evidence-Based Practice in Education*, paper presented at the symposium on Evidence-Based Practice in Education at the annual conference of British Educational Research Association, Leeds, England, September 2001. Disponível em: <http://www.leeds.ac.uk/educol/documents/00001819.htm>.

HARGREAVES, D. *Teaching as a Research-Based Profession: Possibilities and Prospects*. London: TTA, 1996.

HARGREAVES, D. Defence of Evidence-Based Teaching. *British Educational Research Journal*, n. 23, v. 40, p. 405-419, 1997.

HARGREAVES, D. Revitalising Educational Research: Lessons From the Past and Proposals for the Future. *Cambridge Journal Of Education*, n. 29, v. 2, p. 405-419, 1999.

HILLAGE, J.; PEARSON, R.; ANDERSON, A.; TAMKIN, P. *Excellence in Research on School*. London: DfEE, 1998.

HODKINGSON, P. Research as a Form of Work: Expertise, Community and Methodological Objectivity. *British Educational Research Journal*, n. 30, v. 1, p. 9-26, 2004.

LATHER, P. This Your Father's Paradigm: Government Intrusion and the Case of Qualitative Research in Education. *Qualitative Inquiry*, n. 10, v. 1, p. 15-34, 2004.

LESSARD, C.; SAUSSEZ, F. Evidence based reforms in education: What do we learn from the research endeavours over the past four decades? Conferência no Colóquio organizado pela *École romande en sciences de l'éducation*, intitulado "La recherche en éducation dans le monde anglo-saxon: what's new?" Genebra, abril, 2008.

LINCOLN, Y.; CANNELLA, G. Dangerous Discourse: Methodological Conservatism and Governement Regimes of Truth. *Qualitative Inquiry*, n. 10, v. 1, p. 5-14, 2004.

LINCOLN, Y. Scientific Research in Education/Evidence Matters: Randomized Trials in Education Research. *Academe*, 2004. Disponível em: <http:/findarticles.com/p/articles/mi_qa3860/is_200411/ai_n9470394>. Acesso em: 29 out. 2007.

MOSTELLER, F.; BORUCH, R. (Eds.). *Evidence Matters. Randomized Trials in Education Research*. Washington: The Brookings Institution, 2002.

NRC *Scientific Research in Education*. Washington: National Academies Press, 2002.

OAKLEY, A. Social Science and Evidence-Based Everything: The Case of Education. *Educational Review*, n. 54, v. 3, p. 277-286, 2002.

OANCEA, A. Criticism of Educational Research: Key Topics and Levels of Analysis. *British Educational Research Journal*, n. 31, v. 2, p. 157-183, 2005.

PEILLE, E. Reflection from Medical Practice: Balancing Evidence Based Practice With Practice Evidence Based. In: THOMAS, G.; PRING, R. (Eds.). *Evidence-Based Practice in Education*. Corwall: Open University Press, 2004.

PHILLIPS, D. C. Is this Research Rigorous and Scientific? is The Wrong Question – EVEN if The Research is Rigourous and Scientific! Comunicação apresentada no Congresso Nacional das Ciências da Educação do México, Mérida, Yucatan, nov. 2007.

REYNOLDS, S. The Anatomy of Evidence-Based Practice: Principles and Methods. In: TRINDER, L.; REYNOLDS, S. (Eds.). *Evidence-Based Practice. A Critical Appraisal*. London: Blackwell, 2000.

POWER, M. *The Audit Society: Rituals of Verification*. Oxford: Oxford University Press, 1997.

SANDERSON, I. Complexity, "Practical Rationality" and Evidence-Based Policy Making. *Policy & Politics*, n. 34, v. 1, p. 115-32, 2006.

SANDERSON, I. Is It What Works that Matters? Evaluation and Evidence-Based Policy Making. *Research Papers in Education*, n. 18, v. 4, p. 331-347, 2003.

SCRIBNER, J. D.; ALEMAN, E.; MAXCY, B. Emergence of the Politics of Education Field: Making Sense of the Messy Center. *Educational Administration Quarteley*, n. 39, v. 1, p. 10-40, 2003.

SHAKER, P.; RUITENBERG, C. Scientifically-based Research: the Art of Politics and the Distorsion of Science. *International Journal of Research & Method in Education*, n. 30, v. 2, p. 207-219, 2007.

SIMONS, H. Evidence-Based Practice: Panacea or Over Promise? *Research Papers in Education*, n. 18, v. 4, p. 303-311, 2003.

SLAVIN, R. Evidence-Based Educational Policies: Transforming Educational Practice and Research. *Educational Researcher*, n. 31, v. 7, p. 15-21, 2002.

SLAVIN, R. Education Research Can and Must Adress What Works Questions. *Educational Researcher*, n. 33, v. 1, p. 27-28, 2004.

SLAVIN, R. What Works? Issues in Synthesizing Educational Programs Evaluations. *Educational Researcher*, n. 37, v. 1, p. 5-15, 2008.

THOMAS, G.; PRING, R. (Eds.). *Evidence-Based Practice in Education*. Corwall: Open University Press, 2004.

TOOLEY, J.; DARBY, D. *Educational Research: A Critique*. London: OFSTED, 1998.

TRINDER, L. Introduction: the Context of Evidence-Based Practice. In: TRINDER, L.; REYNOLDS, S. (Eds.). *Evidence-Based Practice. A Critical Appraisal*. London: Blackwell, 2000.

TRINDER, L.; REYNOLDS, S. (Eds.). *Evidence-Based Practice. A Critical Appraisal*. London: Blackwell, 2000.

TARDIF, M.; LESSARD, C. *Le travail enseignant au quotidien*. Québec: Presse de l'Université Laval, 1999.

TYACK, D.; CUBAN, L. *Tinkering Toward Utopia, A Century of Public School Reform*, Cambridge, MA: Harvard Unversity Press, 1995.

Capítulo 7
Internacionalização da educação, "Tratados de Livre Comércio" e políticas educativas na América Latina[1]

Myriam Feldfeber

Tradução de
Jaime Clasen

A discussão acerca dos processos de internacionalização da educação, dos tratados de livre-comércio e da análise das políticas de reforma implementadas nas últimas décadas adquire sentido no contexto da nova estrutura de poder internacional, própria da atual etapa de reestruturação do capitalismo no contexto da globalização neoliberal.

As políticas de reforma educativa das últimas décadas estiveram destinadas a assentar os sistemas educativos sobre novas bases, no âmbito do processo mais amplo de reforma do Estado, que, conforme os postulados do Consenso de Washington, foram baseadas na abertura da economia, na privatização de empresas públicas, na desregulamentação dos mercados, na descentralização, na privatização e na desregulamentação dos serviços sociais.

Os organismos internacionais e regionais desempenharam um papel central na orientação de políticas de reforma mediante a assistência técnica e financeira através de créditos condicionados em sua maioria. Entre eles, o Banco Mundial promoveu reformas no financiamento e na administração da educação e deu impulso a propostas de privatização que tendiam à formação de mercados educativos. Essas reformas geraram um campo propício

---
[1] Este capítulo toma como base: FELDFEBER, M. Educación ¿"en venta"? Tratados de libre comercio y políticas educativas en América Latina. In: FRIGOTTO, G.; GENTILI, P.; LEHER, R.; STUBRIN, F. (Comp.). *Políticas de privatización, educación y espacio público en América Latina*, Homo Sapiens y CLACSO. (No prelo).

para avançar nos processos de mercantilização da educação, processos que foram estimulados por forças externas muito mais poderosas que as das próprias políticas educacionais, como são as pressões para avançar na liberalização comercial. Tanto os acordos da Organização Mundial do Comércio (OMC) como o aparecimento dos tratados de livre-comércio (TLC) na região incluem a educação como um serviço comercializável que deve estar sujeito a condições de competição e a regras de mercado (FELDFEBER; SAFORCADA, 2005).

Essas mudanças estão ligadas a um esforço profundo de adequação das escolas às novas exigências da economia capitalista. Nessa perspectiva, Hirt (2001) sustenta que se está fazendo a passagem da "era da massificação" do ensino para a era da "mercantilização". Seria preciso dizer, de sua tríplice mercantilização. De fato, o aparelho escolar – o mais importante serviço público que jamais existiu – está sendo chamado a servir mais e melhor à competição econômica, e de três maneiras: formando mais adequadamente o trabalhador, educando e estimulando o consumidor, e finalmente ele mesmo se abrindo à conquista dos mercados.

Junto com a crescente influência de organismos internacionais na definição de uma agenda educativa global e nos processos de reforma educativa que são implementados em diversos países, Verger (2005) destaca o crescente desenvolvimento dos mercados internacionais para a educação e o aprendizado. Por último, assinala a lógica da competitividade do sistema econômico atual, que penetra no mundo da educação, enquanto as economias capitalistas contemplam a educação como recurso estratégico para otimizar a competitividade.

Nesse novo cenário, os processos de internacionalização da educação enfrentam novos desafios e não poucos problemas desde a perspectiva do direito social à educação entendida como bem público. No caso da educação superior na América Latina, os processos de internacionalização passaram a ser um sintoma de modernização e um dos eixos dos processos de reforma estrutural dos sistemas de educação na região (DIDOU, 2007).

Quanto aos tratados de livre-comércio, embora não constituam uma novidade, já que muitas das organizações comerciais, bem como muitos dos acordos de livre-comércio, datam de após a guerra. A novidade dessa etapa é que nesses tratados regula-se não só o comércio de bens, mas também o comércio de serviços, entre os quais estão incluídas a educação, a propriedade intelectual e as normas relativas ao investimento estrangeiro; por isso, pode-se dizer que, mais do que tratados de livre comércio, eles são tratados de livre mercado.

Embora alguns países tenham decidido não incluir a educação como serviço comercializável nas rodadas de negociação da OMC, os processos de mercantilização da educação, especialmente no nível superior, constituem um dado ineludível da configuração atual dos sistemas educativos.

No presente capítulo colocamos em discussão alguns pressupostos e algumas interrogações que dominam o cenário educativo atual caracterizado, por um lado, pela inclusão da educação como serviço comercializável no contexto da OMC e dos TLC e, por outro lado, pela expansão e pelo desenvolvimento de processos de internacionalização e convergência da educação. Perguntamo-nos em que medida esses processos colocam em questão a soberania dos Estados para o desenvolvimento de políticas públicas que garantam os direitos sociais e humanos fundamentais, entre eles, o direito à educação.

As falácias dos tratados de livre-comércio[2]

No plano internacional, a instituição que regula a aplicação das normas vinculadas ao livre-comércio é a Organização Mundial do Comércio (OMC),[3] que começou a funcionar em 1995, como resultado das rodadas comerciais celebradas no quadro do Acordo Geral sobre Comércio e Tarifas (GATT em inglês). No entanto, não se trata simplesmente de uma continuidade no tempo, mas de uma mudança significativa, porque, diferentemente do GATT, os acordos da OMC são de cumprimento obrigatório para os países membros; por outro lado, além das negociações sobre comércio de bens, concentra uma série de negociações sobre outros aspectos da expansão do livre mercado, que anteriormente não tinham no nível de coordenação que adquiriram na OMC, como o acordo relativo aos aspectos da propriedade intelectual relacionados com o comércio (ADPIC, TRIPS em inglês), o acordo sobre as medidas em matéria de investimentos relacionados com o comércio de bens (TRIM) e o Acordo Geral sobre o Comércio de Serviços (AGCS, GATS em inglês).

---

[2] Utilizamos a denominação Tratados de Livre Comércio em forma genérica, embora em alguns casos o termo aluda aos tratados bilaterais de livre comércio.

[3] A Organização Mundial do Comércio (OMC) é a única organização internacional que se ocupa com as normas que regem o comércio entre os países. Os pilares sobre os quais descansa são os Acordos da OMC, que foram negociados e assinados pela maioria dos países que participam do comércio mundial e ratificados por seus respectivos parlamentos. O objetivo é ajudar os produtores de bens e serviços, os exportadores e os importadores a levar adiante suas atividades. Informação da página da OMC http://www.wto.org/spanish.

De acordo com a informação da OMC, a criação do AGCS foi uma das principais conquistas da Rodada Uruguai, cujos resultados entraram em vigor em janeiro de 1995. O AGCS inspirou-se basicamente nos mesmos objetivos de seu equivalente no comércio de mercadorias, o Acordo Geral sobre Tarifas Aduaneiras e Comércio (GATT): "criar um sistema crível e confiável de normas comerciais internacionais; garantir um tratamento justo e equitativo a todos os participantes (princípio da não discriminação); estimular a atividade econômica mediante consolidações garantidas e fomentar o comércio e o desenvolvimento através de uma liberalização progressiva".[4]

Entre os tratados em nível regional orientados pela mesma lógica de livre mercado podemos mencionar o Tratado de Livre-Comércio da América do Norte (TLCAN); o Acordo de Livre-Comércio entre os Países da América Central e Estados Unidos já assinado por quatro países centroamericanos em dezembro de 2003; CAFTA (Central American Free Trade Agreement) e a proposta fracassada de criação da Área de Livre Comércio das Américas (ALCA), que recebeu impulso no Processo de Cúpulas das Américas. Os tratados bilaterais compreendem tratados de promoção, proteção dos investimentos, de livre-comércio, de direitos de propriedade intelectual, de cooperação e de ciência e tecnologia.

Todos esses tratados supõem "uma 'feudalização' do direito, de um direito corporativo oposto ao direito público nacional e internacional, que funciona no interesse exclusivo do grande capital transnacional e dos Estados ricos e em detrimento dos direitos fundamentais dos Estados chamados periféricos e de seus povos. Há o agravante de que esse direito corporativo está acompanhado por um forte sistema coercitivo para garantir a sua aplicação: multas, sanções econômicas, pressões econômicas, diplomáticas e militares, etc. E, para o acerto das diferenças entre as partes criaram-se 'tribunais arbitrais' à margem do sistema jurídico de direito público estatal e internacional" (TEITELBAUM, 2004, p. 3).

Por trás da falsa ideia de que a liberalização do comércio permitirá melhorar o nível de vida das sociedades, os tratados de livre-comércio (TLC) põem em questão a soberania dos Estados e a sua possibilidade de desenvolver políticas públicas para garantir os direitos dos cidadãos.

Basta uma simples olhada nas experiências de liberalização comercial que ocorreram nas últimas duas décadas para concluir que, mais que de acordos, trata-se de imposições aos países em desenvolvimento, que os

---

[4] Informação extraída da página da OMC citada na nota anterior.

compromissos que estão obrigados a assumir são desproporcionalmente maiores do que aqueles que os países desenvolvidos assumem e, no fundo, são instrumentos para ampliar e garantir o acesso das empresas transnacionais a mercados e recursos no mundo todo e proteger seus investimentos, tanto físicos como intangíveis, estes últimos através da extensão do regime de proteção dos direitos de propriedade intelectual.

Esses tratados, que se apresentam como acordos entre iguais, na realidade são imposições dos países desenvolvidos para que os países em desenvolvimento abram seus mercados em troca de concessões marginais nos deles, no âmbito de uma ordem mundial caracterizado por uma assimetria radical, em que não existe "interdependência" de estados nacionais soberanos que se representem de maneira igualitária no contexto das Nações Unidas ou outras organizações internacionais. A estrutura do poder internacional, com clara hegemonia do capital financeiro, consta de umas 200 megacorporações, que têm um volume conjunto de vendas superior ao PNB de todos os países do mundo, com exceção dos nove maiores. Junto com elas, o governo dos países centrais e especialmente algumas das suas agências especializadas, como os ministérios de economia e fazenda e os bancos centrais, e os "cães de guarda" custódios do predomínio internacional do capital financeiro e agentes de disciplinamento universal, a saber: as instituições surgidas dos acordos de Breton Woods em 1944: FMI, o BM e a OMC (sucessora do GATT) e os *think tanks* criados ou vinculados a fundações empresariais. Um papel complementar é desempenhado pela "imprensa econômica" internacional (BORÓN, 2001).

Por outro lado, os TLC são negociados às custas da sociedade, e a maioria dos cidadãos desconhece tanto as discussões e negociações prévias como os acordos que são feitos e as consequências sobre suas vidas cotidianas. Os principais envolvidos, que são ou serão afetados por esses tratados, nem estão inteirados ou nem foram consultados (Internacional de Serviços Públicos e Internacional da Educação, 2000).

Uma análise do TLC assinado entre Chile e Estados Unidos indica que "para a/o cidadã/o comum esta temática, produto da forma como foi difundida a informação, é relacionada, por um lado, com um 'acordo entre cavalheiros' que pode ser modificado a qualquer momento e, por outro lado, com o que tradicionalmente se entendeu como área comercial. Neste sentido, se percebe como um bom acordo – ligado a indústrias, produtos, investimentos, etc. – que geraria novos empregos, abriria novos investimentos, permitiria ter produtos mais variados nos supermercados: sem se imaginar que, no atual contexto mundial e nacional, este tratado compromete uma multiplicidade de âmbitos e políticas que se relacionam com o conjunto do desenvolvimento cultural, social, econômico e democrático de nosso país" (COLEGIO DE PROFESORES DE CHILE, 2003, p. 4).

Um claro exemplo dos modos que a negociação desses acordos assume é constituído pela discussão do TLCAN no México, tal como Hugo Aboites (s/d) o descreve. O segredo na discussão permitiu que o governo de Salinas de Gortari escolhesse caladamente aqueles que lhe interessavam consultar e definir o que podia ou não ser pactuado com os Estados Unidos e Canadá. Assim, enquanto avançavam as discussões sobre os diferentes temas ou mesas do Tratado, os representantes governamentais podiam consultar aqueles setores empresariais que consideravam estratégicos e, ao mesmo tempo, manter a opinião pública informada apenas sobre o conjunto do que se negociava. Graças ao segredo, pôde ser mantida a impressão de que, sendo um tratado comercial que era discutido, ele tinha a ver com tomates e peças automotrizes, mas não com questões fundamentais do país, menos ainda com a educação. Também se pôde manter em segredo o fato de que os únicos assessores procedentes do campo educativo foram alguns funcionários do próprio governo salinista e, muito significativo, a representação do setor privado da educação superior, através do reitor do poderoso empório educativo, o sistema ITESM (Sistema Instituto Tecnológico de Monterrey).

Dessa maneira, a imposição por parte dos países desenvolvidos e o segredo com que os governos dos países em desenvolvimento manejam as negociações são duas faces de uma mesma moeda.

Por outro lado, os países desenvolvidos, especialmente os Estados Unidos, pressionam os países "em desenvolvimento" para que desmantelem controles e regulamentações, enquanto eles continuam regulando o comércio através de medidas como as barreiras para-alfandegárias, que incluem, entre outras, as normas sanitárias ou técnicas, percentuais e cotas.[5]

---

[5] O caso mais eloquente é o do comércio agrícola, cuja liberalização os países subdesenvolvidos vêm reclamando faz décadas, e é objeto de todo tipo de travas e regulamentações por parte dos países desenvolvidos (em particular Europa e Estados Unidos). Esses países não só aplicam altas tarifas alfandegárias, percentuais e cotas para a importação de produtos agrícolas, mas também subsidiam fortemente seus produtores (o que é proibido pela OMC) para poderem competir com países que são mais eficientes nessas produções. Segundo dados do PNUD, os subsídios que os países desenvolvidos concedem a seus agricultores chegaram em 2003 a 350 bilhões de dólares, com um crescimento de 41 bilhões em relação a 2001. Isso representa uma perda anual para os países subdesenvolvidos de 24 bilhões de dólares. No entanto, os países desenvolvidos se negam sistematicamente não só a eliminar, mas sequer a reduzir esses subsídios.

No comércio de serviços educativos, as principais barreiras identificadas não são tarifas alfandegárias, de modo diferente do que sucede com o comércio de bens. Nos comunicados emitidos pelas delegações dos Estados Unidos, Nova Zelândia, Austrália e Japão na OMC se diz que as principais barreiras seriam: (a) restrição na hora de conceder licenças aos provedores estrangeiros; (b) as condições de nacionalidade na hora de contratar professores; (c) as subvenções aos estabelecimentos nacionais; (d) a existência de "monopólios" públicos; (e) a proibição de sublocar serviços educativos para empresas estrangeiras; (f) a proibição a empresas estrangeiras de conceder títulos oficiais, medidas que exigem a existência de um sócio local, um tratamento fiscal desfavorável para os provedores estrangeiros, impostos excessivamente altos sujeitos à repatriação dos benefícios, etc. (RODRIGUES DIAS, 2002 citado em ANTONI VERGER, 2005).

No entanto, é importante lembrar que as regras da OMC ou dos TLC que regem outros aspectos, como, as regras relativas à propriedade intelectual, têm impacto direto sobre os sistemas educativos. Por exemplo, as regulamentações sobre patentes incidem nas políticas de pesquisa e desenvolvimento das universidades públicas e as tornam mais dependentes das políticas das empresas transnacionais e de suas decisões de investir ou não recursos em programas que envolvem universidades ou centros de investigação públicos dos países em desenvolvimento.

O Estado, as políticas e os TLC

De acordo com a OMC, "o AGCS reconhece expressamente o direito dos membros de regulamentar a prestação de serviços com o fim de conseguir os objetivos de sua política nacional e procura não influir nesses objetivos. Antes, o Acordo estabelece um referencial de normas para garantir que os regulamentos de serviços sejam administrados de maneira racional, objetiva e imparcial, e não constituam obstáculos desnecessários ao comércio".

Como assinalamos na introdução, a comercialização de serviços constitui um dos aspectos novos dos tratados de livre-comércio. Paradoxalmente, no caso do AGCS não se define o que se entende por esses serviços. São definidos outros termos-chave como setor, medidas, provisão e pessoa. O AGCS classifica os serviços em suas listas conforme o sistema da ONU, em doze setores, que se subdividem em 160 categorias diferentes. Em termos econômicos, os serviços são considerados mercadorias intangíveis, que geralmente são consumidas no momento em que são produzidas, por exemplo, os serviços prestados por um médico ou um educador. "O resultado de não definir os serviços no AGCS é porque a lista de serviços possíveis é praticamente interminável. Além disso, assim se dá margem ao desenvolvimento de serviços que ainda não foram imaginados" (INTERNACIONAL DE ..., 2000, p. 6).

Desse modo, nenhum aspecto relacionado com nossas vidas ficará fora dos serviços suscetíveis de ser comercializados no quadro da OMC, cujo propósito primordial é contribuir para que as correntes comerciais circulem com a máxima liberdade possível, não que os cidadãos vivam melhor.

De acordo com o AGCS são quatro os modos transnacionais de fornecimento de serviços: (a) o comércio transfronteiriço; (b) o consumo no estrangeiro; (c) a presença comercial; (d) e a presença de pessoas físicas. A prestação transfronteiriça abrange as correntes de serviços do território de um membro para o território de outro membro. O consumo no estrangeiro se refere às situações em que um consumidor de serviços se desloca para o território de outro país membro para obter o serviço. A presença comercial implica que um provedor de serviços de um membro estabelece uma presença no território de outro membro, mediante a aquisição em propriedade ou arrendamento de locais, com o fim de prestar um serviço. A presença de pessoas físicas consiste no deslocamento de pessoas para prestar um serviço.

O princípio de "nação mais favorecida" e de "tratamento nacional" na comercialização dos serviços estabelece que os países não podem, como regra geral, estabelecer discriminações entre seus diversos interlocutores comerciais e devem dar um tratamento igualitário tanto aos provedores nacionais como aos estrangeiros.

O princípio do "tratamento nacional" é que desperta maiores controvérsias quando se trata de questões que se referem às políticas públicas, serviços sociais e serviços culturais "prestados em exercício de faculdades governamentais". No entanto, em seguida se esclarece que se considera "serviço prestado em exercício de faculdades governamentais" "todo serviço que não for prestado em condições comerciais nem em competição com um ou vários provedores de serviços". Assim, no caso da educação, na medida em que existem serviços educativos não prestados pelo governo, a educação não será considerada como "prestada em exercício de faculdades governamentais", por isso fica incluída dentro dos setores passíveis de ser abertos ao livre-comércio, de acordo com o que foi regulamentado pelo AGCS (FELDFEBER; SAFORCADA, 2005).

No contexto da globalização, os TLC avançam sobre a redefinição do papel do Estado como garantia dos direitos dos cidadãos. A impugnação dos espaços públicos e do Estado na prestação dos serviços sociais que estão incluídos no AGCS aprofunda as tendências privatizadoras que orientaram os processos de reforma do Estado a partir das crises da década de 1970 no contexto da aplicação de políticas de ajuste estrutural. A comercialização dos serviços reduz o papel dos Estados nacionais, estreitando cada vez mais as margens de decisão e consolidando uma sociedade de mercado, quer dizer, uma sociedade com normas adequadas ao mercado, que tende à mercantilização de todas as relações sociais. Essas transformações põem em questão não só a educação como assunto público, mas também o papel do Estado na definição da agenda educativa.

Diversos países da região se opuseram à comercialização da educação como serviço no quadro do AGCS promovido pela OMC. No dia 9 de novembro de 2004 os ministros da Educação da Argentina e do Brasil assinaram a Declaração de Brasília,[6] na qual exprimem a convicção da não inclusão da educação nos AGCS, considerando que a educação é um direito social e um instrumento estratégico para dar impulso a projetos de desenvolvimento sustentável no âmbito da democracia. A declaração também foi assinada pela direção da Confederación de Trabajadores de la Educación de la República Argentina (CTERA) e pela Confederação dos Trabalhadores da Educação (CNTE) do Brasil, que se comprometeram a promover um processo de sensibilização e mobilização para apoiar o princípio da educação como direito e não como mercadoria. Na Argentina, a Ley de Educación vigente, sancionada em dezembro de 2006, estabeleceu em seu artigo 10 que "O Estado nacional não assinará tratados bilaterais ou multilaterais de livre-comércio que impliquem em conceber a educação como um serviço lucrativo ou fomentem qualquer forma de mercantilização da educação pública".

Não obstante esses importantes avanços, os processos de privatização da educação evoluem, muitas vezes dissimulados pelas reformas educativas ou pelas tentativas de modernização, tal como assinala o informe "A Privatização Encoberta na Educação Pública" elaborado por Stephen Ball e Deborah Youdell, do Instituto de Educação da Universidade de Londres.

---

[6] A declaração foi assinada no contexto da IV Reunião do Grupo de Alto Nível do Programa da UNESCO sobre Educação para Todos. No mesmo sentido, o Comitê Regional da Internacional da Educação para a América Latina (IEAL), na Declaração de Manágua, de maio de 2007, propôs promover a mobilização da sociedade latino-americana pela não privatização e comercialização da educação, bem como por sua não inclusão no AGCS e nos TLC.

O estudo analisa dois tipos de privatização: um no qual se importam as ideias, os métodos e as práticas do setor privado em certas escolas orientadas para o comércio; e outro no qual a educação pública é claramente objeto de investimentos privados com vontade de lucro. Os dois tipos de privatização têm um profundo impacto na prestação de serviços.

A internacionalização das políticas de reforma educativa: convergência ou mercantilização?

Em que medida os processos de internacionalização constituem avanços em matéria de integração e intercâmbio ou se tornam novos formatos de mercantilização dos processos educativos constitui um dos temas em debate na discussão da política educativa no contexto da globalização, orientada pelo Paradigma da Sociedade do Conhecimento e da Informação.

Knight (2002) distingue internacionalização de liberalização. O termo "internacionalização" refere-se ao processo de integrar a dimensão internacional às funções de docência, investigação e serviço que as instituições de educação superior desempenham. Considera que seu uso esteve mais estreitamente relacionado com o valor acadêmico das atividades internacionais do que com a motivação econômica. De fato, o termo "internacionalização sem vontade de lucro" foi cunhado recentemente para diferenciar a educação internacional do comércio de serviços educativos. A liberalização do comércio é interpretada como a eliminação de barreiras para promover um maior movimento fronteiriço dos serviços educativos.

Para Tünnermann Bernheim (2008) não se pode confundir internacionalização da educação superior com transnacionalização do setor educativo de terceiro nível, que acarreta sua transformação num serviço sujeito às regras do mercado, com predomínio dos interesses das empresas educativas transnacionais. Considera que "enquanto na *internacionalização* se propugna, seguindo os delineamentos da *Declaração Mundial sobre a Educação Superior*, por uma cooperação internacional solidária com ênfase na cooperação horizontal, baseada no diálogo intercultural e respeitosa da idiossincrasia e identidade dos países participantes, bem como o desenho de redes interuniversitárias e de espaços acadêmicos ampliados, na *transnacionalização* se trata de facilitar o estabelecimento em nossos países de filiais de universidades estrangeiras, de uma cooperação dominada ainda por critérios assistenciais, bem como a venda de franquias acadêmicas, a criação de universidades corporativas, auspiciadas pelas grandes empresas transnacionais, os programas multimeios e as universidades virtuais, controlada por universidades e empresas dos países mais desenvolvidos" (TÜNNERMANN BERNHEIM, 2008, p. 314).

A manifestação mais importante da internacionalização é o nível do intercâmbio global de serviços educativos. Ramos (2003) afirma que, embora seja difícil produzir informação confiável, calculou-se que a educação ocupa pelo menos o quinto lugar dos serviços comerciados internacionalmente nos Estados Unidos. Nessa medição foi considerado unicamente o fluxo de estudantes. Se for contabilizado tudo o que envolve, ocuparia o segundo ou terceiro lugar. Por isso, para qualquer pessoa interessada nos serviços educativos, o comércio nesse item não pode ser ignorado. Existe uma série de modalidades tais como programas de estudos realizados fora do país ofertante (como estudos em administração de empresas); campus de uma universidade ou centro de estudos estabelecido num país estrangeiro; operações de franquia; combinações de universidade irmãs, em que um título é cursado em mais de uma universidade; educação a distância, seja por meio eletrônico, seja por outros estudos no exterior; venda de materiais próprios, como livros ou exames, além dos serviços educativos.

De acordo com a OCDE, o mercado de educação superior está crescendo rapidamente, estimulado por uma variedade de fatores tais como a liberalização, o potencial que a tecnologia da informação e das comunicações representa como meio para modificar a oferta de serviços educativos e a demanda de programas de diversos tipos.

Já no ano 2002 se estimava que o mercado da educação superior nos países da OECD mobilizava anualmente cerca de 30 bilhões de dólares estadunidenses. Nos Estados Unidos, a exportação de serviços para a educação superior chega a uns dez bilhões por ano e situa-se dentro dos cinco setores exportadores mais dinâmicos do último quinquênio (SEDGWICK, citado em GERTEL, 2004).

O desenvolvimento de mercados educativos e de aprendizagem está relacionado com as negociações sobre comércio internacional de serviços conduzidas pela Organização Mundial do Comércio (OMC). Ao passo que se considera importante que a comunidade educativa esteja amplamente informada sobre o desenvolvimento de tais negociações, além de ter capacidade de apresentar uma perspectiva informada que sirva de referente para as negociações, o Centro para a Investigação Educativa e Inovação (CERI) da OCDE realizou uma série de encontros sobre comércio de serviços educativos nos quais o Programa de Gestão Institucional do Ensino Superior (IMHE: Institutional Management in Higher Education) esteve ativamente envolvido. Além disso, o IMHE dá apoio técnico ao projeto sobre "Internacionalização da Educação Superior na América Latina", que é dirigido pelo Banco Mundial. Mediante uma análise comparativa das tendências e dos aspectos relevantes em países selecionados da América Latina nos níveis nacional, regional e institucional, esse projeto busca identificar os riscos, as oportunidades e os desafios que a educação superior enfrenta na região, além de permitir situar no contexto global as estratégias e as políticas de internacionalização da educação superior da América Latina. Além disso, pretende-se chamar a atenção para a importância e as oportunidades da internacionalização em nível regional e internacional.[7]

No que se refere aos processos de convergência da educação, as diferentes interpretações acerca do Processo de Bolonha e do desenvolvimento do Espaço Europeu de Educação Superior constituem um exemplo eloquente das tensões que esses processos atravessam e das discussões acerca das possibilidades de que eles próprios processos definam os cenários da mercantilização no século XXI.

O Processo de Bolonha[8] iniciou-se em 1999, quando os ministros de educação europeus resolveram linhas de ação com o objetivo de desenvolver o Espaço Europeu de Educação Superior (EEES).[9] A declaração de Bolonha foi adotada em 19 de junho de 1999 por 29 países com o objetivo de conseguir a convergência dos sistemas de ensino superior europeus. O processo propõe-se a criar um sistema de graus acadêmicos facilmente "compreensíveis" e comparáveis, fomentar a mobilidade dos estudantes, docentes e investigadores, garantir a qualidade do ensino e ter em conta a dimensão europeia do ensino superior. O processo, que se completará em 2010 e procura que os graus acadêmicos sejam comparáveis e fomenta a mobilidade, articula-se em torno de diversas ações:

- um sistema de graus acadêmicos facilmente compreensíveis e comparáveis. Inclui a criação de um título complementar com o fim de melhorar a transparência;

---

[7] <http://www.oecd.org>.

[8] Informação extraída do portal da União Europeia <http://europa.eu>.

[9] Aos 25 de maio de 1998, os ministros de educação de França, Alemanha, Itália e Reino Unido assinaram na Sorbonne uma Declaração instando o desenvolvimento de um Espaço Europeu de Educação Superior. Já durante esse encontro se previu a possibilidade de uma reunião de seguimento em 1999, levando em conta que a Declaração da Sorbonne era concebida como um primeiro passo de um processo político de mudança a longo prazo do ensino superior na Europa. Ver <http://www.eees.es>.

- um sistema baseado fundamentalmente em dois ciclos: o primeiro orientado para o mercado de trabalho, com uma duração mínima de três anos; o segundo ao qual se tem acesso apenas se o primeiro ciclo for completado;
- um sistema de acumulação e transferência de créditos semelhante ao sistema ECTS (European Credits Transfer System)[10] utilizado para os intercâmbios Sócrates-Erasmus;
- a mobilidade dos estudantes, docentes e investigadores, o que supõe a supressão de todos os obstáculos à liberdade de circulação;
- a cooperação no que diz respeito à garantia da qualidade;
- a dimensão europeia do ensino superior: acelerar o desenvolvimento de módulos, cursos e planos de estudo cujo conteúdo, orientação ou organização tenham uma dimensão europeia.

No comunicado de Praga de 19 de maio de 2001 foram acrescentadas novas ações ao processo de Bolonha:

- a formação contínua como elemento essencial para fazer frente à competitividade econômica;
- a participação dos centros de ensino superior e dos estudantes na criação do EEES;
- a implantação de medidas destinadas a tornar o EEES mais atraente entre os estudantes tanto europeus como de outras partes do mundo.

Na conferência de Berlim de 2003,[11] os ministros encarregados do ensino superior adotaram um comunicado que integra os estudos de doutorado e as sinergias entre o EEES e o Espaço Europeu de Investigação (EEI) no processo de Bolonha. Os ministros destacaram a necessidade da investigação, a formação em investigação e o fomento da interdisciplinaridade para manter e melhorar a qualidade do ensino superior e reforçar sua competitividade. Recomendaram também maior mobilidade nos níveis doutoral e pós-doutoral, animando os centros afetados a incrementar sua cooperação nos âmbitos dos estudos doutorais e da formação dos jovens pesquisadores.

---

[10] Baseia-se na regra que um crédito será equivalente a 10 horas teóricas e a cerca de 25 horas práticas. Do ponto de vista docente, a consequência é a redução das horas de classe presencial em favor de práticas tuteladas pelo pessoal docente.

[11] Depois da reunião de Berlim foram realizadas três reuniões de seguimento em BERGEN (2005), LONDRES (2007) e LOVAINA (2009), nas quais foram analisados os progressos na implementação dos delineamentos de Bolonha e foram estudados os obstáculos e os desafios para o futuro.

Muitos países fora da União Europeia se incorporaram ao EEES. Este espaço se perfila como o marco de organização educativa mais importante das próximas décadas. Os detratores do processo de Bolonha afirmam que ele procura submeter a universidade aos interesses do mercado e que tenderá para a mercantilização e privatização da universidade pública. Seus defensores, pelo contrário, argumentam que a privatização da universidade não está no horizonte deste processo na medida em que a maioria dos países europeus que o assinaram desenvolve o ensino universitário no âmbito público.

Outro argumento critica a função que se atribui à universidade, concebida nesse processo como produtora de indivíduos aptos para se incorporar ao mercado de trabalho europeu. Já não se trataria de desenvolver e transmitir conhecimento com aplicação social, mas de formar trabalhadores em função das demandas das empresas privadas. A ideia de que é o poder econômico que orienta essas reformas encontra seu fundamento no informe da European Round Table of Industrialists (ERT) (Mesa-Redonda dos Industriais Europeus) publicado em 1995. Nesse informe se diz que os países da Europa passaram por uma transformação radical, neste século, política, econômica e socialmente, e que até agora cada um deles pôde adaptar-se à sua própria velocidade. No entanto, o ritmo de mudança acelerou-se brutalmente, forçado, entre outras causas, pelas pressões econômicas externas do comércio global, pela política global e pela aplicação imediata e em escala mundial de novas tecnologias. Os industriais consideram que, enquanto a indústria europeia teve que responder rapidamente a essas mudanças para poder sobreviver e permanecer competitiva, ele transformou seus processos de gerenciamento, produção e distribuição e aprendeu rapidamente a explorar as oportunidades das novas tecnologias; o mundo da educação foi lento demais em responder. Toda a evidência demonstra que, por uma variedade de razões, muitas instituições de ensino reagiram com menos rapidez que o mundo das empresas à necessidade de mudança. Observa-se que em quase todos os países europeus há uma brecha crescente em ter a educação que as pessoas necessitam para o complexo mundo atual e a educação que recebe e que demasiados jovens estudantes iludidos abandonam os sistemas educativos por rebelião ou por fracasso, ou terminam com capacidades mínimas. Essa é uma preocupação econômica e social maiúscula, na medida em que leva a um esbanjamento de potencial humano. É particularmente agudo num momento em que há menos disponibilidade do que antes de gente nova disponível para ingressar nos mercados de trabalho. Por isso, se conclui que "é tempo de elevar um grito de alarme para alertar a sociedade para esta brecha educacional. É preciso agir imediatamente".[12]

Os impulsores desse processo consideram que ele melhorará as oportunidades de trabalho dos universitários, já que os títulos estarão reconhecidos em todos os países firmantes, e os novos planos de estudo estarão mais focalizados na formação dos profissionais que a sociedade procura. No projeto Tuning (2003) nota-se que "os (futuros) empregadores dentro (e fora) da Europa exigirão informação confiável sobre o que significam na prática uma capacitação ou um título determinado. Uma área social e econômica europeia precisa andar paralela a uma área de educação superior".

Numa perspectiva que considera que a Europa pode constituir-se numa alternativa aos Estados Unidos para os estudantes latino-americanos, observa-se que os países europeus estão protagonizando uma revolução universitária sem precedentes, a partir da plena convergência universitária e da formação de um distrito universitário único no qual, a partir do ano 2010, estudantes, professores e investigadores europeus se moverão sem barreiras num sistema universitário homogêneo, mais competitivo e com maior qualidade na oferta e na metodologia do ensino.[13]

Pode-se perguntar também quais são e quais serão no futuro as repercussões do Processo de Bolonha para os sistemas educativos da América Latina e de outras regiões, tendo em conta que não se trata apenas de um problema de adequação de títulos, mas também da função da universidade como bem público.

Entre os opositores do Processo de Bolonha também se objeta que o EEES adequará o setor educativo em função do AGCS da OMC. Enquanto para uns o AGCS constitui uma armadilha para a educação pública pelo desenvolvimento de um mercado lucrativo de educação superior, para outros, constitui um desafio para reformar a educação superior. Para o caso argentino, Gertel (2004) considera que o aparecimento de um mercado para a comercialização internacional de serviços da educação superior e a inclusão de seu tratamento no Acordo Geral sobre Comércio de Serviços (AGCS), ao qual nosso país adere, propõem a necessidade de se perguntar até que ponto as universidades nacionais estão prontas para fazer frente aos desafios que esse compromisso envolve.

---

[12] ERT, *Education for Europeans, Towards the Learning Society*, 1995.

[13] A convergência europeia chega à educação superior. Publicado em 10/03/2004 no sítio Universia Knowledge@Wharton. <http://www.wharton.universia.net>.

A UNESCO, no informe do ano de 2004, "Educação Superior numa Sociedade Mundializada", observa que a inclusão do comércio dos serviços de educação superior nos moldes do AGCS é uma realidade e não se modificará. Cada país pode determinar em que medida permitirá que os provedores estrangeiros de serviços de educação terão acesso ao mercado interno. No entanto, o informe adverte que as inquietações crescentes da comunidade docente de todo o mundo têm sua origem no fato de que a OMC, organização cujo objetivo é promover o comércio com fins de eficiência econômica, sem competição na esfera da educação, pode influir negativamente no desenvolvimento sustentável da educação. Incorporar a educação à esfera do mercado pode influir consideravelmente na capacidade do Estado para regular a educação superior na perspectiva da política pública. A diminuição da capacidade normativa do Estado pode afetar nações mais fracas e pobres e beneficiar as mais prósperas. Por isso, o informe diz que é impossível analisar a repercussão da mundialização na educação superior sem referir-se à sua internacionalização. Considera-se que a mundialização se apresenta como um fenômeno que repercute na educação superior, e a internacionalização é interpretada como uma das formas em que a educação superior reage às possibilidades e aos desafios da mundialização. A internacionalização inclui um amplo conjunto de elementos como os programas de estudo, o ensino e o aprendizado, a investigação, os acordos institucionais, a mobilidade dos estudantes e dos professores, a promoção da cooperação e muitos outros.

Embora a mobilidade acadêmica e o traslado de estudantes e especialistas entre países não sejam novos, de acordo com a UNESCO (2004), a transferência de estudantes, programas educativos e provedores de educação através das fronteiras com fins comerciais e lucrativos está expandindo-se a partir do impulso dado pelo AGCS.

Como bem observa Knight (2002), a comercialização de serviços de educação superior é uma indústria milionária, que inclui a capacitação de estudantes internacionais, o estabelecimento de campos universitários no exterior, a prestação dos serviços de educação superior, utilizando para isso o aprendizado em linha e o uso da franquia. Em muitos países da América Latina, o fornecimento comercial dos serviços educativos por parte de provedores privados começou com a privatização acelerada da educação superior ocorrida nos últimos quinze anos (DIDOU AUPETIT, 2005). Esse processo, promovido pelos governos neoliberais, questiona o caráter público das universidades redefinindo a função social das instituições de educação superior em sociedades democráticas (GENTILI, 2001).

Enfim, as polêmicas em torno da introdução da educação superior nos moldes do AGCS opõem aqueles que promovem a consolidação de um setor de serviços educativos e aqueles que a consideram um bem público (García Guadilla, 2004; Didou Aupetit, 2005).

A educação vítima do livre comércio

São diversas as armadilhas que a educação enfrenta no cenário atual. Petrella (2001) descreve assim:

> [...] a partir do momento em que a educação deve servir, sobretudo, para formar recursos humanos qualificados e flexíveis dos quais as empresas precisam, a lógica mercantil e financeira do capital privado não tardou a impor-se, cada vez mais direta, na definição da finalidade e das prioridades da educação.

Por um lado, temos a definição da noção de educação pública e da educação como bem público. De acordo com Lew MacDonald, o fornecimento da educação pública poderia ser visto como uma barreira para o comércio em serviços de acordo com o estabelecido pelo AGCS. Algumas autoridades declararam que a educação pública estaria protegida sob a exceção da cobertura do AGCS por serviços oferecidos sob "autoridade governamental". No entanto, se os serviços do governo são oferecidos seja sobre uma "base comercial" ou "em competição com provedores de serviços privados", ainda estaria coberto pelo AGCS. A realidade é que não existe nenhum sistema educativo público que não ofereça alguns serviços sobre a base de pagamento ou em competição com um provedor de educação privada. A opinião legal de uma respeitada firma canadense que trabalha com leis de comércio conclui que um tribunal de comércio poderia determinar que a educação pública está coberta sob as regras do GATS. Isso poderia incluir todos os serviços educativos, desde o ensino na aula, o transporte escolar, até os serviços de vigilância.

Na perspectiva dos TLC, a educação não pode ser considerada como direito de cidadania. Quando se discute o AGCS, não se deve esquecer que o propósito principal da OMC é que as correntes comerciais circulem com fluidez, liberdade, equidade e previsibilidade, não que os cidadãos vivam melhor.

Por outro lado, por trás da ideia de mobilidade e liberdade dos estudantes para escolher sua educação, em muitos casos, o que se está discutindo é a liberdade de vender: a partir de que é dada por assentada a mercantilização do fenômeno educativo, discutem quem vai vender educação no mercado mundial e sob que regulamentações poderá fazê-lo. Os valores ligados à educação e à formação de cidadania ficam fora do horizonte do mercado. Glen Jones, fundador da Global Alliance for Transnational Education (GATE), sustenta: "nossa ideia consiste em criar uma educação de muita qualidade, independentemente do lugar, tirar benefícios e pagar impostos" (PETRELLA, 2001). O que está dizendo é que vamos ter a liberdade de comprar um único modelo possível de educação. Modelos como o das escolas *charter* administradas pelas empresas administradoras de educação (EAEs) nos Estados Unidos dão conta da "estandardização" do ensino através de práticas uniformes como a aplicação de currículos idênticos sobre distintas comunidades, o que "parece contradizer a informação das EAEs de que se dirigem às necessidades da comunidade" (PINI, 2003, p. 106).

Exemplo eloquente dessa estandardização foi o lançamento do sistema virtual Ibero On Line da Universidade Iberoamericana (UIA), da cidade do México: "Ibero On Line nasce com o propósito de enfrentar os desafios sociais de nosso tempo e aproveitar plenamente as possibilidades que hoje a Internet oferece. Neste sentido, o desejo de ampliar nossa tarefa educativa nos leva a escolher as melhores ferramentas", afirmou Enrique Gonzáles Torres, SJ, reitor da UIA da Cidade do México.

> Trata-se – acrescentou – de aproveitar as oportunidades oferecidas pelas novas tecnologias para a educação à distância, as quais se tornam idôneas para elevar o nível educativo no México em prazos mais curtos e com um orçamento muito mais baixo do que o exigido pela educação tradicional nas salas de aula... Além disso, nossos programas online dão – sobretudo a organizações com uma grande dispersão geográfica – capacitação simultânea a um grande número de pessoas, homogeneizando e padronizando o conhecimento de certos níveis hierárquicos em prazos muito curtos.[14]

A educação ao serviço da competitividade nos moldes da globalização constitui a principal estratégia discursiva que orienta as principais reformas que na última década contribuíram para dar forma a um cenário propício para a mercantilização da educação.

A redução da política à racionalidade tecnocrática constitui outra das armadilhas que os sistemas educativos enfrentam. A tecnocracia é um dos principais impulsores nessa ofensiva pela liberalização que contribui para

---

[14] Informação extraída de <http://www.universia.es> Acesso em: 3 ago. 2002.

debilitar a soberania estatal. Essa tecnocracia está composta hoje por três grupos sociais: (a) o mundo do negócio financeiro e industrial, que através dos direitos de propriedade intelectual está se apropriando da tecnologia e da ciência no âmbito mundial; (b) o mundo das grandes estruturas burocráticas, econômicas e militares do poder público, que funcionam nos Estados Unidos, nos demais países centrais e nos organismos internacionais como a OMC, o FMI e o Banco Mundial; e (c), o mundo da inteligência, quer dizer, cientistas, especialistas e representantes dos meios massivos de comunicação, cada vez mais unidos ao mundo dos negócios e às grandes estruturas do poder público. Esses três grupos consideram que a mundialização, a desregulamentação e a economia, a privatização e a competição são filhos do progresso tecnológico e que é insensato opor-se a isso (PETRELLA, 2001).

Essa tecnocracia levou adiante as reformas da década de 1990, de clara inspiração neoliberal. Muitas vozes críticas, com numerosos pontos de contato, levantaram-se contra essas reformas. Contudo, recentemente se articularam como um movimento com uma dinâmica internacional contra uma que foi a dos acordos da OMC a nível global ou a formação da ALCA na região. A oposição aos tratados de livre-comércio reúne organizações e movimentos que vinham desenvolvendo uma posição crítica em diversos âmbitos: econômico, agrário, educativo, social, etc. (FELDFEBER; JAIMOVICH; SAFORCADA, 2005).

O pronunciamento da Associação de Universidades do Grupo Montevidéu observava que

> [...] o que realmente está em jogo é se aceitamos a transformação da educação num comércio e, mais ainda, se aceitamos que os Estados renunciem ao seu poder ou capacidade de estabelecer, em nome da sociedade e com a sociedade, os princípios básicos nos quais fundamentar a formação dos cidadãos e velar para que ela seja pertinente e de qualidade. (AUGM, 2002)

As propostas de política educativa implementadas nas últimas décadas tiveram poucas "novidades" em seus fundamentos. Recuperaram, no contexto da globalização, os principais postulados neoliberais vinculados com a lógica de mercado que adquiriram força a partir da crise do modelo de intervenção estatal ligado ao projeto da modernidade.

A mercantilização e a redução da esfera individual do fenômeno educativo serviram como veículo para realizar uma despolitização da educação, o que constitui uma avançada tardia sobre um dos últimos ressaibos do Estado de bem-estar.

Com a implementação dos TLC se busca a expansão da esfera da acumulação de capital para áreas que, como a educação, estão ainda relativamente alheias à sua influência completa. Os processos de Convergência da Educação, tal como o caso do EEES, poderiam reforçar essa tendência ou, pelo contrário, constituir uma proposta alternativa de internacionalização. Cremos que é necessário discutir a função social da educação na atual conjuntura e o lugar da universidade como bem público, discussão que não ocupa um lugar destacado nos âmbitos internacionais.

Nesse sentido, a mensagem da IV Cúpula dos Povos das Américas propõe que "uma saída justa e sustentável para a crise passa necessariamente pelo redelineamento total das relações hemisféricas e o enterro do modelo do mal chamado livre-comércio. Não mais tratados de livre-comércio. É necessário substituir os tratados de livre-comércio que têm proliferado por um novo modelo de acordo entre nações, baseado na equidade, na complementaridade, no benefício recíproco, na cooperação e no comércio justo, e que preserve o direito ao desenvolvimento, o direito das nações protegerem seus bens e recursos estratégicos e sua soberania. Processos de integração regionais que se desenvolvem sobre esta base são também uma alavanca poderosa para enfrentar a crise e promover outra saída".[15]

Referências

ABOITES, H. *El tratado de libre comercio de América del norte y su impacto en la educación mexicana (1992-2000).* (s/d).

AUGM. *Pronunciamiento referente a la propuesta de la OMC con relación a la educación superior.* XXXIII Reunión del Consejo de Rectores, Universidad Nacional del Litoral, 15 ago. 2002.

BORON, A. El nuevo orden imperial y como desmontarlo. In: SEOANE, J.; TADDEI, E. (Comp.) *Resistencias mundiales (de Seattle a Porto Alegre).* Buenos Aires: CLACSO, 2001.

COLEGIO DE PROFESORES DE CHILE. El tratado de libre comercio con EE.UU.: la consolidación del modelo neoliberal" *Revista Docencia,* Colegio de Profesores de Chile, n. 19, ano VIII, p. 4-15, maio 2003.

DIDOU AUPETIT, S. *Internacionalización y proveedores externos de educación superior en los países de América latina y en el Caribe: principales problemáticas.* México: Departamento de Investigaciones Educativas; Centro de investigación y de Estudios Avanzados (die/cinvestav), 2005.

---

[15] Aliança Social Continental.

DIDOU AUPETIT, S. *La internacionalización de la educación en América Latina: oportunidades y desafíos*. Conferencia dictada en el Pabellón Argentina de la Ciudad Universitaria, Universidad Nacional de Córdoba, 21 ago. 2007.

IBARRA COLADO, E. Educación superior, entre el mercado y la sociedad: apuntes para imaginar su función social. *Revista de la Educación Superior,* México, ano XXXV, n. 138, v 2, p. 123-133, abr.-jun. 2006.

FELDFEBER, M.; SAFORCADA, F. OMC, ALCA y educación. Una discusión sobre ciudadanía, derechos y mercado en el cambio de siglo. *Cuadernos de Trabajo,* Buenos Aires: Departamento de Educación, Centro Cultural de la Cooperación, Ediciones del Instituto Movilizador de Fondos Cooperativos, n. 58, jun. 2005

GARCIA GUADILLA, Carmen (2004). "Comercialización de la educación superior. Algunas reflexiones para el caso latinoamericano". *Revista de la Educación Superior.* ANUIES, México, n. 130, abril-junho de 2004.

GENTILI, P. Universidades na penumbra. O círculo vicioso da precarização e a privatização do espaço público. In: GENTILI, P. (Org.) *Universidades na penumbra. Neoliberalismo e reestruturação universitária.* São Paulo: Cortez Editora, CLACSO, 2001.

GERTEL, H. R. El Acuerdo General sobre Comercio de Servicios: ¿un nuevo reto para la Universidad Pública en la Argentina? *Revista Economía y Estadística,* Córdoba: Universidad Nacional de Córdoba, Facultad de Ciencias Económicas, Instituto de Economía y Finanzas, v. 42, n. 1, jan.-jun. 2004.

GONZALEZ, J.; WAGENAAR, R. (Ed.). *Tuning Education Structures in Europe.* Informe Final. Projeto Piloto – Fase 1, Universidade de Deusto e Universidade de Groningen, 2003.

HIRT, N. Los tres ejes de la mercantilización escolar. Tradução de Beatriz Quirós. Maio 2001. Disponível em: <http://www.stes.es/socio/nico/3ejes.pdf>.

INTERNACIONAL DE SERVICIOS PÚBLICOS e INTERNACIONAL DE LA EDUCACIÓN. *Grandes expectativas – El futuro del comercio de servicios,* jul. 2000. Disponível em: <http://www.ei-ie.org>.

KNIGHT, J. La Comercialización de Servicios de Educación Superior: Implicaciones del GATS. *The Observatory on Borderless Higher Education,* mar. 2002.

MACDONALD, L. *Efectos del GATS: La Promesa de la Educación Pública amenazada por la OMC y el ALCA.* (mimeo).

PETRELLA, R. La educación víctima de cinco trampas. 2001. Disponível: http://www.humanas.unal.edu.co/contextoedu/docs_sesiones/10_petrella.PDF

PINI, M. *Escuelas charter y empresas: Un discurso que vende.* Buenos Aires: Miño y Dávila-LPP-UNSAM, 2003.

RAMOS, G. *Internacionalización de la educación superior.* Conferência proferida por Gabriela Ramos, Diretora do Centro da OCDE para México e América Latina no 1º Encontro Docente "Educación Superior, Retos y Prospectiva", Universidad del Valle de México, 15 jan. 2003.

TEITELBAUM, A. *El ALCA está entre nosotros: los tratados bilaterales de libre comercio.* Conferência apresentada no III Congresso Internacional – Derecho y Garantías en el Siglo XXI, Facultad de Derecho de la Universidad de Buenos Aires, set. 2004.

TÜNNERMANN BERNHEIM, C. La calidad de la educación superior y su acreditación: la experiencia centroamericana. *Avaliação*, Campinas; Sorocaba, SP, v. 13, n. 2, p. 313-336, jul. 2008.

UNESCO. *Educación superior en una sociedad mundializada.* UNESCO-Educación, Documento de Orientación, França, 2004.

VERGER PLANELLS, A. *La globalización de los sistemas educativos. La OMC y el Acuerdo General de Comercio de Servicios.* Trabalho apresentado no Centro Cultural de la Cooperación, Buenos Aires, out. 2004.

VERGER PLANELLS, A. Transformaciones globales y educación pública. El caso del Acuerdo General de Comercio de Servicios de la OMC. *Aula de Innovación educativa*, Barcelona: Grao, n. 141, p. 21-26, 2005.

Capítulo 8
Integração regional e educação superior: regulações e crises no Mercosul

Mário Luiz Neves de Azevedo

"Hay mucha desigualdad entre los sistemas educativos en la región y aquellos países que se encuentran al frente en algunos aspectos tienen el deber de compartir sus experiencias y contribuir para el desarrollo regional" (Ana Lúcia Gazzola – Diretora do IESALC da UNESCO, Boletim IESALC, n. 150, mayo 2008)

Introdução

A educação superior, em regra, é considerada um setor estratégico para o desenvolvimento e, ao mesmo tempo, um campo social afeito aos movimentos de internacionalização e de potencialização da integração regional; por essas razões, é indispensável para qualquer processo de formação de blocos regionais.[1]

Preservadas as proporções, o Processo de Bolonha na Europa[2] e a Comissão Regional Coordenadora de Educação Superior (CRC-ES) do Mercosul[3] têm sido fontes indutoras de reformas dos sistemas nacionais de educação superior, visando a comparabilidade, o reconhecimento de créditos e a mobilidade acadêmica entre os distintos sistemas nacionais de educação superior.

No velho continente, a integração acadêmica, como consequência de um longo e intensivo processo de integração econômica, social e política, cujos marcos

---

[1] Regional aqui tem o sentido de bloco de países, e não de um espaço ou entidade subnacional.

[2] "O processo político e de reformas institucionais, internamente processadas por cada governo nacional ou respectivas entidades descentralizadas, que deverá conduzir ao estabelecimento efetivo do novo sistema europeu de educação superior, até 2010, incluindo atualmente quarenta e cinco países (isto é, todos os da UE e, ainda, dezoito países europeus não pertencentes à UE), foi designado por Processo de Bolonha" (LIMA; AZEVEDO; CATANI, 2008, p. 10)

[3] O Mercosul (Mercado Comum do Sul) é constituído por quatro Estados Parte (Argentina, Brasil, Paraguai e Uruguai), que assinaram o Tratado de Assunção em 26 mar. 1991. Bolívia (1997), Chile (1996), Colômbia (2004), Equador (2004), Peru (2003) e Venezuela (2004) são países associados ao Mercosul, e a Venezuela está próxima de se tornar parte efetiva do Mercosul, faltando apenas a aprovação dos parlamentos do Brasil e do Paraguai.

fundacionais foram a Comunidade Europeia do Carvão e do Aço (CECA), de 1951, e o Tratado de Roma, de 1957, está efetivando-se definitivamente com o Processo de Bolonha, que tem por objetivo, desde o seu lançamento em 1999, a construção de um Espaço Europeu de Educação Superior (EEES) até o ano 2010.

No Mercosul, apesar da profusão de documentos assinados (tratados, convenções e resoluções), pouco se tem avançado para a integração dos sistemas nacionais/federais de educação superior com vistas a um espaço compartilhado de formação acadêmica e de pesquisa. Dois programas estão sendo promovidos, o Mecanismo Experimental de Credenciamento (MEXA), direcionado aos cursos de graduação em agronomia, engenharia, medicina, odontologia, veterinária e arquitetura, e o Programa de Mobilidade Acadêmica Regional em Cursos Acreditados (MARCA).[4]

O desafio complementar para os países que compõem o Mercosul é promover a integração nacional de seus próprios sistemas de educação superior a fim de, com maior capacidade política, conseguir a formação de um espaço de educação superior regional e, concomitantemente, criar mecanismos de reconhecimento e mobilidade em relação a outras regiões e outros países, a exemplo do Espaço Europeu de Educação Superior que se encaminha para sua conclusão.

Dessa forma, apresenta-se a seguir uma discussão a respeito do fenômeno de internacionalização, bem como da formação de um espaço regional de educação superior; tomando por referência o papel da avaliação e acreditação como instrumentos de regulação nacional e regional.

A formação de um espaço regional internacionalizado de educação superior: algumas reflexões[5]

> La principal preocupación de nuestro tiempo parece consistir en la cuestión de cómo lograr un modelo de desarrollo que incluya a todos, que desarrolle al hombre integralmente y que sea sostenible.
> (DIAS SOBRINHO, 2008, p. 99)

---

[4] Segundo o MEC, o MARCA "foi desenvolvido e implementado pelo Setor Educacional do Mercosul (SEM) como uma das ações voltadas para a mobilidade entre instituições e países e para a melhoria da qualidade acadêmica, por meio de sistemas de avaliação e credenciamento. A promoção da cooperação internacional entre instituições de ensino superior e entre cursos de qualidade avaliada e aprovada pelo SEM é uma forma de incentivo à integração regional e à melhoria da formação de recursos humanos qualificados para o desenvolvimento do Mercosul" (MEC, 08 abr. 2009).

[5] De modo resumido, as ideias aqui desenvolvidas constam no artigo "A formação de espaços regionais de educação superior: um olhar meridional – para o Mercosul" (AZEVEDO, 2008).

As Instituições de Ensino Superior (IES) em processo de regionalização e de internacionalização, além de seus papéis tradicionais relacionados principalmente ao ensino, à formação profissional, à pesquisa e à extensão, devem, respeitando o conhecimento local e os princípios da sustentabilidade, se empenhar na elaboração científica e encaminhar ações com vistas ao desenvolvimento em todos os âmbitos.[6]

Em outras palavras, aquilo que seria um processo eminentemente acadêmico, a formação de um espaço regional de educação superior, torna-se um conjunto de quatro ações combinadas: (a) internacionalização; (b) integração regional; (c) desenvolvimento sustentável; (d) respeito ao conhecimento local. Além disso, a *Alma Mater* (Academia) deve, em cada uma dessas atividades, considerar a pertinência social, a qualidade acadêmica, a solidariedade, a avaliação/*accountability*, a inclusão social, a igualdade e a educação como bem público. Entretanto, esse rol de "tarefas" deve pressupor a autonomia universitária López Segrera (2008, p. 267) lembra,

> *Las universidades enfrentan una de las épocas más interesantes, inciertas y complejas, pues la globalización implica la posibilidad de aprovechar oportunidades importantes, pero también desafíos y problemas serios con relación al futuro, al cuestionarse el ideal de lo público y del bien común. Los valores tradicionales de la Universidad siguen siendo válidos (la autonomía, la libertad de cátedra, la investigación, el trabajo de los estudiantes, la evaluación), pero son valores amenazados en el contexto de la globalización.*

A integração regional, sob o formato de um bloco de países, é uma política pública comum a um conjunto de Estados e, segundo as referências do modelo, de cooperação solidária ou de competição, a política de integração influencia a formulação das políticas públicas nacionais. Como nota Derouet ao analisar as implicações internas do processo de formação do Espaço de Educação Europeu Superior:

> [...] a França penetrava em outro espaço que dispunha também de outro sistema de valores: se o objetivo consistia em manter a posição do país em uma competição internacional, neste caso, a preocupação com a igualdade implicava o risco de perder tudo o que havia sido construído;

---

[6] "[...] *la noción de desarrollo puede ser delineada como universal, integral y sostenible. Universal porque debe alcanzar todos los seres humanos, de todos los países y regiones; integral porque debe involucrar el ser humano como un todo, es decir, en su dimensión material y espiritual; sostenible porque no puede ser limitado a un breve periodo de tiempo y sí debe ser asegurado para todas las futuras generaciones*"(DIAS SOBRINHO, 2008, p. 99).

em compensação, se o país conseguisse manter sua competitividade, todo o mundo se beneficiava [...] mesmo que o proveito de alguns fosse superior ao dos outros. Para a França, o acesso a esse sistema abria um período, ao mesmo tempo, "sob influência" e de incerteza: 1) "sob influência" – em decorrência da Declaração de Lisboa, a França devia prestar contas aos outros países europeus sobre os desempenhos de seu sistema educacional; e 2) de incerteza – por ser difícil orientar-se em um universo composto por uma multiplicidade de referências e de parceiros. (DEROUET, 2006)

Ao aceitar o convite para a integração regional tacitamente as IES contraem mais obrigações do que apenas o compromisso de compatibilização e de comparabilidade de seu sistema de educação superior, pois o esforço de formação de um espaço regional de educação superior pressupõe a internacionalização acadêmica, que, por sua vez, não se trata de um simples mecanismo de permeabilização de fronteiras, mas, sim, um complexo processo de integração a um campo social de produção científica mundializado, em que os diversos atores sociais travam relações com vistas a intercambiar, a cooperar e a compartilhar solidariamente (ou, opostamente, a competir) em suas áreas de atuação e em seus espaços de influência. Ao analisar a entificação do Espaço Europeu de Educação Superior, Azevedo (2007, p. 139) afirma:

> O Processo de Bolonha é uma política pública transnacional dirigida, em última instância, por um meta-Estado, que é a União Européia, com vistas a regular um meta-campo social, o campo universitário/ científico europeu, que, a exemplo de qualquer outro campo social, caracteriza-se por ser um espaço estruturado de posições, cujos atores, permanentemente, travam relações, fazem alianças e lutam entre si, bem como se relacionam com atores externos que, apesar da autonomia universitária, são capazes de interferir no arranjo espacial desse mesmo campo.

A internacionalização acadêmica é um fenômeno intrínseco ao movimento dos atores sociais em luta pela conquista do reconhecimento em seu campo científico correspondente em que, mesmo que suas ações sejam espontâneas, desprendidas ou aleatórias, são catalisadas por políticas públicas indutoras de produção científica. Quatro vetores estão concomitantemente implicados no processo de internacionalização: (a) diálogo e comunicação em nível internacional; (b) percepção do sentido nacional para a integração regional; (c) respeito ao conhecimento local; (d) opção pelo desenvolvimento sustentável. Isto é, a comunidade acadêmica, necessita do diálogo em dimensão mundial e ao mesmo tempo, está inserida obrigatoriamente em algum processo de regionalização, a exemplo do movimento de aproximação entre os países que compõem o Mercosul, e não podem desprezar o sentido local de sua existência. Além disso, os atores sociais envolvidos na internacionalização da educação superior devem incorporar, teórica e praticamente, em suas ações a sustentabilidade, um conceito que vem se tornando um consenso aceito globalmente em qualquer área de atuação.

Em suma, a universidade, adotando o procedimento de *feedback* com a sociedade, retroalimenta-se em um processo em que o saber local, a integração regional, a internacionalização e o desenvolvimento estejam assentados, como uma praxe, sobre os princípios da sustentabilidade. A FIG. 1 pode auxiliar no entendimento desse processo.

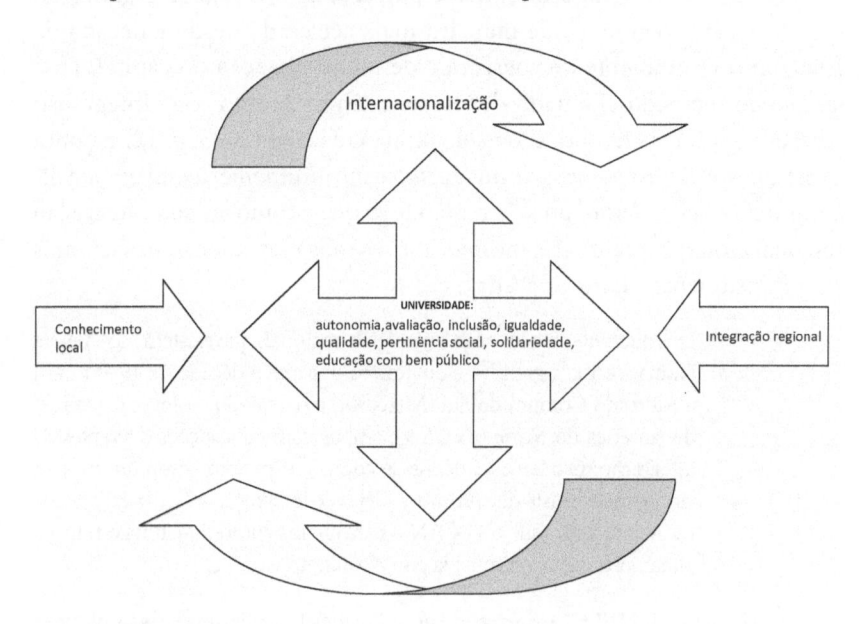

Figura 1: Modelo de retroalimentação (universidade, integração regional, conhecimento local e desenvolvimento sustentável)

Incorporando-se a ideia de desenvolvimento sustentável, respeito ao conhecimento local e observando o estado da arte e o histórico de políticas de integração na região, as propostas de internacionalização acadêmica e de formação de um espaço regional de educação superior têm maior chance de se consolidar. Para isso, deve-se estar atento à história dos países envolvidos no processo de integração, pois mesmo antes da formação dos Estados nacionais, há o registro de diversos movimentos de fustigação e de alianças entre etnias, povos e países. Vários eventos na América Latina demonstram um efeito "pendular" na relação de vizinhança, experimentando-se aproximações e distanciamentos.

Com vistas a uma reflexão propositiva, dispensem-se menções às guerras e aos entreveros havidos na América Latina e Caribe (ALC) e citem-se os movimentos de integração. Nesse sentido, podem ser lembradas iniciativas como a aliança estratégica entre Argentina, Brasil e Chile (ABC), a Associação Latino-Americana de Livre-Comércio (ALALC), a Associação Latino-Americana de Integração (ALADI), chegando, atualmente, a Comunidade Andina de Nações (CAN), o Mercosul, CARICOM e a Comunidade Sul Americana de Nações (CASA).

Do ponto de vista econômico e político, a ALC tem se organizado em blocos sub-regionais, de maneira mais acelerada desde a década de 1990, em um ambiente de abertura e de mundialização do capital. Esse fenômeno tem sido chamado de "Regionalismo Aberto" ou "Integração Aberta", conforme lembra Carmen García Guadilla (2005, p. 12) na obra *Tensisones y Transiciones: educación superior latinoamericana em los albores del tercer milênio*, pois "a região teve que promover sua integração regional e/ou sub-regional e, mesmo, abrir-se aos mercados internacionais simultaneamente". Para Guadilla,

> Dos diferentes blocos econômicos sub-regionais que existem na América Latina, os mais grandes e dinâmicos durante a década de 1990 foram o Mercado Comum do Sul (Mercosul) e o Tratado de Livre Comércio de América do Norte (TLCAN), ambos com concepções diferentes de integração. O Mercosul define-se como um projeto como um projeto latinoamericanista que promove idéias de integração sem a presença dos EUA, enquanto que o TLCAN – para alguns autores – é uma estratégia panamericanista, estimulada por Washington. (p. 12)

O IESALC-UNESCO, com sede em Caracas (Venezuela), desenvolveu o Projeto Tendências da Educação Superior na América Latina e Caribe e o apresentou seus resultados na Conferência Regional de Educação Superior (CRES-2008), em Cartagena de Índias, entre os dias 4 e 6 de março de 2008. Coordenado por Axel Didrikson, esse projeto sinalizava para as universidades da América Latina e do Caribe a importância da ideia de desenvolvimento sustentável acoplado às características locais ou regionais:

> *Para América Latina y el Caribe es importante producir conocimientos y tecnologías adecuadas a las características regionales y que tengan una inserción significativa en las estrategias de las sociedades de los distintos países. Hay que considerar que las "buenas prácticas" de*

> *los países ricos, donde hay una importante demanda y una buena capacidad tecnológica de las empresas, no siempre se corresponden con las necesidades de los países emergentes. El modelo hegemónico de la ciencia y de la tecnología en general se pone al servicio del progreso económico, del lucro de las empresas, sin mucho compromiso con el medio ambiente y la calidad de vida de las personas.*
> (IESALC-UNESCO, 2007, p. 22)

Entretanto, é necessário, que as IES da América Latina e do Caribe não interpretem que devem aceitar um papel subalterno na produção científica e tecnológica. Amaral (2004) chama a atenção para a hipótese de que, com relação à Europa, está se construindo uma integração universitária em duas velocidades, em que alguns países seriam os produtores de ciência e tecnologia e outros somente replicadores do produto.[7] Ou seja, as IES da ALC necessitam atentar-se às questões locais sem descartar o domínio do conhecimento mais sofisticado e avançado.

> *El desarrollo de una capacidad propia de producción y transferencia de conocimientos, o su potenciación local, subregional y regional debe ser el objetivo central de las nuevas formas de cooperación. Ello significa que los actores locales son los principales responsables del diseño y formulación de las propuestas, programas y proyectos de cambio y los actores principales del proceso de transformación. En la época actual, el fortalecimiento de la educación superior está cada vez más vinculado a su capacidad para interactuar positivamente en el plano de los procesos intelectuales y científicos regionales y globales, integrando a las prácticas de enseñanza, investigación y servicio a la comunidad, una dimensión internacional e intercultural que sirva a la superación de la calidad de las instituciones. La extensión de la vida académica más allá de las fronteras nacionales, movilizando solidariamente sus potencialidades, aprovechando mediante acciones de convergencia los recursos humanos*

---

[7] Alberto Amaral infere que, ao tratar sobre a construção do Espaço de Educação Superior na Europa, também conhecido como Processo de Bolonha, "Portugal 'dedicar-se-ia ao ensino primário e secundário e com alguma sorte teria, também, a leccionação do primeiro ciclo de Bolonha'. Os melhores alunos poderiam concluir depois os estudos, nomeadamente o mestrado e doutoramento, noutros países da União Europeia 'mais próximos da fronteira tecnológica'. Por outras palavras, o relatório da Comissão Europeia, desenvolvido pelo grupo de trabalho *Implementation of Education and Training 2010 - Work Programme*, propõe que o ciclo da inovação seja retirado a Portugal, um país que se limitaria a perpetuar o 'ciclo da imitação'. [...] existe mesmo 'uma agenda oculta de Bolonha'. O pano de fundo para as transformações que se avizinham nas Universidades e Politécnicos europeus é 'a competitividade económica num sistema globalizado' e 'os problemas dos salários europeus muito elevados'. A ênfase é colocada no conceito de 'empregabilidade', o que confere ao indivíduo a total responsabilidade para conseguir um trabalho" (AMARAL, 2009).

> *y materiales disponibles en ciencia y tecnología, es un elemento consustancial al cumplimiento de las finalidades públicas y a la proyección de futuro de las universidades, las cuales no pueden ser ya concebidas como entidades ligadas en términos excluyentes a realidades puramente locales.* (IESALC-UNESCO, 2007, p. 31-32)

Não é desconhecido o caminho de combinar a produção de conhecimento baseada nos problemas locais em diálogo com a ciência global. A conhecida frase de Tolstoi o demonstra: "se queres ser universal, fala da tua aldeia". Não se trata de um "canto" vazio; o conjunto acadêmico da América Latina e do Caribe não necessita adotar um tipo de modelo único de produção da ciência ou eleger somente objetos de pesquisa "consagrados" em matrizes dos países centrais. Os problemas de pesquisas trabalhados pelos pesquisadores e grupos regionais/locais, em cooperação internacional ou não, adquirem a categoria universalizada a partir do momento em que os procedimentos e os resultados de seus trabalhos epistemologicamente coerentes são comunicados aos pares e à sociedade com vistas ao pertinente avanço da ciência básica e aplicada. Dessa maneira, as temáticas correntes nas universidades latino-americanas e caribenhas não podem sofrer qualquer tipo de marginalização. Marco Antonio Dias (2007, p. 13) afirma:

> *Lo que se observa entonces es una tendencia proveniente de fuentes muy diversas que presionan por la adopción de modelos únicos para la enseñanza superior. Se rompe entonces el equilibrio entre el global y el local con la oficialización de la dominación del primero. Es una tendencia inaceptable si se desea efectivamente apoyar de un lado la diversidad cultural y del otro la adecuación de la educación a las necesidades locales de los diferentes pueblos.*

A valorização do saber local em combinação com a ciência internacionalizada é o que pode permitir que a humanidade conheça melhor sua casa. Ressalte-se, os espaços geográficos mais ricos em biodiversidade situam-se justamente nos trópicos, conforme Mahendra M. Shah (2005, p. 46) chama a atenção:

> [...] cientistas estimam que há entre 5 e 30 milhões de espécies biológicas na Terra, das quais menos de 1,75 milhão foram identificadas. Além disso, uma grande parte dessas espécies encontra-se em áreas tropicais, especialmente nos ecossistemas florestais.[8]

---

[8] *"Scientists estimate that there are between 5 and 30 million biological species on Earth, of which only about 1,75 million have been identified thus far. Moreover, a large share of these is found in tropical areas, particularly forest ecosystems".*

Dados como esses demonstram que tanto as soluções para muitos dos problemas da humanidade quanto um possível modelo de desenvolvimento sustentável podem ser encontrados em paralelo ao Sul dos atualmente principais centros de produção da ciência. Assim, a ampliação do conhecimento com vistas ao desenvolvimento sustentável, inclusive no que refere às energias renováveis, depende em grande medida, da valorização do saber local e da institucionalização da internacionalização solidária no campo da educação superior e da produção da ciência.

A integração no Mercosul

> Da minha aldeia vejo quanto da terra se pode ver no Universo...
> Por isso a minha aldeia é tão grande como outra terra qualquer
> Porque eu sou do tamanho do que vejo
> E não, do tamanho da minha altura [...]
>
> (Fernando Pessoa)

A integração latino-americana e caribenha não é um propósito exclusivo do Mercosul. Esse projeto tem antecedendentes registrados na história.[9] De maneira mais resoluta, a primeira iniciativa diplomática brasileira de integração é a ABC, em 1915, reunindo Argentina, Brasil e Chile. Segundo Sosa (2008, p. 3),

> [...] este emprendimiento tenía dos rasgos sobresalientes. El primero, evitar la carrera armamentista entre dichos poderes sudamericanos. Segundo, ejercer algún tipo de mediación o de buenos oficios, en los casos de amenaza de intervención o de intervención efectiva, por parte de potencias hegemónicas en el territorio de América Latina.

A ABC toma nova relevância quando Juan Domingos Perón e Getúlio Vargas esforçam-se para conformar um bloco político-econômico no Sul. Houve nova frustração devido a resistências internas tanto no Brasil quanto na Argentina.[10] No princípio da década de 1960, os presidentes Arturo Frondizi (Argentina), Jânio Quadros (Brasil) e Jorge Alessandri (Chile)

---

[9] Outras iniciativas de organização do livre-comércio na América Latina podem ser lembradas: 1. ALALC (Associação Latino-Americana de Livre-Comércio), na década de 1960, com Argentina, Brasil, Chile, México, Paraguai, Peru e Uruguai. Em 1970, a ALALC recebeu a adesão de Bolívia, Colômbia, Equador e Venezuela. Em 1980, com a assinatura do Tratado de Montevidéu, a ALALC tornou-se ALADI (Associação Latino-Americana de Integração). Cuba adere a ALADI em 1999.

[10] Para se ter uma dimensão da oposição política aos líderes da Argentina e do Brasil, Vargas, por motivação política, suicida-se em 1954, e Perón é derrubado por um golpe em 1955.

iniciaram tratativas de coordenação para a integração econômica. Esse trio de países mais México, Paraguai, Peru e Uruguai assinaram o Tratado de Montevidéu em 18 de fevereiro de 1960. Depois dessa novamente frustrada tentativa de concreção de um bloco econômico, a integração somente recobrará forte ânimo político em 1985, com os governos de Raúl Alfonsín (Argentina) e José Sarney (Brasil), culminando com a assinatura do Tratado de Integração, Cooperação e Desenvolvimento, em 1988, que previa a formação gradual no prazo de 10 anos de uma União Aduaneira, apoiada em políticas comuns no campo fiscal, cambial, monetário, agrícola e industrial, com vistas ao desenvolvimento harmônico entre os países signatários. Sosa (2008, p. 5) afirma:

> *El proceso de integración Argentina-Brasil (Acuerdos Alfonsín 14-Sarney15 1985/86) tenía un objetivo político-estratégico. Su propósito inicial era superar la rivalidad económica, política y militar entre ambos países, a través de un programa gradual y equilibrado de apertura comercial recíproca y de la creación de mecanismos de desarrollo industrial y tecnológico para configurar el núcleo de un futuro mercado común, que sirviese de base a un Estado supranacional, en el Cono Sur de las Américas.* (2008, p. 5)

O Tratado de Assunção, de 1991, com a intenção de promover a liberalização do comércio em um bloco geográfico regional, assinado pelos representantes da Argentina, Brasil, Paraguai e Uruguai, torna-se a alavanca para a formação de um Mercado Comum do Sul. Em 1994, esses mesmos quatro países decidem os termos da estrutura institucional do Mercosul com a forma de uma personalidade jurídica internacional, gerando o Protocolo de Ouro Preto, peça de acordo que baliza o livre-comércio e a união aduaneira, principalmente com a adoção da Tarifa Externa Comum (TEC) para os quatro Estados partes do Mercosul.

Dessa forma, o Tratado de Assunção é o ato de fundamento oficial do Mercosul. Chama a atenção que a própria denominação do bloco regional demonstra o fulcro economicista na construção de um "Mercado Comum do Sul". Esse pragmatismo, matizado pelo liberalismo econômico, pode ser creditado à hegemonia de referenciais livre-cambistas nos anos 1990 na América Latina.

O Mercosul, com certas ressalvas, é considerado uma união aduaneira, ou seja, é uma zona de livre-comércio acrescida de uma política de comércio exterior comum, com vistas, conforme apresenta o Tratado de Assunção, em sua única consideração: "ampliação das atuais dimensões de seus mercados nacionais, através da integração, constitui condição fundamental para acelerar seus processos de desenvolvimento econômico com justiça social" (MERCOSUL, 2008).

Dessa forma, infere-se que o desígnio maior dos formuladores do Mercosul não foi muito diferente do principal objetivo dos construtores da União Europeia. Em suas origens, a União Europeia procurou forjar uma aliança política entre as nações, baseado com o objetivo de promover a integração econômica e energética, com regulações que pudessem evitar novos conflitos advindos de divergências políticas históricas e do campo econômico. Consta no preâmbulo do acordo que funda a Comunidade Europeia do Carvão e do Aço, em 1951:

> [...] Decididos a substituir as seculares rivalidades por uma essencial fusão de seus interesses, a fundar pela instauração de uma comunidade econômica as primeiras bases de uma comunidade com o sentido mais amplo e profundo entre os povos que longamente se opuseram em disputas sangrentas [...]. (MATHIEU apud AZEVEDO, 2007, p. 139)

Os países que compõem o Mercosul têm buscado um sendeiro semelhante ao trilhado pela União Europeia, não deixando margem a dúvidas quanto às suas intenções de construir a integração política a partir da integração econômica, de acordo com o escopo dos atores sociais hegemônicos. No portal oficial mantido pelos países associados encontra-se:

> O MERCOSUL assenta as bases fundamentais sobre as quais se consolidam definitivamente as relações entre os países envolvidos no empreendimento. Representa, sobretudo, um Acordo Político, o mais importante alcançado na região. A partir deste Acordo, os conceitos de confiabilidade, harmonia, razoabilidade e previsibilidade passam a fazer parte da linguagem e da convivência política, econômica e social de nossas sociedades. A "rede de segurança política" do MERCOSUL gera as regras do jogo necessárias para que as inter-relações econômicas e comerciais existentes sejam desenvolvidas plenamente. O MERCOSUL é um elemento de estabilidade na região, pois, ao gerar uma trama de interesses e relações, aprofunda os vínculos tanto econômicos como políticos e neutraliza as tendências à fragmentação. Os responsáveis políticos, as burocracias estatais e os empresários possuem agora um âmbito de discussão, de múltiplas e complexas facetas, onde podem abordar e resolver assuntos de interesse comum. Isso certamente estimula uma maior racionalidade na tomada de decisões de todos os atores sociais. A integração gera um nível de interdependência tal que o jogo de interesses cruzados leva, progressivamente, os atores públicos e privados a movimentar-se em um cenário político comum que excede

às estruturas políticas nacionais. Com efeito, os avanços na construção do mercado comum implicaram necessariamente a conformação de um "espaço político comum" no qual vigora, implicitamente, uma "política MERCOSUL". (MERCOSUL, 2008. Sem grifos no original)[11]

Essas características explicam certo retraso na convergência regional das políticas culturais e educacionais ou mesmo a subordinação da estratégia da construção do Mercosul Educativo ao Mercosul econômico, o que poderia ser interpretado pela tradicional dicotomia da diplomacia internacional entre *high politics* (defesa externa, relações diplomáticas, tratados econômicos, etc.) e *low politics* (políticas sociais, educacionais e de bem-estar de maneira geral).

O Mercosul Educativo: uma proposta para além da estratégia comercial?

Para além de uma simples união aduaneira, embora o sentido econômico seja o principal moto orientador do Mercosul, os países do bloco projetam a integração regional em todos os campos. A educação superior, por ser um setor estratégico, faz parte do projeto de integração. Para isso, os países integrantes dessa aliança regional vêm desenvolvendo o Mercosul Educativo, que na prática surge com o Setor Educativo do Mercosul (SEM), criado em 13 de dezembro de 1991 por intermédio do Protocolo de Intenções assinado pelos Ministros de Educação dos países do Mercosul, com a finalidade de ser uma instância estratégica para o movimento efetivo de integração.

Até o momento, o SEM aprovou quatro planos estratégico para a educação no Mercosul. O primeiro plano foi aprovado em Ouro Preto, em 1991, com vigência até 1997. O segundo plano, nesse caso trienal, entrou em vigor em 1998. O terceiro plano, com validade para o período de 2001 a 2005, constituiu de certo modo um marco regulatório para o Mercosul Educativo. O quarto plano cobre o período de 2006 a 2010.

Em setembro de 2000, com o Compromisso de Gramado e o Terceiro Plano de Educação, os máximos dirigentes nacionais da área educativa no Mercosul assumem a missão de formar um espaço de educação no âmbito do Mercosul, com o sentido estratégico de construir a cidadania regional, a mobilidade acadêmica, o intercâmbio, a promoção da qualidade educativa para

---

[11] http://www.mercosur.int/msweb/portal%20intermediario/pt/index.htm

todos, o respeito à diversidade e a justiça social. Essa missão consubstanciou-se de fato no segundo Plano de Ação do Setor Educativo do Mercosul para o período de 2001-2005. Para isso, estabeleceram-se três objetivos estratégicos:

1. *Fortalecimiento de la conciencia ciudadana favorable al proceso de integración regional que valore la diversidad cultural.*
2. *Promoción de una educación de calidad para todos en la región y de políticas de formación y capacitación de recursos humanos competentes.*
3. *Conformación de un espacio educativo regional de cooperación solidaria.* (MERCOSUL, 2008).[12]

O quarto plano de Educação para o Mercosul, apesar de ser mais longo e detalhado, abstém-se de utilizar no corpo do documento a expressão "espaço de educação comum". Essa timidez poderia revelar um enfraquecimento da vontade de integração na área educativa; entretanto, essa intenção estratégica fica patente na introdução do Plano do Setor Educativo do Mercosul 2006-2010, ao rememorar que missão do SEM é:

> *Conformar un espacio educativo común, a través de la concertación de políticas que articulen la educación con el proceso de integración del MERCOSUR, estimulando la movilidad, el intercambio y la formación de una identidad y ciudadanía regional, con el objeto de lograr una educación de calidad para todos, con atención especial a los sectores más vulnerables en un proceso de desarrollo con justicia social y respeto a la diversidad cultural de los pueblos de la región.*
> (REPÚBLICA ORIENTAL DEL URUGUAY, 2007, p. 36)

Mesmo que no corpo do Plano não esteja explícita a vontade de se construir um espaço comum de educação superior, o documento tenciona nesse sentido: em várias passagens esse espírito está presente no documento. É o que se pode deduzir, por exemplo, dos objetivos estratégicos para o período de 2006 a 2010:

1. *Contribuir a la integración regional acordando y ejecutando políticas educativas que promuevan una ciudadanía regional, una cultura de paz y el respeto a la democracia, a los derechos humanos y al medio ambiente.*
2. *Promover la educación de calidad para todos como factor de inclusión social, de desarrollo humano y productivo.*
3. *Promover la cooperación solidaria y el intercambio, para el mejoramiento de los sistemas educativos.*

---

[12] <http://www.me.gov.ar/dnci/mercosur/docs/compromiso_de_gramado.rtf>. Acesso em: 15 maio 2008.

4. *Impulsar y fortalecer programas de movilidad de estudiantes, pasantes, docentes, investigadores, gestores, directivos y profesionales.*
5. *Concertar políticas que articulen la educación con el proceso de integración del MERCOSUR.*

As linhas estratégicas para se alcançar esses objetivos mencionados tampouco explicitam a intenção de conformação de um espaço comum de educação superior. Entretanto, pode-se inferir que a integração da educação superior no Mercosul seria obra a cargo dos atores sociais mais bem posicionados no campo acadêmico regional, tais como as redes institucionais, os núcleos de excelência e os grupos de pesquisa internacionalizadas. As linhas estratégicas referentes ao terceiro objetivo são as que mais se aproximam do propósito de construção de um espaço comum de educação superior:

3.1. *Conocimiento recíproco de las políticas educativas nacionales con miras a su concertación.*

3.2. *Impulso a investigaciones que permitan un mejor conocimiento de la realidad educativa de la región*

3.3. *Organización y fortalecimiento de redes (institucionales y académicas) que faciliten el intercambio de información y de experiencias educativas para afianzar las capacidades nacionales y contribuir a la disminución de asimetrías.*

3.4. *Promoción y fortalecimiento de núcleos educativos y centros regionales de excelencia.*

3.5. *Intercambio de conocimientos y transferencia de tecnologías a partir de las fortalezas y complementariedades existentes.*

Jorge Landinelli (2003), em evento no CLACSO, em 2003, nota o forte papel que jogam as instituições universitárias e os grupos científicos consolidados para alcançar sucesso no âmbito da integração no Mercosul:

> La centralidad en los procesos de integración universitaria radica en las instituciones más complejas y sensibles a las tendencias modernizadoras de la educación superior, especialmente aquellas que han asumido responsabilidades centrales en la constitución de comunidades científicas que han actuado como dinamizadoras de los débiles sistemas científico-tecnológicos nacionales. En esos casos se han elaborado oportunidades para incorporar al quehacer universitario respuestas eficaces al fenómeno de la internacionalización y regionalización de la educación superior, sustentadas en principios de complementariedad entre instituciones, compatibilización de intereses

> *entre equipos académicos, coordinación de capacidades científicas y cooperación en el desarrollo de iniciativas educacionales comunes, todo ello facilitado por la incorporación de las tecnologías electrónicas de la comunicación y la información.* (LANDINELLI, 2003, p. 4)

Considerando-se que o conjunto das Instituições de Educação Superior de cada país e seus pertinentes atores sociais pode ser compreendido como um campo social,[13] ou seja, um espaço estruturado de posições em que os atores sociais lutam entre si, travam relações e fazem alianças, a integração acadêmica regional, uma forma de internacionalização regulada por normas concertadas por um bloco de países, torna-se um catalisador para deslocamentos e (re)posicionamentos no campo acadêmico nacional, pois a integração suscita novas acomodações nas relações existentes, por consequência a conformação de um campo regional (supranacional) de educação superior. Bourdieu (1996) afirma:

> A noção de *espaço* contém, em si, o princípio de uma apreensão *relacional* do mundo social: ela afirma, de fato, que toda a realidade que designa reside na *exterioridade mútua* dos elementos que a compõem. Os seres aparentes, diretamente visíveis, quer se trate de indivíduos quer de grupos, existem e subsistem na e pela *diferença*, isto é, enquanto ocupam *posições relativas* em um espaço de relações que, ainda que invisível e sempre difícil de expressar empiricamente, é a realidade mais real (*ens realissimum*, como dizia a escolástica) e o princípio real dos comportamentos dos indivíduos e dos grupos. (BOURDIEU, 1996, p. 48-49).

Dessa forma, a integração acadêmica na área compreendida pelos países do Mercosul pode significar, como em diagramas de conjuntos matemáticos, uma união, uma intersecção, uma diferença ou um complemento[14] de campos sociais acadêmicos nacionais. A integração somente com os atores sociais já internacionalizados, excluindo-se os demais, seria uma intersecção de elementos igualados pela avaliação positiva de seus próprios pares e por agências constituídas para tal fim.

Porém, independentemente da forma mais ou menos "integrativa", o espaço de educação superior no Mercosul acarretaria maiores complexidades

---

[13] A exemplo da integração acadêmica na Europa por intermédio do Processo de Bolonha, o Espaço Europeu de Educação Superior pode vir a ser, a partir de 2010, um imenso campo social universitário.

[14] A integração não pode se tornar uma simples sobreposição de campos (ou conjuntos). Não se trataria, assim sendo, uma integração.

nas relações, nas alianças e nas lutas dos atores sociais envolvidos, mesmo no que refere aos grupos de atores que potencialmente não pertençam à potencial intersecção de confiança de qualidade, avaliada e acreditada por agências e autoridades regionais e corrente aceita pelos diversos atores sociais imbricados no processo de integração.

Assim, tomando-se o Brasil como exemplo e sabendo-se que existe uma dualidade na oferta de educação superior e que a menor qualidade tem coincidido com as escolas ligadas aos interesses privados (nacionais ou transnacionalizados), pode-se inferir que grande parte da população estudantil brasileira da coorte correspondente à educação superior está sendo atendida pelos "provedores de educação superior" de menor qualidade, justamente aqueles que não estão situados no espaço de intersecção da qualidade.[15]

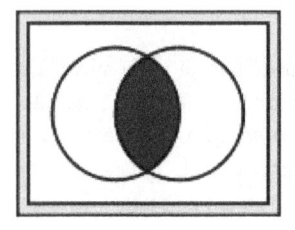

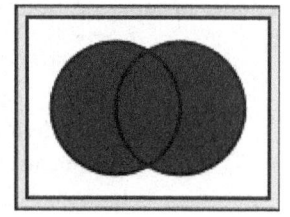

Figura 2: Diagrama de Venn demonstrando a intersecção ou a união:

Com base nos mecanismos de aferição da qualidade a partir da acreditação e da avaliação, a formação de um espaço de educação superior tem por objetivo regular o sistema pelo princípio da preservação da confiança entre os associados do bloco regional. Isto é, os formuladores das políticas de integração do Mercosul preferem partir da integração entre os grupos e os atores sociais que se apresentam com os padrões mais elevados de qualidade para que a credibilidade entre as partes seja preservada. Ainda, conforme Landinelli (2007) observa:

> *En múltiples experiencias internacionales el manejo de la acreditación basada en la evaluación interna y externa se ha manifestado como una de las fórmulas más eficaces para contribuir a certificar y elevar la calidad de la educación superior. En América Latina el interés creciente por la hechura de políticas de acreditación ha estado ligado a la necesidad de establecer procedimientos de regulación y contralor sobre una oferta*

---

[15] Mais de 70% das matrículas em educação superior no Brasil são em instituições privadas, que em sua maioria não figuram entre as IES de mais alto padrão de qualidade.

> *educativa afectada por el crecimiento exponencial de la matrícula, por la heterogénea expansión del número de instituciones y por la necesidad de refrendar públicamente la credibilidad de las titulaciones que las universidades otorgan a sus graduados.* (LANDINELLI, 2007, p. 1)

Preservadas as proporções, tanto em relação à quantidade de sistemas a serem integrados quanto à diversidade envolvida, o processo de integração da educação superior no Mercosul assemelha-se ao Processo de Bolonha da Europa, que tem reservado especial atenção à garantia da qualidade dos cursos, ao reconhecimento dos diplomas e à acreditação. De acordo com Dias Sobrinho (2005, p. 192) afirma que:

> [...] um dos mais sérios questionamentos que se fazem a esse processo de convergência da educação superior européia e da internacionalização em geral se refere ao reconhecimento de diplomas.

E acrescenta:

> Quanto à acreditação, a tendência é a de criar não uma meta-agência européia, mas uma rede de agências mais ou menos livremente organizadas segundo distintas iniciativas. Porém, quem acreditará nessas agências? Quem assegurará a qualidade dessas agências? (p. 194).

Comprovando essas asserções, os representantes do Mercosul no CMC, ao criar um sistema de avaliação regional a ser implantado, denominado ARCU-SUL[16], consideram

> [...] que sua pertinência e relevância permitirão garantir o conhecimento recíproco, a movimentação e a cooperação solidária entre as respectivas comunidades acadêmico-profissionais dos países, elaborando critérios comuns de qualidade no âmbito do MERCOSUL, para favorecer os processos de formação em termos de qualidade acadêmica [...] e que este sistema se destaca como uma política de Estado necessária a ser adotada pelos Estados Partes do MERCOSUL e os Estados Associados, com vistas à melhora permanente na formação de Recursos Humanos, com critérios de qualidade requeridos para a

---

[16] A XXXIV reunião, de 30 jun. 2008, do Conselho do Mercado Comum, ao criar um sistema de avaliação para o "credenciamento de cursos de graduação para o reconhecimento da qualidade acadêmica", consignou como um de seus princípios: "O Sistema de Credenciamento Regional de Cursos de Graduação do/s Estado/s Partes do MERCOSUL e Estados Associados, cuja denominação, doravante, é acordada como "Sistema ARCU-SUR", será gerenciado no âmbito do Setor Educacional do MERCOSUL, respeitará as legislações de cada país e a autonomia das instituições universitárias. O sistema considerará aqueles cursos de graduação que tenham reconhecimento oficial e com graduados" (MERCOSUL-CMC, 30 jun. 2008, p. 3).

promoção do desenvolvimento econômico, social, político e cultural dos países da região. (2008, p. 2)

Entretanto, falta muito para que um espaço integrado de educação superior se torne uma realidade no Mercosul. Até o momento, poucos alunos utilizaram-se do MEXA e do MARCA para fazer a mobilidade acadêmica, e muito daquilo que se espera institucionalizar regionalmente é inexistente no âmbito dos Estados constituintes do Mercosul. Afinal, como fortalecer o conjunto (Mercosul) se as partes apresentam fragilidades até na integração nacional? Para tornar um pouco mais complexa a situação, existe o risco de as IES do bloco se subordinarem aos ditames das agências dos países centrais, desprezando os valores, a cultura, o saber e as demandas de desenvolvimento da região onde estão localizadas. López Segrera (2008, p. 270) alerta:

> Existe la tendencia de que IES de los países en desarrollo soliciten ser acreditadas por agencias de acreditación de países extranjeros, en especial de EE.UU., sin percatarse que estas agencias desconocen los valores y necesidades de desarrollo autóctono por estar conformadas para otra realidad. Puede ser positivo invitar a expertos a incorporarse a los equipos nacionales de acreditación, pero siempre que estos procesos estén elaborados a partir de valores, normas y necesidades autóctonas.

Nesse sentido, o que se justifica como exercício da construção da confiança entre os sistemas nacionais para se formar um sistema regional de educação superior pode se tornar um mercado de classificação e "labelização" da educação superior com vistas a um modo de regulação marcado, não pela solidariedade, mas pela competição. Em análise sobre o Processo de Bolonha, Lima, Azevedo e Catani (2008, p. 8) alertam:

> Estaremos perante uma convergência normativa indispensável à integração das instituições, mas logo orientada para a divergência competitiva e diferenciadora, baseada na rivalidade interinstitucional, dentro e fora de cada país, na busca incessante por vantagens competitivas.

E acrescentam:

> O Processo de Bolonha, com vista à criação de um espaço europeu de educação superior altamente integrado e competitivo, exige um movimento em direção à convergência, para que se possa falar de um sistema, sujeito às mesmas orientações e regras, e para que a competição interna possa funcionar segundo critérios comuns e comparáveis. Um mercado competitivo de educação superior requer um mínimo de regulação relativa ao estabelecimento das

grandes regras do jogo competitivo e da inclusão das instâncias competidoras, da estrutura comum dos serviços a prestar, dos critérios de avaliação da sua qualidade e da informação a prestar aos consumidores. (p. 14).

Enfim, na Europa, se o exemplo pode servir para o Mercosul, o projeto de integração – que teve por motivação inicial o fim das rivalidades entre países e nações, para se evitar a repetição dos conflitos havidos em campos de batalha, a exemplo das Primeira e da Segunda Guerras Mundial – pode estar se reduzindo a uma proposta de convergência de sistemas com vistas a ganhos de vantagens comparativas (competitivas) diante de terceiros países.

Considerações finais

> *Es fundamental la construcción de un Espacio de Encuentro Latinoamericano y Caribeño de Educación Superior (ENLACES), el cual debe formar parte de la agenda de los gobiernos y los organismos multilaterales de carácter regional. Ello es básico para alcanzar niveles superiores que apunten a aspectos fundamentales de la integración regional: [...]*
> (Declaração CRES 2008).

A internacionalização, a regionalização, o respeito ao conhecimento local e a aceitação dos princípios do desenvolvimento sustentável dependem de que as instituições universitárias conquistem definitivamente a autonomia, tenham qualidade, sejam inclusivas, solidárias e pertinentes socialmente, permitam-se a avaliação, promovam a igualdade e tenham por princípio que a educação é um bem público. Essas características são essenciais no processo de cumprimento das missões acadêmicas.

No concerto mundial das nações, as IES sediadas fora dos países centrais não podem aceitar um papel subalterno na produção científica e tecnológica. Atentar para as questões e o conhecimento locais não significa descartar o avanço na fronteira do conhecimento e o domínio da ciência universalizada. É sabido o caminho de se combinar a produção do saber fundamentada nos problemas locais em diálogo com a ciência global. Como afirma Dias Sobrinho, (2008, p. 101) *"en el encuentro creativo y simbiótico entre lo universal y lo local, en el campo de la ética se edifica la base para el desarrollo sostenible"*.

Soluções para muitos dos problemas da humanidade e para um possível modelo de desenvolvimento sustentável, inclusive no que refere às energias renováveis, podem ser encontradas em paralelos ao Sul (em blocos regionais ou não) e dependem, em grande medida, da valorização do saber local e da institucionalização da internacionalização solidária, contrariamente à transnacionalização da educação superior promovida, entre outras agências, pela Organização Mundial do Comércio (OMC) por intermédio do Acordo Geral de Comércio sobre Serviços (GATS).

Nesse sentido, destaque-se o papel que a avaliação e a acreditação têm desempenhado no processo de integração, que pode estar gerando uma tendência de formação de agências avaliadoras/acreditadoras focalizadas no espaço regional integrado. Essas agências teriam o papel de avaliar, acreditar e chancelar ("labelizar") as IES para suas ações em um ambiente internacional[17]. Entretanto, ao considerar a educação superior como um bem público e o respeito do princípio da autonomia universitária, o modelo regulativo pode alternativamente em lugar de paradigmas reduzidos à competitividade, adotar a avaliação voluntária, formativa e participativa, com o sentido do autoconhecimento e da solidariedade, descartando a "facilidade" e o imediatismo dos *rankings*,[18] um caminho curto que os formuladores de políticas públicas liberalizantes adotam para a formação de um ambiente de mercado de educação superior.

Enfim, a educação superior é um campo social estratégico para a formação de blocos regionais, a exemplo do Processo de Bolonha (Europa) e do Mercosul Educativo, com capacidade implícita para a internacionalização solidária, o respeito ao conhecimento local e a promoção do desenvolvimento em todos os âmbitos de acordo com os princípios da sustentabilidade. Entretanto, permanece o dilema. O modelo de integração dos campos nacionais de educação superior no Mercosul poderá implicar uma "soma" (modelo amplo) ou uma "intersecção" (modelo restritivo) dos campos sociais acadêmicos, que será, em última instância, consequência do modelo de integração (logo de avaliação) a ser adotado: solidário ou competitivo.

Referências

AMARAL, A. Bolonha obrigará Portugal a desinvestir no Superior (entrevista a Fernando Basto). *Jornal de Notícias*, Porto, 23 nov. 2004. Disponível em: <http://jn.sapo.pt/paginainicial/interior.aspx?content_id=469463>. Acesso em: 10 maio 2009.

---

[17] "Convergir para divergir, ou integrar para diferenciar, seriam os lemas mais adequados, no sentido de estabelecer uma dinâmica onde a rivalidade se torna imediatamente visível e comparável, traduzida na capacidade de atração de mais alunos e de certos tipos de alunos, designadamente estrangeiros, de captação de novos recursos financeiros, de projetos de prestação de serviços ao mercado, de conquista de novos mercados e públicos, de subida de posições nos rankings nacionais e europeus, e tudo isto independentemente das condições contextuais e de partida de cada instituição de educação superior" (LIMA, AZEVEDO; CATANI, 2008, p. 8).

[18] Segundo o Dicionário Houaiss (2004), etimologicamente, *ranking* tem origem na língua inglesa (1862) e significa "estar em uma posição alta, estar próximo ao chefe" (Qual chefe? Eis a questão).

AZEVEDO, M. L. N. A formação de espaços regionais de educação superior: um olhar meridional – para o Mercosul. *Avaliação,* Campinas, v. 13, n. 3, p. 875-879, 2008. Disponível em: <http://www.scielo.br/pdf/aval/v13n3/19.pdf>.

AZEVEDO, M. L. N. A integração dos sistemas de educação superior na Europa: de Roma a Bolonha ou da integração econômica à integração acadêmica. *ETD - Educação Temática Digital,* Brasília, 9.0, p. 133-149, 17 nov. 2008. Disponível em: <http://www.fae.unicamp. br/etd/viewarticle.php?id=160>. Acesso em: 14 maio 2009.

BOURDIEU, P. *Razões Práticas: sobre a teoria da ação.* Tradução de Mariza Corrêa. Campinas: Papirus, 1996.

DEROUET, J.L. Entre la récupération des savoirs critiques et la construction des standards du management libéral : recherche, administration et politique en France de 1975 à 2005. *Revue des sciences de l'éducation,* v. 32, n. 1, p. 7-30, 2006.

DIAS, M. A. El regional y el global: la articulación de la diversidad de funciones de la enseñanza superior. *RUSC* (Revista de Universidad y Sociedad del Conocimiento), volume monográfico: Universidades y desarrollo regional: el desafío en la era de la globalización de la enseñanza superior. Barcelona: Universitat Oberta de Catalunya. v. 4, n. 2, 2007.

DIAS SOBRINHO, J. Calidad, Pertinencia y Responsabilidad Social de la Universidad Latinoamericana y Caribeña. In: GAZZOLA, A.L.; DIDRIKSSON, A. (Orgs.). *Tendencias de la Educación Superior en América Latina y el Caribe.* Caracas: IESALC-UNESCO, 2008. (Livro preparado para a CRES 2008).

GUADILLA, C. G. *Tensiones y Transiciones: educación superior latinoamericana en los albores del tercer milenio.* 2. ed. Caracas: CENDES/Nueva Sociedad, 2005.

HOUAISS, A.; VILLAR, M.S. *Dicionário Houaiss da língua portuguesa.* Rio de Janeiro: Objetiva, 2004.

IESALC-UNESCO. *Declaración de la Conferencia Regional de la Educación Superior en América Latina y el Caribe - Cres 2008.* Extraído de <www.iesalc.unesco.org. ve>. Acesso em 02 maio 2009.

IESALC-UNESCO. *Proyecto Tendencias de La Educación Superior en América Latina y el Caribe.* Apresentado por Axel Didriksson. Caracas: IESALC, 2007. (Mimeo).

LANDINELLI, J. *Universidad e integración: la perspectiva del MERCOSUR.* Buenos Aires: CLACSO, 2003. Disponível em: <http://www.biblioteca.clacso.edu.ar>. Acesso em: 22 mayo 2008.

LANDINELLI, J. Notas sobre el Mecanismo de Acreditación de Carreras Universitarias en el MERCOSUR. *Seminario ALCUE:* Mecanismos de Garantía de la Calidad y Códigos de Buenas Prácticas: Hacia un Reconocimiento Interregional. Madrid, 21 y 22 de junio de 2007. (Mimeo).

LIMA, L. C.; AZEVEDO, M. L. N.; CATANI, A. M. O processo de Bolonha, a avaliação da educação superior e algumas considerações sobre a Universidade Nova.

Avaliação, Campinas, v. 13, n. 1, p. 7-36, 2008. Disponível em: < http://www.scielo.br/pdf/aval/v13n1/a02v13n1.pdf>.

LOPEZ SEGRERA, F. Tendencias de la educación superior en el mundo y en América Latina y el Caribe. *Avaliação*, v. 13, n. 2, p. 267-291, 2008. Disponível em: < http://www.scielo.br/pdf/aval/v13n2/03.pdf>.

MEC. *MARCA-Mobilidade Acadêmica Regional em Cursos Acreditados* (apresentação). Disponível em: < http://portal.mec.gov.br/index.php?option=com_content&view=article&id=12285&ativo=551&Itemid=549>Acesso em: 8 abr. 2009.

MERCOSUL. *Acta da XXXV Reunião* (13 jun 2008) do Conselho do Mercado Comum. Disponível em: <http://www.sic.inep. gov.br/index.php?option=com_docman&task=cat_view&gid=48&Itemid=32>. Acesso em: 14 mayo 2009.

MERCOSUL. *Plano de Ação do Setor Educativo do Mercosul (2001-2005)*. Compromisso de Gramado. Disponível em: <http://www.me.gov.ar/dnci/mercosur/docs/compromiso_de_gramado.rtf>. Acesso em: 15 mayo 2008).

MERCOSUL. *Plano de Ação do Setor Educativo do Mercosul (2006-2010)*. Montevideo: República Oriental del Uruguay, 2007. (mimeo)

MERCOSUL. Portal Oficial. *Quem Somos*. Disponível em: <http://www.mercosur.int/msweb/portal%20intermediario/pt/index.htm. Acesso em: 13 maio 2008.

MERCOSUL. *Tratado de Assunção*. Disponível em: <http://www2.uol.com.br/actasoft/actamercosul/novo/tratado_de_assuncao.htm>. Acesso em: 13 maio 2008.

SOSA, A. J. *El MERCOSUR político: orígenes, evolución y perspectivas*. Disponível em: <http://www.amersur.org>. Acesso em: 10 abr. 2009.

Capítulo 9
A questão indígena no mundo universitário boliviano: uma história de muitas vozes, sentidos e realidades

Crista Weise

Tradução de
Jaime Clasen

Contexto de surgimento e desenvolvimento: os processos políticos e sociais e a transformação do Estado

A Bolívia passa por um conjunto de transformações profundas de sua estrutura política e social, como vinha sendo antecipado desde o final da década de 1990. O declive das políticas neoliberais e o descontentamento social foram os detonadores do crescimento inesperado da figura de Evo Morales e do movimento de resistência que uniu uma enorme gama de setores sociais com reivindicações tão diversas como suas procedências políticas e organizacionais. Sindicatos, cooperativas, camponeses, agricultores, comerciantes, transportadores, com um forte sentimento nacionalista, aproveitaram o discurso indigenista para levantar a bandeira da mudança; uma mudança devida desde a colônia, que exige que se pense o país a partir dele e para ele, que reclama um real exercício pleno de direitos sociais e políticos para o indígena, ainda que seja aquele que levamos dentro só em parte e que tínhamos negado, como identidade social, por força de humilhação histórica.

Evo, finalmente, é um igual, um mestiço de quem dizem que não fala corretamente nem o quéchua, nem o castelhano, reflexo de nossa alienação e fragmentação como sociedade que se nega a si mesma em sua diversidade e que não encontra as palavras certas para se autodefinir. "Aqui há muitos Evos", como no documentário de Ruiz e Ulloque (Ruiz; Hector, 2008) os camponeses do Chapare resumem com perfeita clareza, pois num processo complexo, e não sem contradições, se traçou um caminho sem volta. Mudanças que ocorreram principalmente num plano simbólico, no qual já tiramos a gravata nos atos oficiais, as senhoras de poder usam *pollera*,¹ as de vestido não são sempre as que mandam, falar castelhano não torna ninguém poderoso, e nenhum guarda pede a um camponês que rodeie a Praça Murillo.²

O triunfo dos movimentos sociais possibilitou-lhes o acesso ao poder. As instituições foram tomadas, transformou-se a fisionomia do Estado, as bases e pressupostos sobre os quais funcionava, modificando o tecido da rede de atores, alterando a sua textura e trama.

A classe dominante, herdeira do poder colonial, foi deslocada, pondo em risco o seu tradicional acesso a privilégios. E são os agricultores, os camponeses e as camponesas, que, apoiados por suas organizações, assumem o manejo do Estado. A tomada do poder obrigou a uma recomposição das relações de força entre setores políticos e sociais.

A confrontação ao Estado é agora a confrontação desde e com o Estado, na qual as suas fronteiras perdem os contornos como espaço distinto da sociedade (BECK, 1998). A partir daí foram sendo canalizadas as demandas dos movimentos indígenas e sociais nos diferentes âmbitos, concretizadas em políticas mais ou menos estruturadas, ou em decisões governamentais, às vezes acertadas, às vezes claramente errôneas. Essas organizações, por sua vez, são a base e o suporte principal do governo.

Uma aliança entre o governo e os movimentos sociais constitui o motor do seu agir e marcam a maneira de fazer política: o que não passa pela estrutura formal é debatido e se impõe nas ruas.

A pouca capacidade de acordo do governo, tanto como os desentendimentos grosseiros da oposição, configura um cenário de fortes confrontações entre setores com discursos regionalistas e racistas. Não é uma confrontação entre Oriente e Ocidente, como muitos insistem em afirmar, pretendendo mostrar uma divisão geográfica do país que, na realidade, tem suas fissuras em outros pontos. É uma confrontação que põe sobre a mesa antigas contradições étnicas e de classe social não resolvidas no período republicano.

---

[1] É chamada de *pollera* a saia tradicional que as mulheres indígenas e camponesas do altiplano e dos vales usam. No uso comum se faz referência a mulheres de *pollera* e de vestido com uma valoração implícita de *status* social.

[2] A Praça Murillo é a praça principal da cidade de La Paz, onde se situa a sede do governo e cujo trânsito é fechado quando há eventos oficiais. Aconteceu muitas vezes que, pelo simples fato de ter um aspecto indígena, foi proibida a passagem a autoridades governamentais.

Cada passo tentado pelo governo foi uma batalha confusa, travada nas ruas, na qual não se reconhecem nem vozes, nem sentidos. São todos heróis ou vilãos anônimos, segundo o lado que conta a história. Guerras urbanas sem líderes visíveis na frente e cujo objetivo e resultado são tão difusos quanto o motivo que as dispara.

Antes da convicção política ou da luta organizada está presente o medo, a desconfiança mútua e o ressentimento postos à flor da pele nas últimas batalhas, que culminam com a entronização dos símbolos em disputa.

Assim, à força de batalhas e desordens, somou-se uma série de vitórias simbólicas para o movimento indígena e camponês. A última delas foi a aprovação da Constituição Política do Estado (CPE) (Gobierno de Bolivia, 2009), na qual se conseguiu compor, no meio de fortes resistências, um novo referencial filosófico e normativo para o país. Assim rezam os princípios e fins do Estado Plurinacional Instituído:

> Como princípios ético-morais da sociedade plural o Estado assume e promove: *ama qhilla, ama llulla, ama suwa* (não sejas frouxo, não sejas mentiroso nem sejas ladrão), *suma qamaña* (viver bem), *ñandereko* (vida harmoniosa), *teko kavi* (vida boa), *ivi maraei* (terra sem mal) e *qhapaj ñan* (caminho ou vida nobre). (Art. 8. I)

> O Estado se sustenta nos valores da unidade, igualdade, inclusão, dignidade, liberdade, solidariedade, reciprocidade, respeito, complentariedade, harmonia, transparência, equilíbrio, igualdade de oportunidades, equidade social e de gênero na participação, bem-estar comum, responsabilidade, justiça social, distribuição e redistribuição dos produtos e bens sociais, para viver bem. (Art. II)

Definem-se com fins e funções essenciais do Estado:

> Constituir uma sociedade justa e harmoniosa, baseada na descolonização, sem discriminação nem exploração, com plena justiça social, para consolidar as identidades plurinacionais (Art. 1).

> Garantir o bem-estar, o desenvolvimento, a segurança e a proteção, e igual dignidade das pessoas, das nações, dos povoados e das comunidades, e fomentar o respeito mútuo e o diálogo intracultural, intercultural e plurilíngue. (Art. 2)

Viver bem, ser feliz, viver em harmonia, estabelecer a terra sem mal se exprime nas línguas originárias dos povos e está gravado com todas as letras no final da Constituição Boliviana. A presença e o rosto de nossas culturas tomaram a palavra e se impuseram como "norma-mãe" do país para reordenar o Estado.

As medidas, no entanto, não andam sempre lado a lado com os inflamados discursos políticos e as esperançosas palavras de nossa nova Constituição. Muita água terá passado debaixo da ponte antes que possamos falar de estruturas que tenham sido essencialmente removidas, de políticas que concretizem intenções tão inspiradoras. A nova CPE é uma vitória importante principalmente no plano simbólico; é difícil afirmar que o Estado colonial tenha sido realmente removido em algum ponto (LORA CAM, 1997).

O conjunto de políticas que se desenvolvem são características de um modelo de Estado de bem-estar (ISUANI, LO VUOLO; TENTI, 1991) ou, como se define na própria Constituição, um Estado de capitalismo social. Essas medidas até poderiam ser lidas como tímidas e conservadoras por políticos democratas de alguns anos atrás. Com exceção da forte presença do discurso indigenista – discurso reivindicativo e de inclusão radical das culturas indígenas –, não encontramos muitas diferenças com o tipo de políticas que se desenvolveram na Europa do começo do século XX (ver ROSE, 1997) e com o modelo de democracia liberal que se baseia no sistema eleitoral representativo e no mandato da maioria para tomar decisões.

Assim, se tomam medidas que dão protagonismo e participação ao Estado na economia e se estabelecem políticas sociais de proteção do cidadão (garantia de saúde, educação, seguridade social, proteção a populações vulneráveis, sistemas de bônus) em suas formas mais básicas e elementares.

Poderíamos dizer que hoje – quando a especulação financeira mostrou a sua fraqueza, e a fragilidade do livre-comércio se tornou evidente – fortalecer o Estado não parece ser, mesmo para os conservadores, uma medida despropositada. O fato de que essas medidas são acompanhadas de um selo indígena, perturba muitos e entusiasma outros.

A categoria "indígena", no entanto, é uma categoria difusa, que tem um caráter mais de construção discursiva e menos de capacidade explicativa para designar a realidade concreta do indígena de hoje, diverso, mestiçado, muitas vezes urbanizado. Essa categoria substituiu a de classe social, embora seja evidente que as duas condições estão claramente associadas.

Como exprimem intelectuais indígenas e autores afins à temática (MIGNOLO, 2000a; MALDONADO, 2008; WALSH, 2000), a identidade coletiva indígena é não algo fixo nem natural, mas uma construção de caráter político e social, que reflete uma identidade estratégica e de oposição, mais de movimento que de grupo.

Descolonização e interculturalidade funcionam como palavras-chave dentro dos discursos, como marcador do campo de batalha ideológica, mas nem sempre fica claro o significado social e a prática concreta desses discursos (WALSH, 2002).

Como diz Walsh (2002), o fato de a interculturalidade (e o indígena) não estar formada por uma base de significados estáveis nem necessariamente compartilhados, mas por sentidos que representam uma variedade de posições dinâmicas individuais e coletivas, às vezes em conflito entre si, faz parte da realidade e do problema. A partir desses sentidos são construídos discursos e imaginários não necessariamente por consenso sobre o relacional, o próprio e o diferente; sobre os conceitos e as práticas da democracia, da nação e da cidadania. Por isso, desenvolver políticas nacionais que reafirmem "o próprio" sobre esses construídos baseados em posições essencialistas é uma questão de cuidado.

Romper a ordem de dominação implica reivindicar as identidades negadas, mas o desafio está em não fazer isso partindo de visões essencialistas (MARTIN-ALCOFF, 2006). A luta, no nosso ponto de vista, não é pela etnia ou pela cultura em si, mas pela desigualdade extrema (CHALA apud WALSH, 2002).

No plano educativo, são duas as principais ferramentas normativas que estruturam a visão que o governo tem e o modo como concebe o papel das universidades. A CPE (2009) e a Ley de Educación Avelino Siñani y Elizardo Pérez (2006). Esse referencial normativo institui cinco princípios que deveriam orientar a educação em geral e a educação universitária em particular: a descolonização, o pensamento próprio, a intra e a interculturalidade, o plurilinguismo e a desconcentração universitária.

Do mesmo modo que no cenário social, o discurso indigenista impregnou todas as esferas. Dentro das universidades substituiu e vivificou os quase moribundos discursos de resistência. De qualquer maneira, é um tema que, por força de presença inevitável, se instalou nos debates e obrigou autoridades, docentes e universitários a se propor uma série de questionamentos sobre a sua atividade educativa e a maneira de compreender o mundo universitário.

Desembaraçar cada um desses princípios poderia levar-nos a discussões teóricas intermináveis e a múltiplas interpretações de como nos situamos diante deles.[3] Na tentativa de tornar operativo qualquer princípio desses no quadro das políticas educativas, nos movemos num terreno difuso e resvaladiço.

---

[3] Sobre esse ponto pode-se consultar SAAVEDRA (2006); MIRANDA (2006); LAO-MONTES (2006); CARI (2008); WEISE (2007).

Como dar respostas reais e de qualidade às demandas de ES das populações indígenas (leia-se, a população boliviana em seu conjunto)? Como dar resposta ao tipo de educação que se estabelece na constituição e na lei Avelino Siñani e Elizardo Pérez? Qual ou quais são os caminhos possíveis para dar carne e corpo a esses princípios complexos? Quais são as transformações-chave que é preciso fazer no sistema educativo para desenvolver práticas e currículos com essas características. Que pontes de mediação permitirão isso?

São perguntas sobre as quais não temos muitas pistas e cujas respostas não aparecem nas intervenções das autoridades.

Como em tudo, a realidade costuma ser um arremedo grotesco do que ansiamos como ideal, e já se impuseram no campo universitário, à luz desses discursos, novas formas institucionais e maneiras de fazer "universidade". Tentaremos rastrear elementos que explicam a sua origem e as formas que essa realidade foi tomando. Reconhecendo que a sua complexidade ultrapassa até nossa capacidade de compreendê-la plenamente, tentaremos propor algumas linhas de reflexão para o desenvolvimento de políticas no campo.

Origem e estruturação da demanda de educação superior

Reconhecemos uma preocupação pela educação indígena por parte do Estado, que em diferentes momentos históricos toma medidas para a integração e a incorporação da população indígena ao sistema educativo. No entanto, podemos olhar essa demanda a partir do desenvolvimento dos movimentos indígenas, que reivindicam o acesso à educação e que em numerosas ocasiões entraram em conflito com as políticas que os governos desenvolveram para esses setores.

Entendemos as políticas públicas como um conjunto de decisões, ações ou omissões que são assumidas para obter um fim e que são estabelecidas no seio do Estado (OSZLAK, 1980). Mas a construção da política não é uma construção unicamente do Estado, que concentra o poder e impõe de cima para baixo, através da regulação formal, e sim resultado de relações de poder e de negociação de interesses entre atores, as quais se dão tanto em nível material como simbólico, aproximando-nos mais da ideia de campos (BOURDIEU; WACQUANT, 1995).

A partir desse referencial, o conflito na educação é produto das demandas contrapostas para incrementar a acumulação do capital, por um lado, e para obter a igualdade da sociedade, por outro. A tensão existente entre essas duas dinâmicas opostas perfila a natureza e as características do sistema educativo. Nela se enfatiza a disputa pelo conflito em torno dos propósitos, da operação e dos recursos para a educação (CARNOY MARTIN; LEVIN, 1985).

A construção das políticas públicas é sempre dinâmica e complexa e, embora a demanda em determinado momento tenha uma forma, a resposta final traduzida em medidas do Estado tem geralmente uma fisionomia diferente, bem como a maneira como se concretiza. Beck faz referência à coexistência dos mundos que não podem ser representados da maneira superposta em que encontramos instituições políticas simbolicamente ricas e um mundo da prática política cotidiana, aos quais chama de campo da política formal e da subpolítica, respectivamente (BECK, 1998).

Beck (1998), por sua vez, nos fala de um corrimento das fronteiras entre o espaço tradicionalmente considerado político e aquele que não se considera político. Isso não exprime necessariamente um processo de despolitização ou ausência de compromisso; significa um compromisso múltiplo e contraditório que está emergindo e que mistura e combina os polos clássicos do espectro político, de maneira tal que é possível agir ao mesmo tempo na esquerda e na direita, ser radical e conservador, ecológico e antiecológico (BECK, 1998, p. 139). As posições dos sujeitos variam segundo o campo e o jogo de forças dos atores do campo (BOURDIEU, 1996).

Esses conceitos nos ajudam a compreender a complexidade das mudanças sociopolíticas descritas e a forma como a política educativa foi e está sendo construída na Bolívia.

Voltando ao tema com que nos ocupamos, os antecedentes da luta indígena por educação datam da época pré-republicana, mas é com o início da república que se viabilizam claramente.

Associada ao ideal liberal, a educação constituía a única via de acesso aos direitos para a população indígena, por isso foi construída a partir do paradigma colonial civilizatório, que foi aceito tanto pelas populações indígenas quanto por aqueles que detinham o poder. A educação foi interpretada como um princípio de igualdade, por isso se propagou nas classes populares. Irurozqui (1999) afirma que nesse processo houve não um abismo cultural, mas o emprego de uma mesma ideologia e retórica para obter conquistas sociais, num processo de interiorização de uma narrativa e comportamento políticos vigentes.

As lutas pela educação estavam diretamente vinculadas às reivindicações para o acesso da terra, já que ser alfabetizado era condição necessária para possuir bens e gozar de direitos cidadãos. O analfabetismo limitava a capacidade política da população indígena, que aceitou como válidos os princípios civilizatórios e de progresso outorgados à educação desse tempo. A escola criou uma expectativa de mudança social e cultural. À medida que se impôs a condição de ser alfabetizado para ter acesso ao voto, a luta pela instrução na população indígena foi maior, e a retórica política dominante contribuiu para isso (IRUROZQUI, 1999).

Do ponto de vista do poder, embora os princípios discursivos fossem semelhantes, os interesses e a intencionalidade não eram. Os liberais queriam incluir o indígena como parte da economia do país, mas sem ampliar seus direitos políticos e sociais. Os projetos de educação pedidos pelos indígenas não só buscavam instrução e alfabetização, mas também uma educação orientada para a defesa dos direitos comunitários do ayllu.[4] A conquista da cidadania identificada com a conquista da educação implicava um processo de reconstrução de novas identidades.

O Estado, por sua vez, desenvolveu diferentes iniciativas, com uma visão quase de domesticação do indígena, mantendo um discurso ambíguo, de promoção da educação, mas ao mesmo tempo limitando o acesso a direitos, evitando a incorporação dos indígenas como sujeitos ativos e com poder político (IRUROZQUI, 1999; TARDÍO, 2009).

Os movimentos indígenas também não elaboraram projetos muito consistentes desde uma visão própria. Retomaram o discurso liberal para si e lutaram pela ampliação da educação nos termos do dominador. Essa ambiguidade na relação dos povos indígenas com o Estado sobre a demanda em educação continuou dominando até nossos dias, e suas contradições permanecem presentes nas demandas atuais da educação superior.

Passada a revolução de 1952,[5] o tema universitário entra com força em cena. Inspirados nos discursos marxistas e socialistas predominantes na época e fortemente presentes na esfera universitária (RODRÍGUEZ; DE LA ZERDA; BARRAZA, 2000), os camponeses tomam a universidade. Disso resultou, alguns anos mais tarde (1970), a primeira onda expansiva da universidade boliviana (WEISE, 2005), que abriu as portas aos novos bacharéis, produto da reforma educativa desse tempo, e que ampliou o acesso à educação primária e secundária.

---

[4] Cada um dos núcleos das comunidades incas, aimarás e quéchuas.

[5] A revolução de 1952 marca o fim do liberalismo republicano e o início da construção de um Estado capitalista benfeitor, leva-se adiante a reforma agrária, a nacionalização das minas e ampliam-se os direitos jurídicos e sociais ao campesinato boliviano. É estabelecido o voto universal, que pela primeira vez inclui os camponeses e as mulheres.

Assim se franquearam os muros do mundo universitário, abrindo espaço para o campesinato boliviano. No entanto, como não se resolvera o tema da expansão e da qualidade da educação primária e secundária, a universidade continuou sendo – e ainda é – um espaço restritivo. Embora a população indígena presente nas salas universitárias tenha aumentado, não podemos dizer que houve um processo de inclusão, já que se trata de uma população invisibilizada e não considerada. Suas características e sua cultura não são levadas em conta na atividade acadêmica nem no campo curricular (Weise, 2004).

A discussão sobre a educação intercultural tomou impulso com a reforma educativa de 1994 e foi um dos seus pilares, mas essa discussão se manteve reservada à educação primária, e as universidades não a tomaram como um assunto que lhes dissesse respeito, até princípio de 2000, quando a presença de demandas sobre a educação superior assumiu um papel protagônico nas lutas sociais, e o discurso de reivindicação indígena foi tomando força.

A preocupação das mobilizações indígenas centrou-se no acesso à universidade. Chama a atenção o fato de não se ter cumprido a incumbência de socialização e de inclusão da educação primária e secundária; a ênfase esteve colocada na educação universitária. Em numerosas ocasiões nos perguntamos: por que educação superior? Por que especificamente sob o rótulo e a etiqueta de universidade? Neste texto expomos algumas ideias para refletir a esse respeito.

Embora as reivindicações pela escola primária e pela universidade tivessem desenvolvimentos diferentes, trazem implícita a mesma coisa: o acesso a uma cidadania plena dos direitos sociais e políticos, a possibilidade de mobilidade social e de fazer parte de um projeto cultural associado ao gozo de privilégios num Estado que manteve seu caráter estamentário e classista originado na colônia.

São claros os sinais a respeito da valorização e da importância que os grupos sociais atribuem às instituições universitárias como espaços de natureza múltipla, não só educativa e menos ainda estritamente profissionalizante. São instituições – como aprofundaremos adiante – de mediação cultural (Mollis, 2001) e espaços sociais, de articulação, organização política e empoderamento.

Etapas e processo de desenvolvimento: esboços da universidade indígena

Como é comum no cenário boliviano, a experiência precede a norma e, em muitas ocasiões, os grupos organizados transformam as realidades antes que as instituições possam reagir, orientando o curso das ações. Assim, da demanda organizada passamos para a geração de propostas desorganizadas. Claramente, a presença da "Rational Choice" (NISKANEN, 1971) na construção de políticas no campo universitário boliviano não é o predominante e se impõe a autogestão como forma de operar; reflexo da fraqueza do Estado e suas instituições, ante as quais se tem escassa confiança e expectativa.

As universidades indígenas surgem num processo que poderíamos caracterizar como "geração espontânea", o discurso reivindicativo se propaga, e começa a ser criada uma gama de alternativas e propostas cujo caldo de cultivo é tão diverso como as formas institucionais que depois tomam.

As organizações sociais se apropriaram da *ideia de universidade* (NAISHTAT; VILLAVICENCIO, 2001) e a tomam para si, a partir do que – em sua própria representação – essa ideia exprime. Enquanto recurso simbólico (CASTORIADIS, 1999), o seu significado foi posto em jogo, e ela é considerada um bem social, do qual é preciso se apropriar, tornando-a funcional aos seus interesses.

Essa geração espontânea de universidades tem diferentes focos de poder dispersos e desarticulados entre si, que marcam sua origem; e em seu contexto explicam o seu significado. Empregamos o termo *locus* do poder (LUKES, 1985) para viabilizar a partir de que lugar, a partir de que centro se dá impulso e se controla o que cada qual chama de universidade.

Desse modo, estamos diante do surgimento de processos paralelos com muito pouca coordenação e comunicação, em forte confrontação com respeito à universidade pública "tradicional". Podemos identificar três grandes focos, que coincidem com os principais atores envolvidos no campo: o Estado, as universidades públicas e grupos da sociedade civil organizada.

Poderíamos dizer, numa tentativa de diferenciação, que há um primeiro momento de demanda organizada dos movimentos sociais que exigem o acesso à educação; uma etapa de diminuição das iniciativas de reforma liberal, que abrem um espaço das políticas universitárias para dar maior espaço às ditas solicitações; e uma etapa em que, ao se abrir esse espaço, crescem e se concretizam as primeiras iniciativas em instituições de "carne e osso", cujos conceitos definidores – universidade e indígena – adquirem sentido próprio dentro de cada contexto.

O que se entende por universidade? Como ela é representada e concebida? O que dá a ela o caráter de indígena? São perguntas ainda por responder, e a experiência nas mudanças nos indica elementos para repensar as universidades tradicionais.

Consequentemente, a denominação de universidade indígena não é unívoca: ela se refere a universidades de indígenas? para indígenas? sobre temas indígenas?

Antes de nos remeter à teoria, refiramo-nos à realidade (WEISE, 2004). Existem, no cenário boliviano, experiências identificadas sob esse rótulo que incluem:

Programas de formação sobre problemáticas indígenas em universidades privadas e públicas. Dirigem-se em sua maioria a populações indígenas e estão incluídos no nível de pós-graduação. Muitos programas foram criados explicitamente para formar mestres e estudantes indígenas, no quadro da reforma educativa de 1994, contribuindo para a implementação de programas de educação intercultural bilíngue e de formação de professores (LÓPEZ, 2000).

- **Universidades públicas e privadas "tradicionais" que atendem a populações indígenas.** Dadas as características de nosso país (com uma população indígena de 60%),[6] sabe-se que a maioria das universidades bolivianas prestam serviços educativos a muitos estudantes indígenas, homens e mulheres. Embora uma porcentagem altíssima dos estudantes universitários possa ser considerada indígena[7], o certo é que, salvo raras exceções, a maioria dos programas acadêmicos universitários foram sendo estruturados e implementados fazendo abstração das características etnoculturais e linguísticas dos estudantes.

- **Instituições novas que tentam constituir-se como universidades indígenas, quer dizer, universidades de indígenas e/ou para indígenas.** Dentro delas encontramos ampla diversidade e neste momento se encontram numa fase embrionária de desenvolvimento e temos: (1) universidades comunitárias sob um regime privado; (2) universidades indígenas estatais não públicas; (3) universidades indígenas amparadas por ou dentro de universidades públicas; (4) universidades-rede.

---

[6] Dados do Censo de 1992, INE, Bolívia.

[7] Como referência temos que, na UMSS, de 47.595 estudantes matriculados em 2004, 5.207 provinham da área rural, de colégios públicos e privados, e 25.899 provinham de áreas urbanas de colégios públicos. Por isso, pode-se deduzir, a partir da base que as condições socieconômicas da população, na Bolívia, está vinculada com a condição indígena e que uma grande maioria da população rural e da população de colégios estatais é de origem indígena, que mais da metade da população universitária também é indígena.

A novidade desses casos é o papel central dos atores sociais, não universitários, na constituição das experiências, seja porque lhes é dado um importante nível de participação e poder de decisão no desenvolvimento e gestão das propostas e das instituições que derivam delas, seja porque se trata diretamente de experiências autogeridas.

Neste artigo procuraremos situar as diferentes instituições, as quais chamaremos de "tipo C", evitando fazer uma anatomia organizacional delas. Vamos analisá-las como fenômeno da disputa pelo controle do saber a partir dos *"locus* de poder", de que falamos acima: iniciativas centradas no poder do Estado, na sociedade civil organizada e na universidade pública, assinalando, ao concluir o texto, os impactos que essas mudanças têm no sistema de universidades públicas e no campo da educação superior.

Instituições próprias e controle do saber.
A sociedade civil organizada

Como vimos, os requerimentos sobre a ES não estão feitos em termos de entrada no sistema atual; são de geração de espaços de educação superior encamados em novas instituições de perfil – em maior ou menor medida – diferenciado das megauniversidades públicas e sobre o qual se pretende ter controle.

Nelas se superpõem necessidades e expectativas de profissionalização e certificação, aspirações com respeito a carreiras de corte tradicional vinculadas ao prestígio ou ao *status*, como o direito ou a medicina, e demandas de certificação de carreiras vinculadas com a validação de saberes das culturas originárias.

Por um lado, se assume que a universidade permite a mobilidade social, a aquisição de *status* social e o melhoramento da qualidade de vida e; por outro lado, é um espaço privilegiado de difusão, criação e valorização do saber, portanto, uma vez institucionalizados, os saberes originários também adquirem um novo *status* e um valor maior na sociedade do conhecimento.

Nessa linha, encontramos uma série de exemplos de instituições que se desenvolvem de forma paralela à vida universitária "tradicional" (WEISE, 2004). Tais instituições seguem as normas das universidades privadas, já que o sistema público não possibilita a sua criação. Comunidades e grupos organizados, de índole diversa, criam essas universidades de indígenas para indígenas, ou pelo menos assim se autoidentificam.

É comum que tais universidades sejam abertas sem contar com recursos suficientes. Sustentam-se com o financiamento das comunidades, utilizam os bens da própria comunidade e as contribuições dos pais para dispor de espaços e recursos materiais básicos. O desenvolvimento de atividades de docência se faz de maneira voluntária por profissionais das comunidades, que tiveram o acesso à formação universitária e que, à maneira de serviço, realizam docência em seus lugares de origem. Na maior parte dos casos, a intenção é que a formação esteja fortemente enraizada na cultura local e se procura incluir os saberes nativos.

São projetos que se constroem na ação, configuram-se e institucionalizam-se no fazer e inserem-se numa lógica de apropriação e gestão comunitária para a satisfação de suas próprias necessidades formativas. Essa é uma característica que as distingue são iniciativas plenamente autogeridas, surgem, organizam-se e gerem-se no quadro das comunidades que as respaldam.

Nessas universidades são oferecidos programas híbridos, como direito comunitário, licenciatura em amáutica,[8] teologia andina e outros. Para passar pelo processo de aprovação exigido pelo VES (Viceministerio de Educación Superior)[9] tiveram de apresentar os planos de estudo dessas carreiras, o que os obrigou a uma estruturação curricular sob a lógica tradicional do planejamento curricular. Esse aspecto comporta importantes dificuldades porque obriga a trasladar um conjunto de saberes difusos, imersos na cultura, transmitidos por via oral, a um formato de ensino que corresponde a outra matriz epistemológica e organizacional.

As universidades indígenas desse tipo têm alcance muito curto e uma cobertura praticamente restrita à zona de influência, e não poderíamos chamá-las de interculturais, mas assentadas na cultura indígena, pois são uniculturais. Podemos dizer que desempenham uma função compensatória e não integradora, pois são instituições que funcionam de maneira marginal ao sistema com populações muito definidas.

Um exemplo desse tipo institucional é a Universidade de Laja (Tahiantinsuyo Axlla), que surge como iniciativa de um grupo vinculado a uma comunidade, à margem dos movimentos sociais mais amplos. Situa-se numa população claramente indígena, altiplânica. Nela a agenda indígena é muito mais identificável do que em outras experiências, e percebe-se uma articulação

---

[8] Trata-se da sabedoria ou filosofia proveniente dos incas.
[9] Antes VESCyT: Viceministerio de Educación Superior Ciencia y Tecnología.

muito mais contundente com as reivindicações desses setores, embora não necessariamente nos termos que o governo se coloca hoje.

Como objetivos propõem-se a recuperação de saberes tradicionais e a formação de profissionais preparados nas ciências próprias do conhecimento e das culturas andinas, oferecem-se carreiras como a formação amáutica, pedagogia andina, matemática andina, teologia andina, direito comunitário.

Essas carreiras estão estruturadas numa espécie de superposição aleatória entre saberes ocidentais e saberes andinos, cuja coerência e eficácia deveriam ser avaliadas, e os perfis profissionais (se é que o termo é adequado) são orientados para o espaço de ação comunitário. Do mesmo modo que essa, em 2006, ocorreram nas oficinas do VES, mais de doze solicitações para a criação de universidades indígenas em diferentes comunidades do país.

Outra forma que as universidades indígenas privadas tomaram são a de *universidades REDE*. Aqui encontramos vários casos, como a universidade Intercultural Kawsay.

Na realidade trata-se de ONGs (organizações não governamentais às vezes chamadas IPDS ou instituições para o desenvolvimento social) ou fundações vinculadas a movimentos indigenistas, que estruturam serviços de formação sob um guarda-chuva universitário e funcionam na maioria das vezes sob o sistema de módulos que se desenvolvem em diferentes cidades ou países. São de caráter regional, e seu objetivo se concentra na formação de líderes indígenas. Não contam com uma sede física nem uma estrutura organizativa institucional própria, e a participação das comunidades na tomada de decisões é relativa.

Essas iniciativas são, assim como no caso anterior, de caráter marginal ao sistema de educação superior. Situam-se como satélites de outras instituições ou sobrevivem como canalizadoras de recursos de outras fontes geralmente provenientes de organismos internacionais. Trabalham desde uma perspectiva de formação contínua e permanente, na maioria dos casos centradas na pós-graduação e não costumam dar títulos universitários de graduação. Sua função é entendida em termos de articulação de organizações que reúnem os saberes indígenas e de coordenação de espaços de formação dos quais outras instâncias já dispõem.

Outro exemplo desse tipo de universidade é a Universidade Indígena Intercultural do PROEIB-ANDES, que funciona dentro da Universidade Mayor de San Simón e é um projeto da faculdade de humanidades fomentada pelo Fundo Indígena.

Nesse caso, vemos uma universidade-rede dentro da própria universidade pública, mas que ao mesmo tempo carece de qualquer tipo de vinculação com as formações de graduação regulares, e sua gestão não passa pelos caminhos normais de tomada de decisões universitárias. Também não se articula com outras iniciativas surgidas na própria universidade como o Proyecto de Desconcentración (WEISE; LAGUNA; VIDAURRE; ESCOBAR; PÉREZ; ALVAREZ, 2007).

Universidades indígenas estatais. O acesso ao poder formal

O surgimento precipitado de instituições privadas como as que mencionávamos na seção anterior é seguido pelas iniciativas tomadas a partir do governo. Num primeiro momento, no ano de 2004 (durante o mandato de Mesa),[10] a decisão de criar universidades públicas indígenas teve a clara intenção de fragmentar o sistema de universidades públicas.

O governo estimulou a criação de novas universidades indígenas que permitam o estabelecimento de mecanismos diferenciados de financiamento da ES. Dessa maneira as universidades públicas tradicionais seriam obrigadas a compartilhar recursos, enquanto se assumiu que a universidade pública tradicional não é permeável às demandas dos indígenas, tampouco é eficiente no uso dos seus recursos.

Nessa ótica, a criação de universidades indígenas estava condicionada a uma revisão do financiamento da educação superior pública "tradicional". Redistribuir os recursos públicos permitiria que o governo atendesse a outro tipo de demandas a partir da esfera pública.

A partir dessa lógica, a política de restrição orçamentária não era contraditória com a criação de outras instituições públicas, e não significava por isso de modo algum a expansão do ES. Tentou-se impor um cenário de competição por recursos, que quebraria, desde o próprio terreno discursivo da universidade pública (da universidade para o povo), a luta pelo aumento orçamentário.

Essa linha, que não teve efeito nem consequência, não foi retomada de maneira explícita no governo de Evo Morales, já que não se tocou o tema do financiamento ou da redução orçamentária de meneira frontal. No entanto, com a nova Ley de Educación Avelino Siñani se dá continuidade a iniciativas

---

[10] Carlos Mesa, vice-presidente de Sánchez de Lozada, assumiu a presidência (2003-2005) substituindo o presidente destituído.

diversas, que resultam igualmente num processo de fragmentação e de quebra do sistema público.

Introduz-se a ideia de criação de universidades comunitárias e de institutos normais superiores, abrindo os espaços de pós-graduação a todas elas em diferentes áreas, assim como as universidades militares e policiais, o que gera, na realidade, uma maior dispersão que a já existente no campo da educação universitária, duplicidade de funções e superposição de instituições, mostrando a falta de clareza com respeito a limites, responsabilidades e atribuições das diferentes instituições e educação superior.

O sentimento de desconfiança para com o sistema público é crescente, apesar das tentativas de algumas universidades públicas e privadas de aproximar seus serviços dos setores rurais e desenvolver iniciativa para atender à demanda de educação superior indígena. Por isso, seguiu-se a linha da criação de universidades "próprias", novas instituições governadas e manejadas pelas organizações, mas, nesse caso, com um caráter estatal. Não são públicas no sentido de que não são sustentadas pelo Estado, nem abertas, pois não se propõe a figura da entrada livre, nem receberiam financiamento público direto. As universidades públicas não terão nenhuma ingerência nem relação com elas.

Dessa maneira se concretizou, em março de 2009, através de decreto presidencial, a criação das três universidades indígenas estatais na Bolívia. Segundo as autoridades do setor, a criação desses centros educativos está dentro de um projeto que se estenderá a outras populações do país, prevendo-se a fundação de 25 universidades tecnológicas no futuro. Tal projeto ou quem sustenta a criação das mencionadas universidades é desconhecido pelo conjunto da sociedade, e não foi possível encontrar documentos disponíveis no Ministério da Educação.[11]

Segundo afirmam as autoridades educativas, com essas universidades se pretende recuperar "os saberes, o conhecimento, a cultura e as formas de organização dos povos indígenas originais com a incorporação da interculturalidade e do plurilinguismo". Indica-se que os docentes ensinarão nos idiomas nativos principais: aimará, quéchua e guarani; além disso, "será fortalecido o uso do espanhol e de um idioma estrangeiro".

Do mesmo modo, o responsável pela educação explicou que as universidades terão uma forma de organização comunitária e que as próprias

---

[11] Por essa razão nos baseamos nas declarações das autoridades a diferentes meios de comunicação. Ver: AGENCIA BOLIVIANA DE INFORMACIÓN (2009a).

comunidades indígenas designarão e controlarão os resultados dos estudantes que, ao concluir os seus estudos, teriam a obrigação de voltar ao seu povoado. As autoridades governamentais afirmam que "estas universidades não seguirão o modelo tradicional, embora nos aspectos gerais e institucionais tenham reitores, professores e disciplinas, seu aspecto metodológico e de funcionamento será adequado às formas comunitárias de desenvolvimento". Afirmam que a criação das universidades indígenas é parte da proposta do sistema educativo plurinacional e com elas se pretende descolonizar o país ideológica e culturalmente.

Diz-se que a orientação dos programas estará vinculado com "a produção local" e que se pretende ter profissionais que respondam à realidade local e à demanda das comunidades, dos municípios e das províncias. Quanto às disciplinas ou programas que essas universidades terão, se estabelece que na Universidade Aimara Túpac Katari (em Warisata) serão incluídas disciplinas de têxteis e indústria de alimentos. Na Universidade Quéchua Casimiro Huanca (instalada em Chimoré) serão ensinados agronomia, manejo de recursos florestais e turismo, ao passo que na Universidad Guaraní y Pueblos de Tierras Bajas Apiaguaiki Tumpa (localizada em Kuruyuki) funcionarão áreas como hidrocarburetos, florestal, piscicultura e veterinária.

As universidades públicas declaram esse fato como uma afronta já que a própria CPE, recentemente aprovada, estabelece a necessidade de coordenação e acordo com as universidades públicas para a criação das universidades indígenas, e isso não foi considerado. Por isso, o CEUB[12] as declara ilegais (PRENSA, 2009).[13]

O que fica evidente é que a temática indígena está formalmente estabelecida na política do Estado, e a criação de universidades indígenas é uma prioridade do governo atual que se opõe ao sistema público vigente, gerando um sistema paralelo.

Essa iniciativa, que poderia ser interessante, infelizmente soa mais como uma resposta política do que uma política elaborada e concertada, que responda a um planejameto sério integrador e que evite um desbordamento do sistema. Ficamos novamente em postulados interessantes, sem ter procedimentos, estruturas ou dispositivos para pô-los em prática. Naquele modelo, as metodologias comunitárias e as formas alternativas de

---

[12] Comitê Executivo da Universidade Boliviana, instância máxima de coordenação e de representação das universidades públicas bolivianas.

[13] Ver <http://www.laprensa.com.bo/noticias/23-04-09/23_04_09_alfi9.php>

organização não se tornam visíveis nem presentes num projeto acadêmico ou em propostas mais estruturadas.

Por isso, é difícil confiar que essas universidades consigam aquilo que o governo realmente se propõe em termos de descolonização, interculturalidade e desenvolvimento do pensamento próprio. Supõe-se que essas noções se darão de maneira automática ao se chamar de indígenas as universidades. No entanto, os programas que são propostos e a estrutura de organização pouco têm de diferentes dos existentes nas universidades públicas e privadas.

A experiência mostrou que, diante da possibilidade de escolher um mesmo programa nas províncias ou na cidade, os estudantes optam pela cidade. Constatou-se isso também em sondagens que foram feitas a respeito da possibilidade de escolher entre uma universidade indígena e a universidade pública "tradicional".[14]

Experiências nas universidades públicas. Abertura ou precaução?

Apesar das críticas, as universidades públicas não fizeram ouvidos moucos aos pedidos das organizações sociais e foram permeáveis aos discursos indigenistas que hoje em dia substituem os discursos da avaliação e da excelência. (WEISE, 2005; RODRÍGUEZ; DE LA ZERDA; BARRAZA, 2000)

Como vimos em ocasiões anteriores, de maneira reativa, a Universidade tenta estar sintonizada com os novos tempos e desenvolve uma série de iniciativas. Participa ativamente na elaboração dos discursos, e suas sedes acolhem debates inflamados sobre a temática indígena. Em alguns casos, com legítimo interesse e, em outros, como estratégia de acomodação e defesa para evitar o surgimento de novas instituições que lhes arrebatem o poder sobre o campo.

Diferentes universidades públicas participaram desde as primeiras tentativas (final da década de 1990) na constituição das primeiras universidades criadas sob o selo de *indígenas*. A Universidade Pública de El Alto foi a

---

[14] Nos estudos exploratórios realizados para o Proyecto de Desconcentración Universitaria de la UMSS (WEISE; LAGUNA; VIDAURRE; ESCOBAR; PÉREZ; ALVAREZ, 2007), diante das opções de profissionalização potenciais, os entrevistados mostraram uma preferência majoritária por entrar nas universidades públicas tradicionais. A mesma coisa ficou evidente nas tentativas realizadas pela Faculdade de Direito de abrir subsedes em províncias vizinhas, dado como resultado a escassa assistência aos grupos que funcionavam na província. Esses espaços ficaram para aqueles que não puderam matricular-se na sede central.

primeira fundada sob esse rótulo, no ano de 2000. Nasceu em El Alto, cidade operária berço das lutas sociais mais aguerridas dos últimos anos. Situada nas margens da cidade de La Paz, a UPEA foi criada como consequência de importantes mobilizações e foi apresentada no seu momento como uma grande conquista das reivindicações indígenas. Seu processo de constituição esteve cheio de problemas e contradições com a Universidad Mayor de San Andrés[15] e de conflitos internos que a mantiveram fechada durante meses. Seu modelo de organização inspirou-se na universidade pública tradicional e reproduz suas formas de organização administrativa e de conhecimentos. Hoje é uma universidade mais dentro do sistema das universidades públicas "tradicionais". Tem a condição de pública não autônoma, pois as decisões sobre seu curso foram tomadas nas instâncias de governo da Universidad Mayor de San Andrés, com a qual se estabelece uma relação de confronto-sujeição. É uma universidade pública, não autônoma com respeito a outra instituição pública.

Outro exemplo paradigmático é o da Unidad Académica de Valle de Sacta. A Universidad Mayor de San Simón participou desde as etapas iniciais na formação da então chamada Universidade Indígena Intercultural do Trópico, que terminou com uma subsede acadêmica da Universidad Mayor de San Simón. Estabeleceu-se dentro dos seus prédios na zona do Chapare, para protegê-los das ameaças de invasões ou tomadas à força dos camponeses. A unidade do vale de Sacta surgiu, assim como no caso anterior, no contexto das mobilizações sociais como uma reivindicação, desta vez dos camponeses do trópico cochabambino, mas foi finalmente assumida e absorvida pela universidade pública.

Essa unidade se tornou para a UMSS a ponta de lança de seu projeto de desconcentração universitária (WEISE; LAGUNA; VIDAURRE; ESCOBAR; PÉREZ; ALVAREZ, 2007), projeto piloto que pretende transformar as práticas universitárias instalando centros acadêmicos em zonas rurais com um plano de desenvolvimento realizado respectivamente com autoridades regionais e comunidades, propondo perfis formativos que não há na sede central e sob a ideia de que essas sedes se tornem polos de desenvolvimento local.

Esse projeto implicou uma mudança importante na maneira de fazer universidade, pois todo o processo de planejamento e de implementação de seus programas envolveu uma ampla consulta coletiva, o desenvolvimento de diagnósticos preparativos com atores locais, autoridades municipais, pais de família e inclusive os potenciais estudantes.

---

[15] Universidade pública da cidade de La Paz, a maior do sistema de universidades, seguida pela Universidad Mayor de San Simón (UMSS), localizada em Cochabamba.

O projeto pretendia abrir quatro subsedes regionais, para o que existiam os acordos com as regiões e municípios. No entanto, a história de construção desse ambicioso projeto esteve eivada de desacordos e demoras por falta de consenso entre municípios, por disputas sobre o lugar da sede, na tentativa de cada localidade ter um maior controle e participação em sua gestão posterior.

No espaço universitário, o projeto foi objeto de fortes resistências das faculdades empenhadas em manter o seu poder sobre os campos de conhecimento que estariam envolvidos. Não apenas a avidez em obter lucro político ao se apressar na oferta paralela de programas, clones das titulações já existentes, mas também a lentidão e a pouca assertividade na tomada de decisões, bem como a falta de recursos disponíveis foram os fatores internos que terminaram fraturando o projeto.

No plano externo, o Projeto de Desconcentração Universitária tornou-se o competidor do governo, mesmo sendo visto pelas organizações sociais como positivo e tendo incorporado a ideia da desconcentração à lei Avelino Siñani, muitas organizações camponesas se negaram a participar da discussão. A resistência foi evidente, particularmente das seis federações do trópico, que promoviam a criação da universidade indígena do trópico cochabambino, finalmente fundada junto com outras três universidades indígenas pelo decreto presidencial acima mencionado.

Foram muitas as tentativas de coordenação tanto com as autoridades governamentais quanto com as autoridades sindicais para articular as duas iniciativas, mas uma vez mais as condições da política interna, as disputas políticas das localidades e as resistências em relação à universidade pública tradicional terminaram por deter e desvirtuar o projeto.

A abertura de sedes rurais já é uma prática comum em outras universidades do sistema e em universidades privadas, mas em nenhum caso com um projeto alternativo de incorporação dos princípios que o próprio governo propõe; são formações antes complementares ou alternativas ou espaços de interação social comunitária.

O surgimento de novos atores e assuntos no campo universitário

Diferentemente de outros partidos de esquerda, os quadros dirigentes do MAS não foram forjados nas lutas universitárias nem, salvo raras exceções, gozam de reconhecimento ou pergaminhos acadêmicos.

O mundo universitário, exceto pelas impressões ou sentidos comuns, lhes é desconhecido (RODRÍGUEZ; WEISE, 2006).

Presenciamos uma mudança na construção da universidade como objeto das políticas e uma mudança importante no tipo de atores que protagonizam as discussões sobre ela. Se na década de 1990 os atores da esfera formal que lideravam o discurso sobre a universidade eram as tecnoburocracias estatais e universitárias (WEISE, 2005), hoje os atores são outros.

Aquelas tecnoburocracias que baseavam sua tomada de decisões numa suposta neutralidade política e se sustentavam no conhecimento técnico e no monopólio do *know-how* para sustentar a ideia da universidade empresarial e promover as políticas universitárias, hoje foram substituídas por outras burocracias cujo poder se sustenta na vinculação sindical, no compromisso com o ativismo político e na pertença a setores cujas identidades são hoje resgatadas. Isso nos situa num plano completamente oposto, no qual se desdenha o conhecimento técnico (leia-se ocidental), proliferam novos sábios e propostas cheias de boas intenções, em sintonia com os novos tempos.

Parece não haver espaço para o pensamento crítico nesse contexto e, paradoxalmente, é a única garantia de que o verniz com que se banha o discurso educativo possa converter-se em matéria sólida, e não em casca vazia que perderá seu brilho com o passar do tempo, enquanto permanecerão intactas as realidades que se quer modificar.

Hoje os atores universitários estão deslegitimados. Romperam-se aquelas correias de comunicação que tinham com o Estado. E as universidades públicas passaram a fazer parte do universo simbólico que se pretende destruir; são o espaço do *outro* combater, situam-se no extremo antirrevolucionário e cúmplice do sistema, pelo menos num plano simbólico, não como instituição em si mesma (ideia de universidade), mas como espaço "ocupado" por um setor social, representado como dominador.

No desenvolvimento de iniciativas de articulação das propostas impulsionadas por diferentes grupos, escutamos em várias ocasiões: "Com eles não queremos", queremos uma universidade "DE nós" e "PARA nós".

Trata-se de uma luta na qual se pretende descentrar o *locus* do poder universitário "tradicional", estabelecendo um novo baluarte do poder universitário que permita um controle sobre o acesso ao conhecimento e às certificações como capital simbólico e cultural.

Isso explica por que a preocupação não é definitivamente acadêmica ou pedagógica; é de posicionamento. É importante situar as novas instituições em territórios estrategicamente definidos, sem se importar demais se as propostas formativas diferem ou não substancialmente daquelas já existentes em universidades públicas e privadas ou se as orientações das ofertas dessas universidades são puramente técnicas e orientadas para o setor agropecuário.

Em termos de produção de conhecimento, teremos como resultado dessa política uma segmentação de tipos de conhecimento gerados em distintos tipos de universidades.

Universidades que se centram no desenvolvimento do conhecimento e da investigação e jogam no "campo grande", e universidades de "pátio dos fundos", que geram um conhecimento marginal e formam apenas para a produção. No fundo, essa estratégia reproduz a estrutura de dominação colonial, a partir do discurso da descolonização. Numa tentativa de revalorizar o espaço cultural, o camponês (ou as elites indígenas) é destinado para trabalhar o campo, o indígena para as tarefas produtivas. E ficarão de novo – no melhor dos casos – as tarefas de desenvolvimento do pensamento e o acesso aos conhecimentos mais desenvolvidos do mundo ocidental – cujo domínio marca hoje importantes eixos de discriminação – para as elites urbanas.

Que tipo de estrutura institucional, que modelo formativo permitirá romper a matriz colonizadora? Que modelo educativo e que espaços possibilitarão o desenvolvimento de um pensamento próprio e intercultural?

Do nosso ponto de vista não serão as universidades indígenas do governo nem aquelas criadas à margem do sistema. Não há descolonização possível se as políticas forem pensadas para grupos marginais e não para a totalidade de um sistema que contribua para a geração de um conhecimento alternativo, capaz de reverter as relações hegemônicas num contexto muito maior do que o do conflito local.

Num plano estritamente factual, parece que ignoramos as características do nosso sistema universitário. A Bolívia tem uma população universitária de 250.000 estudantes, 70% dos quais localizados no sistema público, acolhe uma maioria de população de colégios públicos, e com uma porcentagem importante de população autoidentificada como indígena (WEISE, 2004).

As três universidades indígenas serão altamente seletivas não por rendimento acadêmico necessariamente, mas por vinculação aos organismos de poder comunitário. Pretende-se instalar um número *clausus*, não maior do que 40 estudantes, por isso, como também indicamos em outros estudos, o impacto em termos de volume do sistema universitário é mínimo.

Atenderão a 160 estudantes, ou talvez 1.000. O que se fará com os 249.000 estudantes das universidades "tradicionais"? Formar-se-ão num sistema público ainda mais abandonado e depauperado, enquanto os esforços e os recursos são encaminhados para criar novas estruturas, que compitam com as atuais e que com o tempo – como se viu em iniciativas semelhantes – poderiam acabar tomando a forma dos modelos tradicionais dos quais pretendem distanciar-se ou tornando-se sistemas marginais cujas titulações têm um valor secundário para o acesso ao trabalho.

Como dissemos antes, num país de maioria indígena, não é lógico desenvolver uma política de educação superior a partir de uma visão compensatória, de minorias, mantendo intocado o núcleo central do sistema. Se não somos capazes de construir sobre as realidades existentes e transformá-las incluindo-as, o caminho se mostra pouco promissor.

A mudança de atores a que fazíamos referência páginas atrás não se dá apenas em nível de comunicação entre Universidade e Estado, também se modificou a relação da Universidade com os atores sociais.

Ao mesmo tempo que se promovem as universidades indígenas paralelas, a pressão sobre a universidade pública, para incrementar e adequar a sua oferta a pedido expresso de vários grupos organizados, persiste e se vê interpelada por outro tipo de atores. A relação entre Universidade e Estado tornou-se secundária com respeito à relação entre universidade e atores sociais organizados, com os quais foram estabelecidos processos diretos de negociação.

Os munícipes, organizações de base, alcaides de províncias rurais, organizações de pais de família se constituem em novos interlocutores da "academia". As repartições universitárias mudaram de cara e agora dialogam com os atores locais. Exigem suas demandas sob pressão e praticamente impõem os seus critérios na hora de decidir de que ofertas curriculares precisam e onde devem funcionar, sendo a universidade pública inclusive objeto de greves, bloqueios e ameaças diversas, exigindo dela o cumprimento de compromissos e o desenvolvimento de ações para as quais nem está preparada, nem conta com os recursos necessários.

Evitar pressões e resolver conflitos com setores sociais tornou-se a atividade normal de acadêmicos e autoridades universitárias. Só em 2007, a UMSS recebeu a solicitação de criação de 27 novos programas formativos em mais de 20 localidades e municípios diferentes.[16]

---

[16] Dados do Departamento de Desarrollo Curricular. Essa instância dependente do Vice-Reitorado da UMSS recebeu só em 2007 essa quantidade de solicitações, que de maneira direta pediam a

A intenção do projeto de desconcentração foi justamente dar uma resposta organizada e coerente à demanda, com um sentido de racionalidade acadêmica, benefício público e utilidade social. No entanto, os processos de negociação entre as organizações sociais e as universidades públicas deram muito pouco resultado. O governo optou, como se previa, por evitar qualquer tipo de ação na e com a universidade pública, inclusive alguns ministros de governo – mais a partir do desejo que da realidade – vaticinam que esse será o fim do sistema público tradicional, que desde sua construção discursiva "serve a fins neoliberais" (PRENSA, 2009).

Luta pela hegemonia cultural. Uma batalha simbólica

Como vemos, a universidade é na realidade mais que um espaço acadêmico; é uma arena de disputa, de encontro e de organização social. O que temos nas mãos não é uma luta pelo acesso à educação superior. Trata-se de uma luta pela hegemonia cultural, na qual se reclama a validação de saberes, que reforça o valor simbólico da universidade e sua capacidade potencial de construção de identidades.

A educação como parte da cultura é concebida como um campo de batalha ideológico e de luta pelo controle da produção de verdades ou pela hegemonia cultural e política (WALSH, 2002). Essa batalha se trava no plano simbólico, desenvolvendo mais políticas de identidades do que políticas educativas em sentido estrito.

Como bem diz Grosfoguel (2006), o alcance da política de identidades é limitado, por isso não pode conseguir uma transformação do sistema e de seu padrão de poder colonial. Essas mesmas identidades são construções do poder colonial; podem servir a alguns fins progressivos, mas atendem a metas de grupos, e o objetivo, cremos, é estender a ideia de igualdade a toda noção de opressão.

É evidente a necessidade de um trabalho sistemático de construção de projetos educacionais e de uma reflexão muito mais profunda. Os eixos discursivos sobre os quais se trava essa batalha hegemônica são fracos e, certamente, não são suficientemente consistentes para poder traduzi-los em práticas educativas concretas.

Cremos que não se trata apenas de pretender destruir práticas colonizadoras, desde uma visão romântica, que nos recorda o mito do bom

---

criação de determinadas carreiras ou titulações (quase todas já existentes na sede central), em diferentes províncias e municípios da área rural do departamento de Cochabamba.

selvagem de Rousseau, mas – sem deixar de avaliar o que foi conseguido ou, antes, para fazê-lo de uma maneira mais legítima – aprender a olhar desde uma perspectiva mais renovada e realista, reconhecendo a nossa hibridez.

Nós nos inclinamos a pensar o tema da interculturalidade e da descolonização desde visões mais amplas, já adotadas por movimentos indígenas na região. Parece-nos interessante retomar a ideia de interculturalização de via múltipla (MIGNOLO, 2000a), que nos ajuda a situar as contradições numa perspectiva menos maniqueísta e dicotômica. Parte do pressuposto de que as diferenças na prática concreta não partem da etnia em si, mas de uma subjetividade e um *locus* de enunciação definidos e construídos na experiência de subalternização social, política e cultural. Implica evidentemente fortalecer o próprio como resposta e estratégia diante da violência simbólica, mas requer mudanças estruturais e sistêmicas em diferentes dimensões e numa perspectiva mais complexa que a oposição binária (MIGNOLO, 2000a; MARTIN-ALCOFF, 2006).

Nesta perspectiva, o próprio não se define necessariamente desde a etnia ou a pertença a um dos povos originais, em contraposição aos outros, numa postura essencialista, mas a partir de um reconhecimento do próprio em sua condição híbrida diversa e subalternizada em relação a um contexto maior.

A interculturalidade deve permitir a construção de um universalismo alternativo e plural. Por isso, Walsh (2002) fala mais de um projeto interculturalizador do que da interculturalidade em si. Nesse sentido, o intercultural não é uma condição; é uma realidade em permanente construção. Algo que se edifica nas relações, na interação entre pessoas e grupos que compreendem o mundo desde sensibilidades diferentes e, se não está ligado a uma melhora real das condições de vida das populações marginalizadas e empobrecidas, carece de sentido.

Os saberes em jogo. A discussão epistemológica

O outro lado dessa batalha, que toca de maneira muito particular as universidades, tem a ver com a discussão epistemológica que põe em conflito algumas de suas bases constitutivas. Originada como berço do saber ocidental e garantia do conhecimento "científico" onde se legitimam verdades, a universidade hoje é reinventada para se constituir o berço do saber alternativo, que combate aquele que a fundou. Em seu seio não só se fazem presentes os conflitos de identidade, mas também os epistemológicos, relacionados com diversas formas de produzir e aplicar o conhecimento.

Em torno do campo epistemológico, a descolonização implica reverter a designação de alguns conhecimentos como legítimos e universais e a relegação de outros, especialmente aqueles relacionados com a natureza, o território, a ancestralidade, o espaço local de saberes, ou do mundo da vida (Mignolo, 2000b; Martin-Alcoff, 2007).

Agora, como as universidades acolhem esses saberes, como se sistematizam e se estruturam, com que critérios são selecionados e como são ensinados num contexto universitário sem ser desvirtuados, como são validados, a partir de que critérios epistemológicos (é todo o saber indígena que é válido?), como dialogam com o conhecimento ocidental e suas normas de produção? Se este diálogo é possível, onde se encontram estes saberes? São temas sobre os quais falta muita discussão e trabalho.

No entanto, cremos que um bom começo é refletir sobre o que são esses saberes. Coincidimos com aqueles que postulam que os saberes indígenas não podem ser caracterizados como um passado utópico ideal, congelado em outro tempo, mas são construídos no presente, a partir de interpretações e reinvenções de uma memória histórica situada em subjetividades, espaços e lugares que encontram seu sentido na atualidade. Procedem da articulação, relação e negociação de várias formas heterogêneas e plurais de pensar-saber (Mignolo, 2000b) e que dificilmente são caracterizáveis como "propriedade" de uma cultura.

Portanto, a descolonização não é recuperar um saber puro resguardado por culturas livres de influências nocivas; é um processo de construção e tradução recíproca de conhecimentos no plural, processo que Vera (*apud* Walsh, 2002) chama de interculturalização epistêmica. Trata-se da construção de novos referenciais epistemológicos que incorporem e interculturalizem os dois conhecimentos, considerando a colonialidade e ocidentalização às quais estiveram submetidos (Quijano, 1999).

A questão não é se um conhecimento que está do lado do oprimido é automaticamente um pensamento desde uma posição subalternizada. Os conhecimentos subalternos são aqueles que se encontram na interseção do tradicional com o moderno; são formas híbridas de conhecimento, transculturais, não só no sentido de sincretismo cultural tradicional ou mestiçagem, mas como cumplicidade subversiva contra o sistema (Grosfoguel, 2005). São modalidades de resistência que ressignificam e transformam as formas de conhecimento dominantes do ponto de vista da racionalidade não eurocêntrica.

Cremos que refletir mais criticamente, nessa perspectiva de interculturalização e descolonização como reinvenção atualizada do próprio no reconhecimento de nossa hibridez permite propor ações mais integradoras e baseadas numa leitura situada no presente, mas com um caráter que possibilite a reinvenção de nossa identidade e a geração de pensamento subalterno.

As universidades públicas é que dão forma ao sistema de ES e às universidades indígenas integradas e coordenadas, as chamadas a acolher e promover a ideia de universalismo plural interculturalizador e fazer frente, com seriedade e responsabilidade social, aos desafios levantados.

Isso nos parece mais próximo dos princípios do *ama qhilla, ama llulla, ama suwa* (não sejas frouxo, não sejas mentiroso nem sejas ladrão), *suma qamaña* (viver bem), *ñandereko* (vida harmoniosa), *teko kavi* (vida boa), *ivi maraei* (terra sem mal) e *qhapaj ñan* (caminho ou vida nobre) como princípios orientadores de um sistema universitário que não precisa ser destruído nem fragmentado, mas transformado e reconstruído a partir de dentro e desde uma consciência clara de seu papel e sua função social.

Referências

AGENCIA BOLIVIANA DE INFORMACIÓN. Inauguran Sistema de Universidades Indígenas. Disponível em: <http://www.abi.bo/index.php?i=noticias_texto&j=200904112102311x>. Acesso em: 29 abr. 2009.

AGENCIA BOLIVIANA DE INFORMACIÓN. Inauguran Sistema de Universidades Indígenas. Disponível em: <http://www.abi.bo/index.php?i=noticias_texto&j=200904112102311x>, <http://www.bolpress.com/art.php?Cod=2009042004,> Bolivia, U. I. y. O. e. 2009, Bolpress <http://www.oei.es/noticias/spip. php?article3190> 2009b. OEI.

ARISPE, S.; MAZORCO, G.; RIVERA, M. *Polis Revista de la Universidad Bolivariana*, 2007. Disponível em: <http://redalyc.uaemex.mx/redalyc/src/inicio/ArtPdfRed.jsp?iCve=30501802>. Acesso em: 5 abri. 2009.

BARRAGÁN, R. La época del artesano culto: la lucha por la educación y la ciudadanía en la ciudad de La Paz (1845-1855). *I Coloquio Internacional, El Siglo XIX en Bolivia y América Latina*. Sucre, 1994. (Versão preliminar).

BAUTISTA, R. *Apuntes Sobre la Descolonización*. Ediciones Simbióticas, 28 mar. 2007. Disponível em: <http://www.edicionessimbioticas.info/spip. php?.article887>. Acesso em: 25 mar. 2009.

BECK, U. *La invención de lo político*. Argentina: Fondo de Cultura Económica, 1998.

BOLIVIA, U. I. *Bolpress*. Disponível em: <http://www.bolpress.com/art.php?-Cod=2009042004>. Acesso em: 27 abr. 2009.

BOURDIEU, P. Espíritus de Estado en Sociedad. *Sociedad*, n. 8, 1996.

BOURDIEU, P.; WACQUANT, L. *Respuestas: por una antropología reflexiva.* México: Grijalbo, 1995.

CARI, R. *Felix Patzi. El ministro.* La Paz: Kipus, 2008.

CARNOY, M.; LEVIN, H. M. *Schooling and Work in the democratic State.* Stanford: Stanford University Press, 1985.

CASTORIADIS, C. *La institución imaginaria de la sociedad.* Argentina: Tusquéts, 1999.

GOBIERNO DE BOLIVIA. *Constitución Política del Estado.* La Paz: Presidencia de la República, 2009.

GROSFOGUEL, R. La descolonización de la economía política y los estudios poscoloniales. *Tabula Rasa,* n. 4, p. 19-46, 2006.

GROSFOGUEL, R. The Iimplications of Subaltern Epistemologies for Global Capitalism:Transmodernity, Border Thinking and Global Coloniality. In: ROBINSON, W.; APPLEBAUM, R. *Critical Globalization Studies.* Londres: Routledge, 2005.

IRUROZQUI, M. *La Ciudadanía Clandestina- Democracia y educación indígena en Bolivia, 1986-1952. EIAL,* jan.-jun. 1999. Disponível em: <http://www.tauc.ac.il/X-1/irurozqui.html>. Acesso em: 3 nov. 2009.

ISUANI, E., LO VUOLO, R.; TENTI, E. *El estado de bienestar. Un Paradigma en Crisis.* Madrid: Miño y Dávila, 1991.

LANDER, E. Eurocentrismo y Colonialismo en el Pensamiento Social Latinoamericano. In: BRICEÑO-LEÓN, R.; SONNTAG, H. *Pueblo Época y Desarrollo: La sociología de América Latina.* Caracas: Nueva Sociedad, 1998. p. 87-96.

LAO-MONTES, A. Pariendo una globalidad sin dominación: políticas y pedagogías descolonizadoras. *Pre-textos educativos,* n. 5, p. 35-44, 2006.

LÓPEZ, L. E. *La educación de Jóvenes y Adultos Indígenas en Bolivia.* Cochabamba: GTZ-PROEIB ANDES/UMSS, 2000.

LORA CAM, J. El MAS: ofensiva anticolonial o defensiva neoliberal. *Revista Rebelión* 5 maio 1997. Disponível em: <http://www.rebelion.org/noticia.php?id=50474>. Acesso em: 20 abr. 2009.

LUKES, S. *El poder: un enfoque radical.* Madrid: Siglo XXI, 1985.

MALDONADO, L. (2008). Entrevista a Luis Maldonado en Bolivia en el Marco de la Conferencia sobre Participación Política. Mito y Realidad. *Escuela de Gobierno,* 2008. Disponível em: <http://www.escueladegobierno.edu.ec/info_site/html/Docs_modulos/Entrevista%20a%20Luis%20Maldonado%20en%20Bolivia.pdf>. Acesso em: 11 mar. 2009.

MARTIN-ALCOFF, L. Mignolo`s Epistemology of Coloniality. *The New Centenial Review,* v. 7, n. 3, p. 79-101, 2007.

MARTIN-ALCOFF, L. *Visible Identities: Race, Gender, and the Self*. New York: Oxford, 2006.

MIGNOLO, W. Diferencia Colonial y Razón Post Occidental. In: CASTRO-GÓMEZ, S. *La restructuración de las ciencias sociales en América Latina*. Bogotá: Centro Editorial Javeriano, 2000a. p. 3-28.

MIGNOLO, W. *Local Histories/Global Designs. Coloniality, Subaltern Knowledges and Border Thinking*. Princeton, NJ: Princeton University Press, 2000b.

MIRANDA, E. Construcción de Políticas Educativas. A propósito del Anteproyecto de Ley Avelino Siñani y Elizardo Pérez. *Pre-textos Educativos*, n. 5, p. 25-35, 2006.

MOLLIS, M. *La universidad argentina en tránsito*. Mexico: Fondo de Cultura económica, 2001.

NAISHTAT, F.; VILLAVICENCIO, E. *Las filosofías de la universidad*. Argentina: UBA, 2001.

NISKANEN, W. *Bureaucracy and Representative Government*. Chicago: Aldine-Atherton, 1971.

OEI. Disponível em: <http://www.oei.es/noticias/spip. php?article3190>. Acesso em: 27 abr. 2009.

OSZLAK, O. Políticas públicas y regímenes políticos: reflexiones a partir de algunas experiencias latinoamericanas. *Estudios CEDES*, v. 3, n. 2, 1980.

PRENSA, L. El CEUB rechaza la creación de las universidades indígenas. *La prensa*, 23 abr. 2009. Disponível em: <http://www.laprensa.com.bo/noticias/23-04-09/23_04_09_alfi9.php>. Acesso em: 25 abr. 2009.

PRENSA, L. Tres universidades indígenas iniciarán clases el 4 de mayo. *La Prensa*, 12 abr. 2009. Disponível em: <http://www.laprensa.com.bo/noticias/12-04-09/12_04_09_alfi1.php>. 15 abr. 2009.

QUIJANO, A. La colonialidad del poder. Cultura y conocimiento en América Latina. In: CASTRO.GÓMEZ, S.; GUARIOLA-RIVERA, O.; MILLAN DE BENAVIDEZ, C. *Pensar (en) los intersticios.Teoría y práctica de la crítica poscolonial*. Santa Fé de Bogotá: Colección Pensar/Editorial Javeriana,1999. p. 99-109.

RODRÍGUEZ, G.; WEISE, C. La educación superior en Bolivia: el espejo del vampiro. *Opiniones y Análisis*, n. 82, 2006.

RODRÍGUEZ, G., DE LA ZERDA, G.; BARRAZA, M. *De la revolución a la evaluación universitaria*. La Paz: PIEB, 2000.

ROSE, N. El gobierno en las democracias liberales avanzadas: del liberalismo al neoliberalismo. *Archipiélago*, 1997.

RUIZ, M.; HECTOR, U. (Dir.). *Hartos Evos aqui hay. Los campesinos cocaleros del Chapare* [Filme]. Bolivia, 2008.

SAAVEDRA, J. L. Horizontes y Desafíos de la Descolonizacón en Bolivia. *Pre-textos Educativos*, n. 5, p. 7-12, 2006.

TARDÍO, A. *Historia Educación Rural en Bolivia*. Disponível em: <http://memorias.don-tardio.com/educacion.html>. Acesso em: 11 mar. 2009.

WALLERSTEIN, I. La cultura como campo de batalla ideológico del sistema-mundo moderno. In: CASTRO.GÓMEZ, S.; GUARIOLA-RIVERA, O.; MILLAN DE BENAVIDEZ, C. *Pensar (en) los intersticios.Teoría y práctica de la crítica poscolonial*. Santafé de Bogotá: Colección Pensar/Centro Editorial Javeriano, 1999. p. 163-182.

WALSH, C. Deconstruir la interculturalidad. Construcciones críticas desde la política la colonialidad y los movimientos indígenas y negros en el Ecuador. In: FULLER, N. *Interculturalidad y política, desafíos y posibilidades*. Lima, Perú: Red para el Desarrollo de Ciencias Sociales en el Perú, 2002. p. 115-142.

WALSH, C. Interculturalidad. Políticas y significados conflictivos. *Nueva Sociedad*, n. 165, p. 133-142, 2000.

WEISE, C. Educación Superior y Poblaciones Indígenas. *IESALC-UNESCO*, 2004a. Disponível em: <http://unesdoc.unesco.org/images/0013/001399/139974s.pdf>. Acesso em: 15 mar. 2009.

WEISE, C. *La Construcción de Políticas Públicas Universitarias en el período Neoliberal. Estado y Universidad, contradicciones en una década de desconcierto: El caso de Bolivia*, 2005. Disponível em: <http://www.lpp-uerj.net/olped/documentos/1335.pdf>. Acesso em: 8 mar. 2009.

WEISE, C. Visiones de País, visiones de universidad. Cambio real o cambio aparente. *Umbrales. Revista de posgrado en ciencias del desarrollo*, n. 15, 2007.

WEISE, C.; LAGUNA, J. L.; VIDAURRE, J.; ESCOBAR, K.; PÉREZ, R.; ALVAREZ, R. *Tranformación académica y desconcentración Universitaria*. Proyecto, Universidad Mayor de San Simón, Departamento de Desarrollo Curricular/Vicerrectorado/Facultad de Humanidades, Cochabamba, 2007.

Parte III
Políticas

Capítulo 10
A função social da educação e da escola pública: tensões, desafios e perspectivas

João Ferreira de Oliveira

O presente texto visa analisar e discutir a função social da educação e da escola pública no contexto atual, considerando as tensões históricas, os desafios e as perspectivas em termos de uma educação pública, democrática e de qualidade social. Para tanto, explicitamos as finalidades históricas e contraditórias assumidas pela educação, os cenários contemporâneos e as reformas e políticas educacionais em curso nas últimas décadas, que buscam ajustar a educação escolar às demandas produtivas e às alterações no mundo do trabalho. Destacamos, no entanto, as potencialidades emancipatórias da educação e da escola pública, além das dimensões e dos desafios do processo de definição, implementação e avaliação de uma educação de qualidade para todos.

A educação ontem e hoje: educação para quê?

Uma análise crítica da *educação* ao longo da história evidencia que ela é uma *prática social* que se dá nas relações sociais que os homens estabelecem entre si, nas diversas instituições e movimentos sociais, portanto é constituinte e constitutiva dessas relações (FRIGOTTO, 2000). A educação é, pois, uma prática social ampla e inerente ao processo de constituição da vida social, alterando-se no tempo e no espaço em razão das transformações sociais.

A educação escolar, por sua vez, acontece de modo intencional e formal em instituições educativas, a exemplo das escolas públicas. Os sistemas de ensino foram ao longo dos séculos sendo constituídos nas sociedades modernas por meio da ação dos estados nacionais, tendo por base as lutas e as transformações sociais. Assim, a educação também pode ser compreendida como um campo social de disputa hegemônica, ou melhor, um espaço de luta e contradição, uma vez que reflete a própria constituição da sociedade. Cada sociedade, tendo por base as forças que a constituem, estabelece e organiza um sistema educacional para cumprir determinadas finalidades sociais.

Ao longo da história de constituição dos sistemas de ensino, considerando as especificidades de cada sociedade, a educação foi sendo pensada como um projeto social que respondesse às demandas ou necessidades estabelecidas pelos grupos hegemônicos. No atendimento dos propósitos, sobretudo das sociedades de orientação capitalista-liberal, encontramos várias finalidades para a educação escolar entre as quais se destacam: (a) Garantir a unidade nacional e legitimar o sistema; (b) contribuir com a coesão e o controle social; (c) reproduzir a sociedade e manter a divisão social; (d) promover a democracia da representação; (e) contribuir com a mobilidade e a ascensão social; (f) apoiar o processo de acumulação; (g) habilitar técnica, social e ideologicamente os diversos grupos de trabalhadores para servir ao mundo do trabalho; (h) compor a força de trabalho, preparando, qualificando, formando e desenvolvendo competências para o trabalho; (i) proporcionar uma força de trabalho capacitada e flexível para o crescimento econômico.

A história nos mostra também que nessa disputa em torno do estabelecimento de um projeto educacional que atenda os anseios da maioria da sociedade, a educação também vem sendo pensada, em especial pelos movimentos sociais, em outras perspectivas, entre elas: (a) transformar a sociedade, de modo a eliminar as divisões sociais estabelecidas; (b) desbarbarizar a humanidade, no que concerne aos seus preconceitos, opressão, genocídio, tortura etc.; (c) conscientizar os indivíduos, tendo em vista uma formação de sujeitos críticos, autônomos e emancipados; (d) desenvolver uma educação integral, que permita o desabrochar das potencialidades humanas; (e) apropriar-se do *saber social*, que permita uma socialização ampla da cultura e apreensão dos conhecimentos e saberes historicamente produzidos; (f) formar para o exercício pleno da cidadania.

Numa perspectiva progressista, a educação deve ser compreendida, portanto, como um direito universal básico e um bem social público. Ela é, assim, condição para a emancipação social e deve ser concebida numa perspectiva democrática e de qualidade, no contexto de um projeto de inclusão social mais amplo.

As políticas educacionais precisam, então, ser pensadas, implementadas e avaliadas com base na ação de um estado moderno que desenvolve um projeto nacional em consonância com os interesses da maioria da população. A inclusão social das camadas menos favorecidas aponta para a necessidade de constituição de um *estado social* que atua por meio de políticas públicas, sociais e educacionais que favoreçam os processos de emancipação desejados. Os sistemas de ensino, as escolas, os gestores, os professores, os alunos e a comunidade escolar em geral são agentes fundamentais desse processo, por isso, precisam ser envolvidos no estabelecimento de programas, projetos e ações que afetam a produção do trabalho escolar, uma vez que devem ser concebidos como agentes transformadores da própria realidade em que atuam.

Cenários contemporâneos, reformas e políticas educacionais

O processo de reestruturação produtiva do capitalismo global vem impondo uma nova realidade para o século XXI, qual seja, o conhecimento como elemento fundamental da produção e do acúmulo de vantagens diferenciais em um cenário capitalista de competição globalizada. De um lado, formulam-se as bases de uma economia assentada na *acumulação flexível* (HARVEY, 1992) e, de outro, a constituição de uma *sociedade técnico-científica-informacional* ou *sociedade do conhecimento* (SANTOS, 1997; RIFKIN, 1995; 2001), centrada na produção de novas tecnologias e na rearticulação e criação de processos organizacionais *inovadores*.

Assim, a globalização ou mundialização do espaço geográfico tem por base a ciência, a tecnologia e a informação, que produzem uma ordem racional e uma natureza instrumentalizada de modo a regular o uso e o funcionamento do território de acordo com a lógica do capital (SANTOS, 1997). Nesse contexto, o conhecimento, o saber e a ciência adquirem papel muito mais destacado do que anteriormente. Torna-se cada vez mais evidente que as transformações tecnológicas estão contribuindo para a constituição de uma sociedade marcada pela técnica, pela informação e pelo conhecimento. Desse modo, essa sociedade é caracterizada por um novo paradigma de produção e de desenvolvimento que tem como elemento básico a centralidade do conhecimento e da educação.

Essa centralidade se dá porque *educação e conhecimento* passam a ser, do ponto de vista do capitalismo globalizado, *força motriz e eixos da transformação produtiva e do desenvolvimento econômico*. São, portanto, bens econômicos necessários à transformação da produção, ao aumento do potencial científico-tecnológico e ao aumento do lucro e do poder de competição num mercado concorrencial que se quer livre e globalizado pelos defensores do neoliberalismo. Torna-se clara a conexão estabelecida entre educação-conhecimento e desenvolvimento-desempenho econômico. A educação é um problema econômico na visão neoliberal, já que ela é o elemento central desse novo padrão de desenvolvimento.

No novo processo de produção, em que estão presentes as novas tecnologias e as novas formas ou formas mais flexíveis e eficientes de organização da produção, não há praticamente lugar para o trabalhador desqualificado, para o trabalhador com dificuldades de aprendizagem permanente, para o trabalhador incapaz de assimilar novas tecnologias, tarefas e procedimentos de trabalho, para o trabalhador sem autonomia e sem iniciativa, para o trabalhador que não sabe trabalhar em equipe, para o trabalhador parcelar ou especializado em um ofício; enfim, para o trabalhador, que, mesmo sabendo fazer uma determinada tarefa, não é capaz de verbalizar o que sabe fazer (LIBÂNEO; OLIVEIRA; TOSCHI, 2007).

A desqualificação passou a significar exclusão no novo sistema produtivo, realçando a exigência de um trabalhador cada vez mais qualificado, polivalente, flexível e versátil, num contínuo processo de aprendizagem, em que pese o declínio dos postos de trabalho ou chamado desemprego estrutural. Essa exigência, embora disseminada para o conjunto daqueles que vivem do trabalho, refere-se cada vez mais a um pequeno contingente de trabalhadores, identificados como *trabalhadores do conhecimento*, já que o desemprego tecnológico ou estrutural é uma tendência do capitalismo e uma realidade nessa fase de acumulação flexível (RIFKIN, 1995; BOURDIEU, 1998).

De qualquer modo, verifica-se que o novo paradigma produtivo requer, por um lado, maior flexibilidade funcional e um novo perfil de qualificação da força humana de trabalho e, por outro, elevação da *qualificação geral* que garanta consumo mais especializado, ou seja, adequado aos serviços e bens produzidos no contexto da globalização produtiva. Há, por consequência, uma crescente demanda por qualificação nova e mais elevada do trabalhador e do consumidor, bem como por educação mais elevada, mais flexível, mais polivalente e formadora de novas habilidades cognitivas e competências sociais e pessoais, além de bom domínio de linguagem oral e escrita, conhecimentos científicos básicos e iniciação nas linguagens da informática. Isso se dá ao mesmo tempo que aumenta a produtividade, a eficiência e a qualidade de serviços e produtos com uma crescente diminuição dos postos de trabalho e do emprego da força de trabalho humana nos processos produtivos (LIBÂNEO; OLIVEIRA; TOSCHI, 2007).

Na ótica economicista e mercadológica presente na atual reestruturação produtiva do capitalismo, o desafio essencial da educação é a capacitação e a requalificação dos trabalhadores para satisfazer às exigências qualificacionais do sistema produtivo, bem como para formar o consumidor exigente e sofisticado para um mercado consumidor diversificado, sofisticado e competitivo. Trata-se, portanto, de preparar trabalhadores e consumidores para os novos estilos de consumo e de vida moderna. O *cidadão eficiente e competente*, nessa ótica, é aquele capaz de consumir de maneira eficiente e sofisticada e de competir com seus talentos, com suas habilidades e com suas competências no mercado de trabalho.

Por isso, no âmbito das reformas e políticas educacionais, em curso no Brasil, nas últimas décadas, há todo um empreendimento visando a elevação da escolaridade da força de trabalho e da *qualidade de ensino* nos sistemas e nas instituições educativas, em geral, com o objetivo de garantir as condições de promoção da competitividade, de eficiência e de produtividade demandadas e exigidas pelo mercado e pelo capital produtivo. Obviamente, trata-se de um critério mercadológico da qualidade de ensino expresso no conceito de *qualidade total*.

No âmbito dos sistemas de ensino e das escolas procura-se reproduzir a lógica da competição e as regras do mercado por meio da formação de um *mercado educacional*. A eficiência pedagógica é buscada mediante instalação de uma *pedagogia da concorrência*, da eficiência e dos resultados (LIBÂNEO; OLIVEIRA; TOSCHI, 2007). Essa pedagogia tem sido levada a efeito, em geral, por meio de: (a) adoção de mecanismos de flexibilização e diversificação dos sistemas de ensino e das escolas; (b) atenção à eficiência, à qualidade, ao desempenho e às necessidades básicas de aprendizagem; (c) avaliação constante dos resultados obtidos pelos alunos que comprovam a atuação eficaz e de qualidade do trabalho desenvolvido na escola; (d) estabelecimento de *rankings* dos sistemas de ensino e das instituições públicas ou privadas que são classificadas/desclassificadas; (e) criação de condições para que se possa aumentar a competição entre escolas e encorajar os pais a participar da vida escolar e fazer escolha entre escolas; (f) ênfase na gestão e na organização escolar mediante a adoção de programas gerenciais de *qualidade total*; (g) valorização de algumas disciplinas, como matemática e ciências, devido à competitividade tecnológica mundial, que tende a privilegiar tais disciplinas;

(h) ampliação dos meios de treinamento de professores, por exemplo, educação a distância; (i) descentralização da educação, sobretudo dos recursos financeiros, em conformidade com a avaliação do desempenho; (j) valorização da iniciativa privada e do estabelecimento de parcerias com o empresariado; (k) repasse das funções do estado para a comunidade e para as empresas.

Nesse contexto, a *avaliação* assumiu finalidades mais classificatórias e menos formativo-diagnóstica, visando incentivar a competição e a melhoria do desempenho por meio de incentivos financeiros. O *currículo* voltou-se para o desenvolvimento de competências e capacidades necessárias ao trabalhador polivalente e flexível, acarretando maior individualização e responsabilização dos sujeitos quanto ao sucesso ou fracasso na trajetória escolar e profissional. A *gestão* assumiu princípios, valores e técnicas da iniciativa privada, tais como eficiência, produtividade e controle do trabalho, assumindo um perfil de escola-empresa, onde se preocupa mais com a *performance*, a gerência, o controle e os resultados. O *financiamento* descentralizou-se: foi redistribuído e mais utilizado como mecanismo de regulação dos sistemas de ensino e produção do trabalho escolar. Os *professores* passaram a ser mais diretamente responsabilizados pelo desempenho dos alunos, tendo suas atividades pedagógicas mais reguladas e controladas e seu desempenho mais associado à ideia de certificação de competência e a incentivos ou punição financeira.

No Brasil, a reforma do Estado e a implementação de políticas econômicas e educacionais de *ajuste*, desde a década de 1990, buscaram modernizar o país, tendo em vista criar as condições de sua inserção na globalização econômica. As reformas e as políticas educacionais implementadas durante o governo de Fernando Henrique Cardoso (1995-2002) objetivaram a elevação da competitividade do país e sua inserção na globalização econômica por meio da flexibilização das relações capital-trabalho, da elevação do tempo de escolarização da força de trabalho, a partir da ênfase no ensino fundamental, do apoio ao processo de acumulação, legitimação do sistema, garantia da ordem e controle social e da implementação de novas formas de regulação dos sistemas de ensino e das escolas, visando maior concorrência, eficiência e produtividade.

Já no governo Lula, iniciado em 2003, o foco tem sido o crescimento do país e a chamada inclusão social por meio de uma educação de qualidade para todos. As ênfases recaíram sobre a reforma da educação superior, o incentivo à qualidade da educação básica, a alfabetização e a ampliação e fortalecimento da educação profissional. Nos dois governos, os professores aparecem no centro dos debates e das ações e programas, embora com perspectivas razoavelmente diferenciadas, que merecem maior aprofundamento.

Além disso, a educação escolar no Brasil, a partir da LDB, estruturou-se por meio de níveis e modalidades. Nessa direção, verifica-se que as políticas educacionais do período estruturaram a organização escolar para o desenvolvimento de competências gerais (saber aprender) e para o desenvolvimento de competências específicas (saber fazer), em consonância com as transformações produtivas e com as necessidades advindas do mercado ou mundo do trabalho (Quadro 1). A lógica de estruturação da oferta educacional continua sendo, portanto, mais a do atendimento das demandas econômico-produtivas do que a da educação como direito social.

ENSINO ACADÊMICO (Saber conhecer/aprender)	ENSINO PROFISSIONAL *(Saber fazer)*
1. Educação básica Educação infantil Ensino fundamental Ensino médio	1. Educação profissional Nível básico Nível técnico Nível tecnológico (Nível superior)
2. Educação superior Graduação Pós-graduação: Mestrado acadêmico Doutorado Pós-doutorado	2. Pós-médio: Cursos sequenciais 3. Cursos de especialização 4. Mestrado profissionalizante

Quadro 1 – Educação escolar no Brasil: ensino acadêmico e ensino profissional

Saviani (2007), ao analisar a educação nas últimas décadas, mostra que os fundamentos dessa orientação educacional estão assentados em quatro matrizes fundamentais: (a) o *neoprodutivismo*, que advém da teoria do capital humano, em razão das transformações produtivas (toyotismo) que configuram uma espécie de pedagogia da exclusão; (b) o *neoescolanovismo*, que acentua o foco do "aprender a aprender"; (c) o *neoconstrutivismo*, que enfatiza a atividade do aluno e a chamada pedagogia das competências; (d) o *neotecnicismo*, que pode ser observado na reforma do estado e na orientação gerencialista da organização e gestão escolar, advinda da pedagogia da qualidade total e da pedagogia corporativa.

A função social da educação e da escola

Mesmo considerando as transformações produtivas e sociais em curso, é preciso discutir a função social da educação e da escola à luz do processo de formação dos homens, como sujeitos históricos, enfatizando o papel da organização escolar como instituição criada por esses sujeitos e seus desdobramentos na organização da sociedade. Nesse sentido, é preciso compreender a educação como uma construção histórica.

Nas comunidades primitivas, os fins da educação derivam da estrutura homogênea do ambiente social, identificam-se como os interesses comuns do grupo e se realizam igualitariamente em todos os seus membros, de modo espontâneo e integral: espontâneo na medida em que não existe nenhuma instituição destinada a inculcá-los; integral no sentido que cada membro da tribo incorporava mais ou menos bem tudo o que na referida comunidade era possível receber e elaborar (PONCE, 1985, p. 21).

Com as mudanças da vida em sociedade, do próprio homem e a transição da comunidade primitiva para a Antiguidade, novas formas de organização vão surgindo, sobretudo com a substituição da propriedade comum pela propriedade privada. A relação entre os homens, que na sociedade primitiva se fundamentava na propriedade coletiva, passa a ser privada, e o que rege as relações é o poder do homem que se impõe aos demais.

Assim, com o desaparecimento dos interesses comuns a todos os membros iguais de um grupo e a sua substituição por interesses distintos, pouco a pouco antagônicos, o processo educativo, que até então era único, sofreu uma partição: a desigualdade econômica entre os "organizadores" e os "executores" trouxe necessariamente a desigualdade das educações respectivas (PONCE, 1985, p. 27).

Nessa direção, os ideais educacionais nessa nova forma de organização da sociedade não são mais os mesmos para todos, tendo em vista que não só a classe dominante tem ideais substancialmente distintos dos da classe dominada, bem como tentam fazer com que a classe trabalhadora aceite essa desigualdade educacional como desigualdade natural; sendo assim, é inútil lutar contra ela.

Com o advento da sociedade capitalista e o aperfeiçoamento do instrumental de trabalho, mudam não só a forma de organização da sociedade mas também as relações sociais de produção, a concepção de homem, de trabalho e de educação.

Na sociedade organizada sob o modo de produção capitalista, o homem não é aquele ser histórico que se humaniza nas relações que estabelecem com outros homens, mas resume-se ao indivíduo que vende a sua força de trabalho e, ao vendê-la, transforma-se em fator de produção.

A educação, segundo a ótica dominante, tem como finalidade habilitar técnica, social e ideologicamente os diversos grupos de trabalhadores, para servir ao mundo do trabalho. Segundo Frigotto (2000, p. 26), "trata-se de subordinar a função social da educação de forma controlada para responder as demandas do capital".

Diferentemente da perspectiva dominante, para a classe trabalhadora a "educação é, antes de tudo, desenvolvimento de potencialidades e apropriação de 'saber social' (conjunto de conhecimentos e habilidades, atitudes e valores que são produzidos pelas classes, em uma situação histórica dada de relações para dar conta de seus interesses e necessidades)" (GRYZYBOWSKI *apud* FRIGOTTO, 2000, p. 26), objetivando a formação integral do homem, ou seja, o desenvolvimento físico, político, social, cultural, filosófico, profissional, afetivo, entre outros.

Nessa ótica, a concepção de educação que está sendo preconizada fundamenta-se numa perspectiva crítica que concebe o homem na sua totalidade, como ser constituído pelo biológico, material, afetivo, estético e lúdico. Portanto, no desenvolvimento das práticas educacionais, é preciso ter em mente que os sujeitos dos processos educativos são os homens e suas múltiplas e históricas necessidades.

Considerando os sujeitos históricos, o projeto de educação a ser desenvolvido nas escolas públicas tem que estar pautado na realidade, visando a sua transformação, na medida que se compreende que esta não é algo pronto e acabado. Não se trata, no entanto, de atribuir à escola nenhuma função salvacionista, mas de reconhecer seu incontestável papel social no desenvolvimento de processos educativos, na sistematização e socialização da cultura historicamente produzida pelos homens.

Ao discutirmos a função social da educação e da escola, estamos entendendo a educação no seu sentido ampliado, ou seja, como prática social. No processo de transformação da natureza, o homem instaura leis que regem a sua convivência com os demais grupos, cria estruturas sociais básicas que se estabelecem e se solidificam à medida que vai se constituindo em *lócus* de formação humana. Nesse sentido, a escola como criação do homem só se justifica e se legitima diante da sociedade ao cumprir a finalidade para qual foi criada (OLIVEIRA; DOURADO; MORAES, 2007).

Assim, no desempenho de sua função social de formadora de sujeitos históricos, a escola precisa ser um espaço de sociabilidade que possibilite a construção e socialização do conhecimento produzido, tendo em vista que esse conhecimento não é dado *a priori*. Trata-se de conhecimento vivo e que se caracteriza como processo em construção.

A educação, como prática social que se desenvolve nas relações estabelecidas entre os grupos, seja na escola ou em outras esferas da vida social, caracteriza-se como campo social de disputa hegemônica, disputa essa que se dá, "na perspectiva de articular as concepções, a organização dos processos e dos conteúdos educativos na escola e, mais amplamente, nas diferentes esferas da vida social, aos interesses de classes" (FRIGOTTO, 2000, p. 25). Assim, a educação constitui uma atividade humana e histórica que se define na totalidade das relações sociais.

Nessa ótica, as relações sociais desenvolvidas nas diferentes esferas da vida social, inclusive no trabalho, constituem processos educativos, assim como os processos educativos desenvolvidos na escola consistem em processos de trabalho, desde que este seja entendido como ação e criação humanas. Contudo, na forma como se opera o modo de produção capitalista, a sociedade não se apresenta como totalidade, mas é compreendida a partir de fatores que interagem e se sobrepõem de forma isolada.

Nessa perspectiva, "a educação e a formação humana terão como sujeito definidor as necessidades, as demandas do processo de acumulação de capital sob as diferentes formas históricas de sociabilidade que assumem" (FRIGOTTO, 2000, p. 30), e não o desenvolvimento de potencialidades e a apropriação dos conhecimentos culturais, políticos, filosóficos, historicamente produzidos pelos homens.

Segundo Frigotto (2000), a escola é uma instituição social que, mediante sua prática no campo do conhecimento, valores, atitudes e mesmo por sua desqualificação, articula determinados interesses e desarticula outros. É exatamente nessa contradição, existente no seu interior, que estão presentes os germes da mudança, como evidenciam as lutas aí são travadas. Portanto, pensar a função social da escola, implica repensar o seu próprio papel, sua organização e o papel dos atores que a compõem, visando inseri-la em um projeto de transformação social mais amplo.

Nesse contexto, os dirigentes escolares, os professores, os pais e a comunidade em geral precisam entender que a escola é um espaço contraditório; portanto, torna-se fundamental que ela construa seu projeto político-pedagógico. Cabe ressaltar, nessa direção, que qualquer ato pedagógico é um ato dotado de sentido e se vincula a determinadas concepções (autoritárias ou democráticas), que podem estar explícitas ou não.

Assim, pensar a função social da educação e da escola implica problematizar a escola que temos na tentativa de construir a escola que queremos. Nesse processo, a articulação entre os diversos segmentos que compõem a escola e a criação de espaços e mecanismos de participação são prerrogativas fundamentais para o exercício do jogo democrático na construção de um processo de gestão democrática.[1]

A qualidade da educação: dimensões e desafios

O sistema educacional brasileiro estruturou-se de modo mais sistemático a partir da década de 1930, com a criação do hoje chamado Ministério da Educação. Ao longo de várias décadas a educação foi sendo desconcentrada e descentralizada. Observa-se que pouco a pouco algumas atribuições e competências foram sendo repassadas da União para os estados e desses para os municípios. Na Constituição Federal de 1988 os municípios já aparecem como entes federados e com atribuições bem definidas, sobretudo no que tange à oferta do ensino fundamental e da educação infantil. A LDB (Lei n. 9.394/96) confirma essa tendência e já aponta para progressivos graus de autonomia das escolas, sobretudo no tocante aos aspectos pedagógicos e financeiros.

A LDB também estabelece a gestão democrática e o projeto político-pedagógico da escola como parâmetros fundamentais da gestão e da organização escolar. Tais assertivas consagram de alguma forma os mecanismos e ações de gestão democrática da educação que vinham sendo construídos na educação brasileira desde o período de redemocratização do País a partir da década de 1980, a exemplo do conselho escolar, regimento escolar, grêmios estudantis, eleição direta para o cargo de diretor(a), plano de carreira, entre outros. A gestão colegiada, com ampla participação dos profissionais da educação e da comunidade escolar em geral, ganha realce, tendo em vista a construção da autonomia escolar e da educação de qualidade. A educação

---

[1] A gestão aqui deve ser entendida no sentido amplo, não apenas como gestão de processos administrativos, mas como gestão de processos político-pedagógicos, envolvendo os diversos momentos de participação e de estruturação da unidade escolar. Nessa concepção de gestão, a função do dirigente escolar não se restringe ao desenvolvimento das atividades burocráticas e a organização do trabalho na escola. Pauta-se, sim, em ações colegiadas, articuladas com os atores sociais que o compõem.

brasileira é, no entanto, estruturada a partir dos municípios e dos estados que compõem a federação. A LDB estabeleceu competências bem específicas para a União, os estados e os municípios, de tal forma que se pode afirmar que há no Brasil um sistema plural de educação, que deve ser organizado por meio de um regime de colaboração. A gestão cooperativa é, pois, uma premissa na implementação de programas, projetos e ações no campo da educação, em que pese as diferentes perspectivas políticas, teóricas e de orientação didático-pedagógica de cada município ou estado.

Na última década ocorreram no Brasil um intenso processo de municipalização do ensino fundamental e de estruturação da oferta de educação infantil por meio dos municípios, em obediência ao que estabelece a LDB e a lei do FUNDEF. Essas mudanças ocorreram, no entanto, sem que houvesse uma maior distribuição de recursos para que os municípios dessem conta dessas novas competências. O FUNDEB surgiu, em parte, para corrigir algumas dessas distorções. Em vez de focar no ensino fundamental, o novo fundo busca atender toda a educação básica, considerando em parte as especificidades de cada nível ou modalidade de educação. A definição de parâmetros ou insumos para garantia de um padrão mínimo de qualidade passou a ser discutida mais fortemente, tendo em vista instituir um custo-aluno mais adequado em termos da qualidade da oferta. Nesse sentido, a União e os estados precisam colaborar com os municípios na ampliação dos recursos necessários para a oferta de ensino de qualidade. Isso significa ampliar o diálogo para definir melhor os parâmetros do *regime de colaboração* e avançar na gestão democrática da educação nacional.

Tal discussão implica compreender o conceito de qualidade da educação. No contexto atual, observam-se duas compreensões básicas de qualidade da educação. A primeira decorrente de uma orientação econômica-produtiva em que se impõe o desenvolvimento de competências para o trabalho, considerando o atual regime de acumulação flexível. Nessa lógica econômica, as transformações constantes e acentuadas no mundo do trabalho e nos perfis profissionais demandam um tipo de formação mais flexível e permanente. Os trabalhadores precisam, pois, desenvolver competências que os tornem aptos para se inserir no mercado de trabalho. Tal responsabilidade é cada vez mais individual. A composição da força de trabalho, nesse contexto de avanço das tecnologias (que eliminam postos de trabalho) parece exigir maiores habilidades intelectuais, tendo em vista o seu aproveitamento na chamada sociedade ou economia do conhecimento.

A segunda compreensão acerca da qualidade da educação decorre de perspectiva histórica e de luta pela ampliação da educação como direito. As lutas em prol da democratização da educação vinculam-se a uma perspectiva mais ampla do estado de direito, de constituição de um estado social e de uma democracia efetiva e substantiva, que inclua uma real democratização do fundo público, como expressão da riqueza produzida pelo conjunto da sociedade. A gratuidade, a obrigatoriedade, a laicidade, a gestão democrática e a oferta da educação escolar com qualidade social são elementos históricos dessa vertente.

Nessa direção, a qualidade da educação é compreendida na sua complexidade, considerando os seus diferentes nexos constitutivos. Isso envolve dimensões extra e intraescolares. No plano mais amplo, ou melhor, do espaço social, é preciso considerar as questões socioeconômicas e culturais dos entes envolvidos. No plano do estado, numa perspectiva social, é preciso considerar a dimensão dos direitos, das obrigações e das garantias. No plano mais específico, ou melhor, no âmbito dos sistemas e das escolas, faz-se necessário considerar as condições de oferta do ensino, gestão e organização do trabalho escolar, formação, profissionalização e ação pedagógica, além do acesso, da permanência e do desempenho escolar. As pesquisas mais recentes sobre o custo-aluno em escolas públicas (FARENZENA, 2005; OLIVEIRA et al., 2005; CAMARGO et. al., 2006; PINTO, 2002; CASTRO; DUARTE, 2007) indicam certas condições que parecem consubstanciar uma escola com condições para oferta de ensino de qualidade. Nesse sentido, destacam-se as escolas com (a) quadro de professores qualificados; (b) existência de carga horária docente disponível para o desenvolvimento de atividades que não sejam de aula; (c) dedicação dos professores a uma só escola; (d) aumento de salário de acordo com a formação continuada e titulação; (e) corpo docente pertencente ao quadro efetivo; (f) dedicação dos não docentes a uma só escola; (g) instalações bem conservadas; (h) existência de biblioteca e laboratório(s); (i) motivação para o trabalho; (j) diretor eleito e com experiência docente e de gestão; (k) participação da comunidade escolar; (l) integração da escola com a comunidade local e existência de conselho escolar (ou equivalente) atuante; (m) cuidados com a segurança da comunidade escolar.

Embora esses aspectos ou condições não sejam suficientes para a garantia de uma escola de qualidade, eles certamente interferem na qualidade do processo ensino-aprendizagem, assim como o custo-aluno anual praticado em cada estado ou município. A discussão sobre a escola de qualidade implica discutir as condições básicas para oferta de um ensino de qualidade, o que inclui insumos, variáveis e dimensões básicas e imprescindíveis.[2]

---

[2] Há também grandes desafios no tocante a expansão das matrículas nos diferentes níveis e modalidades de educação.

Além disso, uma escola de qualidade é certamente aquela que possui clareza quanto a sua finalidade social, o que em geral se dá por meio do projeto político-pedagógico e da gestão democrática. A escola precisa observar o cumprimento do seu papel no que tange à atualização histórico-cultural dos educandos mediante apreensão dos saberes historicamente produzidos pelo conjunto da sociedade. Além disso, é preciso verificar se as escolas estão assumindo claramente o papel de promover ativamente, por intermédio do trabalho docente e dos recursos pedagógicos disponíveis, a relação dos alunos com os saberes que lhes permitam desenvolver conhecimentos, habilidades, atitudes e valores necessários para a vida produtiva e cidadã, considerando as transformações em curso na sociedade contemporânea.

Todavia, em que pesem os avanços já registrados atualmente em muitas escolas públicas, não se pode reduzir a problemática da qualidade a uma discussão de custos e de insumos indispensáveis, embora sem eles seja extremamente difícil a produção uma escola de boa qualidade. A discussão mais ampla da qualidade certamente implica considerar outras dimensões que afetam os processos educativos e os resultados escolares em termos de uma aprendizagem mais significativa, por exemplo, o contexto socioeconômico e cultural dos estudantes, o atendimento às expectativas sociais dos alunos e pais, o atendimento aos direitos das crianças, adolescentes e jovens, os processos de organização e gestão da escola, a participação efetiva da comunidade, o planejamento pedagógico, as práticas curriculares e os processos educativos, a formação e a prática docente, a dinâmica de avaliação discente e o compromisso docente com o sucesso escolar do aluno.

Referências

AÇÃO EUCATIVA, UNICEF, PNUD, INEP-MEC. Indicadores da qualidade na educação. São Paulo: Ação Educativa, 2004.

AFONSO, A. J. Reforma do estado e políticas educacionais: entre a crise do estado-nação e a emergência da regulação supranacional. *Educ. Soc.*, Campinas, v. 22, n. 75, 2001.

ARELARO, L. R. G. *FUNDEF: Uma avaliação preliminar dos dez anos de sua implantação.* Caxambu, MG: Anped/Gt Estado e Política Educacional, 2007.

AZEVEDO, J. M. L. *A educação como políticas públicas.* 2. ed. ampl. Campinas: Autores Associados, 2001.

BORDIGNON, G.; GRACINDO, R. V. Gestão da educação: o município e a escola. In: FERREIRA, N. S. C.; AGUIAR, M. Â. S. *Gestão da Educação: impasses, perspectivas e compromissos.* São Paulo: Cortez, 2004.

BOURDIEU, P. *Contrafogos: táticas para enfrentar a invasão neoliberal.* Rio de Janeiro: Zahar, 1998.

BRASIL. Congresso Nacional. *Lei n.11.494, de 20 de junho de 2007.* Regulamenta o FUNDEB. Brasília, 2007.

BRASIL. Constituição Federal de 1988. *Diário Oficial da União,* Brasília, 5 out. 1988.

BRASIL. Emenda Constitucional n. 14, de 12/9/1996. *Diário Oficial da União,* Brasília Seção I, p. 18.109, 13 set. 1996.

BRASIL. *Lei de Diretrizes e Bases da Educação Nacional,* Lei n. 9.394/96. Estabelece as Diretrizes e Bases da Educação Nacional. Brasília, 2006.

BRASIL. *Lei n. 9.424, de 24 de dezembro de 1996.* Dispõe sobre o Fundo de Manutenção e Desenvolvimento do Ensino Fundamental e de Valorização do Magistério. Brasília, 1996.

BRASIL. MEC.*PDE: razões, princípios e programas.* Brasília, 2007.

CAMARGO R. B. et. al. *Pesquisa Nacional Qualidade na Educação: problematização da qualidade em pesquisa de custo-aluno-ano em escolas de educação bássica.* Brasília: INEP, 2006. v. 2.

CARNOY, M. *Mundialização e reforma na educação.* Brasília: Unesco, 2002.

CASTRO, J. A.; DUARTE, B. C. *Descentralização da Educação pública no Brasil: evolução dos gastos e matrículas.* Caxambu, MG: Anped/Gt Estado e Política Educacional, 2007. p. 1-25.

CHESNAIS, F. *A mundialização do capital.* Tradução de Silvana Finzi Foá. São Paulo: Xamã, 1996.

CURY, J. A gestão democrática na escola e o direito à educação. **Revista Brasileira de Política e Administração da Educação (RBPAE),** Porto Alegre: ANPAE, v. 23, n. 3, p. 483-495, set./dez. 2007.

DOURADO, L. F. *Conselho Escolar e o financiamento da educação no Brasil.* BRASIL. Ministério da Educação. Secretaria de Educação Básica. Programa Nacional de Fortalecimento dos conselhos escolares. Brasília, 2006.

DOURADO, L. F.; OLVEIRA, J. F.; SANTOS, C. A. A qualidade da educação: conceitos e definições. *Série documental: textos para discussão.* Brasília: INEP, v. 24, n. 22, p. 5-34, 2007.

FARENZENA, N. Introdução: estudo do custo aluno/ano em escolas da educação básica que oferecem condições para oferta de um ensino de qualidade – itinerários de pesquisa. In: FARENZENA, N. (Org.). *Custos e condições de qualidade da educação em escolas públicas: aportes de estudos regionais.* Brasília: INEP/MEC, 2005. p. 11-28.

CARAPETO, N. F. (Org.) *Gestão democrática da educação: atuais tendências, novos desafios.* São Paulo: Cortez, 1998.

FRIGOTTO, G. *Educação e a crise do capitalismo real.* 4 ed. São Paulo: 2000.

HARVEY, D. *Condição pós-moderna.* São Paulo: Loyola, 1992.

INSTITUTO NACIONAL DE ESTUDOS E PESQUISAS EDUCACIONAIS ANÍSIO TEIXEIRA (Inep). *Censo da educação Básica.* Brasília: INEP, 2007.

LIBÂNEO, J. C.; OLIVEIRA, J. F.; TOSCHI, M. S. *Educação escolar: políticas, estrutura e organização.* 5. ed. São Paulo: Cortez, 2007.

OLIVEIRA, D. A. *Educação Básica: gestão do trabalho e da pobreza*. Petrópolis, RJ: Vozes, 2000.

OLIVEIRA, J. F. et al. *O custo-aluno anual em escolas públicas de qualidade no Estado de Goiás. Custos e condições de qualidade da educação em escolas públicas: aportes de estudos regionais*. Brasília: INEP/MEC, 2005.

OLIVEIRA, J. F. DOURADO, L. F.; MORAES, K. N. Políticas e gestão na educação. *Escola de Gestores*, Brasília: MEC/Escola de Gestores, 2007.

OLIVEIRA, R. P.; ADRIÃO, T. *Gestão, financiamento e direito à educação: análise da LDB e da Constituição Federal*. 2. ed. São Paulo: Xamã, 2002.

PARO, V. H. Situação e perspectivas da educação brasileira: uma contribuição. In: *Gestão democrática da escola pública*. 3. ed. São Paulo: Ática, 2001. p. 83-105.

PINTO, J. M. R. Financiamento da educação no Brasil: Um balanço do governo FHC (1995-2002). *Educação e Sociedade*, Campinas, v. 23, n. 80, set. 2002, p. 108-135. Disponível em <http://www.cedes.unicamp.br>.

PONCE, A. *Educação e luta de classes*. Tradução de José Severo de S. Pereira. 5. ed. São Paulo: Cortez; Autores Associados, 1985.

RIFKIN, J. *A era do acesso*. São Paulo: Makron Books, 2001.

RIFKIN, J. *O fim dos empregos: o declínio inevitável dos níveis dos empregos e a redução da força global de trabalho*. São Paulo: Makron Books, 1995.

SANTOS, M. *Técnica, espaço, tempo: globalização e meio técnico-científico informacional*. São Paulo: Hucitec, 1997.

SAVIANI, D. *História das idéias pedagógicas no Brasil*. Campinas, SP: Autores Associados, 2007.

STIGLITZ, J. E. *A globalização e seus malefícios*. São Paulo: Futura, 2002.

VEIGA, I. P. A. Perspectiva para Reflexão em torno do projeto político-pedagógico, In: *Escola: Espaço do projeto político-pedagógico*. Campinas SP; Papirus, 1998.

VEIGA, I. P. A. Projeto político-pedagógico da Escola: uma construção coletiva, In: *Projeto político-pedagógico da Escola: uma construção possível*. 7. ed. Campinas, SP: Papirus, 1998.

VIEIRA, S. L.; FARIAS, I. M. S. *Política educacional no Brasil: introdução histórica*. Brasília: Liber Livro, 2007.

Capítulo 11
Políticas educativas no Brasil no tempo da crise

Eliza Bartolozzi Ferreira

As transformações econômicas e culturais ocorridas na sociedade capitalista no último quartel do século XX geraram rupturas estruturais na condição de ingresso e permanência dos sujeitos no contrato social da modernidade, o que trouxe um impacto significativo em relação ao lugar e ao valor da educação escolar como mecanismo de inserção política e produtiva. Podemos afirmar que as dirupções provocadas pela crise do capital vislumbrada após o fim do período da "Era de ouro"[1] – quadro marcado pelo desenvolvimento tecnológico sem precedentes e de uma cultura assombrada pelo prefixo "pós" – revelam a condição de crise da escola porque já não se constitui no percurso prometido de mobilidade social.

Nesse contexto em um país que guarda em sua história profundas desigualdades sociais como o Brasil, a educação escolar permanece como o espaço e o tempo nos quais uma reduzida parte de sua população cumpre com a promessa de inserção produtiva, ao passo que as classes populares convivem com a pressão subjetiva e objetiva de escolarização em um contexto no qual o desemprego atinge milhões de pessoas, e a juventude é atingida de forma mais acentuada. Por "ironia", no mesmo tempo em que domina a redução dos postos de trabalho e a sua precarização, a escola é potencializada como o espaço obrigatório de passagem para *quase* toda a sociedade.

Se devemos ficar atentos às novas semânticas constituídas em cada tempo histórico, pois traduzem um conjunto de ideias e fatos de sua época,

---
[1] Expressão cunhada por HOBSBAWM (1995) como expressão do espetacular crescimento econômico e da profunda revolução social ocorridos na Europa após 1945.

o discurso atualmente hegemônico do direito à educação, pode caracterizar, por contradição, a necessidade do capital de seleção e de disciplinamento da pobreza (OLIVEIRA, 2000). A política da educação escolar massificada, empreendida nos últimos anos, revela essa tendência. Há que considerar que o alcance dessa escola massificada é ainda muito limitado quando nos remetemos ao reduzido acesso à educação infantil, ao ensino médio e ao ensino superior. Não obstante essa realidade, a expansão quantitativa do número de alunos observada na última década, faz a escola estampar as contradições da sociedade por meio da presença acentuada da pobreza, da cultura de massas, do individualismo, do hedonismo e da própria falta de sentido e de valor da instituição.

A rigor, a escola é um dos únicos espaços (senão o único) no qual grande parte da população tem acesso a alimentação, cuidados de higiene, saúde e, minimamente, ao conhecimento sistematizado. À medida que a pobreza aumenta e os conflitos sociais se afiguram em sua complexidade maior, as políticas educativas buscam fortalecer a escola como a instituição responsável pela manutenção da ordem social. A convivência diária com as tensões sociais faz da educação escolar, no quadro de massificação do ensino, o espaço da incerteza, do tempo presente marcado por eventos (JAMESON, 2002). Paradoxalmente, quando o direito à educação no Brasil torna-se uma bandeira da sociedade civil e política, a infância e a juventude que vão para a escola não têm assegurados (nem ideologicamente) os laços de confiança com o poder da instituição em atender ao ideal de mobilidade social.

A contemporaneidade desses problemas faz surgir muitos estudos que se voltam para a preocupação com a condição da juventude. Um exemplo é a análise sugerida por Dayrell (2007) quando analisa as perspectivas dessa etapa de vida e verifica que os jovens estão em trânsito constante entre os espaços e tempos institucionais, da obrigação, da norma e da prescrição e aqueles intersticiais, nos quais predominam a sociabilidade, os ritos e símbolos próprios, o prazer.

> Nesse contexto, é cada vez mais difícil definir modelos na transição para a vida adulta. As trajetórias tendem a ser individualizadas, conformando os mais diferentes percursos nessa passagem. Podemos dizer que, no Brasil, o princípio da incerteza domina o cotidiano dos jovens, que se deparam com verdadeiras encruzilhadas de vida, nas quais as transições tendem a ser ziguezagueantes, sem rumo fixo ou predeterminado. Se essa é uma realidade comum à juventude, no caso dos jovens pobres os desafios são ainda maiores, uma vez que contam com menos recursos e margens de escolhas, imersos que estão em constrangimentos estruturais. (DAYRELL, 2007, 1113-1114)

A educação é uma prática social, e suas políticas devem se aproximar, de forma inarredável, das condições de vida dos sujeitos escolares e daqueles que precisam entrar/voltar a essa etapa. Com tais preocupações, este artigo tem por objetivo discorrer sobre a natureza das políticas educativas desenvolvidas após a metade da década de 1990, no Brasil, buscando identificar as recorrências, as diferenças e as contradições entre as ações dos governos desse período no contexto de crise da educação escolar. A hipótese aqui demonstrada se assegura na assertiva de que a racionalidade tecnocrática continua hegemônica na formulação dos planos, dos programas e dos projetos educativos, dos quais são alterados apenas o grau e a forma de sua condução. Mais do que isso, nossa argumentação busca explicitar a fragmentação da racionalidade dos decisores das políticas educativas do atual governo, pautada (a) pela contingência da busca do equilíbrio da correlação de forças, isto é, pela opção da acomodação/escamoteamento dos conflitos; (b) na insistência em repetir a lógica insustentável da teoria do capital humano e responsabilizar a escola (e o indivíduo, aqui entendido como o professor e o aluno) pela qualidade do itinerário de ingresso no mercado de trabalho.

As reformas educativas dos anos 1990

As reformas empreendidas na década de 1990 tentaram redimensionar o Estado, revesti-lo de novas competências e funções, não mais como promotor direto do crescimento econômico, mas somente como catalisador e facilitador. A crise estrutural do *Welfare State*, as inovações tecnológicas, o fortalecimento do setor financeiro internacional e outros fatores importantes fizeram crescer o espaço para uma maior participação do setor privado em segmentos anteriormente considerados de exclusiva atuação do Estado.

Quase todos os processos de reforma empreendidos nos quatro cantos do globo procuraram fortalecer a função reguladora em detrimento de atividades relacionadas à produção de bens e serviços para o mercado. O governo FHC deslocou o tradicional modelo brasileiro de desenvolvimento capitaneado pelo Estado para um novo, baseado nas relações de força do mercado e na regulação governamental. A estratégia de desestatização através da privatização de empresas, bens e investimentos públicos requereu o fortalecimento da capacidade de regulação e fiscalização do mercado e dos serviços públicos privatizados. Com o estabelecimento dessas novas relações entre o setor público e o privado, prevaleceu a necessidade de estabelecer novas regulações capazes de eliminar o risco de conversão de monopólios estatais em monopólios privados, a fim de favorecer o princípio da livre-concorrência, proteger o usuário desses serviços e garantir sua oferta crescente. Foi tomada uma série de medidas cuja consistência demonstrava a tentativa do governo de redefinir completamente a modernização historicamente desenvolvida no País. A meta do então presidente FHC foi preparar o Brasil para o século XXI, como afirmara inúmeras vezes em seus discursos. O cenário futuro previsto por aquele governo se enquadrou no marco da globalização, em acordo com as orientações coordenadas pelos organismos multilaterais, que buscavam conjugar as ações dos grandes grupos econômicos entre si, a fim de controlar o desenvolvimento do capital dentro de uma estrutura não mais rigorosamente organizada ou jurídica como é a figura do Estado.

As reformas educacionais empreendidas no governo FHC são caracterizadas, por grande parte dos estudos realizados sobre o período, por práticas descentralizadoras, de controle e de privatização. A reforma buscou consolidar a figura de um Estado gerencial, com capacidade de regulação social mediante a transferência a outros setores/instituições da responsabilidade de prestação dos serviços sociais. Com o olhar sobre o quadro político desse período da reforma, podemos entender o Estado gerencial como aquele que almeja uma relação harmoniosa e positiva com a sociedade civil, seja buscando avaliar os resultados das políticas públicas que chegam aos cidadãos, seja tratando os problemas por meio das agências reguladoras.

A gestão dos sistemas educacionais e das instituições de ensino foi reconhecida como central para a melhoria da qualidade do ensino, entendida aí nos limites dos princípios da eficiência e eficácia econômica. Para tanto, uma nova legislação, programas e projetos surgiram para consolidar a política de educação em massa, fazendo da "escola o núcleo da gestão" (OLIVEIRA, 2000). A Lei nº 9.394/96 afirma responsabilidades maiores para a instituição educacional e seus profissionais, por meio de mecanismos de participação da comunidade, acompanhamento aos alunos e de elaboração do projeto pedagógico, para citar alguns exemplos. Os programas e os projetos implantados no contexto dessa lei fizeram da gestão administrativa, financeira e pedagógica uma competência da escola. A organização do trabalho pedagógico, por sua vez, não foi alterada, pois constituída pelos mesmos princípios da divisão do trabalho, com ausência de alteração na quantidade de profissionais (mínima em alguns casos), o que faz gerar uma intensificação do trabalho docente, conforme registro de pesquisas sobre o problema (OLIVEIRA, 2003; 2004; FANFANI, 2007; MANCEBO, 2007).

Uma análise geral dos programas e projetos implantados no período nos revela a preocupação do governo em diminuir o chamado "custo Brasil", privatizando empresas estatais e regulando os serviços sociais de forma que passaram a focalizar uma parte da população "em risco social" e, no caso da educação, o critério foi o cumprimento da formação básica para a população de 7 a 14 anos (entendida como domínio da leitura, escrita e primeiros números) como necessidade para uma colocação no mercado de trabalho. O Fundo de Desenvolvimento e Manutenção do ensino fundamental e Valorização do Magistério (FUNDEF), criado para atender a essa lógica, fez crescer o atendimento do Ensino Fundamental para a taxa de quase 97%. Outra meta atingida por esse programa foi a municipalização dessa etapa do ensino, consolidando a lógica da descentralização da prestação dos serviços educacionais, o que fez reproduzir a desigualdade socioeconômica regional. Outras modalidades de financiamento foram desenvolvidas pela União, por exemplo, o Programa Dinheiro Direto na Escola (PDDE), que, como diz o nome, levava recursos para as despesas da escola, devendo ser gastos segundo as regras estabelecidas pelo Tribunal de Contas. A ideia de autonomia da escola ganha força com esses programas no sentido de ela assumir as responsabilidades de uma boa gestão.

A política de descentralização criou a necessidade de controle dos resultados, medida adotada com a institucionalização do sistema de avaliação em larga escala. A educação básica e o ensino superior passaram a conviver sistematicamente com a avaliação vinda de fora que, com seus mecanismos de classificação, instituiu a cultura da concorrência nas escolas públicas e privadas do País. Especialistas do assunto reconhecem a tendência global de fortalecimento de um Estado regulador e avaliador, conforme citação abaixo de Lessard, Brassard & Lusignan.

> O Estado não se retira da educação. Ele adopta um novo papel, o do Estado regulador e avaliador que define as grandes orientações e os alvos a atingir, ao mesmo tempo que monta um sistema de monitorização e de avaliação para saber se os resultados desejados foram, ou não, alcançados. Se, por um lado, ele continua a investir uma parte considerável do seu orçamento em educação, por outro, ele abandona parcialmente a organização e a gestão quotidiana, funções que transfere para os níveis intermediários e locais, em parceria e concorrência com actores privados desejosos de assumirem uma parte significativa do "mercado" educativo. (BARROSO, 2003, p. 732)

A privatização do ensino se deu também de forma mais direta no governo FHC como pôde ser observado pela diminuição da oferta de curso técnico-profissional público, estimulada pela edição do Decreto 2.208/97. O ensino superior privado, por sua vez, teve estímulo fiscal e cresceu vertiginosamente, ao passo que as instituições públicas sofreram com a ausência de políticas e com a redução das despesas mediante a compressão dos salários e dos orçamentos.

As políticas reconhecidas como neoliberais levadas a cabo na década de 1990 mostraram sua face mais perversa com a acentuada redução do emprego, o que fez emergir a "crise da sociedade salarial" (CASTEL, 1995). O aumento da pobreza e da violência social levou os governos nacionais (e os organismos multilaterais) a repensar as suas práticas econômicas de modo a amenizar a questão social sem, contudo, abandonar os princípios do liberalismo financeiro e de aumento da mais-valia. Por sua vez, a entrada no século XXI exigiu uma recomposição das relações entre Estado e mercado no que se refere ao fornecimento e ao financiamento dos serviços educacionais (BARROSO, 2005).

Em 2003, o governo Lula assume a condução do Estado brasileiro e aprofunda a adoção de políticas compensatórias como mecanismo de ajuste dos desequilíbrios causados pela radicalidade das práticas políticas de seu antecessor. No plano geral, as "bolsas" de assistência social foram ampliadas para um número maior de pessoas e, no setor educacional, diversos programas foram criados ou remodelados a fim de atingir a meta de um equilíbrio social assentado na ideia de ajustamento das ações dos diversos atores sociais. Podemos afirmar que uma nova *performance* do processo de regulação[2] é adotada nesse governo.

As mudanças[3] ocorridas a partir do relativo crescimento da economia e na geração de emprego, com a expansão do número de carteira de trabalho assinada, apresentaram um terreno de maior articulação com possibilidades de ampliação dos serviços sociais. Todavia, a lógica adotada continuou sendo a da focalização à população em risco social, de forma mais ampliada. Essa

---

[2] De acordo com BARROSO (2005), o conceito de regulação é oposto da regulamentação (centrada na definição e controle *a priori* dos procedimentos e relativamente indiferente às questões da qualidade e eficácia dos resultados). Segundo o autor, existem vários dispositivos de regulação social com finalidades distintas. Utilizamos aqui o conceito de regulação pós-burocrática, entendida por Barroso como constituída por uma combinação de diversas práticas de Estado-avaliador e do quase mercado. Na definição das "regras do jogo", a meta a ser atingida é o equilíbrio social.

[3] Em conformidade com a série metodológica nova do IBGE para a Pesquisa de Emprego e Desemprego iniciada no ano de 2002, o conjunto das seis principais regiões metropolitanas do Brasil apresentam tendência de queda da taxa de pobreza desde abril de 2004. Entre março de 2002 e abril de 2004, a quantidade de pobres residentes nas principais regiões metropolitanas cresceu 2,1 milhões de pessoas, enquanto no período de abril de 2004 e março de 2009, a quantidade de pobres foi reduzida em quase 4,8 milhões de pessoas. IPEA. "Pobreza e crise econômica: o que há de novo no Brasil metropolitano", 2009. www.ipea.gov.br

particularidade que nasceu e se consolidou como novo princípio orientador da atuação do Estado ao longo dos anos de 1990, afirmou-se, em vários sentidos, na contramão dos preceitos universalizantes impressos na Constituição Federal de 1988. Essa tendência vai de acordo com a estratégia de contenção fiscal do governo diante dos constrangimentos macroeconômicos (auto)impostos no período da globalização.

Em relatório produzido pela CEPAL, PNUD, OIT (2008) – "Emprego, desenvolvimento humano e trabalho decente: a experiência brasileira recente" –, referente à pesquisa realizada sobre a condição do emprego no período 1990-2006, os organismos analisaram a precariedade do crescimento do emprego no Brasil registrado nos primeiros anos do século XXI.

O relatório conclui que o Brasil, nos últimos anos do século XX, apresentou melhora nos indicadores importantes do mercado de trabalho, com destaque para o aumento dos níveis de ocupação, para a geração de empregos formais e para a reversão da trajetória de queda dos rendimentos do trabalho, acompanhando uma recuperação do crescimento econômico. Mas essas três agências das Nações Unidas entendem que o País ainda convive com um mercado de trabalho estruturalmente segmentado, que exclui social e economicamente uma parcela expressiva de trabalhadores, em função do elevado déficit de trabalho decente.[4]

> O argumento central aqui desenvolvido é que a expansão econômica é condição necessária, mas não suficiente, para promover desenvolvimento humano, construir sociedades mais eqüitativas e gerar postos de trabalho de qualidade e na quantidade necessária para atender à crescente oferta de mão de obra. Para isso, são necessárias também políticas de Estado. Os benefícios desse processo para o bem-estar social serão tanto maiores quanto mais as oportunidades corresponderem aos requisitos do trabalho decente. (CEPAL, PNUD, OIT, 2008, p. 12)

O relatório destaca cinco eixos como fundamentais para a promoção do emprego de qualidade: (a) assegurar crescimento econômico sustentado; (b) respeitar os direitos fundamentais do trabalho; (c) ampliar a proteção social; (d) promover igualdade e combater a discriminação; (e) fortalecer o diálogo social. Não obstante o caráter relativo que tais eixos podem

---

[4] Conceito de trabalho decente: é um trabalho produtivo e adequadamente remunerado, exercido em condições de equidade, liberdade e segurança, que garanta uma vida digna a todas as pessoas que vivem do trabalho e às suas famílias. Permite satisfazer às necessidades pessoais e familiares de alimentação, educação, moradia, saúde e segurança. Também pode ser compreendido como emprego de qualidade, seguro e saudável (CEPAL, PNUD, OIT, 2008).

representar, observamos que a CEPAL fez novas atualizações conceituais, pois modificou o discurso produzido na década de 1990, quando centralizava na educação a responsabilidade de operar a modernização e a cooperação regional e internacional. O relatório não deixa de ressaltar o problema da defasagem de acesso à escola de grande parte da população do ensino médio e ensino superior e, assim, defende a ideia de que a ampliação do acesso e a melhoria da qualidade da educação são essenciais para o desenvolvimento humano e o trabalho decente. Todavia, a CEPAL, PNUD e OIT entendem que é o trabalho decente a porta de saída da pobreza e isso depende de adoção de políticas públicas consistentes e combinadas.

Uma pesquisa dessa natureza e com as indicações da necessidade de fortalecimento das políticas públicas, revela uma tendência global sobre a necessidade de recomposição do Estado perante a condição precária da maioria da população em toda a década de 1990. Cabe observar a natureza dessa mudança: se ela rompe com a racionalidade tecnocrática dominante no governo FHC ou se é mantida a mesma lógica. A análise dos planos e programas educacionais realizados pelo governo Lula aponta níveis de atuação diferenciados, porém sofre dos limites das políticas anteriores porque fragmentadas e não alcançam a educação escolar em sua totalidade.

Os novos processos de regulação das políticas educativas no governo Lula

"Uma escola do tamanho do Brasil", documento apresentado pelo Partido dos Trabalhadores (2002) como compromisso eleitoral de mudar o ensino do País, reconheceu a educação como direito inalienável, sendo prioridades de seu governo a expansão do sistema educacional e a elevação de seus níveis de qualidade. O documento nos traz um diagnóstico crítico da política educacional do governo FHC e um extenso programa de mudança.

Mas, ainda no processo eleitoral, o documento foi comprometido com a publicação da "Carta ao Povo Brasileiro" escrita pelo candidato Lula em 2002 para apaziguar o mercado global, no qual ele se compromete com a manutenção da política econômica. Belluzzo (2007)[5] identifica três fatores que favoreceram a escrita da Carta: a chantagem que os mercados fizeram, a contração da liquidez e a insegurança dos empresários com o PT. A Carta tinha o objetivo de aplacar a angústia do mercado, uma espécie de "senta que o leão é manso".

---

[5] www.revistaforum.com.br

No campo da educação, o primeiro mandado de Lula foi fortemente marcado, por mudanças recorrentes nos cargos dos ministros e outras diretorias e secretarias estratégicas; por uma duplicidade de ações políticas e pedagógicas que negavam a existência de um programa de governo, mas também foi um período de promoção de debates com as entidades que raramente ocorreram no governo anterior, cujos resultados ficaram perdidos em anais de reuniões e na memória dos participantes. Com isso, predominou uma multiplicidade de projetos, com perspectivas opostas no campo da formação de professores, educação profissional, currículo, ensino superior, financiamento etc., que revelaram a desistência, pelo governo, do seu compromisso eleitoral "Uma escola do tamanho do Brasil".

Em 2007, sob a crítica da fragmentação das políticas educacionais adotadas no Brasil até então, o governo Lula lança o Plano de Desenvolvimento da Educação (PDE). O PDE compreende mais de quarenta programas (avaliação de rendimento dos alunos – Prova Brasil (IDEB) –, capacitação de docentes, adoção de piso salarial para professores, FUNDEB, o Planejamento de Ações Articuladas (PAR), melhoria das condições de infraestrutura das unidades de ensino e outras) com o objetivo de melhorar a qualidade da educação no País.

O PDE (BRASIL, s.d.) integra um conjunto de programas para dar organicidade ao sistema nacional de educação, mobilizando toda a sociedade em prol da melhoria da qualidade da educação; é um plano executivo, constituído por programas divididos em quatro eixos norteadores: educação básica, educação superior, educação profissional e alfabetização.

O plano foi elaborado a partir da perspectiva sistêmica da educação, isto é, vê o ensino fundamental relacionado ao ensino superior, o incentivo à pesquisa influindo no ensino médio, o transporte escolar articulado com a remuneração dos professores. Dessa forma, o PDE se propõe a ser um plano estrutural de longo prazo, que busca superar a tradicional fragmentação das políticas educacionais e o diálogo entre os entes federativos.

Um dos princípios do PDE é a necessária articulação entre União, estados, Distrito Federal e municípios para a garantia do direito à educação no País. Portanto, a colaboração entre os entes federativos é fundamental para a execução do PDE. Para o MEC, isso significa compartilhar competências políticas, técnicas e financeiras para executar os programas e ações. "A União passou, com o PDE, a assumir mais compromissos perante os estados, os municípios e o Distrito Federal, para, respeitando os princípios federativos, dar unidade ao desenvolvimento da educação e corrigir as distorções que geram desigualdades".

Com o objetivo de identificar os problemas que afetam a qualidade da educação brasileira, o PDE promoveu uma alteração na avaliação nacional da educação básica com a criação da Prova Brasil. A partir disso, o MEC buscou cruzar os resultados de desempenho escolar (Prova Brasil) e os resultados de rendimento escolar (fluxo apurado pelo censo escolar) em um único indicador de qualidade: o Índice de Desenvolvimento da Educação Básica (IDEB). O IDEB foi elaborado pelo Instituto Nacional de Estudos e Pesquisas Nacionais (INEP), cujo cálculo é realizado por escola, por rede e para o próprio País. A partir desse índice, o MEC acredita ser possível fixar metas de desenvolvimento educacional de médio prazo para cada instância.

Para viabilizar políticas efetivas de intervenção e transformação da realidade dessas escolas, o MEC propôs um novo regime de colaboração entre os entes federativos. O instrumento jurídico para a concretização desse novo regime é o Plano de Ações Articuladas (PAR), de caráter plurianual, construído com a participação dos gestores e educadores locais, baseado em diagnóstico de caráter participativo e elaborado a partir da utilização do Instrumento de Avaliação de Campo, que permite a análise compartilhada do sistema educacional em quatro dimensões: gestão educacional, formação de professores e dos profissionais de serviço e apoio escolar, práticas pedagógicas e avaliação e infraestrutura física e recursos pedagógicos.

A fim de participarem do PAR, os municípios assinaram um termo de adesão – "Compromisso Todos pela Educação" – dentro dos parâmetros estabelecidos pelo Decreto nº 6.094/2007, que dispõe sobre a implementação do Plano de Metas Compromisso Todos pela Educação, pela União Federal, em regime de colaboração com Municípios, Distrito Federal e Estados, e a participação das famílias e da comunidade, mediante programas e ações de assistência técnica e financeira, visando à mobilização social pela melhoria da qualidade da educação básica. Com isso, os municípios assumem o compromisso de melhorar a qualidade do ensino ofertada, e o IDEB é o indicador para a verificação do cumprimento de metas fixadas no termo de adesão ao Compromisso. De acordo com informações do MEC,[6] todos os 26 estados e o Distrito Federal, além de 5,3 mil municípios aderiram ao Plano de Metas do Compromisso Todos pela Educação. A proposta do MEC é que o Brasil, nos próximos quinze anos, alcance a nota seis no IDEB. A educação básica brasileira tem uma média aproximada de quatro pontos em uma escala que vai de zero a dez.

---

[6] www.mec.gov.br/pde

A análise das políticas educativas implantadas pelo governo Lula revela a convivência, no âmbito escolar, de propostas cujas bases teóricas são diferenciadas e até mesmo antagônicas. Um dos exemplos recentes, conforme estudado por FONSECA (2003) foi a execução da proposta de planejamento conhecida como PDE-Escola (integrante do Fundescola) de forma paralela com o projeto político-pedagógico. Essa convivência traz atribulações que interferem negativamente no cotidiano escolar, especialmente no trabalho pedagógico. Cabe notar que no momento em que o governo acena com a implementação do PAR, como proposta voltada para autonomia das instituições e coloca o PPP como um importante instrumento, ao mesmo tempo, expande o Plano de Desenvolvimento da Escola (PDE-Escola) para outras regiões que não haviam sido contempladas como o Programa Fundescola. Esse fato atesta a continuidade de superposição de propostas no âmbito escolar.

Outro exemplo pode ser lembrado em relação ao ensino superior. Em 2005, o governo institucionalizou o Programa Universidade para Todos (PROUNI), com a finalidade de conceder bolsas de estudo integrais e parciais a estudantes de baixa renda em cursos de graduação e de formação específica em instituições privadas. Em contrapartida, as instituições privadas de ensino superior que aderem ao programa podem deduzir alguns tributos. Ao mesmo tempo que atende a uma política focalizada, o PROUNI beneficia as instituições privadas de ensino superior. Em trabalho anterior, Oliveira e Ferreira (2008) destacaram que o PROUNI foi uma estratégia de conciliação do Estado com os empresários do ensino, que estavam acumulando baixas taxas de lucro.

Como vimos, a gestão das políticas educacionais empreendidas no governo de FHC foi fomentada por ações descentralizadas em todos os níveis e tanto no campo privado quanto no público, transferindo para as unidades federativas (para as escolas e para os trabalhadores da educação) as responsabilidades com a oferta do serviço social. Essa tendência continuou no governo Lula de forma mais sistemática porque foram construídos instrumentos gerenciais e adotadas práticas políticas de convencimento dos governantes estaduais e municipais para a adesão ao "Compromisso Todos pela Educação", de forma mais competente que seu antecessor.

Esse novo desenho na gestão das políticas públicas educacionais define as políticas no nível central, e a descentralização ocorre na implementação ou execução local, por meio de contratos e/ou parcerias entre o governo nacional e os subnacionais. A governança surge aí como estratégia de gestão pública. Para Diniz (2004), governança significa a capacidade do governo de resolver aspectos da pauta de problemas do país mediante a formulação e implantação das políticas públicas pertinentes. Isto é, trata-se da capacidade de tomar e executar decisões, garantindo seu efetivo acatamento pelos segmentos afetados, a fim de assegurar a sua continuidade no tempo. Essa noção busca promover ações descentralizadas e um possível poder local.

> Nesse sentido, a noção de governança compreende não só a capacidade de o governo tomar decisões com presteza, mas também sua habilidade de sustentar suas políticas gerando adesões e condições para o desenvolvimento de práticas cooperativas o que implica romper com a rigidez do padrão tecnocrático de gestão pública. (DINIZ, 2004, p. 29)

Ao mesmo tempo, o termo governança reforça o seu "natural" caráter técnico, pois as estratégias de gestão pública ou privada é que lhe apresentarão o caminho a trilhar. O princípio democrático que orienta os governos, sob a lógica da governança, lhe confere a legitimidade para agir e o poder de avaliar. A descentralização sob a batuta da governança adquire maior aderência social, fomenta a participação organizada e controlada. A impressão que se quer passar é de distribuição do poder, com a ideia de que a ação política sai dos gabinetes dos técnicos. Essa visão planejada corre o risco de não atingir seus objetivos no Brasil, pois o sucesso da governança depende da capacidade financeira e continuada da União e da capacidade administrativa e também financeira dos entes federativos.

Na realidade brasileira, o pacto federativo ainda não se consolidou, e isso traz sérias consequências na gestão das políticas públicas. Os governos nacionais foram constituídos historicamente, em meio a práticas políticas, jurídicas e sociais calcadas no patrimonialismo e clientelismo no quadro de profundas desigualdades socioeconômicas. Nesse contexto, o poder local é geralmente constituído por uma rede complexa de situações que envolvem práticas de controle em um ambiente da democracia representativa. As relações políticas tornaram-se mais flexíveis (e sutis), mas não perdem o caráter centralizador. Em meio a esse quadro, a maioria dos governos municipais vive com um limitado orçamento fiscal em face dos problemas sociais existentes, e o problema do fortalecimento da capacidade administrativa, política e econômica dos governos subnacionais decorre dessa condição.

Enquanto no plano político-institucional os entes federativos são autônomos, no plano econômico, social e administrativo, o Brasil é estruturalmente um país marcado por profundas desigualdades. O país é constituído, na sua maioria, de municípios pequenos, com reduzida densidade demográfica, dependentes de transferências fiscais e sem tradição administrativa (ARRETCHE, 2002).

Nesse contexto, a extensão da descentralização depende de que as políticas sejam implementadas nas esferas federal, estadual e municipal de forma coordenada, a fim de superar a incapacidade fiscal e/ou administrativa do poder local. Assim, para alcançar pontos positivos e contíguos, a descentralização pressupõe a existência de uma política de Estado.

Uma configuração de política de Estado exigiria uma combinação de uma diversidade de práticas construídas sob bases ideológicas coerentes, que revele uma unidade na diversidade da sociedade brasileira. Os planos, os programas e os projetos implantados pelo governo Lula não confirmam tal pressuposto. Observamos a existência de políticas incongruentes, alimentadas por perspectivas antagônicas em relação a um projeto de sociedade democrática e popular.

Há que reconhecer o salto quantitativo empreendido pelo governo Lula por meio da expansão das escolas técnicas (Institutos Federais) e do ensino superior com a criação e ampliação dos *campi* universitários. Além da criação do Programa Nacional de Integração da Educação Profissional com a Educação Básica na Modalidade de Educação de Jovens e Adultos (PROEJA) e da conquista com as mudanças (mesmo que relativas) exigidas ao Sistema S. Há que ressaltar também o FUNDEB, em que pese não representar aumento de recursos financeiros para a educação brasileira. Não obstante tais mudanças serem significativas, o seu poder de intervir no quadro social mais amplo é extremamente limitado, haja vista os índices apresentados à sociedade por meio do processo de avaliação em larga escala os quais apontam o caráter crítico do ensino ofertado. Outro índice importante também para ser analisado é o da evasão escolar. O PROEJA, por exemplo, sofre de um altíssimo índice de evasão, e os gestores se encontram sem ação.

Uma política para a educação profissional que atenda aos interesses da classe trabalhadora depende da articulação da economia do País na criação de postos de trabalho e pautada no desenvolvimento social. Uma educação nessa perspectiva exigiria uma nova concepção de sociedade mais democrática e com justiça social, uma racionalidade mais humanista e libertadora. A construção de um novo currículo escolar depende dessa concepção para a produção de um conhecimento que vá a esse encontro. Por sua vez, o projeto pedagógico de uma instituição seria construído a partir de bases sólidas para a definição de uma concepção de formação humana e em condições objetivas de concretização porque o conjunto das instituições trabalha coletivamente.

O exame das políticas educacionais implantadas, pelo contrário, revela que convivemos com a tradicional política de governos que buscam driblar os conflitos mundial e nacional sob a lógica hegemônica do capital. Não é sem propósito que o Plano de Desenvolvimento da Educação (PDE) tem sua origem inspirada em documento produzido[7] por um grupo empresarial que se reuniu para pensar a educação para o Brasil. O plano inova no discurso para reelaborá-lo a partir da proposição de metas que busquem o alcance da organização escolar a partir de um apoio financeiro e técnico pífio. A institucionalização de um piso salarial para o professor de R$ 950,00 é um exemplo do que estamos falando.

A crise da escola é protagonizada não somente pelos estudantes mas também pelos trabalhadores docentes, que se sentem insatisfeitos e desvalorizados com sua profissão no quadro de intensificação de seu trabalho. Os conflitos da condição docente se aprofundaram devido ao aumento da sua precariedade com as questões salariais não equacionadas, as tensões da rotina do trabalho permeadas pelas dificuldades sociais, culturais e econômicas da maioria da população estudantil. Os professores passaram a conviver e a temer os fenômenos da violência, indisciplina e não aprendizagem.

A crise da escola parece estar em todo lugar da sociedade. Ela pode ser visualizada de forma direta quando os seus muros já não a separam da rua, quando não está mais garantido o valor do saber ou da certificação. A sociabilidade que se dá no espaço institucional não diferencia em muito daquela desenvolvida pela rua. Além dos muros da escola, a crise é espelhada no alto número de analfabetos funcionais, que pouco entendem o que leem, na incapacidade da juventude de envolvimento com a política, que cuida do coletivo, das transformações sociais e do poder de dirigir suas vidas. É comum a presença de jovens sem condições de articulação, de diálogo e de preocupação com o bem comum. Parece que nem o discurso da cidadania sobrevive mais na escola.

> Para os jovens, a escola se mostra distante de seus interesses, reduzida a um cotidiano enfadonho, com professores que pouco acrescentam à sua formação, tornando-se cada vez mais uma 'obrigação' necessária, tendo em vista a necessidade de diplomas. Parece que assistimos a

---

[7] "Todos pela Educação" – movimento organizado, em 2006, por diversos setores econômicos da sociedade, que defendem cinco metas para a qualidade da educação no Brasil. Entre os setores estão as empresas Gerdau, Suzano, Odebrecht, etc. Para maiores informações, www.todospelaeducacao.org.br.

uma crise da escola na sua relação com juventude, com professores e jovens se perguntando a que ela se propõe. (DAYRELL, 2007, p. 1106)

Mas a desconfiança em relação ao papel da escola na formação da cidadania também pode ser observada no fato de o governo implantar políticas sociais para a juventude e a adolescência sem considerar a educação escolar, como pode ser observado na disseminação de programas paralelos de educação não escolar[8]. Sposito *et al* (2006) em pesquisa sobre juventude e escolarização sinalizam uma preocupação com essa tendência:

> Essa via, de fato, estaria proporcionando algo melhor que a escola pública não oferece? Se sim, resta a questão: por que não se articula com o sistema de ensino para, de certo modo, transformá-lo? Se a resposta for negativa, resta a impressão de que uma disseminação de ações educativas em regime de precariedade atenderia, ao que tudo indica, apenas ao propósito de ocupar o tempo livre de jovens e adolescentes nos bairros pobres das grandes cidades. Em geral são atividades realizadas em espaços restritos, pouco aparelhados, reproduzindo práticas muito semelhantes ao universo das escolas de periferia e, em algumas situações, mais empobrecidas. (SPOSITO; SILVA; SOUZA, 2006, p. 250)

Pelos exemplos citados, observamos que a presença da racionalidade técnica permanece dominante no governo Lula ao fortalecer um Estado que controla as determinações essenciais de um tipo de sistema socioeconômico, por meio das exigências de coleta de informações, análise de problemas, formulação, controle e avaliação de projetos e planos. Esse fenômeno é conhecido na história do País como tecnocracia. Atualmente, a tecnocracia é constituída por novos atores que surgiram no contexto da globalização e vem adotando uma *performance* de gestão descentralizada, conforme verificamos com o planejamento educacional apresentado via PDE. Apesar do poder do Estado na implantação de um planejamento, ele é reduzido em face de sua capacidade financeira constrangida com o sistema de mercado.

O raciocínio de Offe (1984), caracterizado pelo o que ele chama de "dilema político da tecnocracia", assenta-se na premissa de que o processo de desenvolvimento da tecnocracia não permite que cumpra sempre com

---

[8] Como exemplo, podemos citar o Projeto Agente Jovem, que foi criado em 2000 e tem continuidade no governo Lula com alguns ajustes. O público-alvo são os jovens com idade entre 15 e 17 anos, prioritariamente aqueles que estejam fora da escola, participem ou tenham participado de outros programas sociais do governo, estejam em situação de vulnerabilidade e risco pessoal e social, egressos ou sob medida socioeducativa, oriundos de programas de atendimento à exploração sexual e comercial de menores (SPOSITO; CORROCHANO, 2005).

as mesmas funções: reprimir conflitos e contradições sociais e, assim, desproblematizar a evolução histórica das sociedades capitalistas avançadas na distribuição de poder. De acordo com Offe, quando as estruturas tecnocráticas se estabelecem, por mais bem-sucedidas que sejam, elas criam novas e não menos problemáticas situações de risco.

Em síntese, a preocupação de Offe é mostrar que os sistemas tecnocráticos têm um dilema político, isto é, estarão sempre ameaçados pela diluição de sua legitimidade e pela indisciplina política da população. E as formas de manifestação desses fenômenos podem se dar por meio de instituições programadas para conter a disciplina participativa, mas podem ser ineficientes ou podem gerar uma real politização da sociedade. "O caminho entre a apatia 'demasiadamente grande' e o envolvimento 'demasiadamente forte' entre as alternativas da submotivação e da supermotivação políticas (igualmente disfuncionais), parece ser tão estreito que não pode ser percorrido com segurança" (OFFE, 1984, p. 83).

A escola em crise força o pêndulo da balança para o lado da submotivação política e da anomia; no outro lado estão depositadas as políticas educativas formuladas para controlar os níveis de eficiência e eficácia do ensino. O equilíbrio dessa balança depende do fortalecimento das políticas em torno de um projeto pedagógico nacional, que garanta a unidade no conjunto de diversidades presentes na realidade social. O enfrentamento desse grande desafio está sendo organizado pelo MEC com a proposta de realização da Conferência Nacional de Educação, cujo tema central é a construção de um sistema *articulado* de educação para o País. Em que pese a importância do debate, sua execução ocorrerá no final do mandato do Presidente Lula, o que mostra o risco de se configurar como mais uma ilusão, haja vista a tradicional administração política zigue-zague da educação brasileira (CUNHA, 1991).

Os resultados das políticas educativas comprovam que o reconhecimento da natureza estratégica da educação, seja para o desenvolvimento socioeconômico, seja para a consolidação da cidadania, ainda que pareça ter se constituído em um consenso nos vários segmentos sociais do País, não tem sido suficiente para a superação dos problemas educacionais brasileiros. No estreito caminho percorrido e a percorrer pela sociedade e pela escola entre as alternativas de submotivação e supermotivação, a possibilidade de equilíbrio se fará sob a mira de uma nova concepção de mundo, construída a partir de uma combinação de políticas públicas orientadas para a superação das desigualdades sociais e para a emancipação intelectual e técnica dos estudantes, que, por sua vez, terão a escola como um espaço da liberdade, porque de desenvolvimento individual e coletivo.

Referências

ARRETCHE, M. *Estado federativo e políticas sociais: determinantes da descentralização.* São Paulo: Fapesp, 2000.

BARROSO, J. O Estado, a educação e a regulação das políticas públicas. In: *Educação & Sociedade*, Campinas, v. 26, n. 92, p. 725-751, Especial – out. 2005.

BRASIL, MEC. *O plano de desenvolvimento da educação: razões, princípios e programas.* Brasília: MEC, s.d.

CASTEL, R. *As metamorfoses da questão social: uma crônica do salário.* 2. ed. Petrópolis: Vozes, 1998.

CEPAL, PNUD, OIT. *Emprego, desenvolvimento humano e trabalho decente: a experiência brasileira recente.* Brasília, 2008. 176 p.

CUNHA, L.A. *Educação, Estado e democracia no Brasil.* São Paulo: Cortez, 1991.

DAYRELL, J. A escola "faz" as juventudes? Reflexões em torno da socialização juvenil. In: *Educação & Sociedade*, Campinas, v. 28, n. 100 p. 1105-1128, Especial – out. 2007.

DINIZ, E. *Globalização, reformas econômicas e elites empresariais.* 2. ed. Rio de Janeiro: Ed. FGV, 2004.

FONSECA, M. Projeto político-pedagógico e o plano de desenvolvimento da escola: duas concepções antagônicas de gestão escolar. *Caderno CEDES*, v. 23, n. 61, dez. 2003, p. 302-318.

HOBSBAWM, E. *Era dos extremos: o breve século XX 1914-1991.* São Paulo: Companhia das Letras, 1995.

IPEA. *Pobreza e crise econômica: o que há de novo no Brasil metropolitano.* Brasília, 2009.

JAMESON, F. *Pós-modernismo: a lógica cultural do capitalismo tardio.* 2. ed. São Paulo: Ática, 2002.

MANCEBO, D. Agenda de pesquisa e opções teórico-metodológicas nas investigações sobre trabalho docente. *Educação & Sociedade*, v. 28, n. 99, p. 466-482, ago. 2007,

OFFE, C. *Problemas estruturais do Estado capitalista.* Rio de Janeiro: Tempo Brasileiro, 1984.

OLIVEIRA, D. A. A reestruturação do trabalho docente: precarização e flexibilização. *Educação & Sociedade*, v. 25, n. 89, p. 1127-1144, dez. 2004.

OLIVEIRA, D. A. *Educação básica: gestão do trabalho e da pobreza*. Petrópolis: Vozes, 2000.

OLIVEIRA, D. A. (Org.). *Reformas educacionais na América Latina e os trabalhadores docentes*. Belo Horizonte: Autêntica, 2003.

OLIVEIRA, D. A.; FERREIRA, E. B. Políticas sociais e democratização da educação: novas fronteiras entre o público e o privado. In: AZEVEDO, M. L. N. *Políticas públicas e educação: debates contemporâneos*. Maringá: EDUEM, 2008. p. 23-45.

SPOSITO, M. P.; SILVA, H.; SOUZA, N. A. Juventude e poder local: um balanço de iniciativas públicas voltadas para jovens em municípios de regiões metropolitanas. *Revista Brasileira de Educação*, ago. 2006, v. 11, n. 32, p. 238-257.

SPOSITO, M. P.; CORROCHANO, M. C. A face oculta da transferência de renda para jovens no Brasil. *Tempo social*, v. 17, n. 2, p. 141-172, nov. 2005.

TENTI FANFANI, E. Consideraciones sociologicas sobre profesionalización docente. *Educação & Sociedade*, v. 28, n. 99, p. 335-353, ago. 2007.

Capítulo 12
É possível articular o projeto político-pedagógico e o plano de desenvolvimento da escola? Reflexões sobre a reforma do Estado e a gestão da escola básica

Marília Fonseca

Introdução

A gestão da escola básica ocupa espaço central nas políticas educacionais brasileiras, especialmente a partir do início da década de 1990, quando a ideologia neoliberal passou a regular o desenvolvimento econômico e social. Cabia aos países suprimir formas superadas da intervenção estatal, de modo a criar um sistema mundial autorregulado, ou melhor, uma sociedade global *livre* regida pelas regras e pelos sinais de mercado (STIGLITZ, 2002; CHESNAIS, 1996, 1998; WALLERSTEIN, 2001).

De modo geral, as reformas na estrutura do próprio Estado brasileiro buscaram adequar-se aos parâmetros do movimento mundial. A administração pública foi submetida a uma política descentralizante, levando o Estado a adotar medidas reguladoras, capazes de impedir que a exacerbação da autonomia no processo de descentralização conflitasse com as metas estratégicos da política governamental (BRASIL/MARE, 1995). Os serviços públicos, particularmente a educação, foram submetidos a programas de avaliação externa para medir a eficiência e a eficácia do seu desempenho, e seus resultados foram tomados como padrão da qualidade que se queria para o ensino; a atividade dos professores ultrapassava o limite da sala de aula: eles passaram a participar ativamente da administração física e financeira da escola.

Por meio de programas descentralizantes, como o *dinheiro direto na escola,* estimulava-se a criação de fundos de natureza contábil, como a Associação de Apoio à Escola e o Caixa Escolar, geralmente constituídos como entidades de "direito privado" para gerenciar o processo de descentralização dos recursos. Afirmava-se, assim, um tipo de "autonomia financeira", e em seu nome os profissionais da escola foram levados a buscar fontes alternativas de recursos, por meio de parcerias com empresas e a comunidade local. Ainda que não fosse intenção declarada, essas instâncias passaram a competir com o chamado Conselho Escolar, que pelo menos em tese apresenta uma concepção mais ampla da gestão escolar.

Uma das ações mais significativas partiu do Banco Internacional de Reconstrução e Desenvolvimento (Banco Mundial ou BM), cuja parceria com o Ministério da Educação remonta aos anos 1970. No período 1971-1990, foram executados cinco acordos para o financiamento da educação fundamental e técnica de nível médio. Na década de 1990, o Banco ampliou seus financiamentos prioritariamente para a gestão da educação fundamental: dois deles em parceria com o governo federal, outros diretamente com os governos estaduais de São Paulo, Minas Gerais, Bahia, Espírito Santo e Paraná.

Dando continuidade à parceria entre o MEC e o BM, firmou-se em 1998 um acordo técnico-financeiro de amplitude geográfica, para a execução de um programa denominado Fundo de Desenvolvimento da Escola (Fundescola) nas regiões Norte, Nordeste e Centro-Oeste e, dentro dessas, as microrregiões e as escolas onde se concentrava a maioria dos pobres.[1]

O Fundescola foi concebido como um programa abarcando vários projetos: Padrões Mínimos de Funcionamento das Escolas; Levantamento da Situação Escolar; Microplanejamento; Sistema de Apoio à Decisão Educacional; Programa Dinheiro Direto na Escola; Projeto de Adequação dos Prédios Escolares; Espaço Educativo; Mobiliário e Equipamento Escolar; Atendimento Rural; Escola Ativa; Pró-Formação; Programa de Gestão da Aprendizagem Escolar; Projeto de Melhoria da Escola; Informatização; Plano de Carreira; Desenvolvimento Institucional (Prasem); Programa de Apoio aos Secretários Municipais de Educação; Justiça na Educação; Encontro dos Conselheiros do Fundef; Comunicação; Plano de Desenvolvimento da Escola (PDE) (BRASIL/MEC/FUNDESCOLA, 1999).

No âmbito escolar, o PDE é o principal projeto do Fundescola e foco da presente análise. Além de abranger ampla dimensão territorial e um número

---

[1] O programa Fundescola compõe-se de um conjunto de três projetos (I, II e III). Enquanto o Fundescola I financiou o início das atividades do programa em dez microrregiões da Região Norte e Centro-Oeste, o Fundescola II dá continuidade às atividades do primeiro e incorpora nove microrregiões das capitais dos estados do Nordeste e oito microrregiões adicionais do Norte e do Centro-Oeste. Ao todo, o Fundescola II planejou atingir prioritariamente 4.7 milhões de crianças matriculadas em 13.500 escolas de 247 municípios localizados em 27 microrregiões, o que corresponde a 29% dos alunos da escola fundamental pública. O Fundescola III foi assinado durante a realização da presente pesquisa e não faz parte da presente análise.

significativo de instituições e de estudantes, a intenção é que a experiência desenvolvida em seu âmbito sinalize o futuro da gestão escolar no Brasil. É preciso diferenciá-lo do Plano de Desenvolvimento da Educação, lançado pelo Ministério da Educação em 1997, também alcunhado como PDE. Por esse motivo, nos referiremos ao objeto deste texto, como PDE-escola. Concebido para abranger o período de 1998 até 2010, o Fundescola encontra-se numa espécie de *limbo*, porque as informações oficiais não são suficientemente claras, especialmente no que concerne à duração do acordo MEC/BM. O certo é que o seu carro-chefe, o PDE-escola, vem sendo expandido para outras regiões que não foram contempladas do programa inicial (NO, NE, CO), mas que, por força do acordo com o BM, deveria ser amplamente difundido nas escolas brasileiras. Esse fato dá maior relevância e atualidade às evidências aqui relatadas.

As evidências aqui relatadas têm sua base nos resultados da pesquisa executada no período de 2002 a 2005, por professores e alunos dos programas de pós-graduação em educação da Universidade de Brasília (UnB) e da Universidade Federal de Goiás (UFG). Os dados foram obtidos mediante entrevistas com agentes da administração estadual (SEE) e local (SMEs), além de entrevistas e observações diretas em nove escolas estaduais e municipais na cidade de Goiânia e no entorno do Distrito Federal. Foram visitadas nove escolas e entrevistados 27 professores participantes do grupo de execução do PDE, 18 professores não participantes, 21 pais, oito estudantes e 15 funcionários.[2] O objetivo da pesquisa foi mostrar como o PDE se inseriu nas escolas fundamentais do Estado de Goiás e como interagiu com o projeto político-pedagógico. Busca ainda evidenciar como promove a participação dos agentes escolares e da comunidade no cotidiano escolar, conforme as promessas estabelecidas pelo acordo.

O PDE como instrumento de organização da escola: diretividade e controle do trabalho escolar

A missão do PDE é elevar o conhecimento e o compromisso de diretores, professores e outros funcionários com os resultados educacionais; estimular a

---

[2] A pesquisa foi executada no período de 2002 a 2005, sendo coordenada pela Profª Drª Marília Fonseca (UnB). Além do PDE/Fundescola, foco deste artigo, foram analisadas algumas ações que compõem o programa Pro-Qualidade, fruto de um acordo entre o BM e o Estado de Minas Gerias (1994-1998). A pesquisa recebeu financiamento da Fundação de Apoio à Pesquisa (Funape) da UFG e da Anpae. Em Goiás, a pesquisa foi coordenada pelos professores doutores João Ferreira de Oliveira e Mirza Seabra Toschi, da UFG (FONSECA; OLIVERIA; TOSCHI, 2004). Em Mato Grosso do Sul, ficou a cargo de professores da Universidade Estadual (UFMS) e da Federal (UFMT) (FERNANDES *et al;* 2004). Em Tocantins, os dados foram enriquecidos pela dissertação de mestrado, defendida na Faculdade de Educação da Universidade Federal de Goiás (RIBEIRO, 2002).

gestão participativa e o acompanhamento dos pais nas atividades escolares em geral e na aprendizagem dos filhos. Sua ação visa promover a autonomia e o fortalecimento da gestão escolar por meio de uma metodologia de planejamento estratégico centrada na racionalização, na eficácia e na eficiência do desempenho escolar. Os documentos oficiais afirmam que, por meio do PDE, a gestão educacional incorpora um sentido peculiar, treinando e dotando os agentes escolares de "atributos gerenciais" e de "ferramentas de gestão" (BRASIL/MEC/FUNDESCOLA, 2002; MARRA; SOBRINHO, 1999). A visão gerencial assim se expressa:

Os mais importantes depositários do programa Fundescola são os tomadores de decisões educacionais, os professores, bem como outros especialistas em educação que geram e dirigem escolas e sistemas de educação fundamental. No contexto da descentralização, é importante que os administradores da educação, em todos os níveis, sejam qualificados para o gerenciamento do processo de educação e para tomada de decisões eficazes que permeiam uma série de questões. O projeto formará um grande número de profissionais de educação, com os atributos gerenciais necessários para dirigir um sistema local mais autônomo, por meio de provisão de ferramentas de gestão e do treinamento em áreas como: processos de desenvolvimento da escola, padrões mínimos de funcionamento, planos de gestão de secretaria, plano de carreira do magistério e mapeamento escolar (BRASIL/MEC/FUNDESCOLA, 2002, p. 13).

No Ministério da Educação, o Fundescola é coordenado pela direçãogeral do Programa (DG); o repasse e a utilização dos recursos, administrado pelo Fundo Nacional de Desenvolvimento da Educação (FNDE). O acompanhamento do PDE nos estados é realizado pela Coordenação Estadual Executiva (Coep) e pelos Grupos de Desenvolvimento Escolar (GDE), responsáveis pelo treinamento do pessoal das escolas, ambos sediados nas Secretarias de Educação. No âmbito escolar, a execução do PDE ficou a cargo de uma equipe de coordenação (ou de *sistematização*, como é denominada nas escolas), composta pelo diretor da escola, pelo coordenador do PDE e pelo coordenador de objetivos estratégicos. Cabia-lhes implementar o PDE e direcionar os fundos transferidos pelo Fundescola para diferentes *projetos*, que foram organizados na forma de *gerências* e passam a compor o chamado Projeto de Melhoria da Escola (PME).

Os recursos do Fundescola provêm de um acordo entre o MEC e o Banco Mundial, no valor de US$ 1,3 bilhão, parte do BM e parte da contrapartida do governo federal (BANCO MUNDIAL, 1998; 1999).[3] Segundo

---

[3] Em junho de 1998, foi assinado o primeiro dos três contratos de empréstimo do governo federal com o BM, que seria realizado em três etapas, inicialmente, de junho de 1998 a dezembro de 2004.

as normas do acordo, recebem recursos financeiros e apoio técnico para elaborar o PDE as escolas que tenham a partir de 200 alunos, organizem unidades executoras, disponham de condições mínimas de funcionamento e possuam liderança forte.

Na fase de implantação do programa, 100% dos recursos vieram do Fundescola: 60% para custeio e 40% para capital. Na *fase de expansão*, 70% dos recursos vieram do Fundescola e 30% das secretarias (estadual ou municipais). Na fase de consolidação I, os recursos são divididos igualmente e, na fase de consolidação II e III, o Fundescola entra com 30%, e as secretarias com 70%. Nessa fase, 30% do financiamento é para capital e 70% para custeio. Na fase de universalização, quando o Fundescola for implantado em todas as escolas previstas no projeto, os estados assumirão os custos totais do programa. Em Goiás, por volta de 2004, o Estado já havia assumido 100% dos recursos em cada escola.

A consolidação do PDE nas escolas de Goiás: fortalecimento ou subsunção do projeto político pedagógico?

O grupo de pesquisa buscou inicialmente perceber o sentido primeiro, semântico, do que seja um projeto (PPP) e do que seja um plano (PDE). Gadotti (1994) observa que fazer um projeto significa lançar-se para frente, antever o futuro. O projeto é, pois, um planejamento em longo prazo, atividade racional, consciente e sistematizada que as escolas realizam para traçar a sua identidade como organização educativa. Para Silva (2003, p. 296), o projeto "organiza e sistematiza o trabalho educativo compreendendo o pensar e o fazer da escola por meio de ações que combinem a reflexão e as ações executadas no fazer pedagógico".

Entende-se, pois, que o plano é uma previsão de caráter mais restrito, em que se enumeram as ações, tarefas, objetivos e metas que dão suporte ao projeto da escola. Organiza o fazer cotidiano da escola, atribui tarefas, destina recursos e limita o tempo para as atividades previstas. O projeto diferencia-se do plano pela sua dimensão temporal, devendo pensar a escola

---

De junho de 1998 a junho de 2000, esteve em vigor o Fundescola I, no valor de US$ 125 milhões. Em dezembro de 1999, entrou em vigor o Fundescola II, no valor de US$ 402 milhões, com vigência até dezembro de 2004 (BRASIL, 2002a). Em outubro de 2002, foi assinada a primeira etapa do terceiro acordo de empréstimo, Fundescola IIIA. O Fundescola III foi preparado em duas fases: Fundescola IIIA, de maio de 2002 a junho de 2006, no valor de US$ 320 milhões, e Fundescola IIIB, de julho de 2006 a dezembro de 2010, no valor de US$ 453 milhões, totalizando, assim, o Fundescola III em US$ 773 milhões (BRASIL, 2002b).

para o futuro e pela dimensão política, combinando reflexão-ação num processo consciente de construção da identidade da escola.

Com esse entendimento, buscou-se identificar como o PDE afeta a gestão escolar e como interage com o projeto político pedagógico, levando-se em conta que as duas propostas são essencialmente diferentes. O PPP é uma proposta nacional, incluída na Lei de Diretrizes e Bases da Educação Nacional (BRASIL, 1996) e no Plano Nacional de Educação (BRASIL, 2001). Espelha a expectativa dos educadores, na medida em que promove a construção coletiva da identidade da escola, centrando a atenção sobre os aspectos mais permanentes da cultura escolar, como satisfações e frustrações dos mestres e alunos quanto às condições do trabalho docente e ao processo de ensino, além das suas expectativas para o futuro. Nesse sentido, incorpora o sentido político e a dimensão temporal que se atribui a um projeto.

O Plano de Desenvolvimento da Escola (PDE) é uma modalidade de planejamento que se propõe a inovar a gestão escolar com base em matriz gerencial. Introduz instrumentos técnicos e utilitários para a eficiência (que aumentam a produtividade com diminuição de custos) de novos projetos e programas, materiais curriculares, estratégias de ensino-aprendizagem, modelos didáticos e outras formas de organizar e gerir o currículo, a escola e a dinâmica da sala de aula. Enfim, diferentemente do PPP, o PDE afeta o cotidiano da escola, mas não se configura como uma ação política, capaz de construir a identidade da escola e de projetá-la para o futuro.

Os resultados da pesquisa mostram um fato preocupante observado entre diretores, coordenadores do PDE, professores, pais e alunos. Percebeu-se que a maioria desses sujeitos conhece pouco ou até mesmo desconhece a diferença entre PPP e PDE. As opiniões traduzem uma ideia confusa de que os dois são uma coisa só, ou que: "o PDE está dentro do PPP ou que o PPP dentro do PDE, está virando uma coisa só" (TOSCHI; FONSECA; OLIVEIRA, 2005).

Esse fato chama a atenção, tendo em vista que o PPP ganhou espaço nos últimos anos, tanto na LDB quanto no PNE, como o meio pelo qual a escola pode construir a sua gestão democrática. Recomenda que os estabelecimentos de ensino devem elaborar e executar o seu projeto pedagógico, ressaltando a importância da participação dos profissionais da educação e da comunidade escolar para garantir a autonomia e afirmar a identidade da escola. Segundo Veiga (1995), O PPP deve ter amplitude tal que permita repensar a reorganização de todas as dimensões da gestão escolar (finalidades, estrutura organizacional, currículo, tempo escolar, processo de decisão, relações de trabalho e avaliação). É, portanto, um processo amplo, que deve ocorrer *de dentro para fora*.

Apesar dessa relevância conferida pela legislação educacional e pelo entendimento dos educadores, a comunidade escolar desconhece o alcance do Projeto Político-Pedagógico, inclusive, confundindo-o como o PDE-escola. Os gestores, no nível da administração estadual (SEE), consideram-no como "instrumento para operacionalizar a Proposta Pedagógica da Escola", já que "um puxa o outro". No entanto, afirmam que 50% das escolas não percebem com clareza essa relação entre o PDE e o PPP. Isso ocorre porque boa parte das escolas não entendem o que é o PPP e, por essa razão, não o implantam. Acreditam ainda que "com o PDE, mediante a participação, as escolas estão entendendo a necessidade de um projeto pedagógico". Portanto, "o PDE poderia levar ao PPP", uma vez que aquele "permite discutir os dados da escola, a sua realidade".

Sua elaboração nas escolas se deu com "poucas pessoas", o que indica a ausência de participação coletiva. Alem disso, só teve início em 2002, portanto quatro anos depois da instalação do PDE. Os depoimentos a seguir ilustram essas questões:

> Na verdade, o que chamamos de PPP é o planejamento que nós fazemos durante o ano letivo, o qual as escolas já fazem e que ao meu ver mudou-se o nome e seria então o PDE. (Professora e membro do grupo de coordenação do PDE)
>
> Existe pouca diferença. As escolas municipais, não só a nossa, em todas as escolas municipais foi implantado esse PPP. Nós montamos [o PPP]. Acho que foi em março. Então não tinha PPP, só tinha o PDE em 1999. (Diretora)

Pelo exposto, a concretização do PPP se faz não como um projeto, mas como um plano que pode ser *montado* e enviado às secretarias estaduais ou municipais em determinado período de tempo. Aliás, é recorrente, nas escolas pesquisadas, o equívoco de considerar o PDE como um processo contínuo e o PPP uma atividade pontual, que se encerra em si mesma, desde que seja entregue ao órgão superior, em tempo hábil, como afirma um professor coordenador do PDE: "Quanto ao projeto político pedagógico, é aquela coisa de elaborar e ele fica mais é no papel. Primeiro porque os objetivos que tem nele já constam no PDE".

Dessa forma, o PDE se sobrepôs ao PPP, sem que a comunidade escolar tivesse clareza sobre os limites e as finalidades de um e de outro. Pode-se questionar que a falta de clareza quanto ao PPP deriva da própria negligência do Poder Público com respeito à sua compreensão e desenvolvimento no espaço escolar. Os professores ressaltaram frequentemente a insuficiência da orientação oficial sobre o Projeto Político Pedagógico:

> Nós tivemos no início do ano um encontro com os técnicos da Fundação Educacional do GDF, falando sobre justamente como montar o projeto político na escola, e nós, até no momento, não tínhamos uma idéia de como montar um projeto político pedagógico, e, na realidade, eu acho que a gente ainda não sabe. (Professora)

> Nós não temos conhecimento do PPP da nossa escola. Não vamos dizer que a gente tem, porque a gente não tem. Ele começou a ser montado esse ano. Teve reunião para elaboração, só que ele não chegou a ser concluído com todo mundo junto. (Professora)

Por essa razão, o PPP é compreendido como não uma vivência mas um conceito teórico que os professores aprenderam em sua formação inicial em faculdades, não se devendo, portanto, ao processo de formação do PDE:

> Nós viemos conhecer a fundo o PPP na faculdade, na nossa aula de estágio, foi que nós ficamos conhecendo o PPP, inclusive, nós ainda estudamos bastante sobre isso no curso de pedagogia, e cada escola até o momento, as escolas não tinham montado o PPP ainda, aí a partir da faculdade eu creio que foi a coordenadora da faculdade que pediu que implantasse nas escolas. Até o momento, nós utilizamos aqueles conteúdos, aquele tradicional mesmo, agora o PPP nós viemos conhecer agora, na faculdade. (Professora)

Não se pode negar que, ao contrário do PPP, o PDE teve a competência de se fazer impor na escola. Ao ser implantado, foi apresentado como uma metodologia quase *infalível* para o planejamento escolar, que, se seguida *à risca*, levaria à participação coletiva em prol da melhoria da qualidade de ensino e do desempenho da escola. Na verdade, trata-se de uma intervenção centrada no provimento de insumos (materiais didáticos e tecnológicos), considerando-se que a melhoria pedagógica decorre da utilização eficiente desses insumos e de outras formas de organizar e gerir o currículo, a escola e a dinâmica da sala de aula.

Mesmo os que demonstram alguma criticidade a respeito do programa confessam que, por meio de sua própria dinâmica, executada por meio de cursos de preparação, instrumentos de planejamento e controle, o PDE se fez presente, preparou e acompanhou a escola no desenvolvimento de suas propostas. Além disso, o controle feito pelas equipes centrais de coordenação contribuiu para que ele fosse executado conforme as orientações prescritas pelo acordo.

O PDE como instrumento da gestão da escola: solução para alguns, complicação para outros

Entre os entrevistados, há os que avaliam positivamente o PDE, especialmente em sua fase de implantação. Pode-se considerar que algumas escolas mais consolidadas tenham buscado dar um sentido autônomo às suas prescrições e logrado modificar um ou outro aspecto secundário do projeto, mas não a sua essência e sua integridade. Isso se explica por que as exigências do PDE, em virtude das normas internacionais mais rígidas e do controle da secretaria de educação, fizeram com que muitas prescrições fossem aceitas pelos gestores das unidades escolares. Além disso, para as escolas mais carentes, o PDE garantiu o apoio técnico e financeiro das administrações federal, estadual e municipal, e, por essa razão, as escolas lutam para cumprir à risca as suas exigências, e garantir recursos no ano seguinte.

A direção da escola e alguns professores que participam diretamente da coordenação do PDE consideram-no como um instrumento primordial para facilitar as decisões sobre a administração física e material, uma vez que permite concretizar soluções imediatas como reformas, compras de equipamentos e materiais.

Outros professores, participantes ou não da coordenação do PDE, destacam o seu caráter burocrático e controlador, afirmando que as exigências do seu modelo de planejamento aumentam a carga de trabalho docente, sem contribuir necessariamente para seu trabalho em sala de aula. Uma das queixas mais frequentes dos entrevistados foram as *idas e vindas* que os professores tinham de fazer à Secretaria de Educação, de maneira a colocar a proposta do "*jeito que eles queriam*".

Um professor de escola municipal diz que a escola pode se desenvolver mesmo sem ter o PDE. E completa: "mesmo quando não há recursos, ou quando os recursos são poucos ou não chegam, há uma integração de luta por uma gestão melhor, por uma educação melhor, por um ensino melhor". Outro diz que

> [...] o PDE foi a oportunidade que a gente teve de ter um recurso a mais, um recurso financeiro para sanar as dificuldades que nós temos. O PDE melhorou, porque as ações do PPP ficaram mais viáveis. Às vezes, determinávamos ações, mas faltavam recursos e o PDE proporcionou realizar as ações.

Dessa forma, o PDE oscila na ambivalência entre uma proposta que acena com a autonomia da escola e uma prática de planejamento que burocratiza e controla as atividades escolares e concentra recursos nas atividades meio. Certamente, essa não é a concepção de autonomia escolar expressa na LDB e no Plano Nacional de Educação. O Plano propõe, como pilar da gestão democrática, a autonomia escolar, mediante a adoção de fundos de natureza contábil no âmbito da escola, mais como forma de permitir o controle local e a destinação de recursos para atividades fim. Recomenda, ainda que a autonomia escolar traz em si exigências de corresponsabilidade dos diferentes níveis administrativos (união, estados e municípios, escolas), demandando um regime de colaboração entre fóruns nacionais e locais de planejamento, conselhos de educação em seus diferentes níveis, além da participação da comunidade escolar e das famílias em todas as decisões afetas à escola.

No PDE, a participação adquire um contorno peculiar. As entrevistas e as observações diretas realizadas pelos pesquisadores em quatro escolas do entorno do Distrito Federal foram elucidativas quanto à forma de participação da comunidade e dos profissionais da escola.

Em suas narrativas, o grupo de coordenação, os professores, os pais, os alunos e os funcionários deixaram transparecer que a sua participação atinge certo grau de envolvimento, mas não constitui um compromisso coletivo para a construção de um projeto escolar como prevê o PNE. Essa parcimônia não pode ser atribuída a uma insatisfação generalizada ou à resistência da escola ao PDE. Ao contrário, as entrevistas com os diferentes segmentos da escola, mostram que foram favoráveis à implementação do Plano: os diretores, principalmente, tinham expectativa em relação aos benefícios do PDE, principalmente porque o dinheiro direto na escola possibilitaria responder às necessidades mais prementes, o que não acontecia na sistemática usualmente praticada entre escola e administrações estaduais e municipais (SECS e SMEs).

O principal foco de resistência ao Plano ocorreu na fase de execução, devido às dificuldades funcionais, que geralmente se fazem presentes em ações inovadoras. Era de se esperar que as tarefas de arrecadação, utilização e fiscalização do dinheiro fossem repassadas para os pais e outros membros da comunidade, conforme previa o PDE. A realidade mostrou que o trabalho recai sobre a direção da escola e os professores. Como o dinheiro transferido não supre as necessidades básicas da escola, esta é levada a realizar alguma forma de arrecadação de dinheiro ou mediante convênios, acordos e contratos com entidades públicas e privadas, ou mediante campanhas e eventos. Isso leva a equipe de coordenação, inclusive diretores de escolas, a se dedicar a atividades secundárias que não visam diretamente ao núcleo pedagógico da escola.

Entre os pais, os depoimentos justificaram a ausência de participação em razão do desconhecimento sobre o PDE. Foram indicadas outras razões, como as dificuldades de frequência às reuniões, especialmente pelas condições de trabalho. Ficou claro que a sua participação ocorre por mero formalismo legal, afastando-se dos propósitos de uma prática de gestão efetivamente participativa. Reduz-se à presença eventual em reuniões centradas em aspectos pontuais da escola, como transmissão de ordens, avisos ou para conversar sobre o comportamento ou rendimento escolar dos filhos. Ou limita-se ao cumprimento de atividades operacionais e colaborativas no Conselho Escolar ou no Conselho Fiscal, ou em eventos organizados pela escola.

Uma das razões para esse parco envolvimento é que o PDE inseriu-se nas escolas a partir de uma decisão externa, como costuma ocorrer em todos os acordos entre o MEC e o BM. Acrescente-se que as escolas já vinham recebendo orientações da Secretaria Estadual no sentido de desenvolver o Projeto Político Pedagógico (PPP). Assim, não é difícil entender a razão da falta de clareza demonstrada pela comunidade quanto às duas propostas. Os professores e os funcionários frequentemente referem-se à chegada do PDE na escola com as expressões; "*a diretora, ou representante da Secretaria passou o PDE para nós*"; ou: "*recebemos o PDE da Secretaria*". Ficou a impressão de que os membros do próprio grupo de coordenação, professores não participantes do PDE, pais, alunos e funcionários, quando falam sobre a implementação do PDE, parecem se referir a algo que não pertence à escola.

Enfim, o PDE foi "vendido" ao sistema como um produto capaz de sanar todos os males crônicos da escola. Ignorou-se a sua história e identidade próprias, ao adotar um modelo homogêneo de planejamento para distintas realidades regionais e locais. Não levou em conta aquilo que Nóvoa (1999) denomina de elementos-chave das mudanças organizacionais, ou seja, as bases conceituais e os pressupostos invisíveis da cultura organizacional das escolas. Esse conjunto de elementos integra os valores, as crenças e as ideologias que os membros da organização partilham e que lhes permitem atribuir significados às ações, mobilizam os atores das escolas e lhes dão possibilidade de compreensão da realidade. Desconsiderou o fato de que quaisquer modelos ou projetos que se instalem na escola dificilmente podem produzir efeitos qualitativos se não contarem com a adesão significativa das pessoas a partir da concepção, definição de critérios e planejamento coletivo.

No caso do PDE produziu-se uma prática que Lima (2001) define como *não participativa*, pelo fato de que o PDE não se deu a conhecer ao coletivo da escola nem possibilitou o efetivo envolvimento dos sujeitos para levar à melhoria da qualidade política, pedagógica e administrativa da escola. A participação, sob seus auspícios, realizou-se como mera técnica de planejamento. Não significou uma tomada de consciência, capaz de orientar os rumos e as finalidades da ação pedagógica.

Numa reunião observada pela equipe de pesquisadores, na qual estavam presentes cerca de cinquenta pais de alunos, além dos coordenadores do PDE e professores da escola, foram discutidos apenas assuntos sobre a rotina da escola, como o uso do uniforme, frequência e comportamento dos alunos, saídas antecipadas, uso de celular em sala de aula e progressão parcial (dependência em disciplinas). O PDE, que no momento da coleta de dados se encontrava no seu terceiro ano de execução, foi abordado brevemente ao final da reunião. O secretário da escola valorizou a participação da comunidade, afirmando que, sem ela, *"não há desenvolvimento na escola"*. Fez uma breve apreciação, explicando que o PDE é um projeto muito bom, *"que serve para auxiliar as atividades da escola"*. Falou também sobre a origem do dinheiro: *"Vem um dinheiro do BM, um banco desses ... um dinheiro desses a fundo perdido, para comprar equipamentos, materiais e realizar atividades"*. Os pais permaneceram calados durante toda a reunião. Apenas um ou outro se manifestou para tirar dúvidas quanto a alguns aspectos da rotina escolar e o desempenho dos filhos.

Ao referir-se aos créditos do Banco como *"um dinheiro a fundo perdido"*, o secretário demonstra desconhecimento sobre a origem do dinheiro repassado à escola via PDE, o que é corroborado pelo depoimento de uma professora:

> Eu perguntei assim – puxa, é muito dinheiro que vem pra escola! Quem é que paga o recurso que o município, o estado ou a união tem que repassar ao Banco? Ou é o Banco que ...; aí a diretora não soube explicar para mim, eu fiquei sem saber de onde que vinha esse dinheiro, que é muito dinheiro.

Esse comentário parece refletir o desconhecimento da sociedade em geral acerca das transações internacionais, o que explica a sua ilusão quanto à dita *cooperação* do Banco Mundial. Esta é sempre divulgada à sociedade em função dos supostos benefícios, sem esclarecer os custos financeiros e administrativos que acompanham um financiamento internacional desse porte. Ao contrário do que acredita o secretário da escola, o dinheiro do BM não provém de *fundos perdidos*. São empréstimos que acarretam altos juros e taxas, que são creditados na conta da dívida externa brasileira. Dessa forma, não surpreende que os pais e os membros da escola mostrem uma indiferença generalizada quando indagados se os benefícios do PDE justificam os custos. Poderia a escola estar informada sobre essa questão, se até mesmo outros agentes da burocracia educacional o desconhecem?

Talvez por esse desconhecimento, o PDE foram introduzidos, em grande parte das escolas fundamentais, a diretividade e o controle, requeridos pela visão gerencial-estratégica, que marcou a administração pública brasileira na década de 1990.

Considerações finais

As informações colhidas pela presente pesquisa deixam perceber que, no âmbito das escolas abrangidas pelo Fundescola, convivem as duas propostas – PPP e PDE. Essa convivência não facilita o trabalho pedagógico. Ao contrário, multiplica as atividades dos profissionais da escola, visto que devem atender às exigências de uma e de outra proposta (procedimentos, métodos e técnicas de planejamento e de prestação de contas), ou se organizar para desvelar os seus fundamentos e transmutar a proposta externa a favor dos objetivos da escola.

No período que se seguiu ao regime militar, algumas entidades científicas e sindicais ganharam força no cenário nacional, como proponentes de uma educação democrática e inclusiva, capaz de garantir a expansão e o acesso aos direitos educacionais em todos os níveis e modalidade de ensino. Entre elas, sobressaíram a Associação Nacional de Política e Administração da Educação (Anpae), a Associação Nacional de Pós Graduação e Pesquisa em Educação (Anped), a Associação Nacional pela Formação dos Profissionais da Educação (Anfope) e o Sindicato Nacional dos Docentes das Instituições de Ensino Superior (Andes-SN).

Essas entidades debateram suas propostas para uma educação mais democrática em diferentes fóruns educacionais e conquistaram espaço no parlamento, por ocasião da Constituinte de 1988, e o seu movimento foi reforçado pela organização das Conferências Brasileiras de Educação e do Fórum Brasileiro em Defesa da Escola Pública, cujo objetivo era apresentar propostas para a futura Lei de Diretrizes e Bases da Educação – LDB/96. Desse movimento resultou a proposta do *projeto político-pedagógico*, como ação capaz de criar coletivamente a identidade da escola, estimulando a participação de toda a comunidade escolar em colegiados e conselhos decisórios.

A questão mais marcante para os pesquisadores, é que, pela decisão compartilhada entre o BM, o MEC e os governos estaduais, o PDE vai sendo incorporado pelas escolas, sem que os seus sujeitos compreendam o alcance teórico conceitual de sua proposta e sem que tenham conhecimento das consequências que um acordo internacional acarreta para o País e para a sua própria prática educativa.

A pergunta que não quer se calar é: Por que, a despeito dessa mobilização nacional, os gestores federais e estaduais assumem um modelo pronto, concebido externamente e ignoram a possibilidade de construção de um projeto pelas próprias escolas? Não seria função mais genuína do Estado preparar os profissionais da escola para que possam atuar como agentes intelectuais ativos na construção de uma escola de qualidade?

No ano de 2007, foi criado o Plano de Desenvolvimento da Educação (PDE), que se caracteriza por um conjunto de programas de melhoria do sistema educacional, abrangendo a gestão educacional, a formação de professores e dos profissionais de serviço e apoio escolar, as práticas pedagógicas, a avaliação, a infraestrutura física e os recursos pedagógicos. O PDE nacional visa dar mais consistência e organicidade à política de descentralização, garantindo a articulação entre a União, estados, Distrito Federal e municípios. Seu instrumento jurídico é o Plano de Ações Articuladas (PAR), que pressupõe um novo regime de colaboração entre os entes federativos pelo Decreto nº 6.094/2007. Para tanto, o PAR pressupõe a ação compartilhada dos gestores e educadores locais, além da participação das famílias e da comunidade.

Como é uma proposta de amplo alcance, o PDE nacional vem sendo objeto de análises sobre o seu real alcance, no sentido de equilibrar as prerrogativas federais, estaduais e municipais, no sentido de assegurar um regime de colaboração autônomo e participativo, ou no sentido de dar organicidade e continuidade às ações, evitando a superposição de pontuais e desarticulados no nível teórico e metodológico.

Os resultados da pesquisa que originou este texto apontaram para algumas atribuições decorrentes desse amálgama, que interferiram negativamente no cotidiano escolar, especialmente no trabalho pedagógico. Por força do próprio acordo que instituiu o Fundescola, mesmo com o seu encerramento e, obviamente, com o fim dos recursos externos, o PDE-escola deverá ser expandido para todas as escolas fundamentais. Com base na experiência anterior, indaga-se: como será possível uma convivência positiva entre as ações do PAR, que se anunciam autônomas e participativas, com as do PDE, que se construiu como modelo de planejamento escolar burocrático e diretivo, próprio da visão gerencial disseminada nos anos 1990?

Referências

BANCO MUNDIAL. *Documento de avaliação de projeto sobre um empréstimo proposto no valor equivalente a US$ 202.03 milhões para a República Federativa do Brasil para o Segundo Projeto de Fortalecimento da Escola - FUNDESCOLA II*. Washington: BM, 1999.

BANCO MUNDIAL. *Project Appraisal Repport on a proposed loan in the amount of US$62.5 million to the Federal Republic of Brazil for the School Improvement Project - FUNDESCOLA I*. Washington: BM, 1998.

BRASIL. Lei n. 9.394, de 20 de dezembro de 1996. Dispõe sobre as Diretrizes e Bases da Educação Nacional. *Diário Oficial da União*. Brasília, 23 dez. 1996.

BRASIL. Lei n. 010172, de 9 de janeiro de 2001. Aprova o Plano Nacional de Educação e dá outras Providências. *Diário Oficial da União*. Brasília, 10 jan. 2001.

BRASIL. Lei n. 010172, de 9 de janeiro de 2001. *Boletim Técnico*, n° 56, ano VII, Brasília, MEC/Fundescola, 2002a.

BRASIL. Lei n. 010172, de 9 de janeiro de 2001. *Manual de operação e implementação do Projeto Fundescola IIIA* (MOIP). Brasília: MEC/Fundescola, 2002b.

BRASIL/MARE. *Plano Diretor da Reforma do Estado*. Brasília: Ministério da Administração Federal e Reforma do Estado, 1995.

BRASIL. Ministério da Educação e Cultura. Fundescola. *Boletim Técnico*, n° 56, 2002a, p. 10.

BRASIL. Ministério da Educação e Cultura. Fundescola. *MOIP*, v I, Fundescola IIIA. 2002b.

CHESNAIS, F. *A mundialização do capital*. São Paulo: Xamã, 1998.

TOSCHI, M.; FONSECA, M.; S. OLIVEIRA, J. F. *Escolas gerenciadas: planos de desenvolvimento e projetos político-pedagógicos em debate*. Goiânia: Ed. da UCG, 2004.

GADOTTI, M. Pressupostos do projeto pedagógico. *Cadernos de Educação Básica – O projeto pedagógica da escola*. Atualidades pedagógicas. Brasília: MEC/ FNUAP, 1994.

FERNANDES, M. D. E. F.; FREITAS, D. N. T.; OLIVEIRA, S. M. B.; SCAFF, E. PDE: evidências do Município de Dourados. In: FONSECA, M.; TOSCHI, M. S.; OLIVEIRA, J. F. (Orgs.). *Escolas gerenciadas: planos de desenvolvimento e projetos políticos pedagógicos em debate*. Goiânia: Ed. UCG, 2004. p. 55-80.

LIMA, L. C. *A escola como organização educativa: uma abordagem sociológica*. São Paulo: Cortez, 2001.

MARRA, F.; BOF, A.; SOBRINHO, A. J. *Plano de desenvolvimento da escola: conceito, estrutura e prática*. Brasília: MEC/Fundescola, 1999.

NÓVOA, A. Para uma análise das instituições escolares. In: NÓVOA, A. (Coord.). *As organizações escolares em análise*. 3. ed. Lisboa: Dom Quixote, 1999.

RIBEIRO, B. B. D. *A educação em Tocantins: mudanças na lógica de gerenciamento do sistema e de organização e gestão da escola*. 2002. Dissertação (Mestrado). Programa de Pós-Graduação da Faculdade de Educação da Universidade Federal de Goiás, 2002.

SILVA, M. A. Do projeto político do Banco Mundial ao projeto político- pedagógico da escola pública brasileira. *Caderno Cedes,* Campinas, v. 23, n. 61, p. 283-301, dez. 2003.

STIGLITZ, J. *A globalização e seus malefícios*. São Paulo: Futura, 2002.

WALLERSTEIN, I. *Capitalismo histórico & Civilização capitalista*. Rio de janeiro: Contraponto, 2001.

VEIGA, I. P. A. (Org.) *Projeto político-pedagógico da escola: uma construção possível*. Campinas: Papirus, 1995.

Capítulo 13
O papel da escola na construção dos saberes e os limites da noção de competências

Olgaíses Cabral Maués

A globalização econômica deixa cada vez mais evidente a vinculação que é feita entre a educação e o mercado. A necessidade de formar pessoas que se adaptem rapidamente ao mundo dos negócios, que possam atender às demandas empresariais, que contribuam efetivamente com a produção da mais-valia parece ser uma demanda feita à escola.

Na esteira dessa compreensão a educação desempenha um papel fundamental, tendo em vista sua natureza ontológica para contribuir para a reprodução do ser social.

Este capítulo apresenta o resultado de uma pesquisa documental-bibliográfica, que buscou analisar a categoria "competências", procurando identificar as razões dessa escolha como um eixo fundamental para a educação. A utilização do modelo de competências na educação parece vir na esteira da utilização feita por essa mesma noção no mundo da indústria e das empresas. A tese que defendemos neste texto é que a escolha e a adoção da pedagogia das competências são uma forma de aproximar a escola da lógica do mercado, para que seja ofertada uma educação que atenda às exigências do mundo empresarial, em detrimento de uma formação geral e crítica.

O papel da escola na disseminação dessa ideologia tem levado estudiosos a se debruçar sobre as estratégias utilizadas para isso, e a pedagogia das competências tem sido indicada com uma das possibilidades de levar a cabo essa missão. No momento em que se questiona o papel da escola, sua força e suas fraquezas, é importante examinar uma das pedagogias utilizadas nas últimas décadas, procurando analisar os possíveis efeitos que possa ter sobre essa instituição chamada escola.

O texto faz uma análise da pedagogia das competências, procurando demonstrar que a sua utilização pode ser um dos fatores que ameaçam as funções e o papel da escola como um espaço democrático de socialização e de produção do conhecimento e de formação de cidadãos como sujeitos da história.

Um pouco de história

O ano de 1989 pode servir de referência para o impulso do que alguns têm denominado "a obsessão das competências" (BOUTIN; JULIEN, 2000) nas políticas educacionais. Naquele ano a Mesa-Redonda Europeia dos Industriais (ERT), organização fundada em 1983 e formada por cerca de 50 indústrias europeias importantes,[1] apresenta um relatório denominado "*ERT, Education et compétence en Europe, Etude de la Table Ronde Européene, sur l'Éducation et la Formation en Europe*". Esse estudo, analisado por Nico Hirtt (2000), apresenta a inquietação dos empresários com o que consideram um afastamento entre a formação e as necessidades das indústrias. Eles constatam que as indústrias têm apenas uma fraca influência sobre os programas adotados nas escolas e que é preciso empreender uma política que as associe às discussões concernentes à educação.

As reivindicações e recomendações do empresariado não param por aí. A indicação de que a escola deve ser flexível está presente, assim como a recomendação de que a formação deve ser polivalente e a escola deve ser desregulamentada. Isso tudo porque, segundo esses empresários, os sistemas de ensino e os programas precisavam de uma renovação acelerada.

Para Hirtt (1998, p. 18), "[...] este relatório assinala uma verdadeira virada, doravante os meios econômicos concentram toda a sua atenção sobre o conteúdo do ensino, sobre suas estruturas, sobre seu funcionamento". Alguns anos depois, em 1995, a ERT continua o seu trabalho de assumir a definição das ações na educação, dizendo que a responsabilidade da formação deve ser definitivamente assumida pelas empresas, tendo em vista que o mundo da educação parece não perceber bem o perfil dos colaboradores necessário ao seu funcionamento. Mas a ousadia dos "homens de negócios" vai mais longe quando afirmam que a educação deve ser considerada como um serviço prestado ao mundo econômico (HIRTT, 1998, p. 77). Com isso, de uma forma concreta, declara-se a vinculação estreita entre a escola e o

---

[1] Entre essas indústrias destacam-se Renault, Fiat, Schell, Siemens, Pirelli, Philips, Nokia, Nestlé, Lufthansa, Ericsson, Danone e Bayer.

mercado e, assim, transforma-se a educação em mercadoria. Essa mercantilização, no dizer de Garcia (2001), implica uma adequação do ensino, compreendido como conteúdos, estruturas e formas, às exigências do mercado.

Essa exigência do mundo das indústrias vai modificar a educação profissional, bem como a educação básica e a formação de professores. A formação profissional começa a mudar com a alteração do sentido de qualificação, visto como um conceito que remonta ao Estado de Bem-Estar Social e estaria apoiado nas convenções coletivas, que classificam e hierarquizam os postos de trabalho, bem como no ensino profissional, que classifica e organiza os saberes em torno dos diplomas (RAMOS, 2001, p. 42). A qualificação exige uma série de conhecimentos e chega a uma certificação ou diplomação, mantendo uma estreita relação, segundo a autora, com o modelo taylorista-fordista de produção. A educação básica e a educação superior passam a ter seus currículos baseados na noção de competência assim como a formação de professores adota esse mesmo conceito como eixo nuclear, por determinação das Diretrizes Curriculares Nacionais (CNE/CP 01/02).

A compreensão do termo

Pelo menos na forma como atualmente é abordada, a noção de competências teve início nas empresas, que procuravam ter um trabalhador formado sob um paradigma diferente, flexível, polivalente, capaz de trabalhar em equipe e de resolver problemas. Isso tem representado para muitos a substituição da qualificação, que exige um processo mais estruturado e em geral é finalizada por um certificado ou diploma.

Apesar de ser um assunto que vem sendo bastante discutido, não se chegou a nenhum consenso quanto à definição dessa nova "vulgata" pedagógica, embora haja alguns pontos de convergência.

Os ministros da Educação dos países pertencentes à Organização de Cooperação e Desenvolvimento Econômico[2] (OCDE), reunidos em abril de 2001, definiram as competências como um conjunto de conhecimentos, de saberes, de disposições e de valores. Para a OCDE, a noção de competências está intimamente imbricada com o desenvolvimento sustentável. Segundo os participantes da reunião, o desenvolvimento só poderá ser atingido se houver coesão social, o que depende fundamentalmente das competências

---

[2] Os países presentes à reunião foram: Alemanha, Austrália, Áustria, Bélgica, Canadá, Coreia, Dinamarca, Espanha, Estados Unidos, Finlândia, Nova Zelândia, Países Baixos, Polônia, Portugal, República Eslováquia, República Checa, Reino Unido, Suécia, Suíça e Turquia.

de toda a população. E esse grupo vai mais além: afirma que a transição até uma sociedade do saber exige um alto nível de competências para todos.

O sentido da categoria competência é bastante eclético. Sua introdução na educação formal é muito recente: pode-se localizá-la na década de 1990, quando as reformas educacionais começam a ocorrer no rastro da mudança do paradigma produtivo, que indica a necessidade da formação de outro tipo de trabalhador, para outra etapa do capitalismo.

A origem, a gênese do termo, se encontra na utilização que as empresas fazem dele, vinculando-o ao domínio do trabalho industrial, ao chão da fábrica, exigindo do trabalhador o saber fazer calcado em experiências, visando maior produtividade. Tanguy (1997, p. 175) assim define as competências: "Trata-se de um *savoir-faire* operacional validado", e explica cada um desses termos: *Savoir-faire* = conhecimento e experiências de um assalariado; Operacional = aplicáveis em uma organização adaptada; Validado = confirmados pelo nível de formação e, em seguida, pelo domínio das funções sucessivamente exercidas.

Esse aspecto da noção de competência indica que ela deve atender às demandas do empresariado em busca de um trabalhador que possa se adequar às exigências do sistema produtivo. Essa compreensão parece deixar evidenciada a relação direta entre essa noção e a lógica do mercado, na medida em que a formação do trabalhador parte do princípio de que ele deve estar apto a resolver problemas e situações novas e imprevisíveis, isto é, ter adquirido competências para isso. De acordo com essa ótica, há uma relação direta entre a lógica das competências e a lógica do mercado, e isso fica muito evidenciado na posição do empresariado, quando exige que o trabalhador possua "[...] competências amplas, [que seja] capaz de se adaptar às evoluções tecnológicas, e ser capaz de empregá-las" (TANGUY, 1997, p. 175-176).

Hirata reforça a questão das competências como uma noção que vem ao encontro do novo paradigma produtivo:

> A competência é uma noção oriunda do discurso empresarial nos últimos dez anos e retomada em seguida por economistas e sociólogos na França. Noção ainda bastante imprecisa, se comparada ao conceito de qualificação, um dos conceitos-chave da sociologia do trabalho francesa desde os seus primórdios; noção marcada política e ideologicamente por sua origem, e da qual está totalmente ausente a idéia de relação social, que define o conceito de qualificação para alguns autores. (HIRATA, 1994, p. 128-129)

Fazendo a ligação entre o "chão da empresa" e o "chão da escola" na questão das competências, tem-se a transposição da lógica do mercado para a educação, o que pode nos levar a concluir que a educação deve considerar as necessidades imediatas colocadas para a construção do consumidor, deixando em segundo plano os conhecimentos e os saberes que permitam a formação de um cidadão capaz de ser sujeito de sua história, construtor de seu destino e capaz de fazer escolhas conscientes e livres.

O título de um artigo de Romainville (1995) expressa a amplitude que essa noção tomou no meio educacional. Trata-se de *A irresistível ascensão do termo "competência" em educação*. É interessante acompanhar a análise que esse autor faz dessa "irresistível" noção. Ele apresenta uma definição da noção de competência, como comportamentos que são estruturados em função de um objetivo, dentro de uma dada situação e que representam a possibilidade de uma ação eficaz em um contexto preciso. Mas se interroga sobre certa incoerência dessa definição, na medida em que, em princípio, evoca a noção de estratégia de ação, para em seguida mostrar que, na realidade, a ênfase está na eficiência com que essa ação possa ser desenvolvida, o que para ele significa sinônimo ora de capacidade, ora de conduta. O mais importante no artigo é a questão levantada sobre as mudanças conceituais que a emergência desse termo representa. Romainville destaca três alterações: a primeira é o deslocamento do epicentro da aprendizagem, que se desloca do conteúdo a ser aprendido para centrar-se no aluno. Isso representa uma mudança: passa-se a ter como objetivo do ensino o que o aluno deverá ser capaz de fazer ao final, e não quais conhecimentos ele deverá assimilar. A lógica da aprendizagem muda das disciplinas para as competências, enquanto *saber fazer*.

A segunda mudança que Romainville ressalta é a passagem para o que ele chama de aprendizagem centrada nas aquisições, o que é pouco mobilizável para uma aprendizagem centrada em um potencial de ação. Esse é um aspecto que se encontra em muitas análises sobre a educação, que constatam essa "irresistível ascensão das competências", isto é, os alunos aprendem, sabem muitas coisas, mas são considerados depositários de saberes mortos, na medida em que não são utilizados nas situações em que há uma demanda. Por isso, a abordagem por competências teria a função de mobilizar os recursos para a resolução de problemas, o que demonstra o lado extremamente prático e utilitarista da pedagogia das competências.

Romainville foi feliz em chamar atenção para o que isso pode representar na educação. Primeiro, ele pergunta se toda a aprendizagem se reduz a uma ação; em seguida apresenta a questão sobre quem decide o tipo de eficiência buscado pela escola e, na sequência, menciona as dificuldades da avaliação de aprendizagem com um ensino que leva em conta sobretudo a ação. Essas são questões de fundo, que merecem uma reflexão, pois na "economia do saber" o útil, o prático é o que pode ser posto em ação de imediato, em situação, como dizem os *experts* em competência.

A terceira questão posta por Romainville refere-se à possibilidade de a abordagem por competências passar de uma aprendizagem do conhecimento para uma aprendizagem do saber-fazer e do saber refletir.

Para alguns autores, entre eles Perrenoud (1995), a competência se caracteriza pela possibilidade de mobilizar recursos, saberes, capacidades e outros requisitos para agir eficazmente em um tipo de contexto, e ela só pode se revelar por uma atividade complexa, que é realizada em um contexto particular, com um grau de domínio. Esse autor, em diferentes momentos insiste sobre o fato de que as competências não "dão as costas" para os conhecimentos (PERRENOUD, 1998, p. 2). Ao contrário, elas estão assentadas neles, portanto o "*savoir-faire*" não significa o abandono de conhecimentos.

Nessa ótica, a abordagem por competências viria reforçar a aquisição de conhecimentos, porque as competências mobilizam certos saberes. Mas é o mesmo autor, Perrenoud (1998), quem diz que, para desenvolver as competências, é preciso diminuir os conhecimentos. "Toda escolha coerente tem seu reverso: o desenvolvimento de competências desde a escola implicaria um aligeiramento dos programas nocionais, a fim de liberar o tempo requerido para realizar a transferência e a mobilização dos saberes" (1998, p. 5) Se concordamos que esse argumento não entra em choque com o anterior, resta ainda a questão do "*quantum*" da diminuição dos conhecimentos deve ocorrer e quem determina isso, e, mais ainda, quais conhecimentos devem ser diminuídos.

A ênfase à pedagogia das competências em relação a um saber fazer, que é operacional, tem levantado inúmeras discussões. Xavier Roegiers (1999, p. 2) discute a associação feita entre pedagogia das competências e o saber fazer geral, o que induz à ideia de que essa pedagogia deixa pouco espaço ao aporte disciplinar. Esse autor afirma que isso é um mal-entendido e tenta demonstrar que na realidade esses dois aportes – competências e disciplinas – não se opõem; ao contrário, se completam. O exemplo que Roegiers apresenta em relação ao caráter disciplinar da noção de competências é de que elas procuram resolver os problemas ligados à disciplina, buscando para tal os conhecimentos necessários. Ao mesmo tempo, para resolver esses problemas, a abordagem por competências se apoia em um conjunto de saber fazer geral, chamado de transversais. Para esse autor, existe complementaridade, e não uma oposição entre matérias (disciplinas) e competências.

A compreensão que Roegiers tem da noção de competências não é diferente das anteriormente expostas, isto é, em primeiro lugar mobiliza um conjunto de recursos; em segundo lugar, a mobilização tem sempre uma finalidade muito bem explícita; em terceiro lugar existe uma família de situações na qual a competência pode ser utilizada. A quarta característica refere-se ao caráter disciplinar da competência, que é definida por uma categoria de situações que correspondem a problemas específicos ligados à disciplina. A quinta característica está vinculada à avaliação; o autor ressalta que toda competência pode ser avaliada, tendo em vista que pode ser medida em relação à qualidade da tarefa executada e à qualidade do resultado obtido, já que a competência se manifesta sempre por meio de uma ação.

Conhecimentos X Competências

A questão entre saber e competências tem dividido os educadores. Já em 1995, Perrenoud escreveu um artigo, em que desenvolve uma argumentação com o intuito de demonstrar que a oposição entre *"savoir"* e *"savoir-faire"* é falaciosa. O raciocínio é de que a noção de competência se expandiu a partir do uso desse conceito no mundo do trabalho e das pesquisas em educação. De outro lado, existe uma forte crítica que procura demonstrar que os saberes escolares, aqueles desenvolvidos na escola, são pouco mobilizados, transferidos, fora do ambiente educacional. Os alunos chegariam à universidade possuindo muitos saberes, mas não tendo competências, isto é, não sabendo mobilizar esses saberes em situação. Como apoio à argumentação, o autor faz uma divisão entre "saber fazer de alto nível", que ele chama de competências, e "saber fazer de baixo nível", que seriam as habilidades. Então, o que aconteceria é que os saberes de baixo nível mobilizam saberes limitados, procedimentos. Nesse caso explica-se o *como fazer* baseando-se em experiência e não em fundamentos teóricos. Enquanto o *"savoir-faire"* de alto nível se apoia em saberes mais aprofundados, que exigem, por exemplo, se informar, comunicar, antecipar, inventar, se adaptar, negociar, decidir, imaginar, cooperar, analisar, o que seria bem mais complexo do que os outros saberes-fazer como ler, escrever e contar (PERRENOUD, 1995, p. 4). Dessa forma, a oposição entre conhecimento e competências seria algo inexistente, tendo em vista que, para fazer face às ações indicadas, há necessidade de uma base teórica.

Le Boterf (2000, p. 54-55) é muito claro quanto à noção de que competência é uma ação ou um conjunto de ações que vão gerar uma utilidade e enfatiza que ser competente não é possuir saber ou saber fazer, mas saber mobilizar os conhecimentos em uma dada situação. Assim, para esse autor a competência só pode ser demonstrada em situação, traduzida em ato, e ele destaca um aspecto pouco encontrado entre outros autores – a competência não reside nos recursos mobilizáveis, mas na própria mobilização desses recursos. E conclui dizendo que a competência é da ordem de saber mobilizar e combinar recursos, tais como recursos pessoais, recursos do meio ambiente, constituindo-se, assim, na faculdade de utilizar esses recursos de maneira apropriada (LE BOTERF, 2000, p. 109).

Em outra obra de 1994, Le Boterf diz que a competência exerce uma estranha atração e fala da dificuldade de defini-la. Mas, ao mesmo tempo valoriza essa noção quando afirma que, se as empresas são julgadas por sua performance, os indivíduos são julgados por suas competências. E aí está a diferença que ele faz entre conhecer, ter saberes e ser competente, dizendo que a competência só se manifesta em situação. Le Boterf assinala uma diferença significativa entre saber fazer e saber agir, afirmando que o saber agir representa um conjunto de ações, e a execução de cada uma vai determinar a realização da outra ação, enquanto o saber fazer é um ato em si, sem desdobramentos.

Uma das razões apresentadas para a adoção das competências no mundo da educação é que a escola dá muito destaque a matérias, disciplinas, saberes, conhecimentos, isto é, a um ensino teórico, deixando em segundo plano a aplicação desses conhecimentos. Isso criaria uma dicotomia entre a teoria e a prática, o que não permitiria uma integração e uma ação efetiva na aplicação do que foi supostamente ensinado e aprendido nas escolas. Por exemplo: conhecer as regras gramaticais, a ortografia ou a concordância não permite necessariamente que alguém possa redigir bem um relatório ou uma carta.

Bronckart e Dolz (2002) falam da dificuldade de conceituar essa noção e atribuem pelos menos duas razões para o que eles chamam de emergência da lógica das competências. A primeira estaria ligada ao movimento de adaptação, que propõe uma apreensão das capacidades mais diretamente ligadas a uma mobilização social, a uma aquisição de saber fazer, que permita a possibilidade de empregabilidade. A segunda razão viria do movimento neoliberal, que estaria preocupado em formar pessoas aptas a enfrentar o mercado de trabalho em constante mutação, de forma eficiente e eficaz. A princípio, as duas razões não são antagônicas; ao contrário, parecem se completar na direção da formação do "*homos economicus*", ou, quem sabe, do homem do mercado (BRONCKART; DOLZ, 2000, p. 30), pois em ambos os casos o objetivo é oferecer uma formação flexível, polivalente, que possa permitir uma adaptação fácil, coerente com as mudanças do mercado e as exigências internacionais. De acordo com essa ótica volta-se para a questão da ênfase sobre o "*savoir-faire*", no lugar dos saberes, conforme abordado nos parágrafos anteriores.

Outras concepções sobre as razões da adoção dessa abordagem de competências na educação encontram-se nessa mesma perspectiva. Por exemplo, em relação ao suposto "fracasso" escolar, a culpa foi colocada no fato de a escola estar centrada sobre as matérias. De acordo com esse raciocínio, a adoção da abordagem por competências mudaria esse enfoque por colocar no centro da cena as ações que os alunos devem ser capazes de executar após a aprendizagem (DOLZ; OLLAGNIER 2002, p. 10).

Ao contrário dessa argumentação, isto é, de que a escola só se preocupa com os saberes e não com a sua aplicação, Stroobants (2002, p. 62) parte da hipótese de que essa febre das competências não representa a substituição de um sistema de ensino ultrapassado, mas configura-se como uma estratégia para enfraquecer esse sistema. Essa é uma questão que merece uma reflexão. Apesar de Marcelle Stroobants enfatizar, em sua análise, mais diretamente as empresas, essa observação não está descolada do mundo da educação, tendo em vista os objetivos e as finalidades que os organismos internacionais impuseram à educação, de acordo com o fenômeno da economia de mercado. Em síntese, a análise feita traz a compreensão de que as empresas substituíram as qualificações, antes exigidas dos trabalhadores, pelas competências, e essa mudança representa, entre outras, a desregulamentação do diploma, o que tem como consequência a separação entre formação e emprego. Nessa lógica, as competências seriam mais "eficazes do que os saberes formais" (STROOBANTS, 1994, p. 141) e se definiriam por oposição aos saberes escolares, tendo em vista que esse tipo de conhecimento só poderia ser adquirido no local de trabalho.

A partir desse postulado adotado pelos empresários, a lógica das competências passa a representar uma estratégia para a gestão de recursos humanos. Como tal, o posto de trabalho era preenchido pela qualificação exigida, que servia como referência para as questões salariais, e é substituída pelas competências, que são atribuídas ao indivíduo e não a um conjunto de pessoas que possuem as mesmas qualificações. Outra dedução oriunda dessa argumentação é que a escola tem que passar dos conhecimentos para as competências de base, já que os outros "conhecimentos" serão adquiridos fora da educação formal. A hipótese levantada pela autora encontra apoio no fato de que é preciso "desmoralizar" o sistema de ensino, para poder substituí-lo. Isso em detrimento não só de uma ampliação de conhecimentos que a qualificação poderia dar, mas de uma desregulamentação dos acordos salariais coletivos e do aligeiramento da educação formal, que, segundo esse raciocínio, não contribuiria de fato para a preparação do homem para a economia do saber.

As competências e o "sucesso" da aprendizagem

A noção de competência na formação não cessa de apresentar "novidades" além das já indicadas, como a desvinculação dos conhecimentos em relação aos diplomas, a validação das aquisições informais mediante certificação das competências, entre outras. A outra questão posta é se a adoção dessa noção pode ser vista como uma forma de superar o fracasso escolar (PERRENOUD, 2000), ou pode ser uma resposta não adaptada a uma dificuldade didática (JOHSUA, 2001). Em ambos os casos, a problemática aparece como forma de interrogação. Perrenoud, por exemplo, apesar de colocar o título como uma pergunta (*L'approche par compétences, une réponse à l'échec scolaire?*), apresenta imediatamente, na segunda página do texto, a resposta "[...] a abordagem por competências favoreceria as aprendizagens e o sucesso escolares dos alunos atualmente mais carentes". E por quê? Desta vez a pergunta é nossa, e a resposta é do autor. Porque essa abordagem é uma tentativa de modernizar o currículo, porque representa uma evolução nas finalidades das escolas para melhor adaptá-las à realidade contemporânea, porque é uma abordagem democrática, porque transforma uma parte dos saberes disciplinares em recursos para resolver problemas, realizar projetos, tomar decisões. Em pouco tempo essa noção, segundo o autor, leva à excelência escolar. Mas é preciso que os professores possam aderir a essa nova panaceia e ao modelo socioconstrutivista de aprendizagem.

Da mesma forma e com certa preocupação, Johsua (2000) vê na noção das competências, uma mudança didática que antes era da lógica da restituição, isto é, o papel dos professores era (?) transmitir conhecimentos. Havia, pois, uma predominância da memória, de saber de cor. Segundo Johsua, essa lógica, que ele chama de restituição, dominou durante séculos a dinâmica da escola. Agora, para esse autor, começa outra lógica, chamada de compreensão, que significa a capacidade de inovação, de tradução dos conhecimentos adquiridos em situações novas. Essa mudança se dá por meio da abordagem por competências, segundo o autor, pois com essa forma os alunos e os professores sabem perfeitamente o que se espera deles e, portanto, passaram para uma lógica da compreensão.

Beckers (2001) indaga, por exemplo, se essa abordagem representa de fato uma revolução ou simplesmente uma continuidade. Becker adota outra definição, que estaria mais próxima às demais já apresentadas até então: a capacidade de mobilizar de maneira integrada os recursos internos (saber, saber fazer, atitudes) e externos (colegas ou alunos, pessoas de referência, documentação) para fazer face a uma família de situações" (p. 2) Com essa compreensão ele conclui que a pedagogia das competências não substitui o que se tem feito na escola até então, mas que também essa abordagem não deve levar a um posicionamento dominado pelo utilitarismo nem deve deixar de lado a abordagem dos saberes. Logo, há explicitamente uma ambiguidade, que traz a preocupação de que essa abordagem possa dar margem às questões suscitadas por esse autor, o que sem dúvida não é obra do acaso, tendo em vista que é uma temática recorrente segundo alguns autores (RAMOS 2001; BOUTIN, 2000; HIRTT, 1998) que têm feito críticas a esse assunto.

As possíveis matrizes teóricas

A introdução da pedagogia das competências tem permitido que diferentes autores questionem o que essa suposta revolução pedagógica representa para o processo de aprendizagem. Beckers (2001) indaga, por exemplo, se essa abordagem representa de fato uma revolução ou simplesmente uma continuidade.

Mas quais são as matrizes teóricas que fundamentam essa abordagem? Assim como não existe um consenso quanto ao sentido da noção de competência, também não existe um acordo sobre essa questão de fundo.

Ramos (2001, p. 39) afirma que a noção de competência é originária das ciências cognitivas e que surgiu com uma marca fortemente psicológica para interrogar e ordenar práticas sociais. Boutin e Julien (2000, p. 13) dizem que "No Quebec, como é o caso de certo países europeus, os reformadores misturam, pode-se dizer, a abordagem por competências com o construtivismo e o socioconstrutivismo [...]". Lasnier (2000, p. 9) afirma que existem três principais conceitos que dão apoio à formação por meio da pedagogia das competências: o cognitivismo, o construtivismo e o socioconstrutivismo. É preciso que esses conceitos, que estariam na base epistemológica da abordagem por competências, sejam bem compreendidos, já que, para alguns autores, eles são complementares e, para outros, são contraditórios, portanto não podem fazer parte dos mesmos fundamentos dessa noção.

O cognitivismo aparece na educação como uma forma de contraposição a outra abordagem conhecida como behaviorista, que se caracteriza pelas reações objetivas dos seres vivos, levando em conta exclusivamente o comportamento manifesto, observável. A cognição, assim como o behaviorismo, vem da psicologia, por ser uma ciência que estuda o comportamento humano, tanto latente quanto manifesto (COSTERMANS, 2001, p. 11); o primeiro tipo de estudo (comportamento humano) pertence à corrente da psicologia experimental e o segundo está ligado à psicologia cognitiva, isto é, a "um conjunto de operações de tratamento de informação" (p. 12).

Tardif (1992, p. 28) diz que a psicologia cognitiva tenta: "precisar e descrever como os humanos percebem, como eles dirigem sua atenção, como eles gerenciam suas interações com o meio ambiente, como eles aprendem, como eles transferem seus conhecimentos de uma situação a uma outra".

A questão da reutilização da informação ou da ligação entre as novas informações e os conhecimentos anteriores parece ser o que leva os adeptos da pedagogia das competências, como uma forma de mobilização de recursos, a afirmar seu apoio teórico à psicologia cognitiva, ou ao cognitivismo. A escolha desse ramo da psicologia está vinculada ao fato de se dedicar ao estudo dos processos de aprendizagem como atividade mental de acumulação, transformação e utilização de informação. Para os autores que dizem ser a competência a capacidade de mobilizar os recursos (PERRENOUD, 1998) ou de saber combinar os recursos (LE BOTERF, 1999), isso significa que há necessidade de aquisição e organização de conhecimentos com uma nítida implicação de quem aprende, no caso o aluno, para que possa haver essa transferência ou mobilização.

Forquin (1989), alinhado com a sociologia britânica, chama a atenção para o fato de que todo ato de ensinar não pode se justificar somente por considerações utilitaristas, além de colocar em destaque o fato de que os conteúdos e os saberes que são selecionados para compor os programas são formas de legitimação e, ao mesmo tempo, de distribuição do poder. O mesmo autor, em um artigo de 2001, analisa a questão do currículo a partir do mundo globalizado, que muito tem contribuído para o multiculturalismo.

A justificativa teórica do modelo de competências baseado na psicologia cognitiva, ou de uma visão cognitivista da educação, leva os defensores dessa ideia a aliar esse aporte ao paradigma construtivista, que seria como uma extensão do cognitivismo. Para Boulet (1999), a noção de competência seria o sinal de uma lenta passagem de um paradigma behaviorista para um certo construtivismo, no qual o aluno não é tratado como objeto, mas como sujeito de sua própria aprendizagem. Isso mudaria o foco do processo, que passaria do ensino para aprendizagem, colocando o aluno no centro como um elemento ativo que participa diretamente de sua aprendizagem, portanto seria o ator que ficaria na frente da cena, mais ainda, seria o criador do processo de sua experiência.

Os conceitos de construtivismo, socioconstrutivismo, cognitivismo e sociocognitivismo têm trazido algumas confusões teóricas, e por vezes são utilizados quase como sinônimos. Essa falta de base teórica fundamentada tem feito desses aportes maneiras de justificar toda e qualquer estratégia utilizada no processo de aprendizagem, tornando-a fluida e pouco aprofundada na construção de saberes e, sobretudo na noção de competências. Não é o objetivo deste texto fazer um estudo sobre esses conceitos, mas simplesmente demonstrar de que forma se articulam com a noção de competências.

A pedagogia das competências tem sido indicada por alguns autores como tendo a sustentação teórica do socioconstrutivismo, entendido como indo além da aquisição de conhecimentos novos ou dos já existentes. No socioconstrutivismo a ênfase é dada ao desenvolvimento da capacidade de aprender, de compreender, de analisar, mas seria algo mais, que vai além do que o professor transmite e das atividades desenvolvidas pelos alunos mediante estratégias, como situações problemas. A aprendizagem, isto é, a construção do conhecimento, se daria pela interação entre os alunos, entre os professores e entre os professores e alunos (BARNIER, 2001, p. 17). Aliás, esse autor trata como sinônimos o socioconstrutivismo e o sociocognitivismo.

Lafortune e Deaudelin (2001, p. 24) evocando Vygotski, dizem que na perspectiva socioconstrutivista a aprendizagem é vista como um processo social e interpessoal, no qual o indivíduo vive uma experiência a propósito da qual ele faz trocas com outras pessoas, a fim de ajudar a construção do conhecimento. É a chamada, por Vygotski (2001), zona proximal de desenvolvimento (ZPD), ou seja, a distância entre o ponto em que o indivíduo se encontra e os novos conhecimentos que ele só poderá adquirir se guiado por alguém mais capacitado, desde que as condições objetivas estejam presentes, como os conhecimentos e as habilidades de base, necessários para atingir o ponto desejado. Dito de outra forma, a ZPD representa a diferença entre o que o aluno é capaz de fazer sozinho e aquilo que ele é capaz de realizar com a ajuda de outras pessoas, e que depois, quando o fato é internalizado, o indivíduo poderá fazer sem ajuda de outras pessoas. Isso significaria que o aluno pode sempre ir além, resolver problemas mais difíceis sempre que tenha uma ajuda.

Boutin e Julien (2000) defendem que a pedagogia das competências e o aporte socioconstrutivista se excluem. As razões apresentadas merecem um exame acurado. Por exemplo, uma das oposições apresentadas é que a pedagogia das competências divide os conteúdos em pedaços, que são exatamente as competências a ser desenvolvidas, o que vai de encontro à noção básica do construtivismo, no qual o próprio indivíduo constrói o conhecimento, sem que haja uma imposição externa – no caso, as competências que são determinadas nos programas escolares. Outra contradição detectada por esses autores é que as competências são, em geral, descritas como uma listagem que é decidida por alguém, ministério, indústrias, mercado, não cabendo ao indivíduo nada além do que desenvolver as competências determinadas. Logo, não haveria uma produção de conhecimentos, mas um cumprimento de determinações, o que torna impossível a articulação desses dois conceitos: construtivismo e competências.

A pedagogia das competências e a educação

Mas qual é o problema de se adotar a pedagogia das competências nas escolas, orientando os currículos? O que isso tem a ver com a mercantilização da educação? O que há de errado em querer trabalhar com uma teoria de aprendizagem que dá prioridade ao aluno, que permite que ele seja ativo e construa seu próprio conhecimento? O que existe de incorreto em querer que a escola desenvolva as competências que são "úteis", que vão ser utilizadas em seguida? Quais são os argumentos que se pode sustentar para se contrapor a essa "obsessão de competências"?

As questões são muitas. O que tentaremos é arrolar alguns argumentos na tentativa de discutir o assunto, na contramaré, ou seja, numa direção contrária àquela que parecer ser a "didaticamente correta".

Hirtt (2001a) pergunta: "Temos necessidade de trabalhadores competentes ou de cidadãos críticos?". Essa questão vem no sentido de que uma das razões para a adoção do aporte das competências é que a escola se preocupa excessivamente com os conhecimentos. Portanto, a adoção dessa noção é bem uma mudança no sentido ideológico, ou seja, de diminuir os conhecimentos que hoje são apresentados pela escola, tendo em vista que esses não são úteis para a inserção no mercado de trabalho. Então, é preciso que a escola prepare de outra forma os futuros trabalhadores para essa sociedade dita do saber.

Essa forma é exatamente a da pedagogia das competências, tendo em vista que permite uma formação flexível, polivalente, que atende às exigências imediatas, ou seja, a escola se ocupará de ensinar aquilo que terá uma utilidade garantida. E aí está a grande mudança que passa a ocorrer: os conhecimentos deixam de ser importantes para se dar maior destaque ao "saber executar", tendo em vista a compreensão de que as competências se manifestam sempre em situação, em ação. O objetivo é, pois, saber fazer, mesmo que para isso não se dê as costas aos conhecimentos, como diz Perrenoud (1998), mas, segundo o mesmo autor, é preciso diminuí-los. No entanto o problema é ainda mais complexo, já que envolve aspectos políticos e sociais, pois representa uma escolha, que significa quem determina a diminuição dos conteúdos, quais os conteúdos que deverão permanecer e por quê; quem tem poderes para dizer o que é útil de imediato e que precisa ser tratado como competência, e tantas outras questões que indicam que se trata de uma questão política, aliás, como é a educação.

Ropé (2002, p. 204) afirma que o estudo que fez com Tanguy permitiu mostrar que o uso da noção de competência tende a substituir a de saber na esfera educativa e lembra que a noção de competência é colocada em oposição aos conhecimentos. Isso significa que além de diminuir os conhecimentos é preciso apresentá-los de forma operacional, ou seja, que tenham um sentido imediato, isto é, que sejam úteis e práticos.

Nico Hirtt (2001b) chama atenção para as recomendações feitas em 1997 pelo Conselho Europeu, de que a escola deve dar prioridade ao desenvolvimento das competências profissionais e sociais para uma melhor adaptação dos trabalhadores às evoluções do mercado de trabalho. O autor ressalta:

> Em um contexto de rápida mudança do ambiente tecnológico e industrial, o tradicional papel do ensino – a transmissão de conhecimentos – é julgado obsoleto. O que conta doravante é dotar o (futuro) trabalhador de savoir-faire e de savoir-être que favoreçam a flexibilidade social e a adaptabilidade profissional. Adeus Balzac ou a teoria do campo elétrico; o que conta é poder ler o manual de um aparelho e saber utilizá-lo.

Pode parecer que há um exagero nessa afirmação, e os adeptos do modelo de competências vão dizer que elas "mobilizam" conhecimentos. Mas quais conhecimentos, se o princípio básico desse modelo é que tenha utilidade imediata e que a escola deve ensinar aquilo que é útil? E o que é útil na economia do saber, na sociedade globalizada? Ler Balzac? O que é útil para os empresários que decidiram ter em mãos as rédeas do sistema educacional? Podemos perguntar, por exemplo: a quem essas competências serão úteis, a quem elas servirão?

O modelo de competências parece caber numa ação racional, no sentido dado por Habermas, quando "discute" com Max Webber e Marcuse o sentido que eles deram às formas de dominação:

> [...] trabalho ou atividade racional, em relação a um fim, eu entendo uma atividade instrumental, ou uma escolha racional, ou ainda uma combinação dos dois. A atividade instrumental obedece às regras técnicas que se apoiam sobre um saber empírico. Em cada um dos casos os últimos implicam as previsões condicionais sobre os fatos observáveis, tanto físicos como sociais – essas previsões podem se revelar bem fundamentadas ou falsas. As condutas de escolha racional se regulamentam segundo as estratégias que se apoiam sobre um saber analítico. [...] A atividade racional em relação a um fim atinge os objetivos definidos nas condições dadas. (HABERMAS, 1973, p. 21-22)

Habermas (1987, p. 24) permite que se compreenda melhor essa ligação, quando diz que a utilização da expressão racional supõe sempre uma relação estreita entre racionalidade e saber, no sentido em que o saber, para o autor, tem uma estrutura propositiva. Para Habermas existem várias concepções de racionalidade, por exemplo, a concepção cognitiva "na qual o conceito é definido exclusivamente em referência à aplicação de um saber descritivo" (1987, p. 26).

As competências parecem caber nessa concepção, na medida em que buscam a objetividade, por meio da obtenção de resultados específicos e intencionais, desenvolvendo ações que têm como objetivo a resolução de problemas, dentro de uma dada situação. A ação racional, nesse quadro teórico, é ligada ao domínio cognitivo-instrumental, o que permite às pessoas agir eficazmente e poder mesmo justificar suas ações referendadas pelas normas existentes.

O fato de as competências estarem sempre vinculadas a um fim, a um objetivo, a um fazer lógico, permite que se possa fazer uma ligação entre esse modelo pedagógico, e a possibilidade de a educação estar sendo utilizada como uma ação racional que permite a dominação por meio do conhecimento, na chamada economia do saber.

O modelo de competências, apesar de se apresentar nos discursos como um avanço, é de fato uma forma de legitimação das relações de produção existentes, contribuindo, assim, para a perpetuação da dominação.

Recorremos novamente a Habermas, (1973, p. 31) quando ele mostra o papel da dominação como uma forma de legitimação na sociedade capitalista, legitimação apoiada na racionalidade do mercado "[...] dentro da ideologia da sociedade de troca e não mais dentro de um estatuto de dominação legítima em si mesmo". Habermas vê na dominação um tipo de deterioração do ideal que ele faz do agir comunicacional, que é o centro de sua teoria.

A pedagogia de competências, tendo em vista o seu caráter globalizado, passa a exigir também um modelo de certificação, isto é, uma forma de avaliar se elas foram atingidas e de validá-las. O famoso relatório de Jacques Delors (1996, p. 154) chama atenção para esse aspecto com o seguinte título: "Reconhecer as competências adquiridas graças a um novo modo de certificação". O relatório recomenda que os países membros da Comissão Europeia façam um reexame em profundidade dos procedimentos de certificação, para que sejam levadas em consideração as competências adquiridas fora da educação formal e sejam validadas pelo sistema de ensino, mesmo o universitário.

Ramos (2001, p. 86) destaca a relação entre esse modelo de certificação de competências e a avaliação como instrumento regulador dos resultados esperados. Nesse aspecto, diz a autora, a certificação tem uma relação direta com a empregabilidade, que por sua vez está ligada ao saber prático. E aí está uma questão que precisa ser considerada, ou seja, o papel e o lugar do conhecimento teórico.

Algumas considerações

Para a modernização conservadora, a educação tem sido vista como um dos instrumentos fundamentais para o ajustamento ao "novo" projeto político, econômico e social que se tem apresentado. As reformas no ensino, nos diferentes níveis, têm procurado responder às demandas do capital, agora na sua etapa transnacional A educação passa a ser considerada como um instrumento de homogeneização para, numa racionalidade técnica e mercadológica, promover um consenso que tenha no mercado a sua principal referência, como uma regulação social.

Nessa concepção de educação, a escola é equiparada à empresa e, de acordo com essa lógica, deve formar consumidores em vez de cidadãos. Para o alcance desses objetivos, o modelo das competências ou a pedagogia das competências, viria contribuir para a formação desse "novo" trabalhador exigido pelo paradigma tecnológico e pelo capital internacional. Dessa forma, "é o mundo econômico que vai determinar os conteúdos de ensino e atribuir sentido prático aos saberes escolares" (RAMOS, 2001, p. 222). Por isso, a pedagogia das competências, como mobilizadora de recursos para resolução de problemas em uma dada situação, pode servir para, na realidade, submeter a escola e a formação à racionalidade que facilita uma dominação, com a quebra de toda a resistência, por meio da formação de indivíduos que respondam como autômatos às exigências mercantilistas, mas que não desenvolveram as capacidades críticas para poder contribuir para a busca de utilização dos conhecimentos como uma forma de emancipação.

A questão que é preciso responder é até que ponto essa pedagogia vem contribuindo para a crise da escola que envolve, entre outros fenômenos, a questão de valores, de ética e do domínio de um saber que ajude na construção de uma sociedade solidária.

Referências

BARNIER, G. Théories de l'apprentissage et pratiques d'enseignement. 2001. Disponível em: <http://www.aix-mrs.iufm.fr/formations/vocabulaire/n1/barnier/index.html> Acesso em: 12 fev. 2002.

BECKERS, J. Aider les élèves à développer des compétences à l'école: révolution ou continuité?, 2001. Disponível em: <http://www.beon.be/fegepro/informa/debat4.htm> Acesso em: 10 fev. 2002.

BOULET, A. Changements de paradigme en apprentissage: du béhaviorisme au cognitivisme au constructivisme. *Revue Apprentissage et socialisation*, Québec, v. 19, n. 2, p. 13-22, 1999.

BOUTIN, G.; JULIEN, L. *L'obsession des compétences: son impact sur l'école et la formation des enseignants*. Montréal: Éditions Nouvelles, 2000.

BRASIL. CNE. RESOLUÇÃO CNE/CP nº 1, de 18 de fevereiro de 2002. Institui diretrizes curriculares nacionais para a formação de professores da educação básica, em nível superior, curso de licenciatura, de graduação plena. *D.O.U.* 04 de março de 2002, Seção 1. p. 8.

BRONCKART, J. P.; DOLZ, J. La notion de compétence: quelle pertinence pour l'étude de l'apprentissage des actions langagières? In: DOLZ, J.; OLLANGNIER, E. (Eds.). *L'énigme de la compétence en éducation*. Bruxelles: De Boeck Université, 2000.

COSTERMANS, J. *Les activités cognitives: raisonnement, décision et résolution des problèmes.* Bruxelles: De Boeck Université, 2001.

DELORS, J. *L'Éducation. Un trésor est caché dedans.* Rapport à l'UNESCO de la Comission internationale sur l'éducation pour le vingt et unième siècle. Paris: Editions Odile Jacob, 1996.

DOLZ, J.; OLLAGNIER, E. La notion de compétence : nécessité ou vogue éducative. In: DOLZ, J.; OLLAGNIER, E. (Eds.). *L'énigme de la compétence en éducation.* Bruxelles: De Boeck Université, 2002.

FORQUIN, J-C. *École et culture: le point de vue des sociologue britanniques.* Bruxelles: De Boeck Université,1989.

FORQUIN, J-C. La pédagogie, la culture et la raison; variations sur un thème d'Ernest Gellner. *Revue Française de Pédagogie,* n. 135, Culture et éducation colloque en hommage à Jean-Claude Forquin, 2001, avril-mai-juin, p. 131-144.

GARCIA S. *La marchandisation du système éducatif e ses ressorts idéologiques,* 2001. Disponível em: <http// www.users.skynet.be/aped/Forum/ForumAncien/Forum01a.html> Acesso em: 3 mar. 2002.

HABERMAS, J. *La technicque et la science comme "ideologie".* Paris: Galimmard, 1973.

HABERMAS, J. *Théorie de l'Agir Communicationnel. Critique de la Raison Fonctionnaliste.* Tome 2. Paris: Fayard, 1987.

HIRATA, H. Da polarização das qualificações ao modelo da competência. In: FERRETI, C. J. (Org.). *Tecnologias, trabalho e educação.* Petrópolis: Vozes, 1994.

HIRTT, N.; SÉLYS, G. *Tableau noir. Résister à la privatisation de l'enseignement.* Bruxelles-Belgique: EPO, 1998.

HIRTT, N. Formation des enseignants. *Extrait des Cahier d'Europe,* n. 3, hiver 2000 Québec: AQUFOM Université du Québec à Trois-Rivières

HIRTT, N. *Avons-nous besoin de travailleurs compétents ou de citoyens critiques?* 2001a. Disponível em: <http://users.swing.be/aped/documents/d0132Competences.rtf> Acesso em: 9 mar. 2002.

HIRTT, N. *L'école prostituée. L'offensive des entreprises sur l'enseignement.* Bruxelles : Editions Labor, Editions Espace de Libertés, 2001b.

JOHSUA, S. *Ambigüité de la notion de "compétence",* 2001. Disponível em: <http://users.swing.be/aped/Dossiers/D0159Competence.html> Acesso em: 9 mar. 2002.

JOHSUA, S. La popularité pédagogique de la notion de compétence peut-elle se comprendre comme une réponse inadaptée à une difficulté didactique majeure? In: DOLZ, J.; OLLAGNIER, E. (Eds.). *L'énigme de la compétence en éducation.* Bruxelles: De Boeck Université, 2000.

LASNIER F. *Réussir la formation par compétences.* Montréal: Guérin, 2000.

LAFORTUNE, L.; DEAUDELIN, C. *Accompagnement socioconstructiviste pour apprivoiser la réforme en éducation: métacognition et pratique réflexive*. Sante-Foy: Presses de l'Université du Québec, 2001.

LE BOTERF, G. *Compétence et navigation professionnele*. Paris: Édition d'Organisation, 1999.

LE BOTERF, G. De quel concept de compétence les entreprises et les administrations ont-elles besoin? In: BOSMAN, C.; GERARD, F.-M.; ROEGIERS, X. (Éds.). *Quel avenir pour les compétences?* Bruxelles: DeBoeck Université, 2000.

LE BOTERF, G. *De la compétence: essai sur un attracteur étrange*. Paris: Éditions d'Organisation, 1994.

LESSARD, C.; LÉVESQUE, M. A réforme de la formation des maîtres au Québec: un premier bilan des apprentissages en voie de réalisation en milieu universitaire. In: TARDIF, M.; LESSARD, C.; GAUTHIER, C. *Formation des maîtres et contextes sociaus*. Paris: PUF, 1999.

OCDE. *Analyse des politiques d'éducation, 2001*. Centre pour la recherche et l'innovation dans l'enseignement, 2001. Disponível em: <http/www.oecd.org>. Acesso em: 11 fev. 2002.

PERRENOUD, P. *Construir as competências desde a escola*. Porto Alegre: Artmed, 1999.

PERRENOUD, P. *Construire des compétences, est-ce tourner le dos aux savoirs?*, 1998. Disponível em: <http://www.unige.ch/fapse/SSE/teachers/perrenoud/php_main/php_1998/1998_34.html>. Acesso em: 7 abr 2002.

PERRENOUD, P. *Enseigner des savoirs ou développer des compétences: l'école entre deux paradigmes*, 1995. Disponível em: <http://www.unige.ch/fapse/SSE/teachers/perrenoud/php_main/php_1995/1995_02.html>. Acesso em: 4 mar 2002.

PERRENOUD, P. L'école saisir par les compétences. In BOSMAN, Christiane; GERARD, F-M.; ROEGIERS, X. *Quel avenir pour les compétences?* (Éds.). Bruxelles: DeBoeck Université, 2000.

RAMOS, M. N. *A pedagogia das competências, autonomia ou adaptação?* São Paulo: Cortez, 2001.

ROEGIERS, X. Savoirs, capacités et compétences à l'école: une quête de sens. In: FORUM DES PÉDAGOGIES, mars 1999. Disponível em: <http// www.bief.be/enseignement/publication> Acesso em: 2 maio 2002.

ROMAINVILLE, M. L'Irrésistible ascension du terme "compétence" en éducation. Enjeux: *Revue de didactique du français*, Paris n. 37/38, mar/juin, 1995.

ROPÉ, F. La validation des acquis professionnels. Entre expérience, compétences et diplômes: un nouveau mode d'évaluation. In: DOLZ, J.; POLLANGNIER, E. (Éds.). *L'énigme de la compétence en éducation*. Bruxelles: DeBoeck Université, 2002.

ROPÉ, F.; TANGUY, L. (Dir.). *Savoir et compétences. De l'usage de ces notions dans l'école et l'entreprese*. Paris: L'Harmattan, 1994.

SILVA, T. T.; MOREIRA, A. F. (Orgs.). *Territórios contestados: o currículo e os novos mapas políticos e culturais*. Petrópolis: RJ, Vozes, 1995.

STROOBANTS, M. La qualification ou comment s'en débarrasser? In: DOLZ, J.; POLLANGNIER, E.(Éds.). *L'énigme de la compétence en éducation*. Bruxelles: DeBoeck Université, 2002.

STROOBANTS, M. *Savoir-faire et compétences au travail. Une sociologie de la fabrication des aptitudes*. Bruxelles: Editions de l'Université de Bruxelles, 1994.

TANGUY, L. Competências e Integração Social na Empresa. In: TANGUY, L.; ROPÉ, F. *Saberes e competências. O uso de tais noções na escola e na empresa*. Campinas, SP: Papirus, 1997.

TARDIF, J. *Pour un enseignement stratégique: l'apport de la psychologie cognitive*. Montréal: Éditions Logiques, 1992.

VIGOTSKY, L. S. *A construção do pensamento e da linguagem*. São Paulo: Martins Fontes, 2001.

Sobre os autores

CLAUDE LESSARD

Professor no curso de Ciências da Educação da Universidade de Montréal. Diretor-adjunto do Crifpe, é diretor do Laboratório de Pesquisa e Intervenção sobre Transformação Social, Análise Política e Profissionalismo na Educação (Labriprof) da Faculdade de Ciências da Educação da Universidade de Montreal. Autor de vários livros, dois deles traduzidos para o português e publicados pela Editora Vozes: TARDIF, Maurice; LESSARD, Claude (Orgs.). O ofício de professor: história, perspectivas e desafios internacionais. Petrópolis: Vozes, 2008. TARDIF, Maurice; LESSARD, Claude (Orgs.). O trabalho docente: elementos para uma teoria da docência como profissão de interações humanas. 2 ed. Petrópolis: Vozes, 2005.

CRISTA WEISE

Licenciada em Ciências da Educação e mestre e Política Educativa, candidata a PhD em Psicologia da Educação Universidad Autónoma de Barcelona (UAB). Foi assessora do Ministério da Educação e responsável pelo Departamento de Desenvolvimento Curricular e de importantes projetos de inovação e reforma institucional na Universidad Mayor de San Simón. Professora e investigadora da Facultad de Humanidades y Ciencias da La Educación (UMSS) (Cochabamba-Bolívia) e da Universidad Autónoma de Barcelona. Membro do Grupo Universidade e sociedade de CLACSO e do grupo SINTE (Barcelona). Autora de pesquisas e publicações sobre políticas educativas, educação superior, currículo e formação docente na Bolívia, México, Brasil, Argentina, Espanha, Inglaterra e outros.

DALILA ANDRADE OLIVEIRA (UFMG)
Pesquisadora do CNPq

Bacharel em Ciências Sociais pela Universidade Federal de Minas Gerais (1986), mestre em Educação pela Universidade Federal de Minas Gerais (1992) e doutora em Educação pela Universidade de São Paulo (1999). Pós-doutoramento na Universidade Estadual do Rio de Janeiro (2005) e na Université de Montréal (2005). Professora Associada da Faculdade de Educação e do Programa de Pós-Graduação em Educação da Universidade Federal de Minas Gerais, atuando na linha de pesquisa Políticas Públicas e Educação. Desenvolve estudos e pesquisas na área de Educação, com ênfase em Política Educacional, gestão escolar e trabalho docente na América Latina. Coordenadora do Grupo de Trabalho "Educación, política y movimientos sociales" e da Rede Latino-americana de Estudos Sobre Trabalho Docente (RedEstrado) no âmbito do Conselho Latino-Americano de Ciências Sociais (CLACSO). Diretora de Relações Internacionais da Associação Nacional de Política e Administração da Educação (ANPAE). Vice-Presidente da Associação Nacional de Pós-Graduação e Pesquisa em Educação - ANPEd (2006/2009). Autora e coautora de vários livros e artigos em periódicos nacionais e estrangeiros. Destacam-se os livros: Gestão democrática da educação: desafios contemporâneos (Vozes, 2008, 8. ed.) Educação Básica: gestão do trabalho e da pobreza (Vozes, 2000); Política e trabalho na escola (Autêntica, 2001, 2. ed.); Gestão e política da educação (Autêntica, 2. ed., 2008); Reformas educacionais e os trabalhadores docentes na América Latina (Autêntica, 2003), Políticas educativas y trabajo docente en América Latina. (Fondo Editorial UCH, Peru, 2008); Políticas educativas y trabajo docente: neuvas regulaciones, nuevos sujectos? (Buenos Aires: Noveduc, 2006).

ELIZA BARTOLOZZI FERREIRA (UFES)

Possui graduação em História, mestrado em Educação pela Universidade Federal do Espírito Santo (1996) e doutorado em Educação pela Universidade Federal de Minas Gerais (2006). Atualmente é professora adjunta da Universidade Federal do Espírito Santo. Tem experiência na área de Educação, com ênfase em Política Educacional, atuando principalmente nos seguintes temas: gestão educacional, trabalho e educação, planejamento na Educação Básica, com uma série de artigos e capítulos de livros publicados em âmbito nacional, além do livro "Política educacional no Espírito Santo" (2004); capítulo em livro organizado por Frigotto, G.; Ciavatta, M. e Ramos, M. "Ensino médio integrado: concepção e contradições", publicado pela Editora Cortez (2005). Vice-Presidente Adjunta da ANPAE Região Sudeste e coordenadora do Núcleo de Estudos e Pesquisas em Políticas Educacionais (NEPE). Email: eliza.bartolozzi@gmail.com.

FRÉDÉRIC SAUSSEZ

Doutor/pesquisador na Universidade de Montréal (Canadá).

GAUDÊNCIO FRIGOTTO (UERJ)

Pesquisador do CNPq

Licenciado e bacharel em Filosofia pela Fundação de Integração e Desenvolvimento do Noroeste do Estado do Rio Grande (1971), licenciado em Pedagogia pela Fundação de Integração e Desenvolvimento do Noroeste do Estado do Rio Grande do Sul (1973), mestre em Administração de Sistemas Educacionais pela Fundação Getúlio Vargas - RJ (1977) e doutor em Educação: História, Política, Sociedade pela Pontifícia Universidade Católica de São Paulo (1983). Atualmente é professor concursado na Faculdade de Educação da Universidade do Estado do Rio de Janeiro atuando no Programa Interdisciplinar de Pós-graduação em Políticas Públicas e Formação Humana e professor titular colaborador da Universidade Federal Fluminense. Membro, representante do Brasil, do Comitê Diretivo do Conselho Latino-Americano de Ciências Sociais (CLACSO)(2003-2007). É um dos coordenadores do GT Educação, Políticas e Movimentos Sociais do CLACSO. Faz parte do Conselho Acadêmico do Instituto e Pensamento e Cultura Latino-Americano (IPECAL) com sede na cidade do México. É sócio-fundador da Associação Nacional de Pesquisa e Pós-Graduação em educação (ANPED). Tem experiência na área de Educação, com ênfase em Fundamentos Econômicos e Políticos da Educação, atuando principalmente nos seguintes temas: teoria e concepções de educação, trabalho e formação humana, conhecimento e tecnologia, classe social, movimentos sociais e educação e políticas públicas em educação profissional, técnica e tecnológica. Orientou aproximadamente 80 dissertações e teses e participou de mais de 150 bancas de exame de teses e dissertações e concursos públicos na área de educação nos últimos 25 anos. Autor e coautor de mais de 20 livros e de dezenas de artigos em revistas nacionais e internacionais. Destacam-se os livros: *A produtividade da escola improdutiva* (Cortez Editora, 1984, 8. ed.); *Educação e crise do capitalismo real* (Cortez, 1994, 5. ed.); *Educação e crise do trabalho: perspectivas de final e século* (Org.) (Vozes, 1998, 7. ed.); *Teoria e educação no labirinto do capital* (Org.) (Vozes, 2000, 3. ed.). Fez parte dos Comitês do CNPq e CAPES e FAPERJ e é consultor *ad hoc* dessas instituições de fomento à pesquisa. É editor da revista eletrônica *Trabalhonecessário*. Faz parte do Conselho Editorial de sete revistas nacionais e uma internacional.

Jean-Louis Derouet

Professor de sociologia no Institut Nacional Recherce Pédagogique, na França, onde dirige o Département "Politiques, Pratiques et Acteurs de l'Education. Trabalha com sociologia política da educação, especialmente com questões relacionadas ao direito à educação. É autor de uma série de trabalhos, por exemplo, École et justice (Métailié, 1992).

João Ferreira de Oliveira (UFG)
Pesquisador do CNPq

Possui graduação em Pedagogia pela Universidade Federal de Goiás (1989), é mestre em Educação pela UFG (1994) e doutor em Educação pela Universidade de São Paulo (2000). Atualmente é professor adjunto da UFG e Coordenador do Programa de Pós-Graduação em Educação da UFG. É também Coordenador do GT Políticas de Educação Superior da Anped e Diretor de Pesquisa da Anpae. Tem experiência na área de Educação, com ênfase em Políticas Educacionais, atuando principalmente nos seguintes temas: políticas e gestão da educação superior; gestão escolar e formação – profissionalização docente. É bolsista produtividade CNPq. É autor e coautor de vários trabalhos, entre eles, *Avaliação institucional: sinais e práticas* (Xamã, 2008). LIBÂNEO, J. C.; OLIVEIRA, J. F.; TOSCHI, M. S. *Educação Escolar: políticas, estrutura e organização* (6. ed. São Paulo: Cortez, 2008). E-mail: joaofo@terra.com.br.

Lúcia Emília Nuevo Barreto Bruno (USP)

Possui graduação em Ciências Sociais pela Pontifícia Universidade Católica de São Paulo (1976), é mestre em Ciência Política pela Pontifícia Universidade Católica de São Paulo (1982) e doutora em Sociologia pela Faculdade de Filosofia, Letras e Ciências Humanas Universidade de São Paulo (1991). Atualmente é professora livre-docente da Faculdade de Educação da Universidade de São Paulo. Tem experiência na área de Educação, com ênfase em Sociologia da Educação, atuando principalmente nos seguintes temas: educação e trabalho, ensino superior, Estado e políticas públicas, com uma série de artigos e capítulos de livros publicados em âmbito nacional e internacional.

Luiz Antonio Cunha (UFRJ)
Pesquisador do CNPq

Possui graduação em Sociologia pela Pontifícia Universidade Católica do Rio de Janeiro (1967), é mestre em Planejamento Educacional pela Pontifícia Universidade Católica do Rio de Janeiro (1972) e doutor em Filosofia da Educação pela Pontifícia Universidade Católica de São Paulo (1980). Atualmente é professor titular da Universidade Federal do Rio de Janeiro. Tem experiência na área de Sociologia, atuando principalmente nos seguintes temas: política educacional, educação brasileira, ensino técnico, história da educação e ensino superior. É autor de vários livros, entre eles: *Educação, estado e democracia no Brasil*. (3. ed. São Paulo: Cortez\FLACSO\EduFF, 1999); *O ensino profissional na irradiação do industrialismo* (2. ed. São Paulo: UNESP, 2005). Publicou também uma trilogia sobre a universidade no Brasil, reeditada em 2007 pela Ed. UNESP: *A universidade crítica, a universidade temporã e a universidade reformada*.

Marília Fonseca (UNB)
Pesquisadora do CNPq

Licenciada em Letras pela Universidade Federal de Juiz de Fora (1964), mestre em Educação pela Universidade de Brasília (1977) e doutora em Ciências da Educação pela Université de Paris V (Rene Descartes) (1992). Atualmente é pesquisadora associada da Universidade de Brasília, Professora do Centro Unificado de Ensino de Brasília e Membro de corpo editorial da Revista da Faculdade de Educação da Universidade de São Paulo. Tem experiência na área de Educação, com ênfase em

Políticas Públicas, atuando principalmente nos seguintes temas: financiamento internacional, política educacional, Banco Mundial e educação brasileira, organismos multilaterais de cooperação, banco mundial e a Educação fundamental. Tem uma série de trabalhos publicados em livros e revistas de âmbito nacional, sendo seu último livro publicado, em 2008, pela Xamã, sob o título "Avaliação institucional: sinais e práticas".

Mário Luiz Neves de Azevedo
Bolsista de Produtividade em Pesquisa do CNPq - Nível 2

Possui graduação em História pela Universidade Estadual de Maringá (1991), é mestre em Educação pela Universidade Federal de São Carlos (1995) e doutor em Educação pela Universidade de São Paulo (2001). Tem experiência na área de Educação, com ênfase em Políticas Públicas Educacionais e História da Educação, atuando principalmente com temas relativos à educação superior. Atualmente é tesoureiro da Secretaria Regional da SBPC no Paraná, bolsista produtividade do CNPq e professor adjunto da Universidade Estadual de Maringá, onde exerce também a função de vice-reitor (2006-2010). Tem vários trabalhos publicados em forma de artigos, e seu último livro foi publicado pela UEM, em 2008, sob o título *Políticas públicas e educação: debates contemporâneos*.

Myriam Feldfeber

Professora da Faculdade de Filosofia e Letras e Ciências Sociais e investigadora do Instituto de Investigações em Ciências da Educação da Universidade de Buenos Aires.

Olgaíses Cabral Maués (UFPA)
Pesquisadora do CNPq

Licenciada em Pedagogia pela Universidade Federal do Pará (1969), mestre em Educação pela Universidade de Brasília (1979) e doutora em Sciences de l'Éducation pela Université des Sciences et Technologies de Lille III (1994), Lille, França. Fez pós-doutorado na Université Laval, Quebec, Canadá, em 2002. É Professora Associado I da Universidade Federal do Pará. Pesquisadora Produtividade do CNPq, Professora da graduação e do Programa de Pós-Graduação em Educação da UFPA. Coordena Pesquisa, orienta em nível de graduação e pós-graduação.

Trabalha com as seguintes disciplinas: Sociedade, Trabalho e Educação, Sociedade Estado e Educação, Políticas Educacionais, Reformas Educacionais na América Latina. Tem experiência na área de Políticas Públicas, com ênfase em Educação Superior, atuando principalmente nos seguintes temas: políticas públicas para a educação superior, avaliação da educação, formação de professores, trabalho docente. É membro associado do Centre de Recherche Interuniversitaire sur la Formation et la Profession enseignante, (CRIFPE), pertencente à Université Laval de Quebec, Canadá. É associada às seguinte entidades acadêmico-científicas: Associação Nacional pela Formação dos Profissionais da Educação (ANFOPE); Associação Nacional de Pesquisa e Pós-Graduação em Educação (ANPED); Sociedade Brasileira pelo Progresso da Ciência (SBPC); Associação Nacional de Políticas e Administração da Educação (ANPAE).